JN229263

# サムライ
## 天下太平を支えた人びと

Samurai—Peacekeeping Contributors in Edo Period

編著：

東京都江戸東京博物館

田原 昇

小酒井大悟

岡塚章子

青幻舎

特別展「士　サムライ―天下太平を支えた人びと―」

会期　二〇一九年九月十四日(土)～十一月四日(月・休)

会場　東京都江戸東京博物館

主催　公益財団法人東京都歴史文化財団 東京都江戸東京博物館、朝日新聞社

# ごあいさつ

日本をイメージするキーワードとして国内外を問わず多く用いられる〝サムライ〟。しかし、その言葉から何を連想するのかは人によってさまざまです。武家・武士・侍・浪人など、サムライが表す人びとについて、歴史的な実態をふまえてこの言葉を使用しているとは言いがたいのではないでしょうか。そこで本展では、現代のサムライイメージの原点である江戸時代のサムライ＝〝士〟の暮らしや仕事のありさまをご覧いただき、サムライのイメージを見直してみたいと思います。

本展覧会では、いわゆる武士道書に登場するような、抽象的なサムライの姿を紹介するにはとどまりません。徳川将軍の居所として、当時、世界有数の大都市であった江戸で、サムライがいかに活動していたのか、絵画作品や古写真から浮き彫りにしていきます。また、有名無名を問わず、サムライの家に伝来した所用品の数々から、江戸時代の人びとが見聞きし親しんでいた生のサムライの生活をご覧いただきます。当時、最大の武家人口を誇っていた都市江戸と、その近郊に暮らしたサムライの姿をここに再現していきます。

最後になりましたが、本展覧会開催にあたり貴重な品々をご出陳いただきました所蔵者の皆様に心からお礼申し上げますとともに、ご協力を賜りました関係各位に厚くお礼申し上げます。

二〇一九年九月

主催者

# 目次

# サムライ
## 天下太平を支えた人びと

第五章

# 士一新―時代はかけめぐる― 129



エピローグ

# サムライ、新たな生き様 183



コラム

# 凡例

・本書は、公益財団法人東京都歴史文化財団 東京都江戸東京博物館、朝日新聞社の主催によって、二〇一九年九月十四日（土）から十一月四日（月・休）まで開催される特別展「士 サムライ―天下太平を支えた人びと―」の図録および書籍として刊行された。

・本展の企画および図録の各章・節、作品、コラム等の解説の執筆は、東京都江戸東京博物館学芸員の田原昇・小酒井大悟・岡塚章子が行った。

・図版の作品番号は展示番号と一致するが、展示の順序とは必ずしも一致しない。

・図版の表記は、作品番号、指定（国宝、重文＝重要文化財、各自治体指定文化財等）、作品名称・伝来等、作者等、制作年代、員数、所蔵の順に記し、各作品の概要を示す解説文を付した。執筆分担は各文末に名字を表記した。

・作品リストの表記は、作品番号、指定、作品名称、伝来等、作者等、制作年代、員数、法量（単位＝センチメートル）、所蔵の順で記載した。

・作品リストには、本展覧会において出品されたすべての資料を掲載するが、期間中は必要に応じて展示替えを行う。そのため、期間によってはリスト中の作品が展示されていない場合がある。なお、参考として出品資料以外の資料も掲載するが、番号は付さない。

・作品名称は、基本的に所蔵者の表記に従ったが、語句の統一を図るため、あるいは展示内容に合わせて、一部表現を変えたものもある。

・掲載した作品の写真は、主に各所蔵先および寄託先の提供による原版を使用した。なお、それ以外の写真の撮影者・提供者については、二四〇頁に列記した。

・論考は、田原、小酒井による。

・英訳は、Gavin Frew が行った。

# プロローグ
# 都市のサムライ

The Urbanization
of the Samurai

# PROLOGUE

百五十年近くつづいた戦国時代の終盤、織田信長や豊臣秀吉は「天下一統」を進めつつ、安土や大坂、伏見など各地に巨大な城下町を建設していく。城のシンボルとしての天守と大広間をともなう御殿からなる巨大城郭は、政治・儀礼の場として機能し、それを取り巻くようにサムライが住まう武家屋敷群と、経済・商業のターミナルとしての庶民が暮らす城下町とが建設されていく。そして関ヶ原合戦、大坂の陣を経て、天下一統を果たした徳川家康は、天下人の在所に相応しい総城下町江戸の建設を始める。

こうして成立した都市江戸では、将軍や大名の家臣など多様なサムライが太平の世を支える役人として日夜活動し、その消費生活を支える庶民と入り混じって暮らしていた。当時、世界有数の大都市で最大の武家人口を誇った総城下町江戸。その風景の中には、江戸の人びとが見聞きし親しんでいた、有名無名を問わない生のサムライの営みがあった。

日本をイメージするキーワードとして国内外で多く用いられる〝サムライ〟。現代のサムライイメージの原点でもあり、武家・武士・侍・浪人など、いろいろな身分を象徴するサムライ＝〝士〟の暮らしや仕事の有り様を、都市江戸の庶民が日々垣間見た姿としてここに再現する。（田原）

# 武都江戸 ―太平の諸相
# The Samurai Capital, Edo—Various Aspects of Peace

江戸を題材とした風俗画には、建物や自然とともに、ある特徴をもった人物が多く描かれている。性別や衣服、髪形などさまざまに描き分けられている人びとの中に、なぜか腰の辺りに棒状のもの二本が描き込まれている人達がそこかしこに見うけられるのである。この二本の棒（両刀）を帯びた人物こそサムライである。このように都市景観に当たり前のようにサムライが溶け込む、武都というに相応しい江戸。ここでは、サムライと庶民とが入り混じった多彩な生活がくり広げられたのである。（田原）

# サムライと庶民とが入り混じった賑わいの雑踏風景

Bustling scene of samurai and townsfolk intermingling together.

1

**上野浅草図屏風**

Folding Screens Decorated With Scenes of Ueno and Asakusa

江戸時代前期・17世紀末頃
六曲一双
江戸東京博物館

左隻には上野寛永寺の諸伽藍と花見の光景を描き、桜見物に散策する者や緋毛氈を敷いて酒宴を開き花に酔いしれる者を描く。右隻には両国橋付近での隅田川の船遊びと駒形堂から浅草寺の賑わいの様子を収める。江戸時代前期の風俗画の特徴である名所図的性格が強い構図となっている。賑わいの所どころに多彩な服装、髪型、かぶり物の人びとが描かれ、入り混じるように単独、仲間連れ、供連れなどさまざまな両刀差しの人物（サムライ）が見られる。（田原）

# 二本差しと一本差し。何気ない風景でも武士と御供を描き分ける。

People wearing two swords or one.
These scenes differentiate between the samurai carry two swords and their servants who carry one.

2

**上野花見・両国川遊図屏風**

**Folding Screens Depicting Cherry Blossom Viewing at Ueno and Pleasure Boats on the River at Ryōgoku**

江戸時代前期・17世紀〜18世紀初頭頃
六曲一双
江戸東京博物館

上野と両国橋界隈を描いた屏風。上野は満開の桜を求める大勢の人々が出歩き、隅田川には涼を求めてたくさんの舟が集まっている。この屏風は署名などが無く、どちらを左右に置くのか定かでないが、江戸時代前期の隅田川をめぐる一連の作品から推測すると、左側に上野、右側に隅田川を配置したのであろう。同時代の風俗画と同じく、多彩に人物を描き分けて賑わいを演出している。両刀差しの人物（サムライ）とともに、供連れと思われる脇差しや槍持ちの人物が描かれている。（田原）

# 武人の沿革 ──サムライとは何か

## The History of the Warrior Class──Who Were the Samurai?

上古から明治にいたるまで、いろいろな武人の姿が日本史上を賑やかせた。兵〈ツワモノ〉、軍人〈イクサビト〉、侍〈サムライ〉、武士〈ブシ・モノノフ〉、武家〈ブケ〉、士〈サムライ〉など、その呼称はさまざまであるが、本質的に武装する人という点に違いはない。しかし、戦闘との関わり方は時代や身分によって千差万別で、戦闘集団にありながら実戦闘には加わらず、身分を表す記号として武器を携える者もいた。天下太平の世を迎えた江戸のサムライ。かれらによる帯刀は、将軍や大名など、武家に仕える者としての指標の意味合いが強かった。(田原)

3
皇朝武人風俗沿革全図（こうちょうぶじんふうぞくえんかくぜんず）
Visual Depiction of Changes in Warriors Costume in Japan

塚本岩五郎画／東京造画館発行
明治32年(1899)3月25日発行
一幅(三幅の内)
江戸東京博物館

# 武人の変遷に連なる江戸のサムライ。その姿をビジュアルに観る！

The changing appearance of the warrior class since ancient times culminated in the Samurai of the Edo period. A visual depiction of their changing looks!

本図は三幅対の構成で小学校などの教材として用いられた掛け図の一種。日本の武人、庶人（庶民）、婦人の風俗について、上古から明治時代までの変遷を図でまとめたものである。武人図の上から八〜一一段目に江戸のサムライの姿が描かれるが、その多くは平服である。それより以前、一〜八段目の武人の多くが甲冑を着用し、一一・一二段目の武人の多くが洋装軍服として描かれている。日本の風俗史における武人の概念と、サムライの位置付けを確認する意味で興味深い作品である。（田原）

4

**皇朝庶人風俗沿革全図**（こうちょうしょじんふうぞくえんかくぜんず）

**Visual Depiction of Changes in Commoner's Costume in Japan**

塚本岩五郎画／東京造画館発行
明治33年（1900）8月25日
一幅（三幅の内）
江戸東京博物館

## 侍と士

新井白石は語源書「東雅」（享保二年〈一七一七〉）で「侍」を「君側に近侍するの義なり。サブラフというも、また祗候の義なり」と述べ、貴人の身辺に仕える意味とする。合わせて「士サブラヒ」を漢（中国）で身分を表す公卿・大夫・士などの「士」とは意味が違い「侍衛」（貴人の身辺護衛者）であり、「武士などをいう」としている。

また、中村惕斎は図解事典「訓蒙図彙」（寛文六年〈一六六六〉）で、「士 さぶらひ 学をもって位に居るを士という。武士 もののふ」と述べ、士とは、物事を学んで然るべき地位にある者で武士のこととする。

江戸時代には武士を表す言葉として「サムライ」があったが、そこに当てられたふたつの漢字には、「侍」（貴人に仕える）、「士」（学で地位にある）といった違いがあった。（田原）

**5**

**皇朝婦人風俗沿革全図**

**Visual Depiction of Changes in Women's Costume in Japan**

塚本岩五郎画／東京造画館発行
明治33年（1900）8月25日
一幅（三幅の内）
江戸東京博物館

# 第一章 士 変容 ―武人から役人へ―

## Samurai —Their Transformation From Warrior to Bureaucrat—

1

慶長五年（一六〇〇）の関ヶ原の戦い、慶長十九年～同二十年（一六一四～一五）の大坂の陣で勝利した徳川家康により、天下一統が実現した。戦国の争乱が終結し、その後二世紀以上の長さにわたり、日本国内で大規模な戦いが見られなくなる、天下太平の世となったのである。

このような時代の転換のなか、戦うことをその存在理由としたサムライたちは、幕府や大名の家中に連なって、江戸をはじめとする城下町に集住するようになった。一方で、幕府や大名家が社会を安定的に統治していくため、彼らは行政官僚へと自らを変えていかねばならなかった。それにともない、彼らが属する幕府や大名家中では、主君の身辺の護衛や城中・市中の警衛といった「番方（ばんかた）」の任務とともに、行政や経済にかかわる「役方（やくかた）」の任務が重視されるようになった。このような江戸時代のサムライたちが、天下太平の世を支えていくことになるのである。

戦国の争乱から天下太平へと時代が転換するなかで、サムライたちは、戦場で武功を求め槍働きをめざす「武人」から、政務を執行する「役人」となっていった。（小酒井）

# 下剋上—天下太平の世の軍団

## Retainers Supplanting His Lord —An Army For Times of Peace

徳川家康による天下一統により、天下太平が実現した江戸時代でも、サムライたちは幕府や大名家の軍団に編成され、ひとたび戦時となれば動員されることになっていた。江戸時代の軍団は、いくつかの「備」に分かれる。それぞれの備はおおよそ、騎馬隊、足軽隊(鉄砲・長槍・弓隊)、補給部隊の小荷駄隊からなり、いずれもが戦闘から補給までを行う、独立した戦闘単位であった。こうした江戸時代の軍団の仕組みは、後にそれに対応するようにサムライによる官僚組織の姿へと変容していくのである。(小酒井)

6
**関ヶ原合戦図屏風**
Folding Screen Depicting the Battle of Sekigahara

翫月亭莪山模写
嘉永7年(1854年)
六曲一隻
関ケ原町歴史民俗資料館

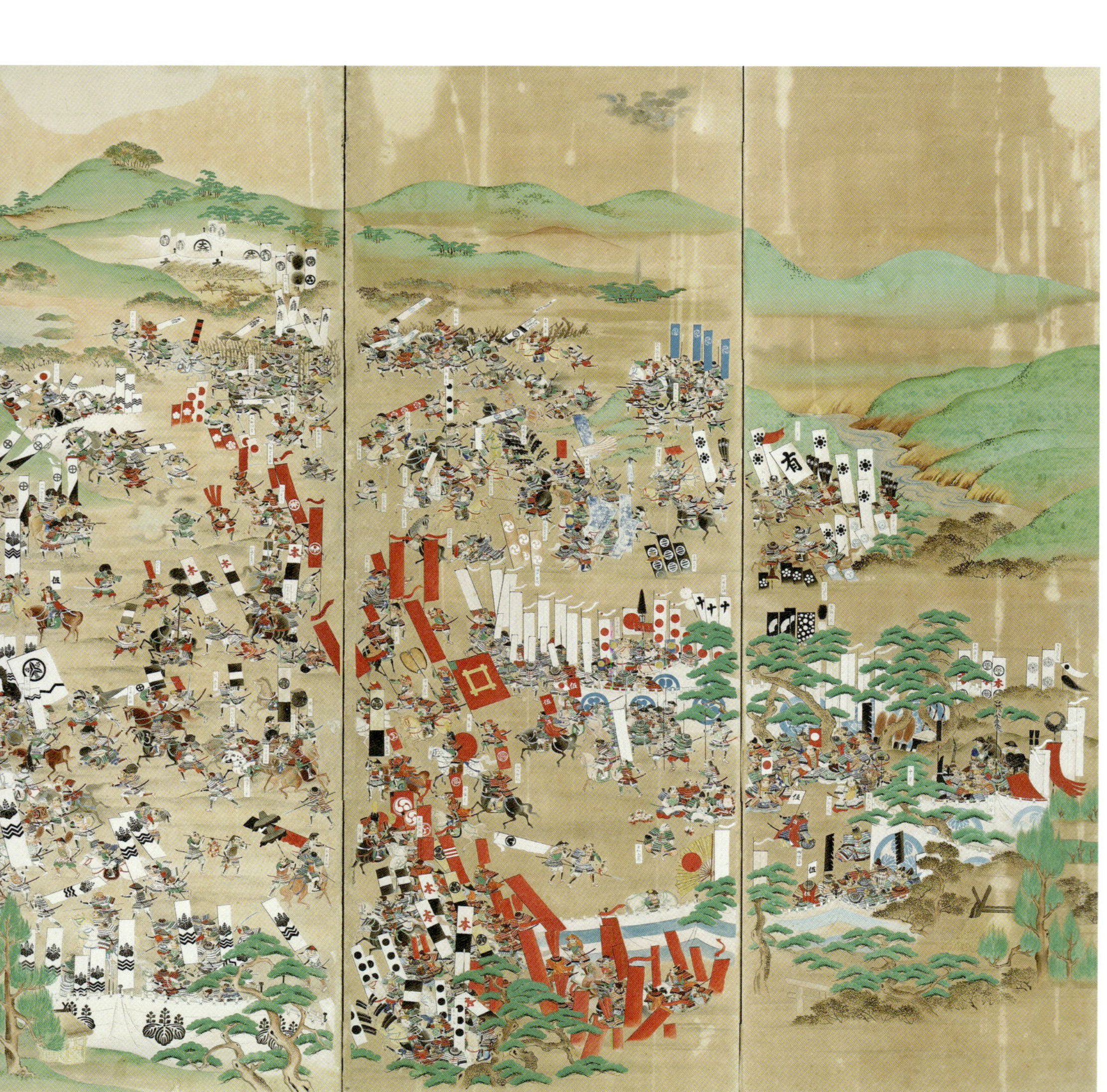

# 天下分け目の合戦、入り乱れて戦う サムライたちの姿

**The battle that decided the fate of Japan. The samurai depicted in the confusion of battle.**

慶長五年（一六〇〇）九月十五日、美濃国関ヶ原で、徳川家康率いる東軍と石田三成率いる西軍の間で、天下分け目の合戦が繰り広げられた。徳川家康は、この関ヶ原の合戦に勝利し、天下をほぼ掌中に収めた。関ヶ原合戦での活躍・武功は、江戸幕府や大名らの起点となるものであったため、江戸時代以降、この合戦の様子を描いた屏風・絵巻がつくられ、各所に伝来することとなった。

この屏風も、そうした関ヶ原の合戦を題材にした作品のひとつである。各部隊の馬印や旗が精緻に描かれ、合戦での武将たちの動向を追うことができる。右下に、井伊の赤備えの活躍が特に大きく描かれているのが目を引く。画面いっぱいに描かれた武将は、東西両軍合わせて百名を超える。

このような名のある武将のほかにも、旗や馬印、太鼓などの道具、あるいは弓矢や鉄砲などの武器を持ち歩いたり、首級を運んだりする足軽たちの姿も数多く見える。当時の合戦では、立派な騎馬武者だけでなく、彼らもまた不可欠の役割を果たしていた。（小酒井）

# 家康から羽織を拝領。その勲功は戦中での「義」

**Ieyasu presented his own jacket as a reward for honor in battle.**

7

重要文化財

**萌葱地葵紋付小紋染羽織**（もえぎじあおいもんつきこもんぞめはおり）

**Jacket of Green Fabric Decorated with the Hollyhock Crest of the Tokugawa Family**

江戸時代前期

一領

江戸東京博物館

慶長二十年（一六一五）五月の大坂夏の陣の勲功により今村正長が徳川家康から下賜された羽織。戦中、敵の銃弾で馬を失った正長は、味方の近藤某から馬を借りて再度敵陣に向かい敵を討ち取る。自陣に戻った正長は、この時の首級を添えて近藤に馬を返却し自身の軍功としなかった。戦後にこの「義」による行為を聞いた徳川家康は感銘を受け、十二月一日に正長を御前に召し自ら着用する羽織を下賜した。この顛末は後に幕府編纂物などに記載される。騎乗の士の戦い振りと勲功、褒美の品とが確認できる貴重な事例である。（田原）

## 【今村正長】（いまむらまさなが）

天正十六年（一五八八）～承応二年（一六五三）

今村家は、正長の祖父勝長が松平清康に仕えて以来、代々徳川家（松平家）に仕えた旗本。慶長二十年（一六一五）の大坂夏の陣では、父重長、正長とも徳川秀忠に属し参戦。正長はこの合戦の勲功によって家康から着用の羽織を拝領し、一〇〇〇石の加増を受けている（合一三五〇石余）。陣後は、御目付、下田奉行などを歴任した。（田原）

# 旗本屋敷の姿を今に

## A glimpse of a *hatamoto* (shōgunal vassal's) mansion.

禄高四〇〇石の旗本今村益之丞の屋敷図と伝えられるもの。この今村家は、正長の叔父正信の家系である。屋敷地は駿河台にあり、間口一三間余、奥行二〇間で敷地面積は二六〇坪ほどである。部屋数は畳部屋一四部屋に、台所、廊下などの板の間と床の間、押入などで、全体で一〇〇畳ほどとなる。図の中心から八方に線が引かれ十干十二支(じっかんじゅうにし)による方位が記されており、この図が家相図として作成されたことを物語る。(田原)

**8**

**伝旗本今村益之丞屋敷図**(でんはたもといまむらますのじょうやしきず)

**Plans of the Mansion Said to Belong to the *Hatamoto*, IMAMURA Masunojō**

天保13年(1842)晩秋
一舗
江戸東京博物館

## 馬上での働きに報いる。将軍が旗本へ所領を与えた文書

### Rewarded for their work on horseback. A document presenting a *hatamoto* (shōgunal vassal) with territory.

大坂夏の陣での勲功により、今村伝四郎正長は一〇〇〇石を加増され、合わせて一三五〇石余の知行(所領)となり、寛永二年には知行宛行(ちぎょうあてがい)のための朱印状を発給されている。今村家では、拝領した羽織とともにこの朱印状も保管し子孫に伝えた。戦乱の世に、サムライが軍功による褒賞として所領を得ていた具体的な事例である。なお正長は、寛永四年に父重長の遺跡を継ぎ、合わせて三六〇〇石余の知行となっている。(田原)

**9**

**今村伝四郎宛　徳川秀忠朱印状**(いまむらでんしろうあて　とくがわひでただしゅいんじょう)

**Addressed to IMAMURA Denshirō, Signed with TOKUGAWA Hidetada's Red Seal**

徳川秀忠
寛永2年(1625)7月25日
一通
江戸東京博物館

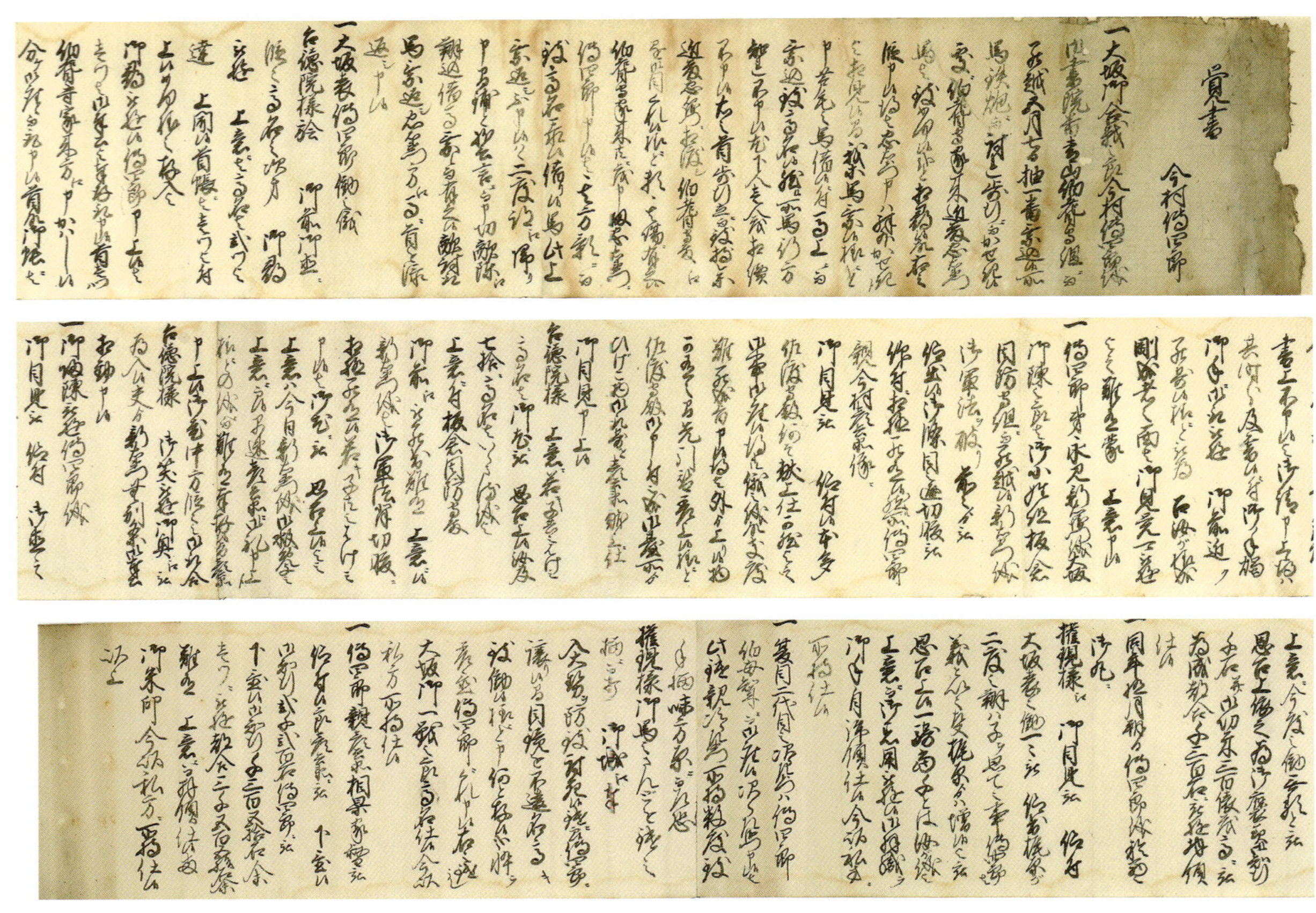

# 御家のため自身の武功を子孫に伝える

Passing knowledge of martial prowess to future descendants for the sake of the family.

今村正長は、大坂夏の陣での勲功により徳川家康から羽織を下賜された顛末を覚書として認めている。この事実は、旗本今村家にとって極めて重要な由緒であり、羽織とともに先祖の武功の証拠として代々伝えていく。今村正長の武功は、「徳川実紀」や「寛政重修諸家譜」などといった幕府の編纂物にも記載されており、この覚書はそれら編纂物の原資料として使用されたと考えられる。(田原)

10

重要文化財

今村正長覚書

IMAMURA Masanaga Memorandum (Important cultural property)

今村伝四郎(正長)
江戸時代前期
一巻
江戸東京博物館

## 雑兵とは

一般的には、身分の低い兵卒のことをいう。戦国時代～江戸時代初期の軍団は、騎乗する武士のほか、おもに次のような人びとからなっていた。

①騎乗する武士である主人とともに戦う、「足軽」や「若党」などと呼ばれる者。

②主人を助けて馬を引いたり、槍を持ったりする、「中間」・「小者」・「あらし子」などと呼ばれる者。

③村々から駆り出された百姓で、兵粮などの物資を運ぶ「夫」「夫丸」などと呼ばれる者。

これら、①～③の者が雑兵で、当時の軍団のほとんどは、彼らが占めていた。雑兵たちは、戦場をいわば稼ぎ場にしていたが、豊臣政権のもとで天下一統が実現すると、全国各地で行われた大規模な城郭普請の現場を、新たな稼ぎ場とするようになっていった。(小酒井)

# 合戦を支えた雑兵たちの姿を伝える

## Depiction of the common foot soldiers who bore the brunt of the fighting.

「雑兵」とは、身分の低い歩卒で、鉄砲足軽や弓足軽、馬印持ち、馬取など、多彩な人びとの総称である。「雑兵物語」は、彼らの戦場での経験談や役割が詳細に記された書物で、十七世紀後半に成立したとされる。天下太平の時代が続き、国内から合戦がなくなるなかで、サムライたちが合戦のありようや心得を学ぶため、「雑兵物語」の写本が数多くつくられた。

この作品は、そうした写本のなかで最も描写がていねいなものといえ、鉄砲足軽や草履取り、挿箱持、馬取などの姿が美しい彩色で描かれている。雑兵たちは、最前線で戦うだけでなく、主人の戦闘の補助、輜重など、多岐にわたる役割も果たし、合戦を支えた。(小酒井)

11

**雑兵物語**

**Foot Soldier Story**

江戸時代・18世紀

二巻

東京国立博物館

# 雑兵たちのまとう陣笠・胴に注目

## Note the military hats and breastplates worn by the foot soldiers.

12

**諸卒出立図巻**（しょそつしゅったつずかん）

**Scroll Depicting Foot Soldiers' Appearance**

江戸時代・18世紀
一巻
東京国立博物館

雑兵たちの役割や姿を絵巻にしたもの。No.11の「雑兵物語」と同様に、雑兵の種別がよくわかるが、本作品では、彼らがまとう陣笠や足軽胴の描写で、雑兵の階層差を表現している。たとえば、紋所が替紋で朱漆塗りの胴をまとう馬取、さらには胴がなく陣笠だけの小荷駄（こにだ）などがいた。雑兵の階層差は、陣笠や胴の仕様といった外見から見分けることができた。（小酒井）

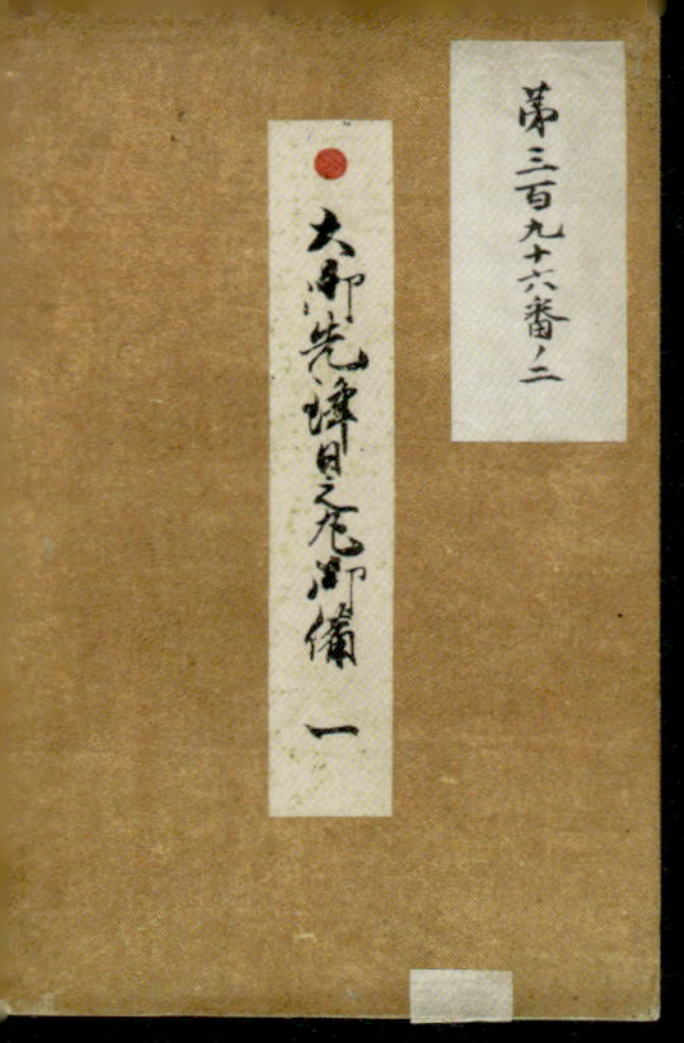

第三百九十六番ノ二
大御先鋒日之丸御備　一


# 尾張徳川家の軍団を一望！様々な役割が家中を動かす。

**A comprehensive view of the forces of the Owari Tokugawa clan! The retainers all performed different roles in the management of the domain.**

「陣備図」は、計八九帖の折本からなる尾張徳川家の軍制資料である。全一八種の備（軍団）について、少な場合には一帖、多い場合には二〇帖の折本を上から順番に並べ、その全景が確認できるよう工夫された割絵図となっている。備の構成員を、大将をはじめ車力や鳶人足にいたるまで各配置場所に図示し、各備の後方から前方に向かって敵方を見据える様子を俯瞰して背面からの姿が役割に応じて描かれる。ただし、荷駄備を表す四種は頭奉行の旗指物こそ図示するが、その他は文字で表されている。

本資料中、具体的な人名称は「大御先鋒日之丸御備」六段目に指揮者として「渡辺半蔵」が現れるのみである。渡辺半蔵家は、家康から尾張義直に付属され大坂の両陣で尾張家先鋒を勤めた由緒を有することから、本資料は渡辺家が、尾張家の軍団編制と渡辺家の由緒とを確認する目的で作製し、後に尾張家に献上したものと考えられる。なお「御中軍御旗本」五段目に大将（尾張家当主）を示すと思われる金地の丸印がある。

成立時期は、料紙や顔料、絵画表現からして江戸時代であることは間違いない。あるいは、尾張家九代宗睦による軍制改革（寛政期）を背景に成立したとも考えられるが未詳である。（田原）

**陣備図　大御先鋒日之丸御備**

**ustration of Battle Formation: Formation of e Battle Front Military Unit**

戸時代中期
〇帖
川林政史研究所

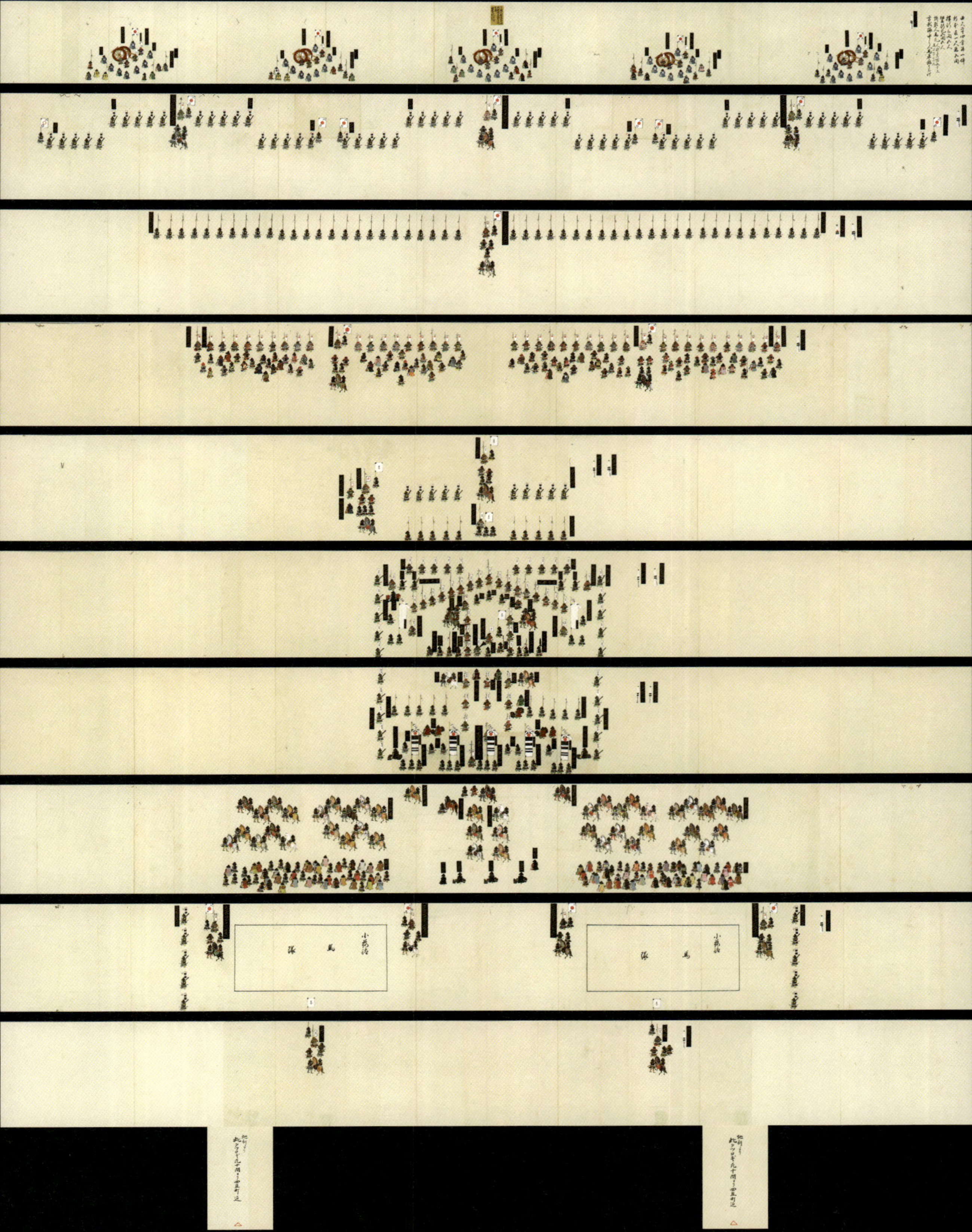
小荷駄
馬
添
小荷駄
馬
添

自分
鼓
貝
鉦
役武者馬
寄合組役武者使番
寄合組役武者使番
側役
渡邊半蔵
側役
側役
蓑持
草履

寄合組馬
輕卒

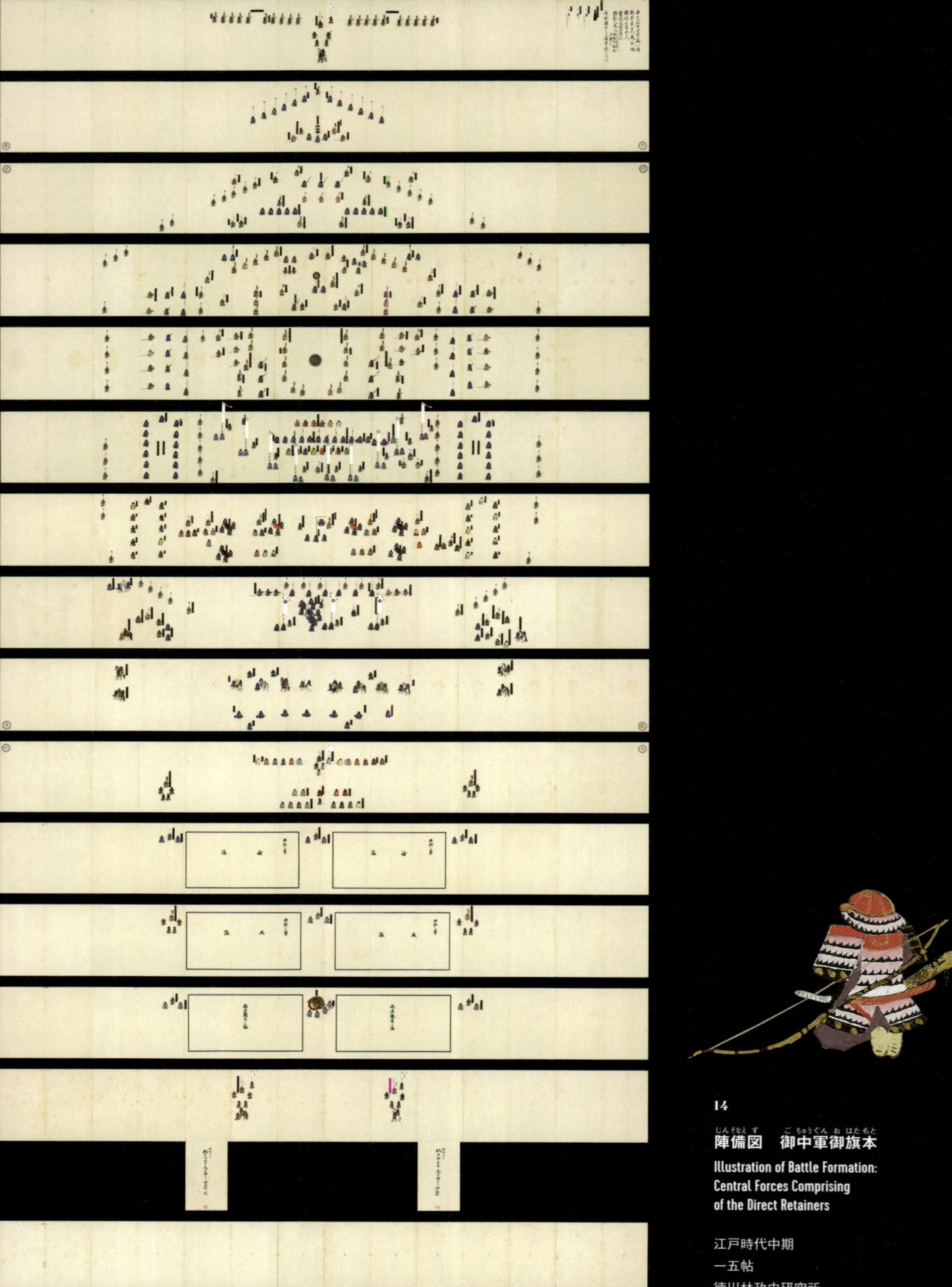

14

陣備図　御中軍御旗本

Illustration of Battle Formation: Central Forces Comprising of the Direct Retainers

江戸時代中期
一五帖
徳川林政史研究所

第三百九十七番ノ二
御中軍御旗本
一

## 【渡辺半蔵(わたなべはんぞう)】

渡辺半蔵家は、渡辺半蔵守綱（天文十一年（一五四二）〜元和六年（一六二〇））が徳川家康に命じられ、徳川義直に付属されて以来、尾張徳川家の年寄を勤める家柄で、当主は渡辺半蔵を名乗った。尾張家内でも数少ない万石以上の格式を持つ家柄で、初代守綱は「槍半蔵」の異名を持ち、徳川十六将のひとりに数えられている。（田原）

# 天下普請 —平時の集団動員
## National Construction—Mobilization in Time of Peace

豊臣政権や徳川家康に始まる江戸幕府は、全国の諸大名を戦場に動員することで、天下一統を成し遂げた。江戸幕府の全国支配の確定によって合戦は行われなくなるが、大名への軍役は、天下普請（公儀普請）という大規模な土木工事のかたちをとって課され続けた。天下普請によって、江戸城、駿府城、名古屋城、大坂城などの城郭が築城されるとともに、江戸をはじめとする都市、街道や河川も整備された。大名やその家中のサムライたちは、戦国時代以来培ってきた人や物資の動員力を活かしながら、これらの普請を担った。（小酒井）

### 築城の名人秀吉の若き頃の活躍「墨俣の一夜城」を描く

**Exploits of the famous castle-builder, TOYOTOMI Hideyoshi, in his youth: a illustration of 'The Overnight Construction of Sunomata Castle'.**

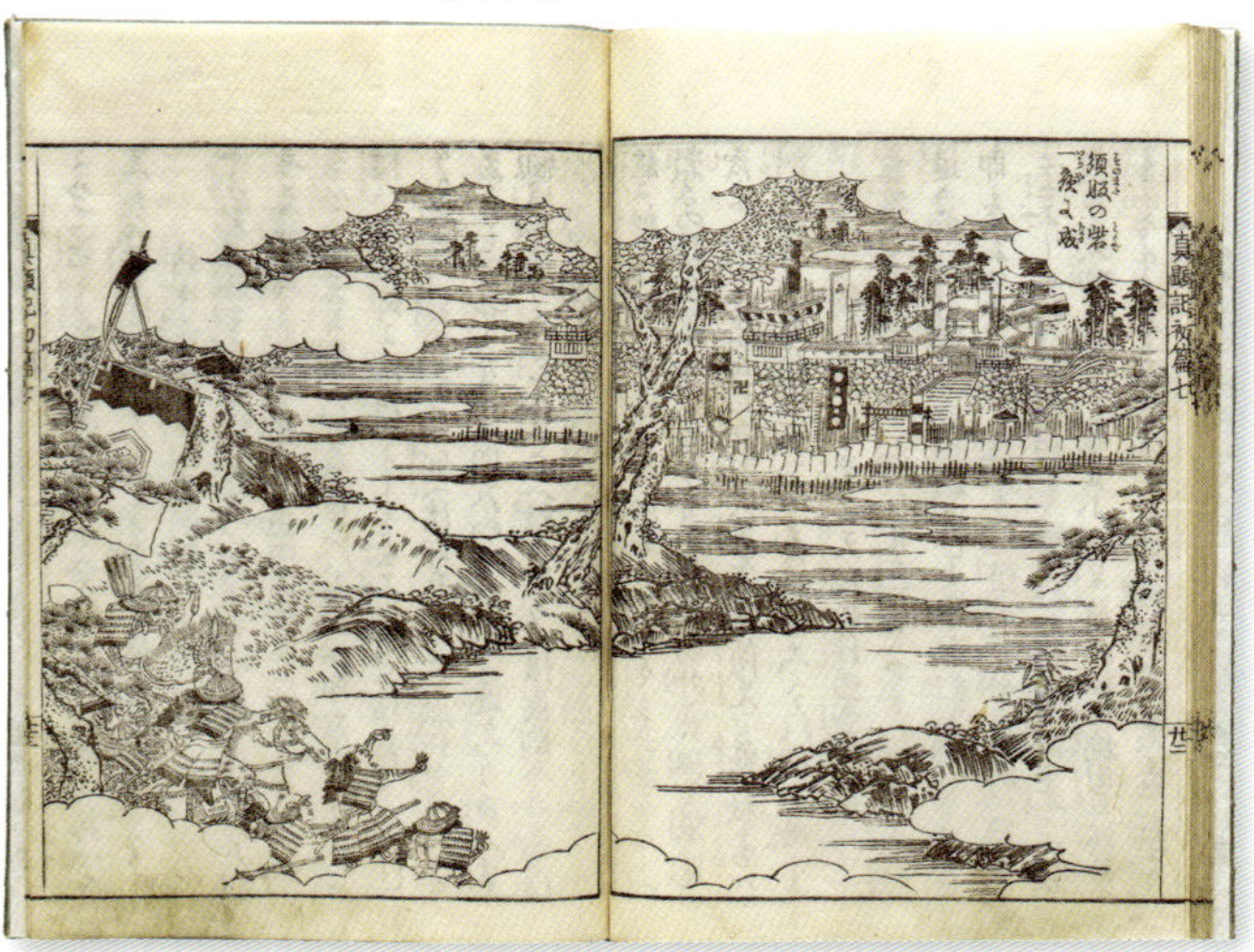

15

**「絵本太閤記」初編巻七**
**木下藤吉郎、洲の股の砦を築く**

'Illustrated Taikōki [biography of TOYOTOMI Hideyoshi]' Series 1, Volume 7.
KINOSHITA Tōkichirō [who later became TOYOTOMI Hideyoshi] Constructs Sunomata Castle

武内確斎著／岡田玉山画
寛政9年（1797）
一冊
江戸東京博物館

「絵本太閤記」は、寛政九年から享和二年（一八〇二）に刊行された読本。全七編八四冊。足軽から天下人となった豊臣秀吉の事蹟を絵入で物語る。場面は、織田信長家臣時代の逸話「墨俣一夜城」の挿絵。信長による美濃攻略に際して、秀吉は尾張・美濃国境の長良川河岸に一夜にして城を築き、敵を驚かせた。この逸話は史実そのままとはいえないが、築城の名人秀吉の人物像とともに、当時、土木工事もまた戦術の一環であったことを雄弁に物語る。（田原）

# 攻城戦でも大規模な土木工事。高松城の水攻めの様子

Sieges also required large-scale construction. The flooding of Takamatsu Castle.

築城の名人として名高い秀吉は、天正十八年（一五九〇）の小田原城攻めをはじめ、城攻めの名手としても知られている。「絵本太閤記」には、天正十年（一五八二）の本能寺の変直前、中国攻めに際しての「高松城の水攻め」の逸話も載せている。毛利氏配下の清水宗治が守る備中高松城を、秀吉は足守川をせき止める長大な堤防を築き水攻めにした。攻城戦でもまた土木技術がものを言ったのである。（田原）

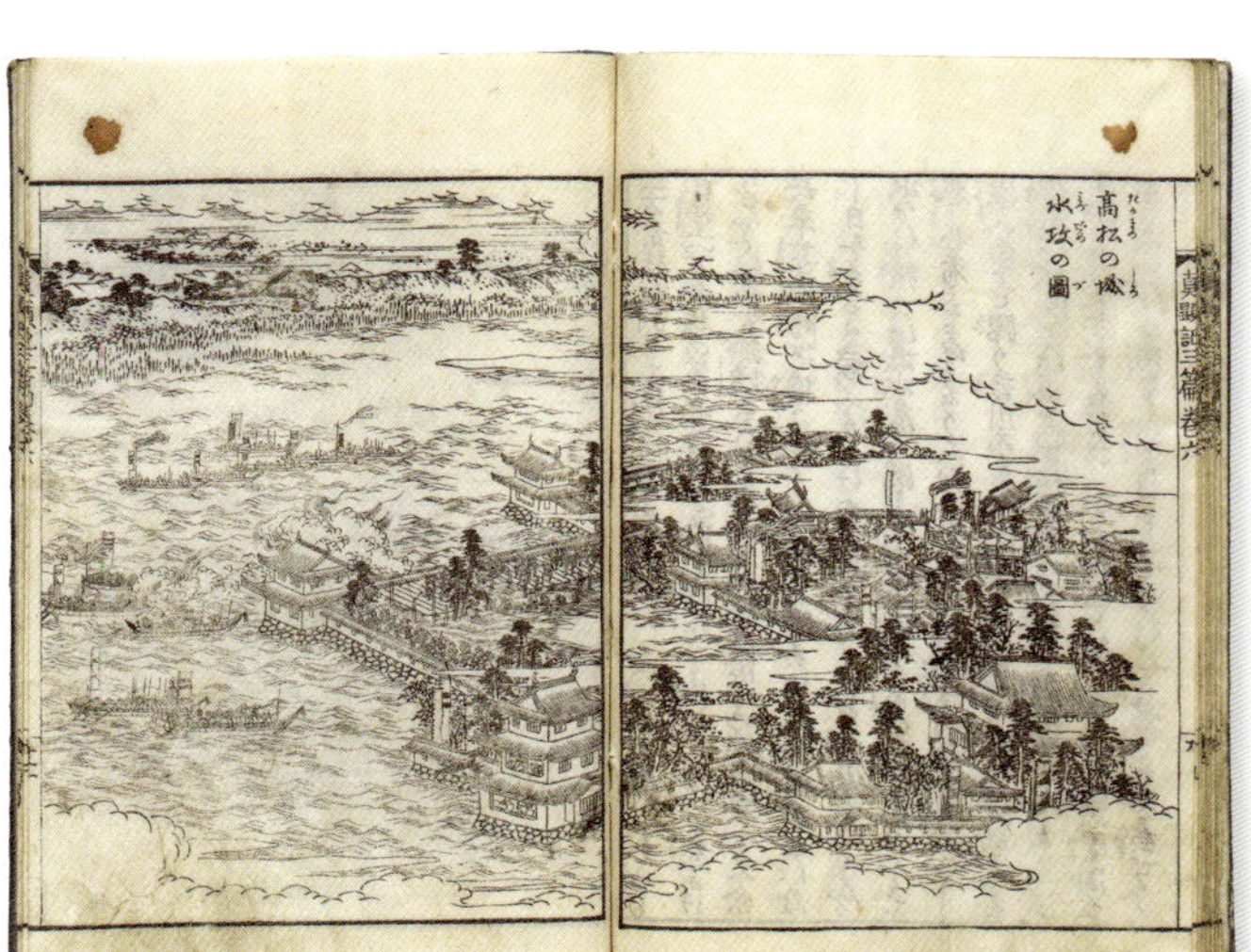

**16**

**「絵本太閤記」三編巻六**
**高松の城、水攻の図**

'Illustrated Taikōki [biography of TOYOTOMI Hideyoshi]' Series 3, volume 6. The Flooding of Takamatsu Castle

武内確斎著／岡田玉山画
寛政11年（1799）
一冊
江戸東京博物館

## 【豊臣秀吉】

天文六年（一五三七）〜慶長三年（一五九八）

織田信長に仕え、はじめは木下藤吉郎。後に羽柴姓を用いた。中国攻めの最中、天正十年六月の本能寺の変で信長が暗殺されると、山崎の合戦で明智光秀、賤ヶ岳の戦いで柴田勝家を破り、信長の後継者としての地位を固め全国統一を果たした。豊臣政権の拠点として、大坂城や伏見城といった巨大城郭を築いている。（田原）

# 活気溢れる城づくりの現場を描く

The overflowing energy during the construction of a castle.

17

築城図屏風(複製)

Folding Screen Decorated with Image of Castle Construction (reproduction)

[原資料]桃山時代(17世紀前半)
六曲一隻
江戸東京博物館
名古屋市博物館原資料蔵

慶長十二年(一六〇七)に始まった駿府城築城の様子を描いたとされる屏風。駿府城は徳川家康晩年の居城で、工事は、諸大名を動員する天下普請として行なわれた。

石材・材木の運搬や石垣を積む作業に従事する一方で、いさかいを起こし喧嘩もする大勢の人夫たち、作業を指揮監督する武士、作業の見物客やそれを目当てに集まってきた物売りなどの姿は、喧騒と活気に溢れた城づくりの現場の雰囲気をよく伝えている。

戦国争乱の時代から天下太平の時代への転換期にあたる江戸時代初期には、この屏風に描かれたような光景が、全国各所で見られた。(小酒井)

## 【加藤清正】

永禄五年(一五六二)~慶長一六(一六一一)

尾張国に生まれ、幼少より豊臣秀吉に仕える。天正十一年(一五八三)の賤ヶ岳の戦いで武功を上げた「七本槍」のひとり。文禄・慶長の役では奮戦するも、石田三成らと対立、慶長五年(一六〇〇)の関ヶ原の合戦では徳川家康方の東軍についた。合戦後、肥後五十四万石を領する大名となる。築城や治水、干拓工事など、土木工事にも優れていた。(小酒井)

# 名古屋城の築城のため、大石を運ばせる加藤清正

## KATŌ Kiyomasa taking the lead in the transport of a huge stone during the building of Nagoya Castle.

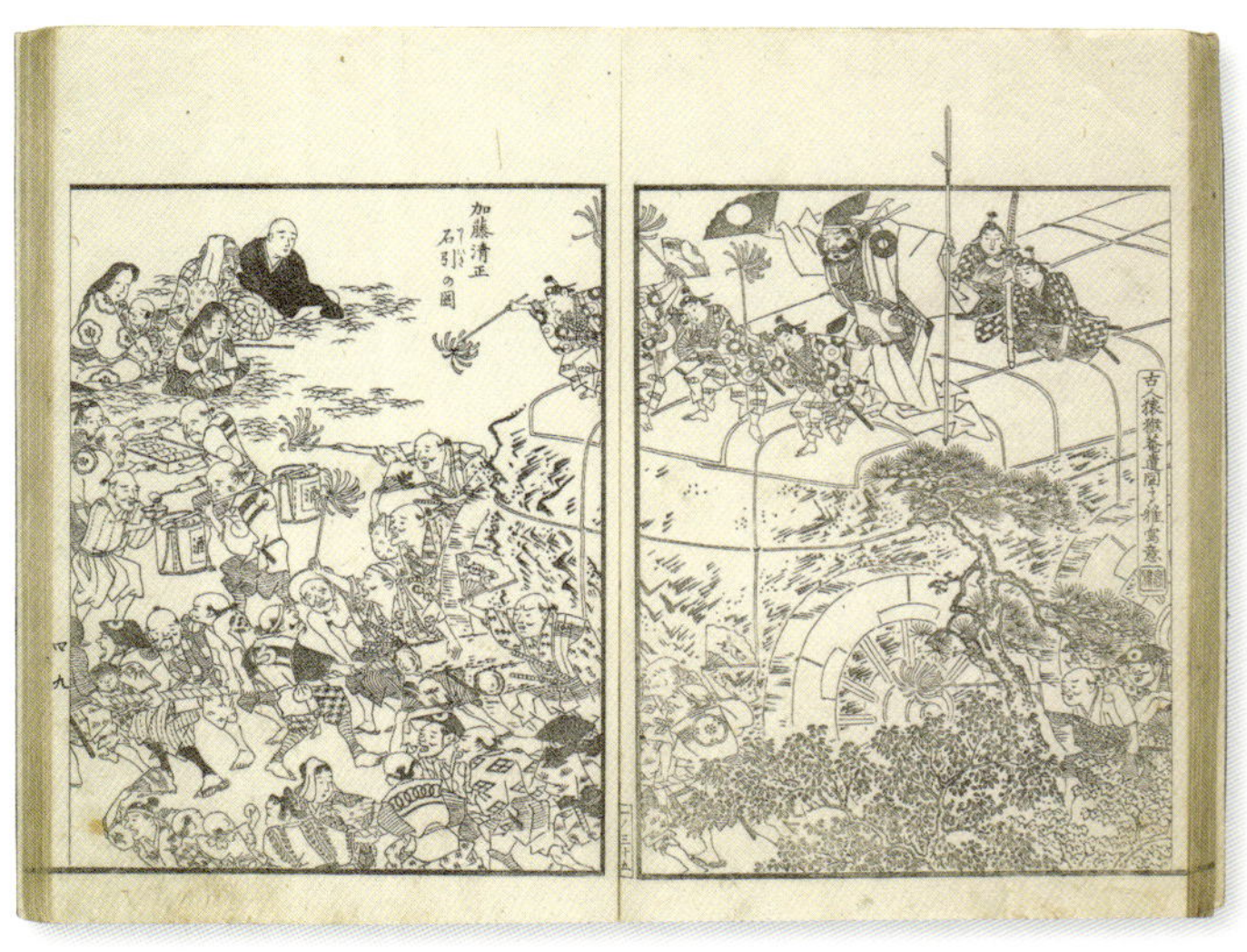

18

**「尾張名所図会」前編巻一**
**加藤清正石引の図**

Famous Places in Owari Province, series 1, volume 1.
'Picture of KATŌ Kiyomasa Directing the Pulling the Stone'.

小田切春江画／岡田啓・他編
天保15年（1844）刊
一冊（一三冊のうち）
徳川林政史研究所

慶長十五年（一六一〇）、徳川家康は名古屋城の築城を決め、前田・池田・蜂須賀・加藤・福島・黒田・鍋島・浅野・毛利らの諸大名に工事を命じた。名古屋城は、天下普請によって築かれたのである。工事のうち、とくに天守台の石垣は、肥後国五十四万石を領する大名加藤清正が担当した。清正は、合戦での武功とともに、築城や河川改修などの土木工事にも優れた手腕を発揮したことで知られる。

本図は、名古屋城築城に際し、清正が石垣として積む大きな石を大勢の人夫に引かせている様子を描く。毛氈で包んだ大石の中央に立ち、片鎌の槍と扇子を手に木遣歌を歌う大男が清正。（小酒井）

# 太平を謳歌する大坂の人びと。石を曳く職人の姿

The people of Osaka sing the praises of peace. Masons transporting a stone.

19

**大坂図屏風**

Folding Screen Decorated with Scene of Osaka

江戸時代
六曲一隻
大阪歴史博物館

左端の第六扇に大坂城の天守を描き、第一扇に反り橋で住吉大社、第二扇に塔で四天王寺を表す。また、第二扇から第六扇に堀で囲まれた大坂城の様子を大きく描く。下部の堀は東横堀川で堀の手前は船場の町並みである。城の内外には平和を謳歌する多くの人びとを描く。そうしたなか、第六扇の下部中央に車に載せた石を曳く人びとが描かれ、往時の都市建設の一端を彷彿とさせる。(田原)

# 天下一統 ―出仕行列と狩猟儀礼

## Unification of the Country ―Processions to Serve the Shōgun and the Customs of Hunting

慶長二十年（一六一五）の大坂夏の陣で豊臣氏が滅亡すると、以降二百年余の長きにわたり、日本国内での大規模な合戦は見られなくなる。天下太平の世となり、サムライたちが政務を執行する役人としての性格を強めても、軍団への動員のあり方は、かたちを変えて引き継がれた。たとえば、大名たちの参勤交代や登城・出仕の行列には、家中を構成する多くのサムライたちが出陣に準じた姿で供として加わっていた。また、軍事調練を兼ねて幕府や大名家で行われた鷹狩や追鳥狩（おいとりがり）、鹿狩でも、数多くのサムライたちが百姓らとともに動員された。その姿はさながら戦陣の如くであった。（小酒井）

# 天下太平を実現し、江戸幕府を開いた徳川家康を描く

## Painting of TOKUGAWA Ieyasu who brought peace and established the Edo Bakufu government.

### 【徳川家康（とくがわいえやす）】

天文十一年（一五四二）～元和二年（一六一六）

三河国岡崎城主の松平忠広の子として生まれる。幼少期を織田・今川の人質として過ごした。永禄三年（一五六〇）の桶狭間の戦いを機に自立。織田信長・豊臣秀吉の天下一統に協力。慶長五年（一六〇〇）の関ヶ原合戦に勝利したのち、同八年に征夷大将軍となり、江戸に幕府を開いた。元和二年に没後、久能山に葬られたが、その翌年に日光に改葬された。（小酒井）

関ヶ原の合戦で勝利した徳川家康は、慶長八年(一六〇三)に征夷大将軍に任じられ、江戸幕府の初代将軍となった。その後の大坂の陣で豊臣氏を滅ぼし、以降、二〇〇年以上にわたる天下太平の世を実現した。

本図は、元和二年(一六一六)に死去した後、東照大権現として祀られた家康の姿。御簾(みす)のあがった宮殿内に、黒袍(くろほう)の束帯をまとい、繧繝縁(うんげんべり)の上畳に座している。その手前には、狛犬が配されており、典型的な「東照大権現像」といえる。(小酒井)

20

**徳川家康像**(とくがわいえやすぞう)

**Portrait of TOKUGAWA Ieyasu**

江戸時代

一幅

江戸東京博物館

江戸に在府する大名らは、五節句や毎月の式日、徳川家康の関東打ち入りを祝う八朔(八月一日)などに、江戸城へ登城し、将軍や前将軍である大御所に拝謁することが義務付けられていた。そのため、自らの格式に応じた行列を立てて、江戸城へ登城した。とくに、年始の登城は錚々たるものであったらしく、絵画が多く残されている。

この屏風で描かれているのは、正月年始登城の際の下馬先の風景。右隻は大手門および内桜田門前、左隻は坂下門および西丸大手門前である。登城すべく進む行列や、門前で主人を待つ家臣らの姿とともに、彼らを目当てにさまざまな商売人が集まって営業を行っていた様子が見て取れる。(小酒井)

**21**

## 江戸城年始登城風景図屏風

**Folding Screens Decorated with Depiction of Visitors to Edo Castle for the New Year**

佐竹永湖画
明治31(1898)頃
六曲一双
江戸東京博物館

# 大名たちの年始登城で大賑わいとなる江戸城の下馬先を描く。

The bustling crowds at the *Gebasaki* entrance to Edo Castle as the Daimyō (feudal lords) arrive to offer their New Year greetings.

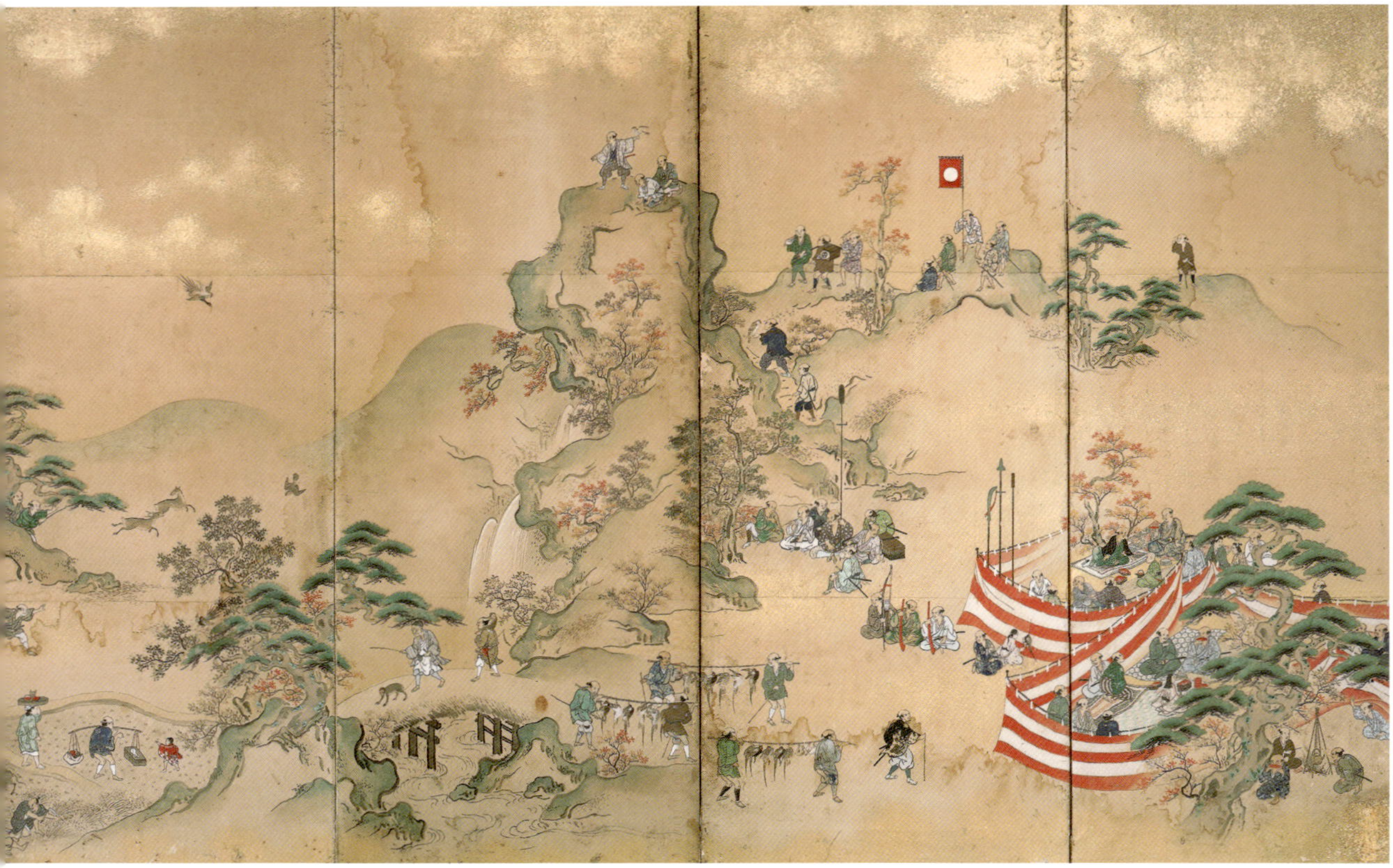

# 大名の遊興「鷹狩」。さながら平時の軍事調練！

The pastimes of the Daimyō—hawking. Resembling a military exercise in peacetime.

左隻は春、右隻は秋の景色の中、鷹狩に興じる人々を描いた屏風。左隻には、桜や躑躅が彩りを添え、画面中央の山の上で放鷹しているとみえる。それ以外にも各所に獲物を追い、捉える鷹が描かれている。画面右側では大勢の勢子が犬とともに獲物を追い立て、驚いた雉子が飛び立ち兎も逃げる様子、画面左側では茶や焼物が供され酒や煙草を喫んで休む人々の様子が表される。藁葺の家の傍には乗物（駕籠）が見える。その棹が黒塗でないことから、将軍ではなく大名クラスの鷹狩りとみられる。右隻では、画面左側に勢子や犬が獲物を追い立て、画面右側には幔幕を張り休む人のびとの姿が描かれている。（田原）

22

## 鷹狩図屏風

Folding Screens Depicting Hawking Scene

江戸時代・18世紀

六曲一双

徳川美術館

# 鷹狩の最後の楽しみ、食事の風景を活写！

**The final enjoyment of the hunt, the vivid portrayal of the after-hunt meal!**

23

**鷹狩絵巻**（たかがりえまき）

**Picture Scroll of Falconry**

江戸時代・17〜18世紀

二巻

公益財団法人徳川黎明会

山野での鷹狩りと、水辺での鷹狩りをそれぞれ一巻ずつに描いた絵巻。全体に金砂子を散らし豪華である。描かれている駕籠の棹が黒塗りでないことから、将軍ではなく大名クラスの鷹狩りを描いているとみられるが、家紋などは明示されていない。雁・鶴・鷺・雉・鴨と異なる鳥の狩猟風景を描き分けるだけでなく、狩り場へ至るまでの行列や狩猟後の食事の風景も詳細に描写し、興味深い。（田原）

第二章

# 日常

## ―実生活のあれこれ―

The Everyday Life of the Samurai
―Various Aspects of their Lives―

2

城に将軍、城下に大名が居住する江戸は、城下町中の城下町、すなわち「総城下町」といえる都市であった。河川や河原、百姓地などを除けば約七割を武家地が占め、幕府の役所・御用屋敷、大名・旗本・御家人らの屋敷からなっていた。これら武家屋敷こそ、サムライたちの主な生活の場であった。

現代では、江戸のサムライについての知識は、フィクション・ノンフィクションを問わず、著名な人物に関する作品から得る場合が多く、彼らの言動や所作、行状や活躍、功罪といったきわめて非日常的な側面が注目されがちである。ともすれば、いわゆる〝武士道〟に関する書物などに登場する理念的な側面に重心を置いて、それこそ代表的なサムライの姿であるととらわれてしまうきらいがある。

しかし、著名な歴史上のサムライたちにも日常生活はあり、功業や事件の狭間ではルーティンワークに勤しみ、衣食住に関しては特別な事例でもないかぎり余人と異なることがなかった。また、英雄、豪傑といえども人間にほかならず、その生老病死は等しく彼らを悩ませたのである。ましてや、無名のサムライたちは、公私を問わず淡々と何気ない日常生活をおくった。その実生活こそ本来のサムライの姿なのである。

（田原）

# 日常の断片 —泥絵と古写真から

## Fragments of Daily Life —Seen Through *Doro-e* Paintings and Old Photographs

泥絵とは、顔料に胡粉を混ぜてつくった絵の具で描いた絵画で、色感が西洋の油絵に近く、遠近法を用いた風景画が多く残されている。特に幕末以降、武家屋敷など江戸の景観を画題とした作品が人気となった。同じく幕末・明治期には武家屋敷を題材とした古写真が多数撮影され、ともにサムライが生きた景観をある程度偲ぶ手がかりとなっている。景観に溶け込む人物像との対比によって、往時の武家屋敷の巨大さ、スケール感が実感できる。(田原)

## 遠近法を用いた風景画で見る、往時の大名屋敷

### The old mansions of Daimyō depicted in the landscape paintings drawn in perspective.

本帖は、江戸をはじめとする諸国の風景画一八枚を貼り交ぜたもの。江戸の大名屋敷も多く画題に取り上げられている。

「赤羽根有馬様」では、芝増上寺の裏手(西側)から新堀川にかかる赤羽根橋越しの様子を描く。川に沿って延びる御長屋の景観が美しく、江戸を代表する名所のひとつであった。

「伊井様」では、桜田堀にそって連なる上屋敷の御長屋群や麹町火消屋敷(現在の半蔵門会館付近)の火の見櫓までを描く。桜田堀付近は現在でも旧観を保っており、往時の姿を偲ぶことができる。(田原)

24-1

**泥絵画帖**
**赤羽根有馬様(久留米藩有馬家上屋敷の図)・**
**伊井様(彦根藩井伊家上屋敷の図)**

*Doro-e* Sketchbook.
Lord Arima's Mansion in Akabane
(the main mansion of the Arima family of the Kurume Domain) /
and Lord Ii's Mansion (the main mansion of the Ii clan of Hikone Domain)

江戸時代後期
二図(一帖の内)
江戸東京博物館

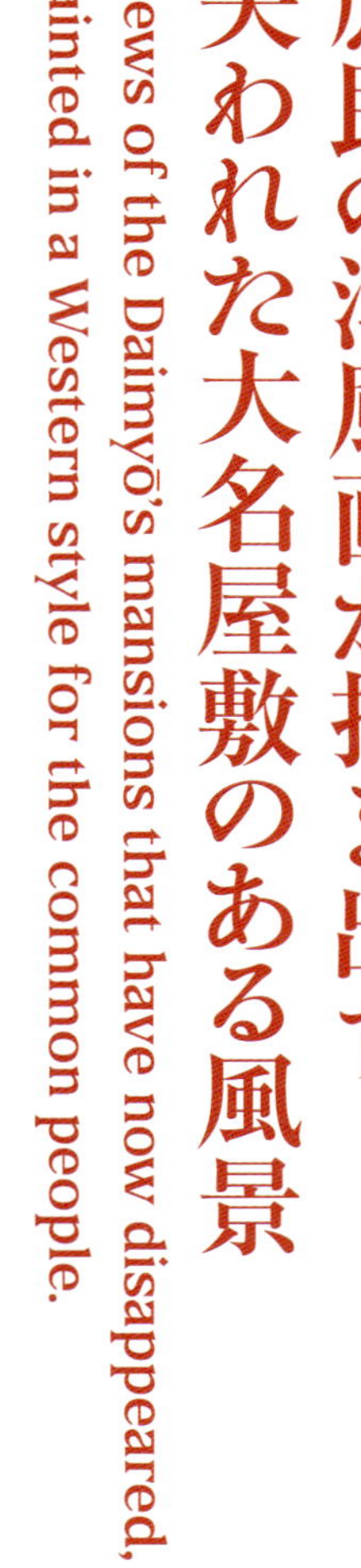

# 庶民の洋風画が描き出す、失われた大名屋敷のある風景

## Views of the Daimyō's mansions that have now disappeared, painted in a Western style for the common people.

泥絵には、西洋画風に低い水辺線や線遠近法を意識したものが多い。肉筆画という点で、浮世絵版画よりインパクトのある、庶民の素朴な西洋画といえる。「山下御門」では、江戸城外郭門のひとつである山下御門と、その内側手前に白河藩上屋敷（現在の帝国ホテルの一部）と奥に佐賀藩上屋敷（現在の日比谷公園の一部）を描く。現在、堀は埋め立てられ、山下御門はＪＲ線の高架下となり当時の面影は全く失われている。（田原）

24-2

**泥絵画帖**
**山下御門（白河藩阿部家・佐賀藩鍋島家上屋敷の図）・**
**桜田上杉様（米沢藩上杉家上屋敷の図）**

*Doro-e* Sketchbook. Yamashita Gate
(the main mansions of the Abe clan of Shirakawa Domain and the Nabeshima family of Saga Domain) /
Lord Uesugi's Mansion in Sakurada (the main mansion of the Uesugi clan of the Yonezawa Domain)

江戸時代後期
二図（一帖の内）
江戸東京博物館

## 今は
## 中央官庁の代名詞。
## かつては
## 大名屋敷が建ち並ぶ

**This area is now famous for its government offices. It used to be filled with Daimyō's mansions.**

霞ヶ関坂(現在の霞ヶ関二丁目付近)を挟んで、右手(北)に広島藩浅野家の上屋敷、左手(南)に福岡藩黒田家の上屋敷(現在の外務省)を描く。浅野家の朱色の門は、十一代将軍家斉の娘で浅野斉粛夫人末姫の御殿(御住居)の門である。中央奥には富士山が描かれ、右手に行くと外桜田御門があり、手前を進む行列は江戸城から下がってきた大名のものであろう。(田原)

**25**
**東都名所　霞ヶ関全図**
Famous Views of the Eastern Capital —Kasumigaseki

歌川広重画
天保年間(1830～1844)
三枚続
江戸東京博物館

## 大名屋敷表門の威容。
## その場所は今はオフィス街の代名詞

**The imposing front gateway to a Daimyō's mansion. The site is now a famous business district.**

八代洲河岸(現在の帝国劇場付近)にあった鳥取藩池田家上屋敷の表門を描いた泥絵。この屋敷があった辺りを大名小路と称し、多くの大名屋敷が建ち並んでいた。道行く人との比較から、往時の大名屋敷表門の大きさがうかがえる。(田原)

**26**
**松平因幡守様江戸御屋敷**
**(鳥取藩池田家上屋敷の図)**
The Mansion of Lord Matsudaira of Inaba. (the main mansion of the Ikeda family of Tottori Domain)

幕末～明治時代
一枚
江戸東京博物館

# 明治後に転用された旧大名屋敷。写真に残るその面影

The Daimyō's mansions that were reutilized after the Meiji Restoration. Images that remain in old photographs.

明治初めから昭和の初期にいたる間に撮影された東京とその周辺の旧跡などの写真三〇枚を収録した写真集。それぞれの写真の台紙に簡単な解説が付されている。幕府や大名施設の多くは、江戸幕府が倒れ江戸が東京と改称された後も新政府の官庁舎や諸施設として転用され、明治以降も昔の姿をとどめていた。これらは格好の被写体として撮影され、後世にその面影を残すこととなった。（田原）

27-1〜15

**温古写真集**（おんこしゃしんしゅう）

*Onko* [nostalgic] Photograph Collection

明治時代初期〜昭和時代初期

一五枚（三〇枚の内）

江戸東京博物館

27-1

**温古写真集**（おんこしゃしんしゅう）

**西丸台地より丸ノ内展望**（にしのまるだいちよりまるのうちてんぼう）

*Onko* [nostalgic] Photograph Collection —View of Marunouchi from the High Ground of the Western Citadel of Edo Castle

明治時代初期

西丸（現在の皇居）の吹上御門付近から丸の内の方向を撮影したもの。右手に見えるのが現在の皇居前広場付近。（田原）

27-2

**温古写真集**（おんこしゃしんしゅう）

**西丸大手門**（にしのまるおおてもん）

*Onko* [nostalgic] Photograph Collection —View of the Ōtemon Main Gate to the Western Citadel of Edo Castle

明治時代初期

西丸（現在の皇居）の大手門（現在の皇居正門石橋）を撮影。下に見える堀は二重橋堀。（田原）

27-3

**温古写真集**
**常盤橋御門**

*Onko* (nostalgic) Photograph Collection
—Tokiwabashi Bridge Gate to Edo Castle

明治時代初期

現在も外堀通り沿いにその名を残し、枡形跡（常盤橋門跡）など遺構が残る。（田原）

27-4

**温古写真集**
**呉服橋御門**

*Onko* (nostalgic) Photograph Collection
—Gofukubashi Bridge Gate to Edo Castle

明治時代初期

常盤橋と同じく現在も外堀通り沿いにその名を残す。往時の枡形門の外見がよく分かる。（田原）

27-5

**温古写真集**
**和田倉門**

*Onko* (nostalgic) Photograph Collection
—Wadakura Gate

明治時代初期

明治の初めには往時の姿をよく残していたが、関東大震災で大破する。現在の和田倉噴水公園にいくつかの遺構が残る。（田原）

**27-6**

**温古写真集**
**霞ヶ関福岡藩黒田侯上屋敷表玄関**

*Onko* (nostalgic) Photograph Collection
—The Entrance to the Main Mansion of Lord Kuroda of the Fukuoka Domain in Kasumigaseki

明治時代初期

当時の外務省表門。当初の外務省は、福岡藩上屋敷（現在の外務省付近）の御殿をそのまま転用していた。（田原）

**27-7**

**温古写真集**
**黒田邸長屋海鼠壁東より見る**

*Onko* (nostalgic) Photograph Collection
—The *Namako* Tiled Wall of the Barracks of Lord Kuroda's Mansion, Looked at from the East

明治時代初期

同じく当時の外務省の正面北側付近の様子。御長屋は取り壊しを免れ、昭和時代初期までその姿を残していた。（田原）

**27-8**

**温古写真集**
**黒田邸長屋海鼠壁南より見る**

*Onko* (nostalgic) Photograph Collection
—The *Namako* Tiled Wall of the Barracks of Lord Kuroda's Mansion, Looked at from the South

明治時代初期

同じく当時の外務省の南東角付近の様子。正面北側の御長屋とともに戦災で焼失した。（田原）

**27-9**

**温古写真集**
**旧薩摩藩装束屋敷門**

*Onko* (nostalgic) Photograph Collection
—Gateway to the Old Satsuma Domain's Shōzoku Mansion

明治16年(1883)～昭和時代初期

旧薩摩藩上屋敷(装束屋敷、現在の内幸町一丁目付近)には、明治16年に鹿鳴館が設置され、表門だけはそのまま鹿鳴館の表門として利用された。(田原)

**27-10**

**温古写真集**
**旧雲州松江藩松平侯上屋敷門**

*Onko* (nostalgic) Photograph Collection
—Gateway to the Main Mansion Once Belonging to Lord Matsudaira of the Unshū Matsue Domain

明治時代初期

旧松江藩上屋敷(現在の東京メトロ永田町駅近辺)には、明治5年(1872)に閑院宮邸が設けられ、旧来の表門がそのまま邸宅の表門として利用された。(田原)

**27-11**

**温古写真集**
**旧丹波篠山藩青山下野守屋敷門**

*Onko* (nostalgic) Photograph Collection—Gateway to the Mansion Once Belonging to Lord Aoyama Shimotsuke-no-kami of the Tanba Sasayama Domain

明治時代初期

旧篠山藩中屋敷の門とされる。「温古写真集」解説には、青山御所(現在の赤坂御用地内)の正門として使用されたとあるが、実際の門とは形式が異なっている。あるいは隣接する別の中屋敷の門とも考えられるが現在のところ確認できない。(田原)

**27-13**

**温古写真集**
**吉良上野介松平三河守屋敷跡 後の警視庁跡**

*Onko* (nostalgic) Photograph Collection
—Mansion Once Belonging to Lord Matsudaira Mikawa-no-kami that Stood on the Site of the Mansion Belonging to KIRA Kōzukenosuke and Later Became Headquarters of the Tokyo Police Force

明治時代初期

津山藩上屋敷(松平三河守屋敷、現在の東京駅構内)はかつて吉良上野介の屋敷があった場所。警視庁の敷地となり火の見櫓が残っていたが、明治44年(1911)、警視庁の日比谷移転とともに取り払われたと思われる。(田原)

**27-12**

**温古写真集　旧尾州侯下屋敷裏長屋**

*Onko* (nostalgic) Photograph Collection
—The Rear Barracks of the Suburban Residence Once Belonging to Lord of Bishū

大正年間

尾張徳川家の市ヶ谷上屋敷は、陸軍に接収されて士官学校となり、当時、屋敷西側に2棟の御長屋が残っていた。(田原)

**27-15**

**温古写真集　旧姫路藩酒井侯屋敷おしどり池**

*Onko* (nostalgic) Photograph Collection—The *Oshidori* (mandarin duck) Pond in the Grounds of the Mansion Once Belonging to Lord Sakai of Himeji Domain

明治30年(1897)頃

姫路藩上屋敷の奥庭にはおしどり池という池があった。明治以降も大蔵省内に残っていたが、関東大震災後に埋め立てられた。(田原)

**27-14**

**温古写真集 旧姫路藩酒井侯屋敷奥殿**

*Onko* (nostalgic) Photograph Collection—The Innermost Residence of the Mansion Once Belonging to Lord Sakai of Himeji Domain

明治30年(1897)頃

姫路藩上屋敷(現在の東京メトロ大手町付近)は大手門前にあり、内務省や大蔵省の庁舎として利用された。写真はその奥御殿付近の当時の様子。(田原)

**薩摩の屋敷**
**（実際は、島原藩松平家中屋敷）**

Satsuma Domain's Mansion
(actually: second residence of the Matsudaira clan of Shimabara Domain)

フェリーチェ・ベアト撮影
1863～1870年頃
一図（写真帖の内）
個人蔵

# 江戸の風景を写したベアトの写真

## Views of Edo by the photographer Felice Beato.

安政五年六月一九日（一八五八年七月二九日）に締結された日米修好通商条約（安政五ヶ国条約）に基づき、安政六年六月二日（一八五九年七月一日）、横浜港が開港した。写真家のフェリーチェ・ベアト（Felice Beato 一八三四～一九〇九）は、文久三年（一八六三）横浜港から日本に上陸した。

フェリーチェ・ベアトは、当時、イギリス領であったコルフ島で生まれ（ヴェネツィアで生まれたとの説もある）、一八四四年にコンスタンティノープル（現在のイスタンブール）に移住。そこで印刷技師として働き、写真術も身に付けていたジェイムズ・ロバートソンと出会い、写真を学んだといわれている。ロバートソンはベアトの姉妹と結婚。義理の兄弟となったふたりは協働してクリミア戦争の戦場を撮影する。ベアトはその後、インドを訪れ、一八五八年、インド大反乱後の様子を撮影。一八六〇年には香港から中国に入り、アロー戦争（第二次アヘン戦争）の戦闘後の光景などを撮影。この時、「絵入りロンドン・ニュース」の特派員で画家のチャールズ・ワーグマンと出会い、先に日本に渡ったワーグマンを頼って来日する。

来日後のベアトは、文久三年（一八九三）、スイス全権大使エメ・アンベールの日本国内旅行に同行し、精力的に日本各地を撮影する。翌、文久四年（一八六四）にはワーグマンと共同経営のスタジオを横浜に設立（慶応三年（一八六七）に解消）。風景だけではなく、当時の人々の風俗習慣も撮影し販売を行った。ベアトが撮影した風景写真には、人物が写っているものが多く見られる。その理由は被写体の大きさを見る者に認識させるためであるが、ベアトは江戸の人々も写し込むことにより、写真により一層のリアリティを加味しようとしたのであろう。

明治三年（一八七〇）頃から不動産投資や住宅販売を手がけるようになったベアトは、写真撮影から離れていく。明治一〇年（一八七七）、写真事業をライムント・フォン・シュティルフリートとヘルマン・アンデルセンの共同経営会社に売却。明治一七年（一八八四）に離日し、一九〇九年フィレンツェで死去する。

**28-2**

**有馬屋敷**
**(実際は、左:久留米藩有馬家屋敷、**
**右:秋月藩黒田家屋敷)**

**Arima Mansion**
**(actually left: Mansion of the Arima clan of Kurume Domain**
**Right: Mansion of the Kuroda clan of Akizuki Domain)**

フェリーチェ・ベアト撮影
1863〜1870年頃
一図(写真帖の内)
個人蔵

**28-3**

**愛宕山の裏手、江戸**

**The Rear Side of Atago Hill, Edo**

フェリーチェ・ベアト撮影
1863〜1870年頃
一図(写真帖の内)
個人蔵

**28-4**

**愛宕神社、江戸**

**Atago-jinja Shrine, Edo**

フェリーチェ・ベアト撮影
1863〜1870年頃
一図(写真帖の内)
個人蔵

29-1
薩摩藩の役人
Officials Belonging to the Satsuma Domain

フェリーチェ・ベアト撮影
1863〜1870年頃
一図（写真帖の内）
個人蔵

# 写真家ベアトが残した江戸の人びとの姿
# The people of Edo Remain in Beato's photographs.

29-2

**薩摩の提督と公使（実際は、薩摩および佐土原藩士）**

**Admiral and Minister Belonging to the Satsuma Domain (actually: samurai of the Satsuma and Sadowara Domains)**

フェリーチェ・ベアト撮影
1863〜1870年頃
一図（写真帖の内）
個人蔵

29-3

**夜警、江戸**

**Night Patrol (Edo)**

フェリーチェ・ベアト撮影
1863〜1870年頃
一図（写真帖の内）
個人蔵

**29-4**

**役人と従者**

**Government Official with Attendants**

フェリーチェ・ベアト撮影
1863〜1870年頃
一図（写真帖の内）
個人蔵

**29-5**

**火消装束の役人**

**Officials in Firefighting Costumes**

フェリーチェ・ベアト撮影
1863〜1870年頃
一図（写真帖の内）
個人蔵

**29-8**

**イギリス公使館、江戸（実際は、高輪、東禅寺）**

**British Legation, Edo (actually: Tōzenji Temple, Takanawa)**

フェリーチェ・ベアト撮影
1863〜1870年頃
一図（写真帖の内）
個人蔵

29-6

有馬様の屋敷、江戸
(実際は、麻布中ノ橋付近)

Mansion Belonging to Lord Arima, Edo
(actually: the area around Azabu Nakanohashi)

フェリーチェ・ベアト撮影
1863〜1870年頃
一図(写真帖の内)
個人蔵

29-7

永代橋、江戸

itaibashi Bridge, Edo

フェリーチェ・ベアト撮影

863～1870年頃

一図（写真帖の内）

個人蔵

# 江戸勤番―大名屋敷の生活
## Duty in Edo—Life Within the *Daimyō*'s Mansions

諸大名の多くは、参勤交代によって江戸への定期的な居住を義務づけられ、この参勤にしたがって、江戸の大名屋敷には多数の江戸詰家臣が暮らしていた。これを江戸勤番という。大名家臣の江戸詰勤務は、参府から帰国まで大名と行動をともにする場合が一般的であったが、なかには、大名の参勤にかかわらず、一定期間江戸に滞在し、江戸屋敷の管理や幕府、諸大名家との交渉にあたる者もいた。前者はその大半が単身赴任者で、後者は「定府」といい妻帯が許されていた。いずれも大名屋敷内の御長屋（勤番長屋）で起居したが、大都市江戸での消費生活は負担が大きく、概してその生活は質素になりがちであった。（田原）

30-1

**久留米藩士江戸勤番長屋絵巻**

Picture Scroll of Terraced Houses for Kurume Domain's Samurais Working in Edo

三谷勝波筆／戸田熊次郎序
明治時代
一巻
江戸東京博物館

30-2

**久留米藩士江戸勤番長屋絵巻〔複製〕**

Picture Scroll of Terraced Houses for Kurume Domain's Samurais Working in Edo (reproduction)

一巻
江戸東京博物館
江戸東京博物館原資料蔵

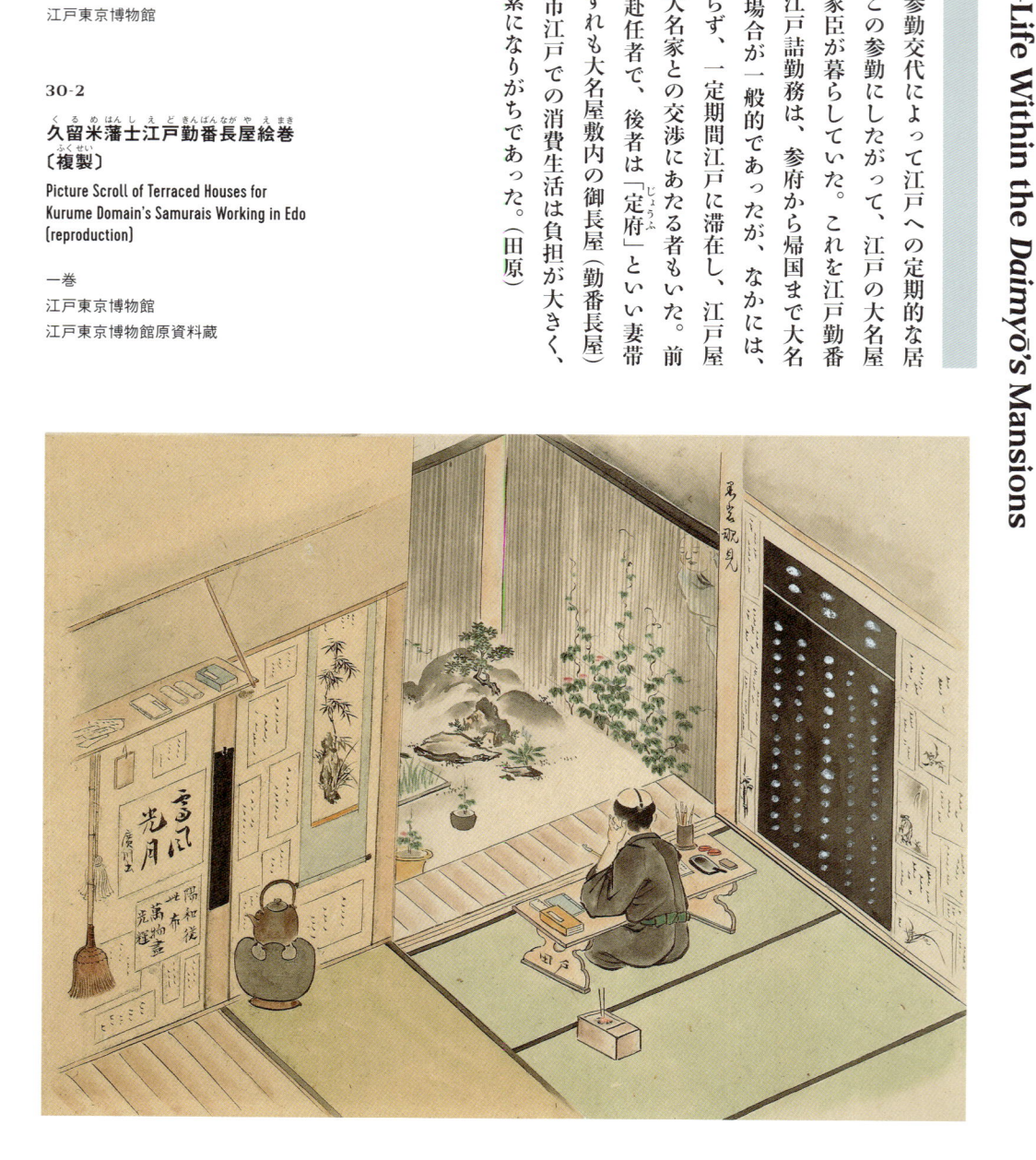

30-1-1

**久留米藩士江戸勤番長屋絵巻**
**戸田熊次郎の部屋の図**

Picture Scroll of Terraced Houses for Kurume Domain's Samurais Working in Edo.
Picture of the Room Belonging to TODA Kumajirō

本絵巻の序文の作者戸田熊次郎の部屋。この図は部屋の壁が起し絵になっている。庭には朝顔が咲き、花壇、庭木、庭石が見える。（田原）

30-1-2

**久留米藩士江戸勤番長屋絵巻**
**梯豊太の部屋の図**

Picture Scroll of Terraced Houses for Kurume Domain's Samurais Working in Edo. Picture of the Room Belonging to KAKEHASHI Toyota

梯豊太も戸田熊次郎と同じ目付。絵巻の作者三谷勝波と同居しており、この長屋の2階に住んでいた。窓の外には他の御長屋の屋根が見える。（田原）

# 往時を懐かしむ家臣たちが描かせた勤番長屋の生活

## A nostalgic view of life in the Edo barracks painted at the request of the old retainers.

かつて江戸勤番を体験した久留米藩有馬家の家臣たちが、明治になってから昔日を懐かしみ、同僚であった元御用絵師の三谷勝波に依頼して描かせたもの。序文は元目付の戸田熊次郎が記している。天保十年（一八三九）前後の様子が描かれており、三田赤羽橋（現在の港区三田）付近にあった上屋敷に居住した藩士たちの、ごく日常的な暮らしぶりを一三の場面で紹介している。場面の中には一部がめくれる起し絵となっている。（田原）

30-1-3

**久留米藩士江戸勤番長屋絵巻**
**高原信太の部屋の図**

Picture Scroll of Terraced Houses for Kurume Domain's Samurais Working in Edo. Picture of the Room Belonging to TAKAHARA Shinta

高原信太の江戸勤めは4年にも及んでいた。窓から定府勤番士の家にいる女性を眺めているのは江戸遊学中の医師平木賢斎。（田原）

**30-1-4**

**久留米藩士江戸勤番長屋絵巻　酒宴の図**

**Picture Scroll of Terraced Houses for Kurume Domain's Samurais Working in Edo. Picture of Drinking Party**

江戸での勤番生活の中で気のおけない仲間との酒の語らいは、ささやかな楽しみのひとつであった。図右下を見ると酒に燗をつけている様子がわかる。(田原)

**30-1-5**

**久留米藩士江戸勤番長屋絵巻**
**高原乙次郎の部屋にて暴飲の図**

**Picture Scroll of Terraced Houses for Kurume Domain's Samurais Working in Edo. Picture of Excessive Drinking in the Room Belonging to TAKAHARA Otojirō**

藩主有馬頼徳は帰国の間近に突如幕府から増上寺火の番を命じられる。このため勤番士の帰国も延期、鬱憤冷めやらず暴飲乱行の次第となった。天保10年4月5日の出来事。(田原)

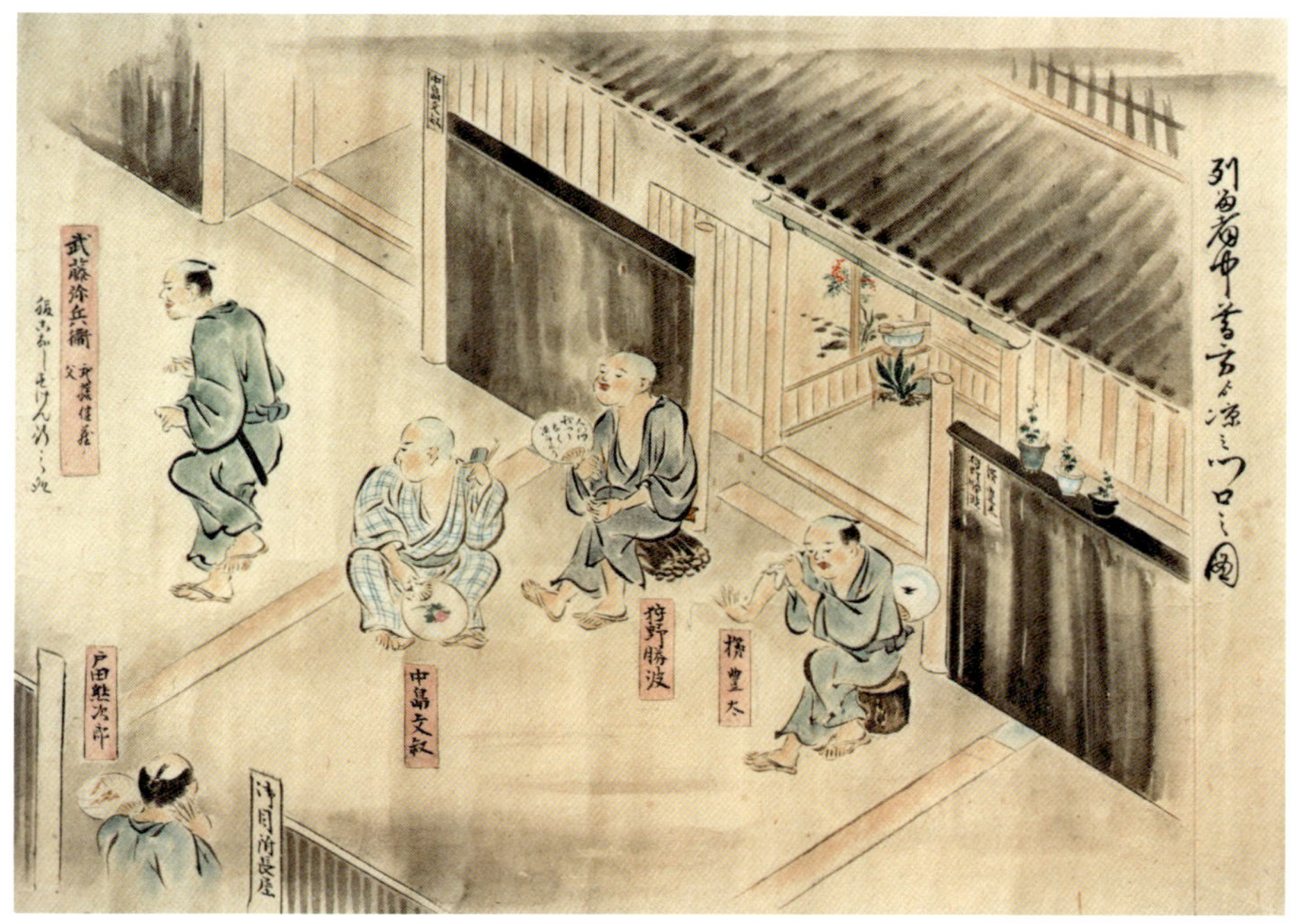

30-1-6

**久留米藩士江戸勤番長屋絵巻**
**長屋前にて夕涼みの図**

Picture Scroll of Terraced Houses for Kurume Domain's Samurais Working in Edo.
Cooling Down in Front of the Tenement House in the Evening

外で涼をとる戸田熊次郎、三谷勝波、中島文淑、梯豊太の4人が腹ごなしに行く武藤弥兵衛を見送る。門口には各人の表札がかかり、下水が引かれていた様子がよくわかる。(田原)

# 日常の情景を残したい一心。数十秒間静止した大名主従

**Determined to leave an image of everyday life. Daimyō and retainers remain motionless for the duration of the exposure.**

中央で頬杖をつく男性は上田藩主松平忠礼。囲むようにして五人の藩士が酒を酌み交わしている。右奥に椅子や首押さえなど写場の備品があり、あきらかに演出して創作された情景である。とはいえ、日常生活を写真に残したいという心持ちから撮影されたのだろう。忠礼こそ硬い表情であるが、手前左の藩士は徳利を持ち右の藩士に酒を勧めるなど、みなが談笑に興じている様子となっている。宴会の一コマのようであるが、当時の撮影技術では、少なくとも十数秒間、この状況で静止する必要があった。（田原）

31

**松平忠礼を囲む写場**

Sitting around Lord MATSUDAIRA Tadanari

慶応年間（1865～1868）
一枚
東京都写真美術館

# 大名奥方の日常

## The daily life of a Daimyō's wife preserved through photography.

32

**美濃大垣藩主戸田氏正奥方種姫**
**お付女中と**

**Princess Tane, Wife of Lord TODA of the Mino Ōgaki Domain, with her Handmaidens**

幕末〜明治期

一枚

江戸東京博物館

種姫（親姫とも）は薩摩藩主島津重豪の娘。演出して創作された情景であるとはいえ、女中とともにある大名奥方の日常がうかがえる写真となっている。夫の戸田氏正は藩士を高島秋帆、佐久間象山、江川担庵、勝海舟の門に送り、洋学、洋式砲術を研究させ兵制を改革した人物。（田原）

# 旗本御家人 —御直参の勤めと暮らし

## *Hatamoto and Gokenin* —The Duties and Lives of the Shōgun's Direct Retainers

将軍に仕える直属家臣のうち、禄高一万石未満の者を旗本御家人という。代々将軍に謁見できる御目見以上の者が旗本、将軍に謁見できない御目見以下の者が御家人である。この両者を「後直参」「幕臣」とも称し、幕府役人としていろいろな役職を担っていた。将軍から旗本御家人には、知行（領地）や切米（蔵米）など俸禄とともに、住居として屋敷が支給された。旗本は単独で拝領し、御家人は役職ごとに一箇所に屋敷を拝領した。これを組屋敷という。その広さは一〇〇〇坪以上から一〇〇坪前後までさまざまだが、だいたい俸禄の多寡に応じて支給された。この拝領屋敷こそ、旗本御家人の生活の場であった。（田原）

## 任地佐渡島への船中、奉行が掲げた大旗

Large flag flown by a magistrate on the voyage to his post on Sado Island.

33

**五本骨扇に大の字紋大旗**

**Large Flag Depicting a Five-spline Fan Decorated with the Character 'Dai' [big]**

大熊善太郎所用
三井越後屋調製
幕末
一旒
江戸東京博物館

大熊善太郎が佐渡奉行在職中に佐渡への往復の船に毛槍や吹き流しとともに建てたもの。この大旗の付属品から、江戸駿河町（現在の中央区日本橋室町）の三井越後屋製と知れる。（田原）

## 勤中のサムライの威儀を正した上着

Surcoat by a samurai on duty as an expression of his dignity.

34

**丸に蔦紋陣羽織**

**Battle Surcoat Decorated with Ivy-in-Circle Crest**

大熊家伝来
幕末
一領
江戸東京博物館

陣羽織は、もともと具足の上に防寒・防雨のために着るものであったが、次第に武士が野外の警備などに際して威儀をただすために用いるようになった。丸に蔦紋は大熊家の定紋である。（田原）

# サムライの威儀を正した道具のひとつ

One of the accessories used by a samurai to express his dignity.

35

**大熊善太郎所用軍扇**

Battle Fan Used by ŌKUMA Zentarō

幕末

一点

江戸東京博物館

軍扇はもともと武士が陣中で用いた扇。付属の袋から大熊善太郎の所用とわかる。片面には金地に紅で、もう片面には紅地に金で日輪が描かれている。(田原)

## ここにあり!
## 勤役中の宿所を示す木札

**I am here!**
**Wooden inn placard inscribed with the guest's name.**

36

**「大熊善太郎泊」関札**

'Guest ŌKUMA Zentarō' Inn Placard

大熊善太郎所用

幕末

一点

江戸東京博物館

関札とは宿札ともいい、大名や旗本、役人などが宿泊した際、宿駅の出入口や宿舎の前に掲げた札。大熊善太郎が公務出張中に使用されたものと考えられる。(田原)

### 【大熊善太郎・鐸之助】

大熊善太郎は、天保一〇年(一八三九)十月に寺社奉行吟味物調役(御家人役)から勘定組頭となり「永々御目見以上」(旗本)となった人物。以後、代官、西丸広敷用人を歴任し、嘉永五年(一八五二)閏二月に佐渡奉行に就任。代官勤役中の嘉永三年には村々に桜の苗木を玉川上水沿いに植えることを命じている。鐸之助は善太郎の孫で、書院番、裏門切手番之頭、広敷番之頭、和宮付広敷番之頭、実成院用人などを歴任し、明治維新を迎えている。(田原)

# 旗本の家に伝来した大砲の模型

## Model of canon passed down through the family of a shōgunal retainer.

37

**大砲模型**

**Model Canon**

大熊家伝来
幕末
一点
江戸東京博物館

大熊家に伝来した模型だが、由緒は不明。（田原）

38

**和宮下賜　御所人形**
**「打出の小槌を曳く童子」**

**Gosho (Palace) Doll Presented by Kazu-no-miya 'Child Playing with a Magic Mallet'**

大熊鐸之助拝領
幕末
一体
江戸東京博物館

## 将軍御台所からの下賜品。往時の旗本の勤めぶりを伝える

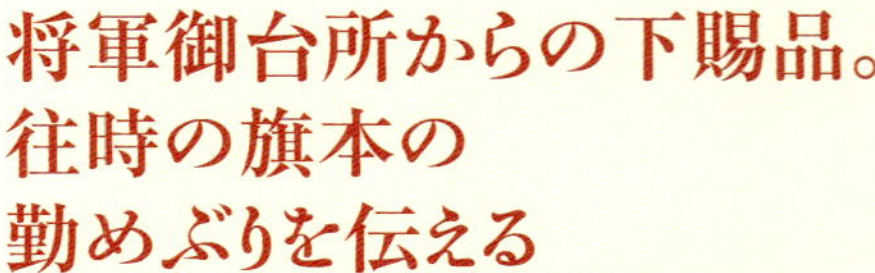

A gift received from the Shōgun's wife. It speaks of the work done by the Shōgunal retainers.

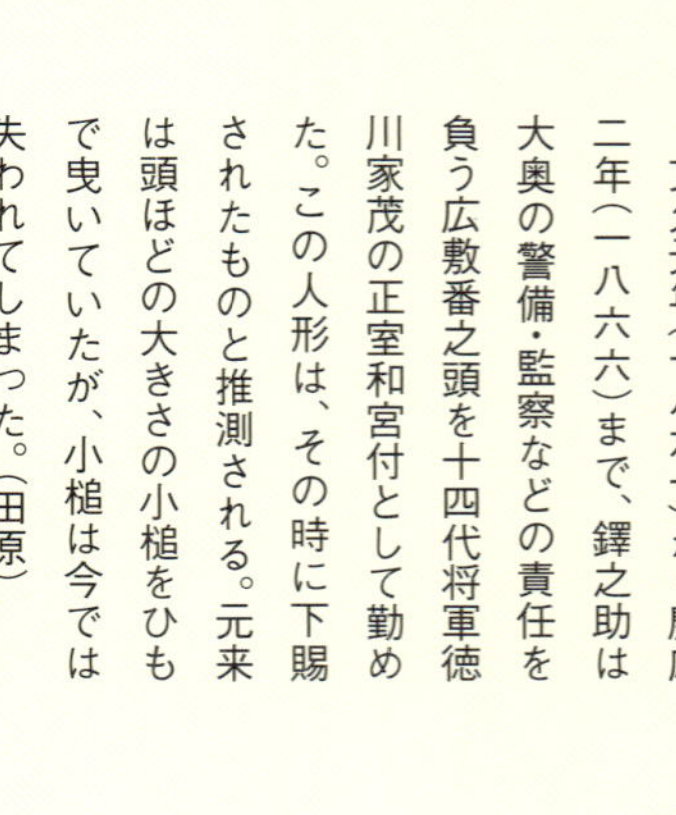

文久元年（一八六一）から慶応二年（一八六六）まで、鐸之助は大奥の警備・監察などの責任を負う広敷番之頭を十四代将軍徳川家茂の正室和宮付として勤めた。この人形は、その時に下賜されたものと推測される。元来は頭ほどの大きさの小槌をひもで曳いていたが、小槌は今では失われてしまった。（田原）

39

**和宮付広敷番之頭大熊鐸之助着用松葉重精好布衣**

Ceremonial *Hoi* Robe of Seigo Silk, Worn by Okuma Takunosuke, Head of Princess Kazunomiya's Guard

幕末
一領
江戸東京博物館

大熊鐸之助が和宮降嫁に際して上京し、さらに御供に加わった時に着用したと伝えられる布衣。布衣は六位相当の役職に就任した旗本の正装。（田原）

## 旗本の家に伝来した儀礼服

## Courtesy clothes passed down through the family of a shōgunal retainer.

## 旗本の家に伝来した火事装束

## Fire fighter's Haori passed down through the family of a shōgunal retainer.

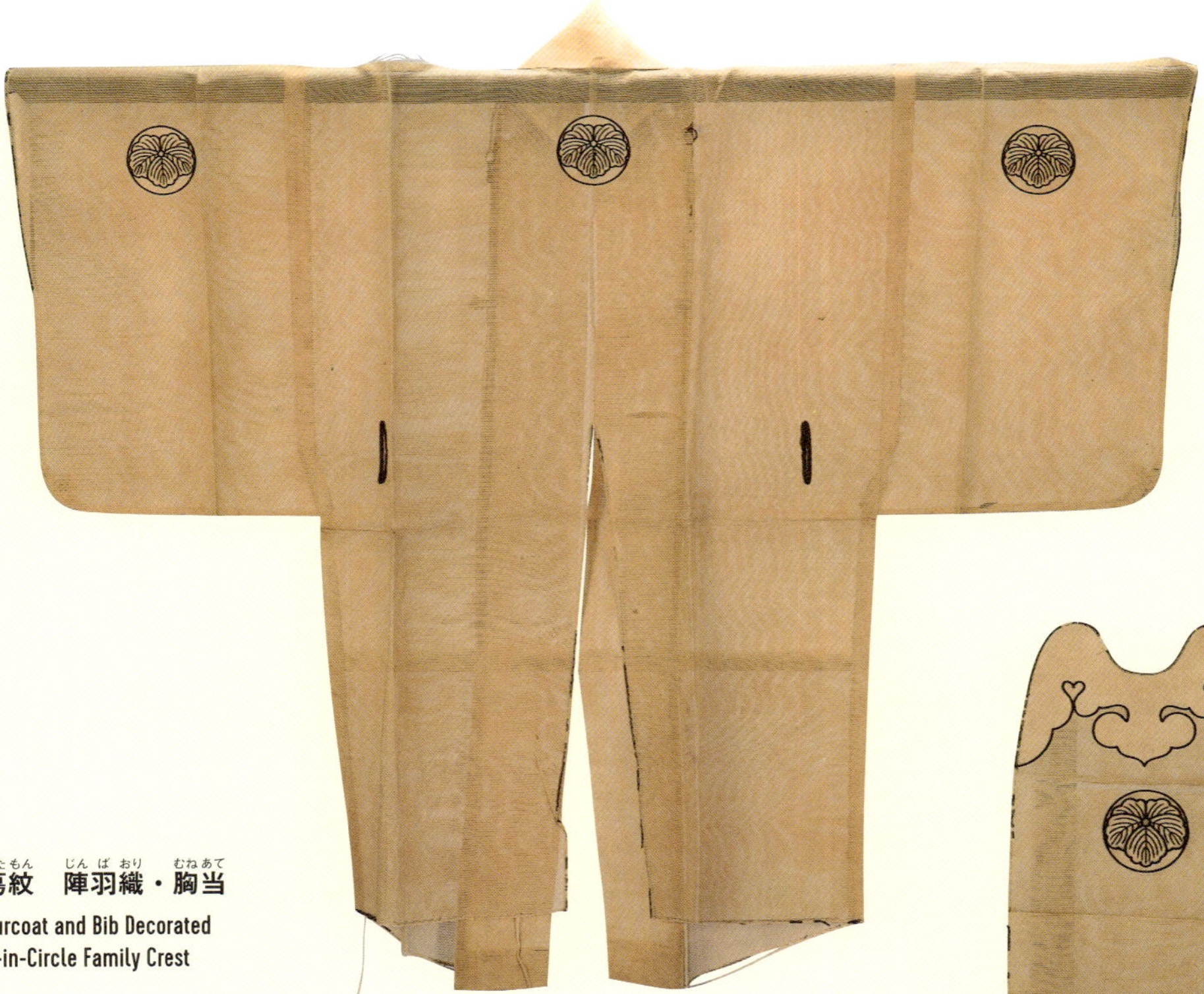

40

**丸に蔦紋　陣羽織・胸当**

Battle Surcoat and Bib Decorated with Ivy-in-Circle Family Crest

大熊家伝来
幕末
一領
江戸東京博物館

丸に蔦紋は大熊家の定紋である。羽織と胸当が一式であることから、火事装束と考えられる。（田原）

# 町奉行所与力の住居。小規模ながらサムライの格式を備える

The residence of a yoriki, the highest rank among the police working under town magistrates. Although small in size, it demonstrates the social standing of the samurai.

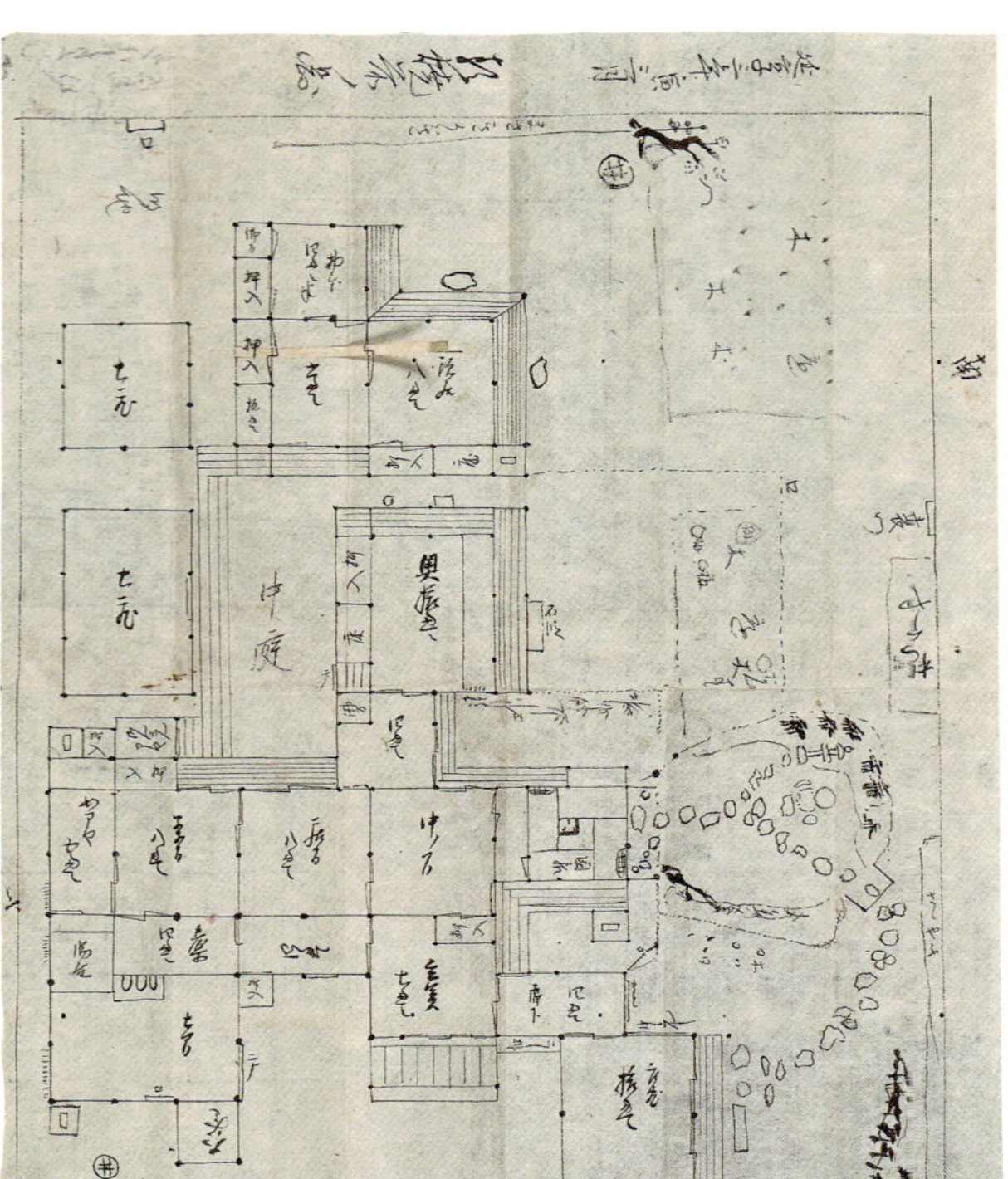

41

## 都筑十左衛門宅普請絵図（つづきじゅうざえもんたくふしんえず）

Construction Plan of the TSUZUKI Jūzaemon Residence

延享3年（1746）3月
一枚
江戸東京博物館

都筑十左衛門は禄高二〇〇石の町奉行所与力である。町奉行所の与力、同心を「八丁堀の旦那」と俗称するとおり、都筑家の拝領屋敷は八丁堀（現在の中央区八丁堀）にあった。この屋敷絵図は、延享三年の大火で焼失後、再建するにあたり焼失以前の様子を描いたもの。約二八〇坪の北側半分（画面左側）を建物が占め、その中央に居間や奥の間、台所など、当主や妻子の生活の場が描かれる。南側半分（画面右側）には庭がつくられ、樹木や池、飛び石などが見られる。（田原）

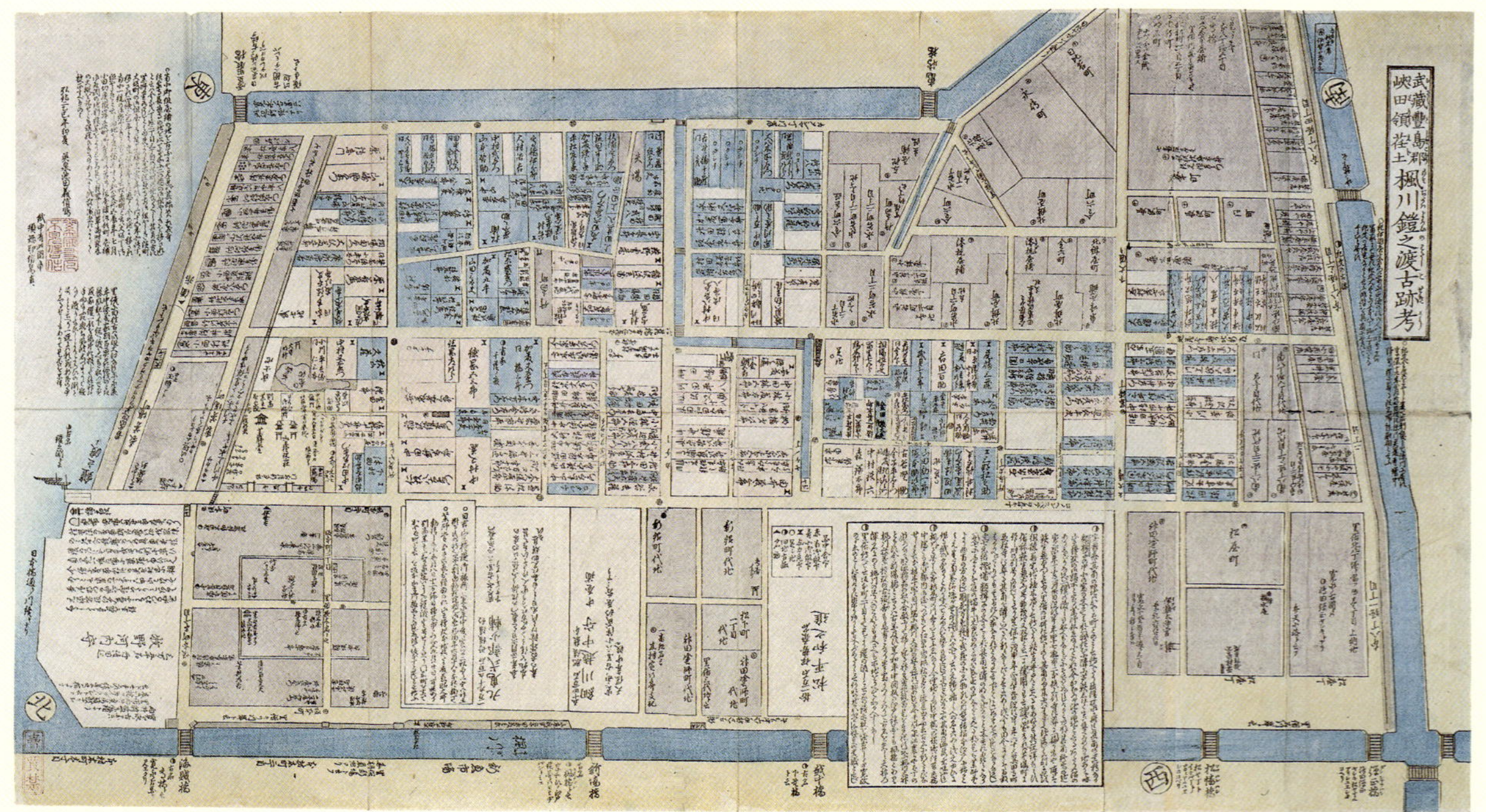

# サムライの家に歴史あり。町奉行所与力の由緒書

**Samurai families have history. A genealogical document belonging to a *yoriki* (highest ranked officer) working for the city magistrate.**

延享三年十一月に町奉行所与力の都筑十左衛門が作成した由緒書の控えである。祖父の阿部彦左衛門が遠江国新居関所与力から町奉行所与力となった経緯から、父都筑兵右衛門を経て自身にいたるまでの都筑家の歴史が認められている。(田原)

43
**由緒書 控**
**Genealogical document (copy)**

都筑十左衛門
延享3年(1746)11月
一通
江戸東京博物館

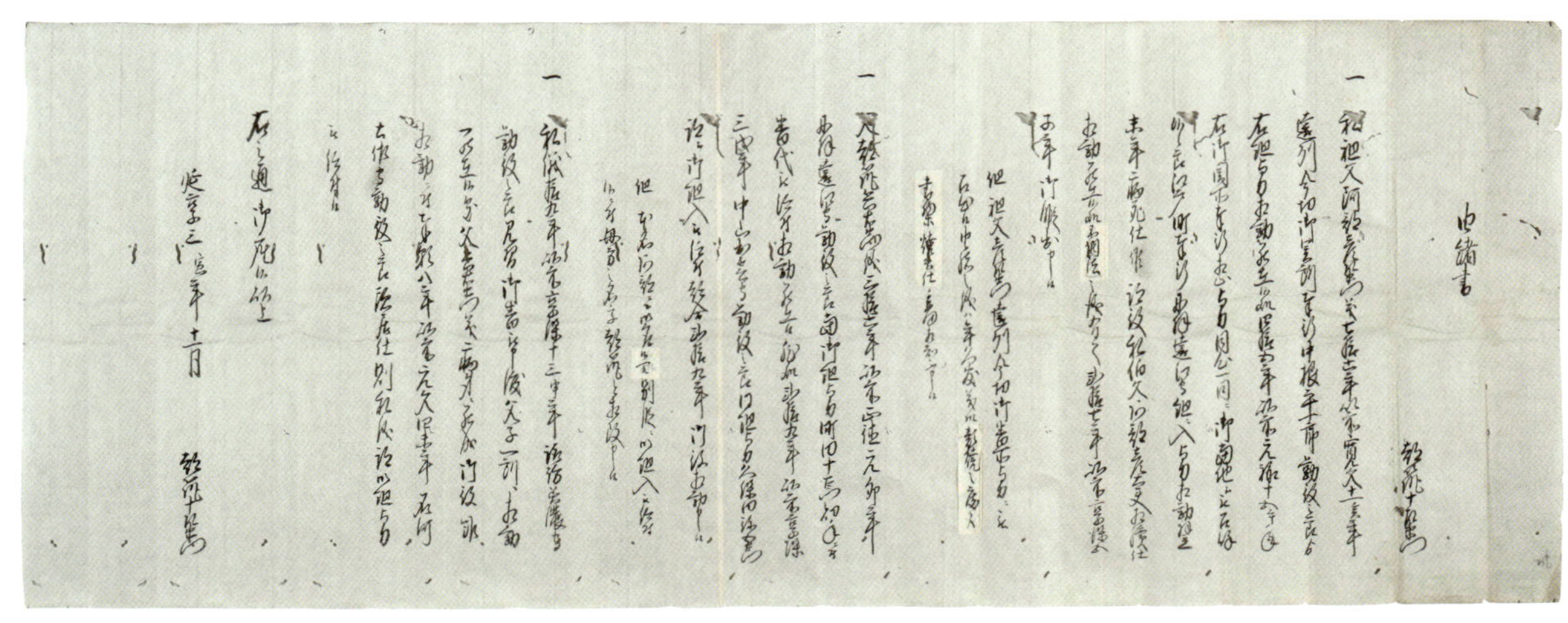

# 八丁堀の旦那！町奉行所与力・同心の組屋敷の様子

**The homes of *Hatchō-bori* policemen. The homes of the *yoriki* (highest rank) and *dōshin* (second rank) officers of the Edo police force.**

42
**武蔵豊島郡峡田領荏土楓川鎧之渡古跡考**
**Report on Historical Site of Momijigawa Yoroiwatashi in Edo, Sakudaryō, Musashi-toshima district**

池田英泉写
弘化2年(1845)
一舗
江戸東京博物館

八丁堀の地誌を併記するため標題は古風であるが、町奉行所の組屋敷を表した絵図。本来八丁堀とは、京橋川と楓川が合流する堀(図の右側)を指すが、この辺りに町奉行所与力・同心の組屋敷が置かれ、かれらを「八丁堀の旦那」と俗称したため、図の一帯を指す俚俗名となった。与力・同心の多くは拝領屋敷の一部を医者や儒者などに貸与して、地代を得ていたといわれる。(田原)

## 【町奉行所与力都筑家】

都筑家は町奉行所与力を代々勤めた家。その先祖は阿部彦左衛門といい、元来は遠江国新居関所与力であったが、元禄十五年(一七〇二)にこの関所が廃止となった際、江戸に呼ばれて町奉行所与力となった。この彦左衛門の跡は子息彦太夫が継いだが、享保三年(一七一八)町奉行所与力に欠員が出た際、その弟が都筑兵右衛門を名乗りここに補充された。兵右衛門の跡は子息十左衛門が継ぎ、以後、都筑家は代々与力を勤め幕末にいたっている。(田原)

## 都筑家に伝来した煙管

**Passed down through the Tsuzuki family. A pipe used to smoke tobacco.**

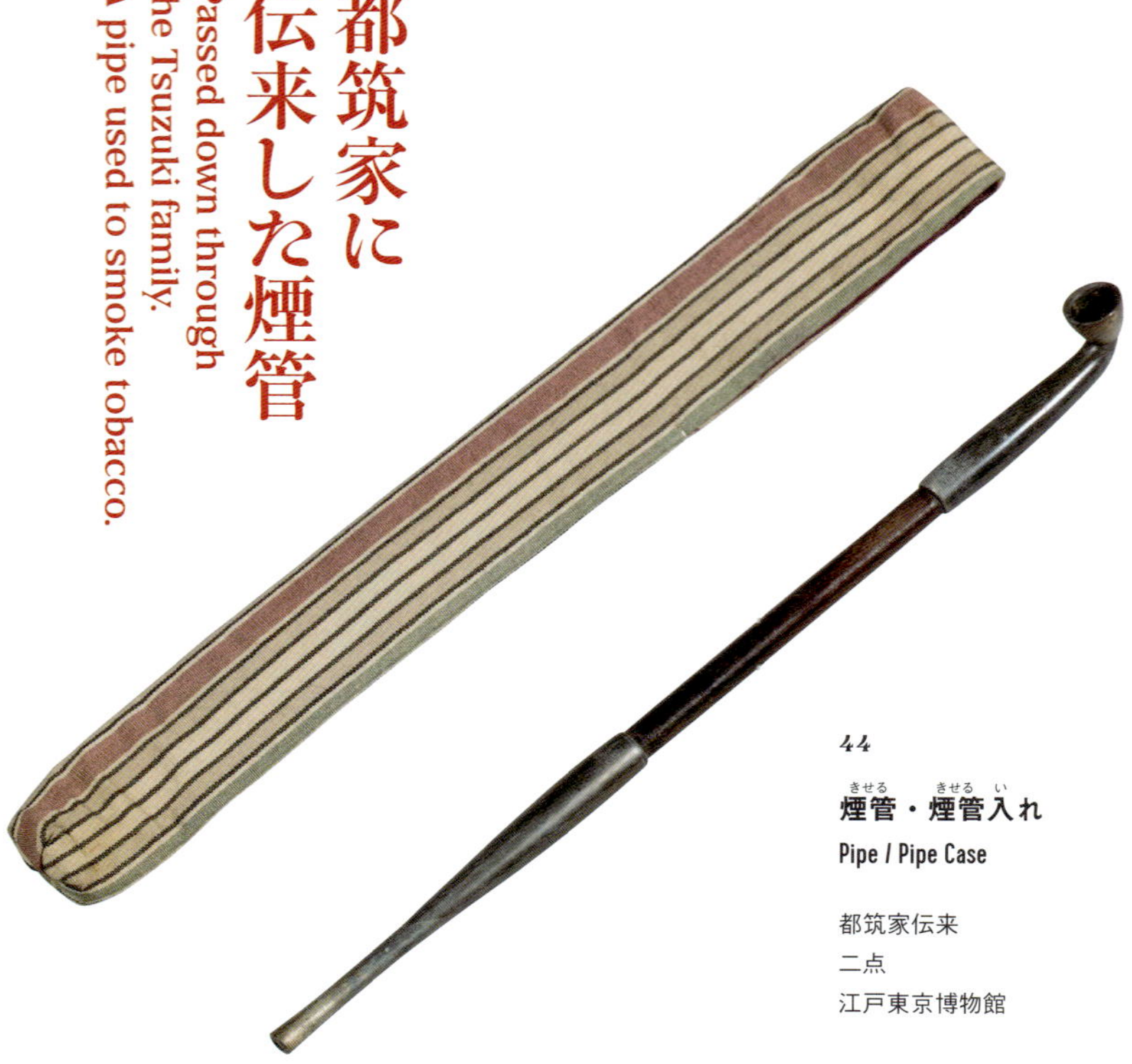

44

**煙管・煙管入れ**

Pipe / Pipe Case

都筑家伝来
二点
江戸東京博物館

## 色鮮やかな煙草入れ

**A brightly colored tobacco pouch.**

45

**懐中煙草入れ**

Tobacco Pouch

都筑家伝来
一点
江戸東京博物館

46

**朱房付十手**

*Jitte* [short metal truncheon] with Red Cord and Tassel

都筑家伝来
江戸時代後期
一点
江戸東京博物館

# 刀以外の身分指標。時代劇でお馴染み！

**Like a sword, this was also an indicator of rank. Often seen in historical dramas.**

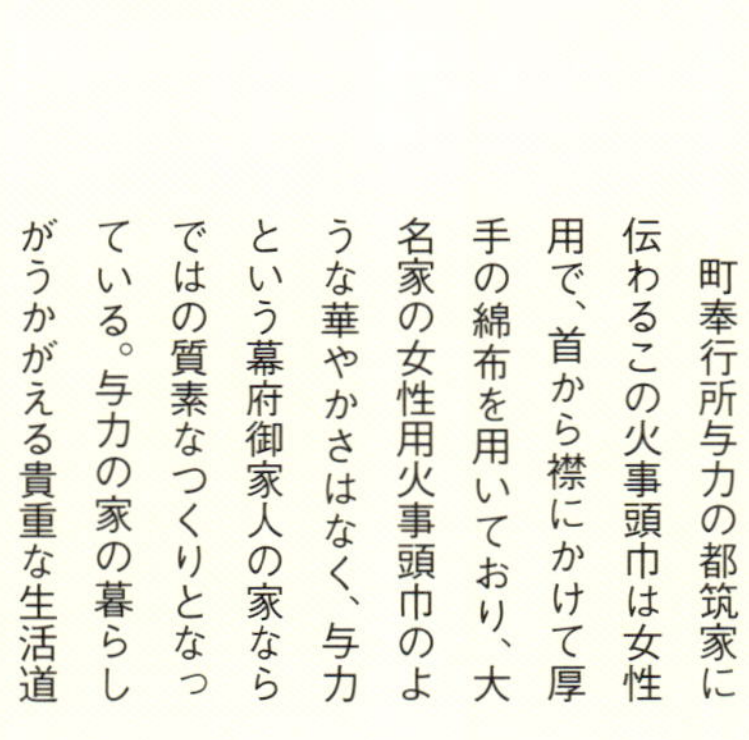

町奉行所与力は、長さ約三〇センチ程度の真鍮製の十手と、それより長めで鉄製の十手とを使用した。捕り物など現場用の後者に対して、前者は、本資料のように朱房付のもので、袱紗や袋に入れて携行し、身分や役職を示す役割を果たしていたと考えられている。（田原）

# 御家人の家の女性による火事への備え

**Woman's firefighting helmet belonging to lower-ranking retainer of the Tokugawa.**

町奉行所与力の都筑家に伝わるこの火事頭巾は女性用で、首から襟にかけて厚手の綿布を用いており、大名家の女性用火事頭巾のような華やかさはなく、与力という幕府御家人の家ならではの質素なつくりとなっている。与力の家の暮らしがうかがえる貴重な生活道具のひとつである。（田原）

47

**火事頭巾**

Firefighting Hood

都筑家伝来
江戸時代後期
一頭
江戸東京博物館

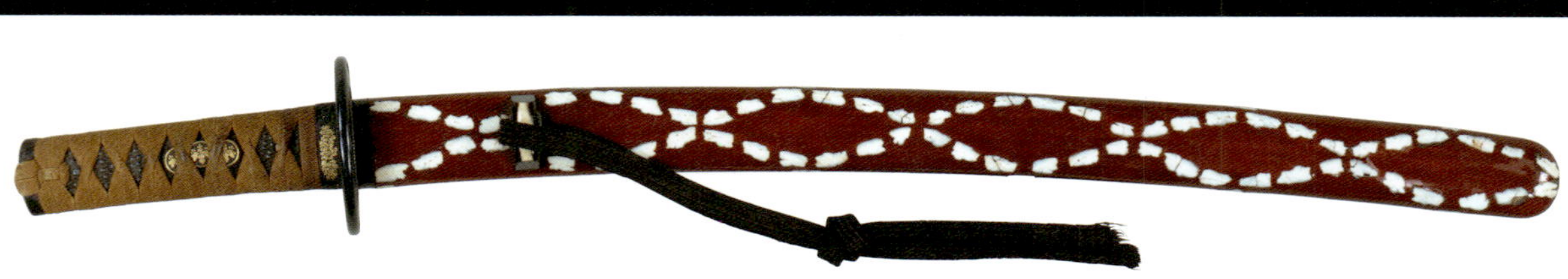

## 脇差が語る。幕末から明治かけての幕臣の活躍

**This short sword speaks of the activities of shogunate retainers between the end of the Edo period to the early Meiji.**

表に銀象嵌で「いなは内匠頭」の銘があり、裏に「志津松菴（花押）」との朱銘がある。幕末期に遣欧使節の随行員として活躍した山内六三郎の所用品である。（田原）

48

**脇差　銀象嵌銘いなは内匠頭**
**石首魚石入溜塗脇差拵**

Short Sword with *Wakizashi* Mounts,
Blade signed 'Inaha Takuminokami' in silver Inlay
with scabbard decorated with Ishimochi inlay in Lacquer

山内六三郎所用
江戸時代
一振・一箇
江戸東京博物館

## 【山内六三郎】

文政九年（一八二六）～大正十一年（一九二二）

文久三年（一八六三）に神奈川奉行手附翻訳方となり遣仏使節の随行員として渡仏。外国語に堪能で、帰国後に再び遣欧使節の随行員に選ばれ、慶応三年（一八六七）、パリ万国博覧会に将軍名代として派遣された徳川昭武の通訳となる。帰国後は榎本武揚の軍に加わり箱館戦争に参加。その後、明治政府に仕え顕官を歴任した。（田原）

## 幕末から明治かけて活躍した幕臣の所用品

**Items used by shogunate retainers who were active from end of the Edo to early Meiji periods.**

49

**脇差　金粉銘正宗**
**黒塗拵**

Short Sword with Black-lacquer *Wakizashi* Mounts,
Signed 'Masamune' in Gold

山内六三郎所用
江戸時代
一振・一箇
江戸東京博物館

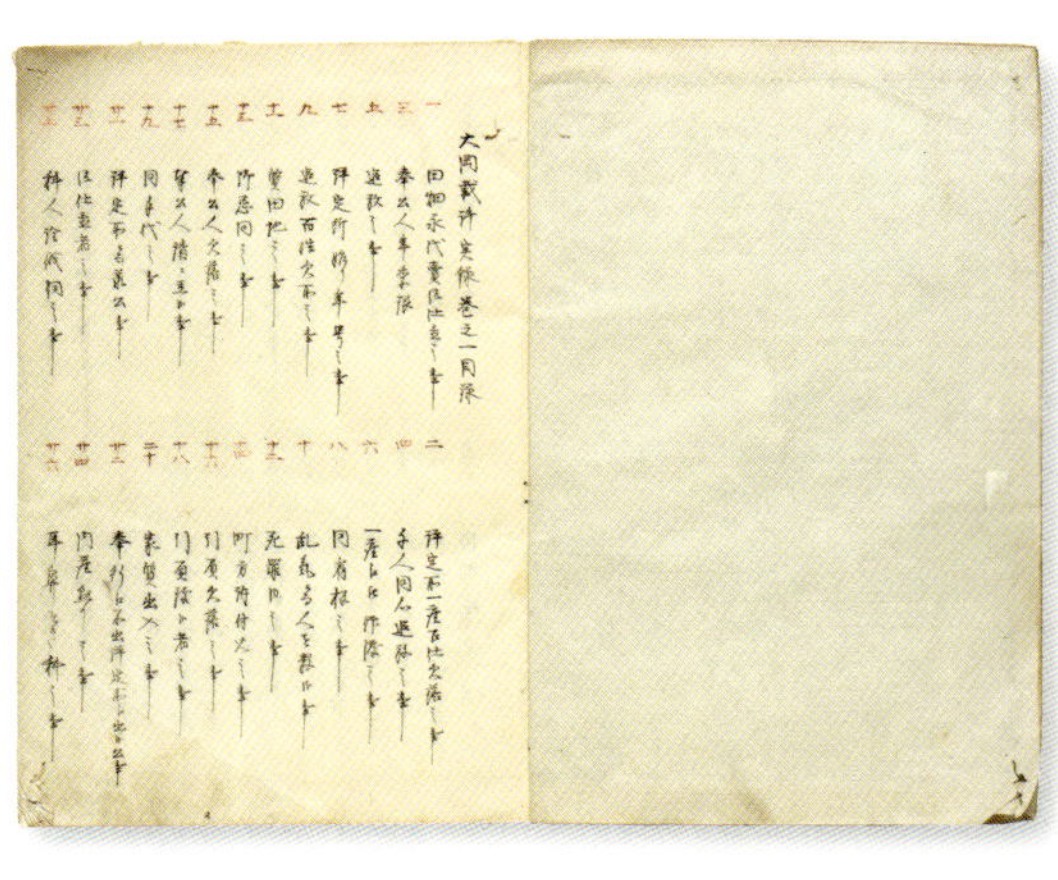

52
**大岡裁許実録　一〜六**
Factual Record of Ōoka's Judgements

江戸時代後期写
全三冊
江戸東京博物館

## 大岡忠相の名裁きを伝える記録
The Record to introduce the excellent judgment of ŌOKA Tadasuke.

大岡忠相に関わる法令・判例などの記録。江戸幕府の正史「徳川実紀」によると、大岡忠相の裁判には優れたものが多いので、その裁判を密かに記して民間でほめたたえたという。

江戸時代から忠相は名奉行として高く評価され、その裁きをまとめた記録が多く出回っていた。（小酒井）

## 時代を越えて広がる名奉行・大岡忠相
An image of this famous magistrate whose exploits live on to this day.

天一坊とは、大岡忠相の名裁判を描く『大岡政談』に収められたエピソードで「天一坊事件」の主人公。この事件は、天一坊が八代将軍徳川吉宗の落胤を詐称して世間を騒がすが、大岡忠相によって見破られ、処罰されるというものである。本書は、この事件をテーマとする書物。ただし、モデルとなった実際の事件の裁きに忠相は関与していない。（小酒井）

51
**天一坊一代記　上下**
*Tenichibō ichidaiki* [The Life of Tenichibō]

竜泉亭是正記／守川周重画
明治時代前期
二冊
江戸東京博物館

### 【大岡忠相】

延宝五年（一六七七）〜宝暦元年（一七五一）

旗本大岡忠高の第四子として生まれる。元禄一五年（一七〇二）に書院番として初出仕。享保二年（一七一七）には江戸の町奉行に就任し、越前守を称する。八代将軍徳川吉宗の下で享保改革を支え、町火消の創設など江戸の防火対策や、武蔵野新田をはじめとする関東各地の農政にも尽力。元文元年（一七三六）には、大名が就任する寺社奉行に抜擢された。要職を歴任し、異例の出世を遂げた有能な幕府官僚。（小酒井）

## 菩提寺に伝わる大岡忠相が所用した煙草盆

Tabacco Tray used ŌOKA Tadasuke, handed down to his family temple.

江戸時代から名奉行として知られた大岡忠相だが、その肖像などは残っていない。しかし、忠相が所用した品々のいくつかは、現在に伝わっている。この煙草盆は、No.55の火鉢などとともに、大岡家の菩提寺である浄見寺に伝わったもの。盆の正面には、大岡家の家紋「剣輪違（けんわちがい）」が見える。（小酒井）

50
**煙草盆（たばこぼん）**
Tabacco Tray of ŌOKA Tadasuke
大岡忠相所用
江戸時代
一式
浄見寺

## 髭を抜き、精神を集中させて白州にのぞむ大岡忠相

ŌOKA Tadasuke plucked his whiskers to focus his mind before giving his judgement.

54
**鑷（けぬき）**
Tweezers
大岡忠相所用
江戸時代中期
三挺
個人蔵

画像提供:豊川市桜ヶ丘ミュージアム

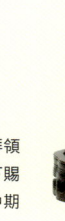

大岡忠相所用と伝わる巨大な鑷（けぬき）（毛抜き）。忠相は裁決を行う時、髭を抜きながら思考したと伝えられる。もともとは四挺あったが、そのうちの一挺は、明治二十二年（一八八九）に、大岡家がかつて所領とした旧西大平藩領内の豊川稲荷（妙厳寺）に寄進され、残りの三挺は大岡家に伝来した。最も小さい鑷には、「越州高田住喜宿」の銘がある。（小酒井）

## 徳川吉宗と大岡忠相の関係を物語る美しい石

A beautiful stone that speaks of the relationship that existed between TOKUGAWA Yoshimune and ŌOKA Tadasuke.

八代将軍徳川吉宗は、大岡忠相を抜擢し享保改革を推進するうえで中心的役割を担わせ、最後は大名に取り立ててその功績に報いた。

この孔雀石は、大岡忠相が吉宗から拝領した品で、石に合わせた台座が付く。孔雀石の名称は、孔雀の羽に似ていることからきており、江戸時代中期に広まったとされる。古くは、岩緑青といわれた。吉宗と忠相との逸話は数多くあるが、この石は両名のつながりを直接に示す、唯一といってよい貴重な品。（小酒井）

53
**孔雀石（くじゃくいし）**
Malachite
大岡忠相拝領
徳川吉宗下賜
江戸時代中期
一台
個人蔵

画像提供:豊川市桜ヶ丘ミュージアム

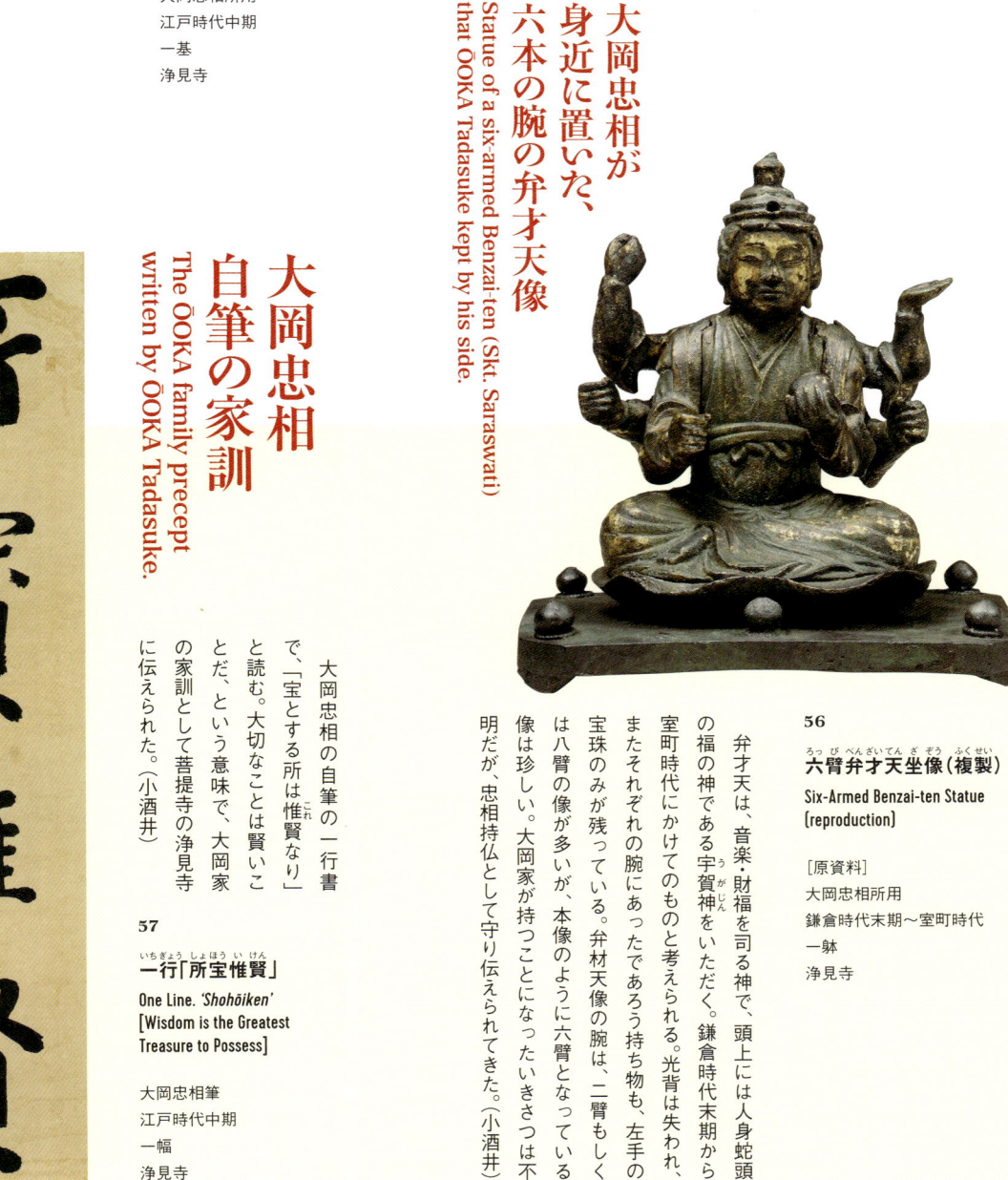

浄見寺は、大岡家が徳川家康の関東移封にともない拝領した相模国高座郡の領地内に、二代忠政により慶長十六年(一六一一)に建立された。家祖忠勝以降、大岡家歴代の当主の墓所が営まれた大岡家の菩提寺である。そのため、浄見寺には、大岡忠相ゆかりの品が伝わっており、この火鉢もそのうちのひとつで、菩提寺参詣の折り、忠相が所用したものと伝えられる。(小酒井)

## 菩提寺に参詣した大岡忠相が所用した火鉢

Brazier used by ŌOKA Tadasuke when he visited his family temple.

55

**火鉢**(ひばち)

Brazier

大岡忠相所用
江戸時代中期
一基
浄見寺

## 大岡忠相が身近に置いた、六本の腕の弁才天像

Statue of a six-armed Benzai-ten (Skt. Saraswati) that ŌOKA Tadasuke kept by his side.

56

**六臂弁才天坐像(複製)**(ろっぴべんざいてんざぞう(ふくせい))

Six-Armed Benzai-ten Statue [reproduction]

[原資料]
大岡忠相所用
鎌倉時代末期～室町時代
一躯
浄見寺

弁才天は、音楽・財福を司る神で、頭上には人身蛇頭の福の神である宇賀神(うがじん)をいただく。鎌倉時代末期から室町時代にかけてのものと考えられる。光背は失われ、またそれぞれの腕にあったであろう持ち物も、左手の宝珠のみが残っている。弁材天像の腕は、二臂もしくは八臂の像が多いが、本像のように六臂となっている像は珍しい。大岡家が持つことになったいきさつは不明だが、忠相持仏として守り伝えられてきた。(小酒井)

## 大岡忠相自筆の家訓

The ŌOKA family precept written by ŌOKA Tadasuke.

所寶惟賢

大岡越前守忠相

大岡忠相の自筆の一行書で、「宝とする所は惟賢(これ)なり」と読む。大切なことは賢いことだ、という意味で、大岡家の家訓として菩提寺の浄見寺に伝えられた。(小酒井)

57

**一行「所宝惟賢」**(いちぎょう しょほういけん)

One Line. *'Shohōiken'* [Wisdom is the Greatest Treasure to Possess]

大岡忠相筆
江戸時代中期
一幅
浄見寺

# 遠山の金さん、晩年の姿

## The appearance of TŌYAMA-no-Kinsan in his latter years.

58

いすみ市指定有形文化財

**遠山金四郎景元画像**

Portrait of TŌYAMA Kagemoto [a.k.a. *Kinsan*] (designated a cultural property by Isumi City)

19世紀後半

一幅

遠山講

千葉県立中央博物館大多喜城分館保管

〝遠山の金さん〟こと遠山金四郎景元の晩年の姿を描いたものとされる。像主の人物の羽織に描かれた雲の模様と、景元の号「帰雲院」とのかかわりが指摘されている。景元の父景晋とする説もある。

景元は天保十一年（一八四〇）に北町奉行に就任。翌年、十二代将軍徳川家慶の臨席の場で訴訟を裁いた際には、奉行の模範であると賞賛され、将軍から高い評価を受けた。一方、江戸市中の統治をめぐっては、奢侈な風俗を一掃しようとした天保改革のもと、寄席の撤廃や歌舞伎芝居の移転を目論む老中水野忠邦と対立。江戸庶民の気分や感情を重視した市政を行おうとした。（小酒井）

### 【遠山景元】

寛政五年（一七九三）～安政二年（一八五五）

旗本遠山景晋の長子として生まれる。文化六年（一八〇九）、幼名通之進から、金四郎と改名。文政八年（一八二五）に将軍に初御目見し、西丸小納戸役となる。その後、西丸小納戸役頭取、小普請奉行、作事奉行、勘定奉行と順調に昇進し、天保十一年（一八四〇）に江戸の町奉行となった。江戸庶民の暮らしや営業の安定を守るため、老中水野忠邦が進める天保改革に真っ向から対立した。〝遠山の金さん〟として知られる。（小酒井）

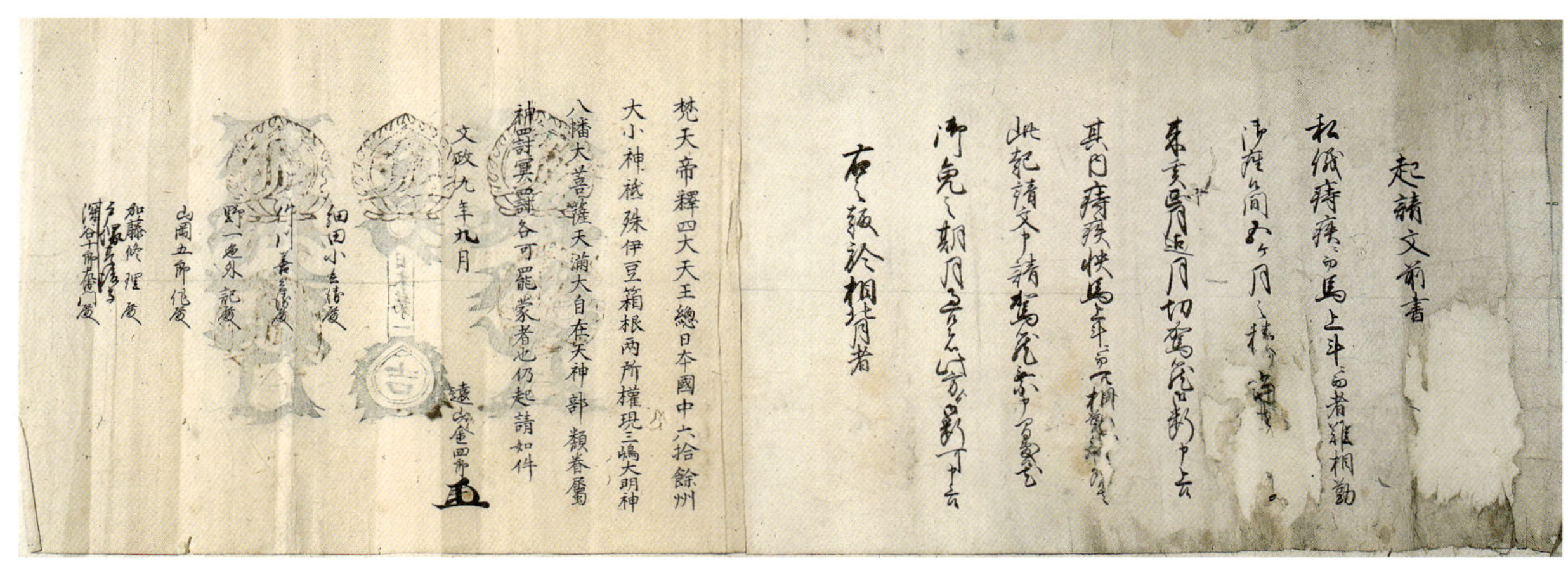
起請文前書

梵天帝釋四大天王總日本國中六拾餘州
大小神祇殊伊豆箱根両所權現三嶋大明神
八幡大菩薩天満大自在天神部類眷屬
神罰冥罰各可罷蒙者也仍起請如件

文政九年九月

遠山金四郎

# 痔を患った遠山の金さん、駕籠での登城を願い出る

**TŌYAMA-no Kinsan suffered from hemorrhoids so he asked permission to ride in a palanquin when reporting for duty in the castle.**

59

**遠山景元起請文**

**TŌYAMA Kagemoto [a.k.a. *Kinsan*] Petition**

遠山金四郎（景元）筆
文政9年（1826）9月
一通
江戸東京博物館

西之丸小納戸役であった当時三十三歳の遠山景元は、痔を患い馬に乗ることが困難となった。そのため、西之丸目付らに対し、五ケ月の間、駕籠での登城を願い出た。当時は、駕籠で登城できる身分でない者であっても、病気という理由があれば、その使用が認められた。しかし、病気が治っても駕籠登城を続ける者がいたため、景元は五ケ月という駕籠の使用期間を誓約させられた。その控えが本文書で、末尾に約束に背くことがあったら、どのような神罰でも受けると記されている。（小酒井）

## 江戸のサムライ 直参と陪臣

徳川将軍の幕下に仕える直属家臣（直臣）のうち、禄高一万石以上の者を大名という。禄高一万石未満で将軍に謁見できる御目見以上の者を旗本、謁見できない御目見以下を御家人といい、旗本と御家人を合わせて直参あるいは幕臣と総称した。

これに対し、大名や旗本に仕える家臣は陪臣あるいは又者といった。彼らの中には、大大名の家老のように禄高が高く一万石を超える大名並の者もいたが、将軍から見れば家臣の家臣となり、直参に比べて幕府の制度上、さまざまな面で差がつけられていた。

都市江戸のサムライの代表格は、江戸に拝領屋敷を持つ旗本と御家人、旗本の家来、勤番武士として江戸を訪れた諸大名の家臣らであった。（田原）

# 子孫に伝えられた遠山景元の具足

## Armor of TŌYAMA Kagemoto transmited to the descendant.

遠山景元所用の具足。靖國神社遊就館の開設にあたり、遠山家より寄進された。冑の吹返（ふきかえし）や、杏葉（ぎょうよう）などに遠山家の家紋「丸に六本格子紋」の金具が打たれている。

この具足に縫い込まれていたという由緒書によれば、天保十五年（一八四四）に、美濃郡上藩主青山幸哉（ゆきしげ）の家臣岩井半兵衛という者によって製作された。ただし、岩井が新規に製作したのは兜やその他の小道具で、胴丸部分はすでに製作されていたものを補修したとある。実際に景元がこの具足を着用したのかは不明だが、その体格をうかがい知ることができる。

具足の製作当時、景元は天保改革を推進する老中水野忠邦と江戸市中の政策をめぐって対立し、大目付に転任していた。（小酒井）

60

**紺絲威胴丸**（こんいとおどしどうまる）

***Odoshi Dōmaru* Armor with Dark Blue Lacing**

遠山左衛門尉景元所用
江戸時代後期
一領
靖國神社遊就館

# 第三章 非常
## ―変事への対応―

# Emergencies
## —How the Samurai Dealt with Disasters—

# 3

大都市として発展した江戸は、「火事と喧嘩は江戸の華」といわれるほど火事が頻発する「火災都市」のイメージがあるが、一方で頻発する洪水のため「水害都市」としての側面もある。事実、江戸は二五〇年を通じて少なくとも一〇〇回以上の洪水に見舞われている。こうした火事や洪水は甚大な被害をもたらす惨禍であったが、江戸に住む人びとは、常日ごろから防災体制を整え、災害の勃発時には鋭意対処し、被災後の復興に尽くしてきたのである。

こうした災害に際して出動し、中心となって被害拡大を防いだのが、旗本御家人や大名とその家臣であった。火災では幕府の定火消（じょうびけし）や大名火消などが出動し、水災に際しては幕府御船手や町奉行所与力・同心が出動。町火消しや江戸船運業者の役船などと協力して、火災、水災に対処した。

太平の世となり、戦場における実戦闘からは遠ざかった江戸のサムライたち。武人から役人へと変容したかれらではあるが、庶民を守るために、災害現場という新たな戦いの場を得ていたのである。（田原）

# 災害出動
## ―救命のための戦い
## Disaster Mobilization―Fighting to Save Lives

太平の世となり、国内での軍事的な活動がなくなった江戸時代。都市江戸にとって最大の脅威は災害であった。なかでも江戸市中における火事の頻度は高く、これに対処したサムライたちにとって火事場は彼らの面目をかけた戦いの場であった。定火消や大名火消しなどさまざまな武家火消集団が駆け付ける姿は、さながら戦場における軍団であった。彼らが身に着ける火事装束は、往時の甲冑のようでもあり、指揮官のそれは個性的な意匠に富んでいた。また、火事と同じく江戸を脅かした洪水に際しては、騎馬に代わって船を駆るサムライの姿があったのである。(田原)

# 消火活動の最前線。火事場で奮闘するサムライの姿

The frontline of firefighting. Samurai struggling to extinguish a fire.

61

**火事図巻**(かじずかん)

**Handscroll Depicting a Fire**

長谷川雪提模
文政9年(1826)
一巻
江戸東京博物館

巻末に「文政九年戊春　長谷川雪提　模」とあることから、文政九年、雪提が十四歳の時に模写したものとわかる。雪提の最も早い作例である。明和九年(一七七二)の目黒行人坂火事の様子を描いた絵巻を模写した作品で、同じ原画を模写したものと思われる類品が複数伝わっている。馬上提灯を腰に火事場の報告に向かう騎乗の者や、燃えさかる火に立ち向かう武家火消しの様子が活き活きと描かれている。(田原)

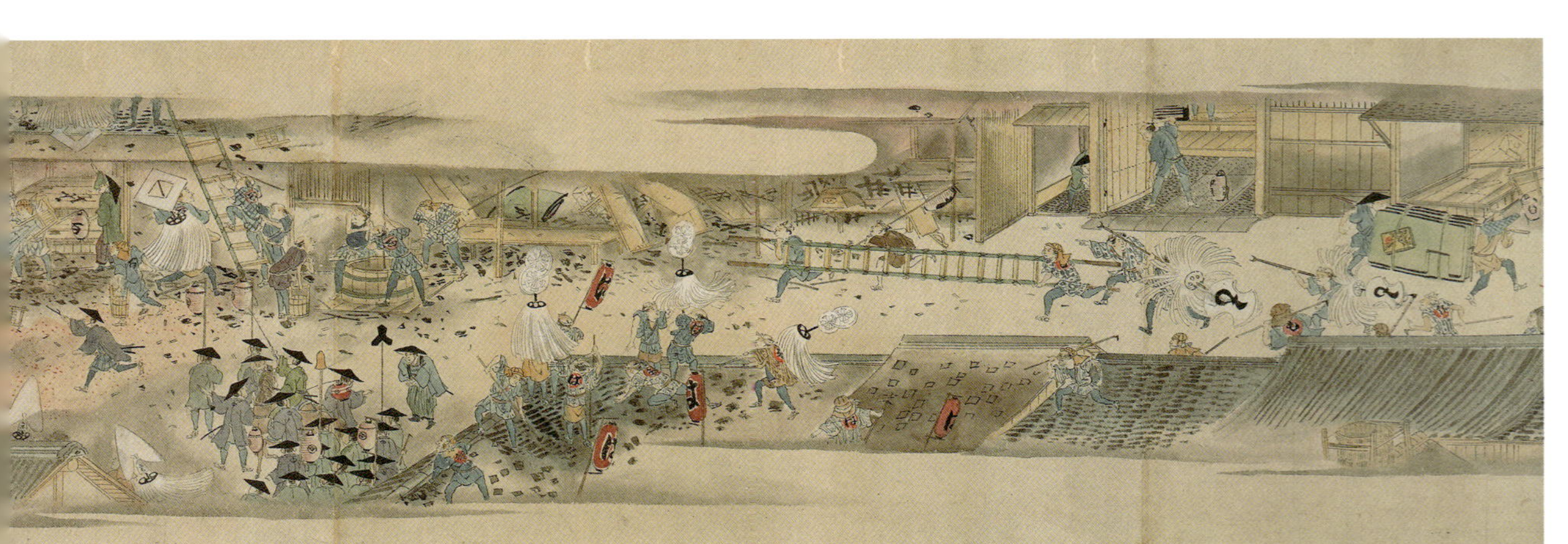

62

## 出羽米沢藩上杉家大名火消行装図巻

**Handscroll Depicting the Daimyo's Firefighters belonging to The Uesugi Clan of Dewayonezawa Domain**

江戸時代後期

一巻

江戸東京博物館

大名火消しの全貌を描いた、長大な絵巻。米沢藩上杉家の大名火消行列が火事場に赴く設定で、衣裳や道具を詳細に描く。後代のために大名火消に関することを画像として取りまとめた絵巻と考えられる。馬上で指揮する火消役の武士たちとこれに従う足軽たちのほか、纏や鳶口をかついだ鳶が描かれる。消火活動の最前線では、大名家臣と大名に雇われた鳶人足がともに活躍したのである。(田原)

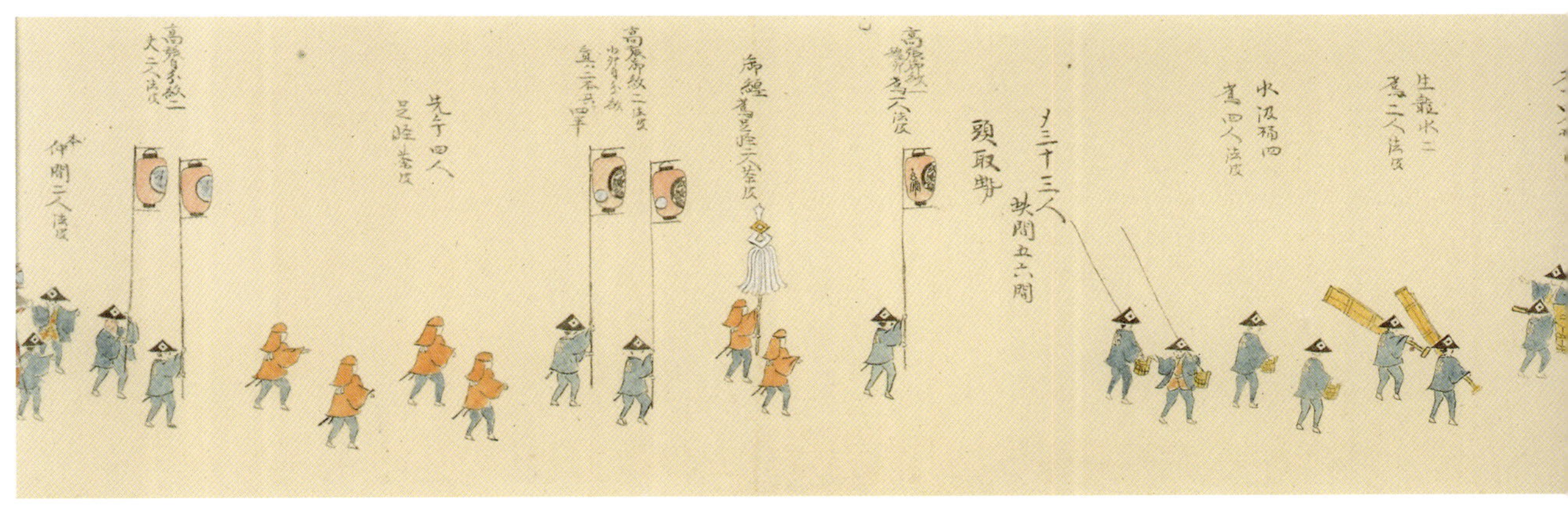

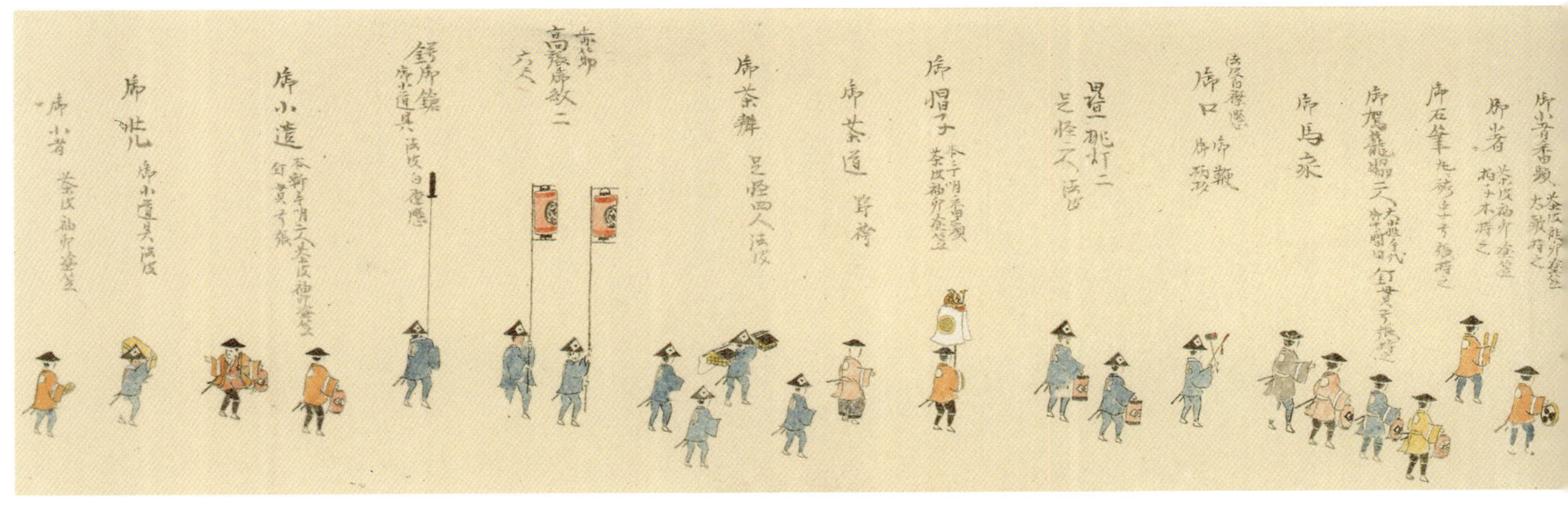

## 大名火消出動！火事場へ向かう勇壮な行列

**Daimyo's firefighters to action! A column of courageous samurai heads towards the fire.**

# 華やかに火事場を指揮！

## Dressing flamboyantly to take control of the scene of the fire!

対馬藩宗家に伝来した火事装束。羽織、胸当、野袴に加え、兜頭巾で一式となる。幕末頃に作製されたものと考えられ、身長一七〇センチくらいの当時としては大柄の男子用である。生地は厚地で織り目が見えず、熱に強い毛織りの羅紗が使われ、ところどころに五七桐紋が縫い付けられている。火事場において指揮、監督にあたる際、大名としての威儀を示すことに重点が置かれている。戦国時代の甲冑に代わって、火事装束こそ太平の世における決死の覚悟を披露する意味合いを持つようになっていた。（田原）

63

**白羅紗地桐紋入火事装束**（しろらしゃじきりもんいりかじしょうぞく）
**羽織・胸当・野袴**（はおり・むねあて・のばかま）

Firefighting Costume in White Woolen Cloth with Paulownia Family Crest: Jacket, Bib and *Nobakama* Trousers

対馬宗家伝来
幕末～明治時代初期
一領（三点）
江戸東京博物館

# 期待を一身に。華やかに火事場にて頭部を守る

Living up to people's expectations. A flamboyant helmet to protect the head at the scene of a fire.

64

**白羅紗地桐紋入火事装束 兜頭巾**

**Firefighting Costume in White Woolen Cloth with Paulownia Family Crest: Helmet and Hood**

対馬宗家伝来
幕末～明治時代初期
一頭
江戸東京博物館

対馬藩宗家に伝来した火事装束。兜頭巾に、羽織、胸当、野袴で一式となる。頻繁に火災が発生し、組織的な防火活動が必要であった江戸では、大名率いる火消部隊の活躍が期待されていた。（田原）

## 幕府直属の消防部隊 定火消

都市江戸では、幕府が大名に命じた大名火消や、各町の協力のもと運営されていた町火消などが消防活動を担っていた。

こうしたなか、幕府が旗本御家人を組織した直属の消防部隊として定火消があった。明暦の大火の翌年（万治元年〈一六五八〉）に設置。江戸時代後期には旗本一〇名が定火消に任じられ、江戸市中にある一〇ヶ所の火消屋敷を各々与えられていた。各火消屋敷には、与力六名・同心三〇名（ともに御家人）が配され、臥煙（がえん）という火消人足が庶民から抱えられていた。

定火消は町火消の活躍に押され次第に縮小、安政二年（一八五五）には二名に減じている。とはいえ、大名火消、定火消、町火消それぞれが江戸の消防を時に応じて担っていたのも事実である。なお、歌川広重はこの定火消配下の火消同心の家に生まれている。（田原）

# バリエーションに富む武家の火事装束

## Samurai firefighting costumes were rich in variety.

対馬藩宗家に伝来した火事装束。羽織、胸当、石帯で一となる。女性用と考えられている。（田原）

65

**山吹絽地桐紋入火事装束**
**羽織・胸当・石帯**

**Firefighting Costume in Yellow Silk Gauze with Paulownia Family Crest: Jacket, Bib and *Sekitai* Belt**

対馬宗家伝来
幕末〜明治時代初期
一領（三点）

# さまざまな火事装束。頭上を保護する兜!

## Various forms of firefighting costume. A helmet to protect the head!

66

**火事装束　桐紋付兜**

**Firefighting Costume: Helmet with Paulownia Family Crest**

対馬宗家伝来
幕末～明治時代初期
一頭
江戸東京博物館

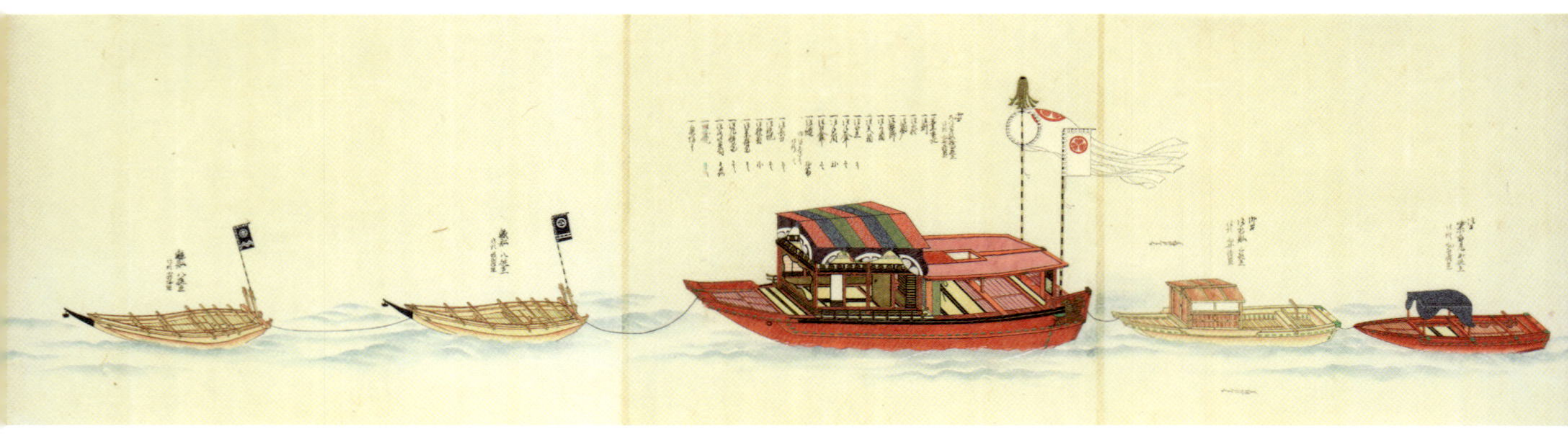

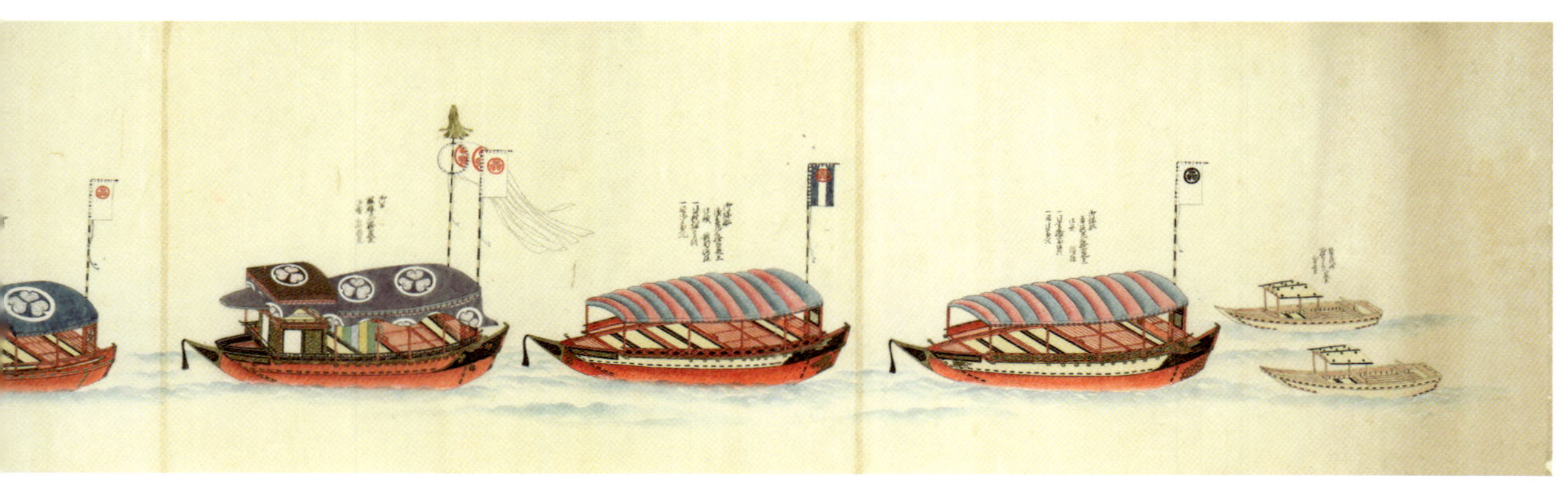

# 災害出動！河川もまたサムライの活躍の場

67

**江戸幕府所持船図巻**

Handscroll Depicting Ships Belonging to the Government

江戸時代後期
一巻
江戸東京博物館

御座船をはじめ、江戸幕府が所持する船を描いた図巻。天地丸、延宝丸、住吉丸、川御船などを描く。拡大図は、幕府の御船手頭向井将監が幕府から預かる十二挺立ての御召大川御座船とそれを曳航する二艘の鯨船である。この二艘の鯨船はそれぞれ御船手北新堀組、御船手新田島組が管轄する長さ五間五寸(約九・二メートル)、横幅六尺五寸(一・九メートル)、八挺立ての細長い船で、河川を快速で行き来するのに適していた。こうした御船手管轄の快速艇は、火災時には退避者らの渡川を援助し、水災時には流出物の撤去などで活躍した。また、町奉行所も同様の鯨船二艘を持ち、災害時には同様の働きをした。(田原)

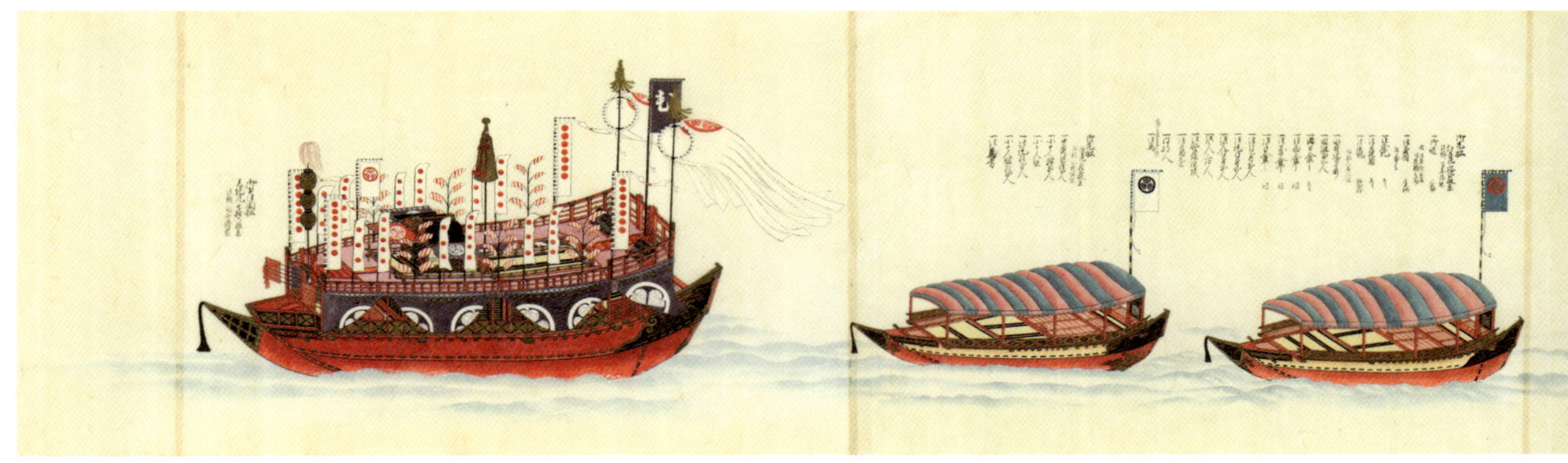

## Dispatched in times of disaster!
## The samurai were also active on the rivers.

## The port for the government boats that protect the waterways.

# 河川を守る幕府船の基地！

隅田川の東岸と西岸を二巻に分けて描いた絵巻のうち東岸の巻。東岸は、正月風景の永代橋に始まり、夏の日中を描いた両国橋、雪景色の千住大橋と筑波山らしき山で終わる。場面は新大橋と両国橋の様子。この両橋の東詰に建ち並ぶ黒屋根の蔵は幕府の御船蔵（現在の江東区新大橋一丁目付近）。御船蔵には一四棟の倉庫が建ち並んでおり、長さ一八〇間（約三二七メートル）ほど・幅三〇間（約五五メートル）ほどで、御船手管轄の諸船が格納されていた。（田原）

**68**

**隅田川両岸一覧（すみだがわりょうがんいちらん）　東岸（とうがん）**

Views of Both Banks of the Sumidagawa River — East Bank

鶴岡蘆水画
天明元年（1781）
一巻（二巻の内）
江戸東京博物館

# 水害時、町奉行所の快速艇はここから出動！

各月に一つ江戸の年中行事をテーマにかかげ、詞書と絵によって構成した二巻の絵巻のうち一場面。左端には両国橋が描かれ、対岸（隅田川東岸）中央に小さく一つ目橋が見える。その右手に建ち並ぶ黒い屋根の倉庫群は幕府の御船蔵である。このうち、一つ目橋に最も近い蔵は鯨船鞘（くじらぶねざや）で、町奉行所が管轄する鯨船（快速艇）先丸と乙丸が格納されていた。（田原）

69
江都四時勝景図巻（えどしじしょうけいずかん）
乾巻（けんかん）　両国橋納涼（りょうごくばしのうりょう）
Handscroll Depicting Scenic View of Edo throughout the Four Seasons, Volume 1. Enjoying Cool Breezes at Ryogokubashi Bridge

狩野素川画
文化13年（1816）
一巻（二巻の内）
江戸東京博物館

## In time of floods, the high-speed rescue boats belonging to the magistrates office set out from here!

70-1

**安政風聞集**

**Anthology of Episodes of the Ansei Period (1854–60)**

金屯道人（仮名垣魯文）著
安政4年（1857）刊
三冊
江戸東京博物館

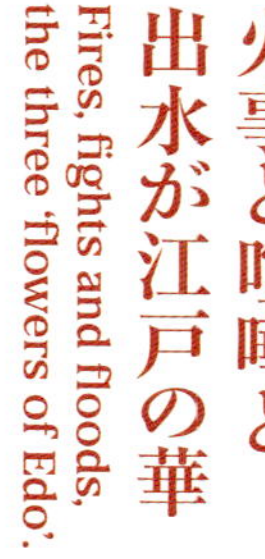

## 火事と喧嘩と出水が江戸の華

**Fires, fights and floods, the three 'flowers of Edo'.**

江戸では暴風雨の後には地盤の低い地域を中心に洪水になることも珍しくなかった。本書は、安政三年八月二十五日の暴風雨により大水害に見舞われた江戸の様子を報じた災害誌。本図「大橋手前河岸の図」は巻之上の折り込み挿絵で隅田川河口の中州付近の惨状を描いたもの。（田原）

### 【一柳直方】

通称一太郎。官途名出羽守・播磨守。旗本寄合席から、弘化二年（一八四五）に浦賀奉行となる。翌三年にアメリカ海軍代将ビッドル率いる東インド艦隊が浦賀に来航した際には、その対応において活躍し、アメリカ艦隊は平穏のうちに抜錨する。以後、日光奉行、小姓組番頭（両番頭）を歴任し、安政元年（一八五四）からは書院番頭（両番頭）を万延元年（一八六〇）まで勤めた。（田原）

## 「強勇」な旗本の振る舞い。その影で称賛すべき船頭の働き

**The courageous acts of the *hatamoto* (direct vassals of the Shōgun). However they were only made possible by the efforts of the praiseworthy watermen.**

70-2

**安政風聞集　巻之下（船頭碇綱を切り捨てんの図）**

**Anthology of Episodes of the Ansei Period (1854–60). Volume 3. (Picture of a Boatman Cutting the Anchor Rope)**

「安政風聞集」巻之下にある安政の暴風雨にかかわるエピソードの挿絵。両番頭たちが異国への備えとして「海上も自在を得ん」と発起。八月二十四日、一柳直方はじめ両番頭四人とその配下の旗本五十余人が新造の君沢形洋式帆船にて出帆した。船頭は暴風雨を予測しこれを止めるが、旗本たちは悪天候に遭うのも「一ツの修行」と言い立て出帆。翌二十五日、碇を降ろし停泊中に暴風雨となり旗本たちが恐怖するなか、ひとり直方は「手を組で顔色常の如く」であった。ところが、碇綱を切り捨てなければ危険な状況となり、そのため船頭から「適の業物を借したまへ」と望まれ、旗本の一人が自身の刀を貸し与えると、船頭は腰綱をつけて海に飛び込み碇綱を切り捨て、事なきを得たという。その後、風雨は治まり浦賀に到着。旗本たちは陸路江戸へ帰るが、直方のみそのまま船で帰府し「強勇」との評判を得たという。（田原）

## 生老病死 ―人生との戦い
## Birth, Aging, Sickness and Death —The Struggle for Life

サムライは江戸の庶民と比べて長生きというわけではなかった。江戸時代の乳児死亡率は非常に高く「七つ前は神の子」などといわれた一方、平均寿命は四〇歳代前後で、働き盛りの壮年を迎えれば、それなりに長生きする者もいた。とはいえ、還暦（六〇歳）を迎えることは今とは比較にならないほどの慶事であり、老いるごとにさまざまな病と向き合わねばならなかった。このためサムライの家では、子どもの成長にあわせてさまざまな通過儀礼を設けて成長を祈り、五〇歳をすぎると、来るべき死の後に混乱を起こさないように心を配り、跡継や遺産分与に関する遺言状を書く者も多かった。病や死という変事に備え、家の継続を図ることもサムライの勤めであったのである。（田原）

## 明治の洋画家 川村清雄の母

71

川村たま肖像（実家荒井家とともに）

Portrait of KAWAMURA Tama With her Parental Family (the Arai Family)

明治13年（1880）9月19日

一枚

江戸東京博物館

左から向かって二人目の人物が川村たまである。たまは清雄の母で、幕府奥右筆組頭を勤めた新井甚之丞の娘として文政十二年（一八二九）に生まれた。天保十五年（一八四四）に川村帰元と結婚し、一男六女をもうけた（二人は早世）。（田原）

## Mother of the Meiji period Western-style painter, KAWAMURA Kiyo-o.

# 生まれたばかりの子を思う父の文字

## The writing of a man whose thoughts are full of his newborn child.

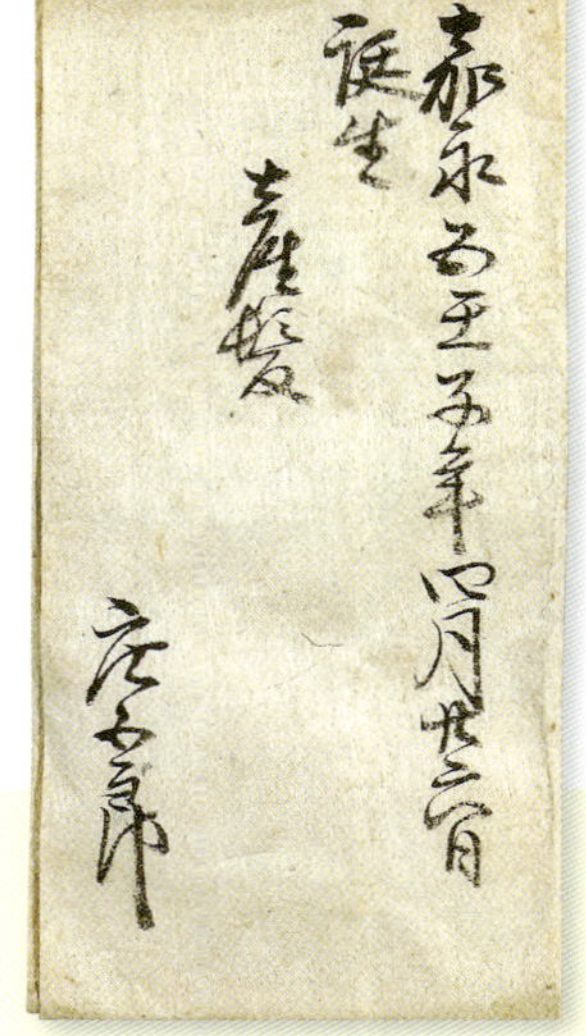



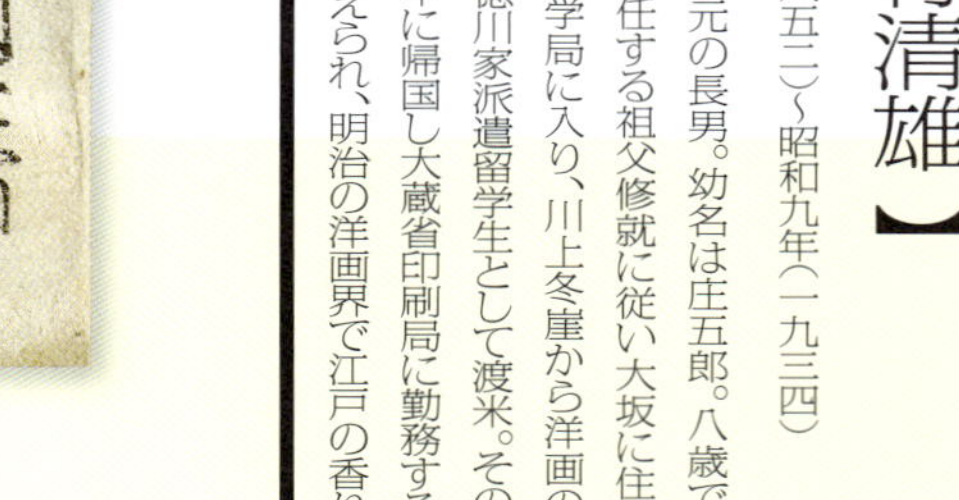

**【川村清雄(かわむらきよお)】**

嘉永五年(一八五二)〜昭和九年(一九三四)

旗本川村帰元の長男。幼名は庄五郎。八歳で奥絵師住吉内記に入門。十歳で大坂町奉行として赴任する祖父修就に従い大坂に住み、田野村直入から画を学ぶ。さらに幕府の開成所画学局に入り、川上冬崖から洋画の手ほどきを受ける。維新後の明治四年(一八七一)、徳川家派遣留学生として渡米。その後、パリ、ヴェネチアに渡り油彩画を学ぶ。明治十四年に帰国し大蔵省印刷局に勤務するが一年足らずで退職。以後、勝海舟ら旧幕関係者に支えられ、明治の洋画界で江戸の香り高い独自の芸術世界を築いた。(田原)

臍帯(へその緒)と産髪(産毛)は、生児の分身として大事にされた。それぞれの包紙には父帰元の筆で清雄の誕生日と清雄の幼名「庄五郎」が記されている。(田原)

**72・73**

**川村清雄出生時の臍帯・産髪**(かわむらきよおしゅっせいじのさいたい・うぶがみ)

**The Umbilical Cord and First Hair of KAWAMURA Kiyo-o**

嘉永5年(1852)
各一点
江戸東京博物館

74

**川村清雄肖像**
**（十七歳駿府にて）**

Portrait of KAWAMURA Kiyo-o
[in Shizuoka, aged 17]

明治元年（1868）
一枚
江戸東京博物館

## 明治維新直後、サムライ姿の若かりし日の川村清雄

**A young KAWAMURA Kiyo-o immediately following the Meiji Restoration dressed as a samurai.**

明治元年九月九日に駿府で撮影。徳川家達は、明治二年に静岡藩知事に任じられ静岡へ移住するまで、駿府と東京の間を往復し、清雄も当番の時には供としてこれに従った。（田原）

75

**川村清雄肖像**
**（ヴェネチアにて）**

Portrait of KAWAMURA Kiyo-o
[in Venice]

1876～1881年
一枚
江戸東京博物館

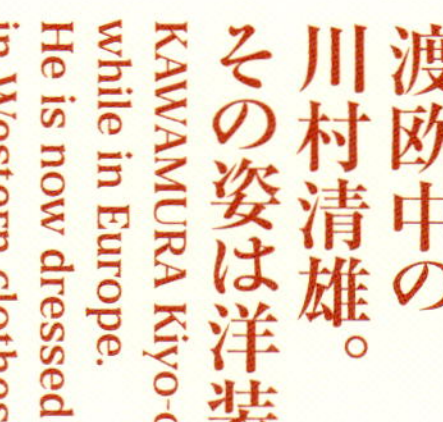

## 渡欧中の川村清雄。その姿は洋装！

**KAWAMURA Kiyo-o while in Europe. He is now dressed in Western clothes!**

清雄が油彩画修業のため渡欧中に、ヴェネチアのアントニオ・ペリー写真スタジオで撮影した肖像写真。（田原）

## 肩に芯！型崩れしない工夫を凝らした子供用の裃

**Lined shoulders! A *kamishimo* set of formal wear for a child in which special care has been taken to ensure the shoulders do not droop.**

76

**裃（子供用）**
**肩衣・袴**

Child's *Kamishimo* [formal costume]:
Consisting of *Kataginu* [sleeveless jacket]
and *Hakama* [pleated trousers]

江戸時代後期
一式（二点）
江戸東京博物館

裃は江戸時代まで武家などが用いた正装。この裃は五歳になる少年の儀礼「袴着」用と考えられる。袴着の祝いは十一月に神社に詣でる儀式で、七五三のルーツのひとつである。仕立ては大人用と同様、単衣の麻製で、肩衣の袖には型崩れしないように鯨ひげが芯として入り、肩をピンと張らせてある。医療技術が十分に発達していなかった当時、我が子の健やかな成長を願う気持ちが込められている。（田原）

# サムライに多かった疾病の一つ。痔疾による長期療養

Hemorroids were common medical complaint among samurai.
A long period of convalescence.

当時、幕府の御普請役であった二代貫流左衛門の勤中日記。これによると、貫流左衛門は、嘉永二年正月十四日夕刻から「痔疾痛」となり、十五日には「痛之所強く平臥」となり、十八日から二十日間、病床で自宅療養（平臥）しつづける。この間、二十日に知人の紹介で医師松田成斎の診察を受け、二月八日から「痛所快方」となり十五日以降出勤。ところが、三月から七月までたびたび休勤の記事が散見するようになるが、三月三日に「松田成斎へ薬礼を遣す」とあることから、おそらく痔疾が再発したのであろう。多忙を極めた御家人とはいえ、疾病いかんによっては長期療養もあり得たのである。（田原）

**77**

**掌記（しょうき）　伝奏屋敷（でんそうやしき）・評定所御修復御用中（ひょうじょうしょごしゅうふくごようちゅう）**

**Diary Written While on Duty During the Restoration of the Residence for Imperial Envoys and the Supreme Court Building**

井上（二代貫流左衛門）
嘉永元年（1848）10月朔日
～嘉永二年（1849）7月13日
一冊
江戸東京博物館

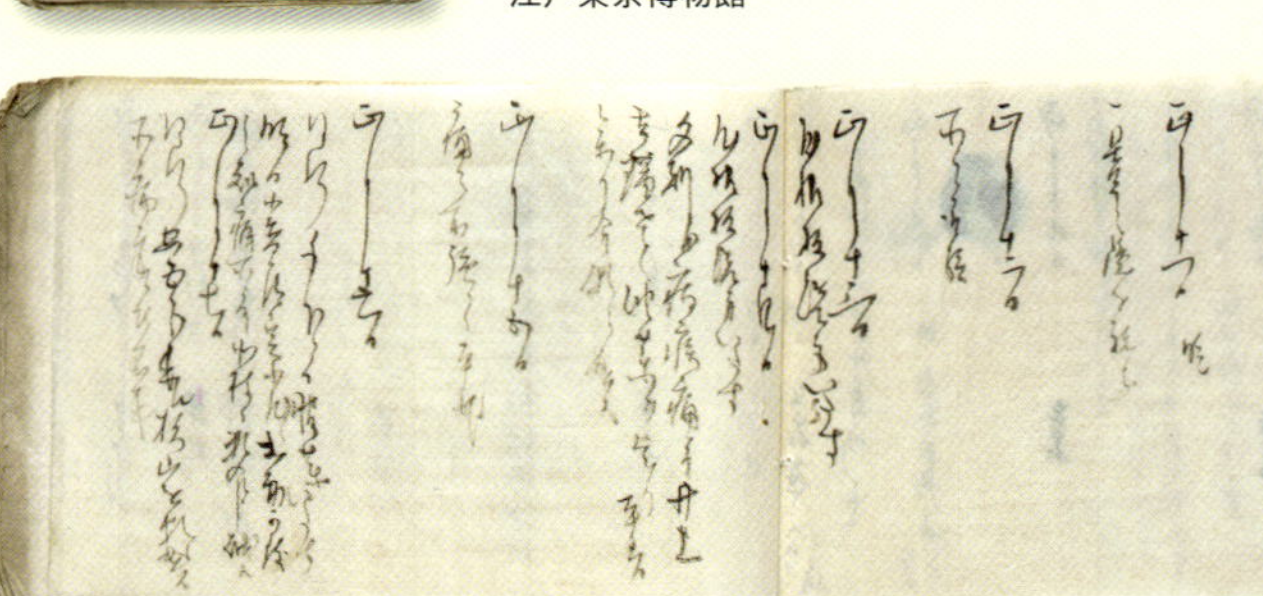
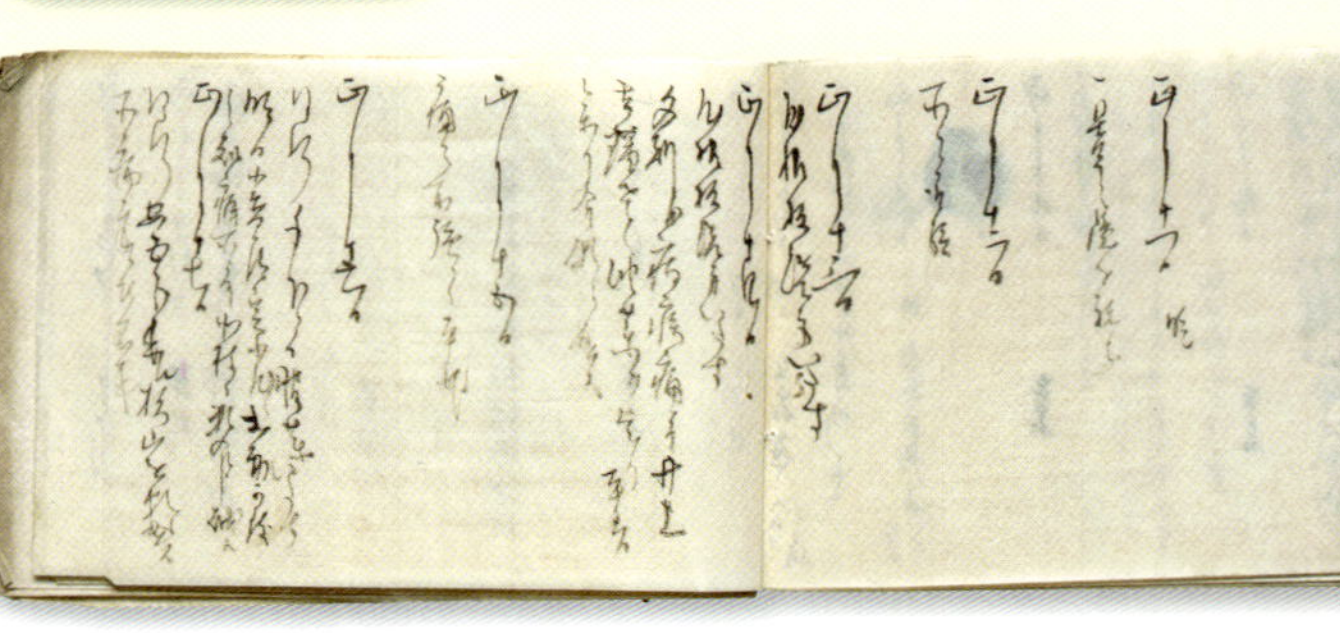

## 【井上貫流左衛門（いのうえかんりゅうざえもん）（二代（にだい））】

寛政二年（一七九〇）～嘉永五年（一八五二）

砲術家で医師の初代井上貫流左衛門の次男。父に砲術、父の弟子平山子龍に諸般の武術を習う。文化十年（一八一三）に幕府御先手同心となり、以後、火付盗賊改役出役、御作事方定普請同心出役、御作事方勘定役出役を歴任後、天保十四年（一八四三）に勘定方御普請役となり没するまで勤めた。砲術では弘化四年（一八四七）三月に植溜で砲術演習を行い、また大砲鋳造の監督を勤めるなどの事蹟を遺す。（田原）

# 「痔疾」は死因のひとつでもあった

Hemorrhoids were a cause of death.

明治になって代々の日記を抄録したもの。寛政元年（一七八九）から嘉永五年（一八五二）にかけての記事を採録する。嘉永五年四月二日の記事によると、二代貫流左衛門は「夜中病気につき松田を招き薬を乞」い、その翌日に逝去している。このことからも、嘉永二年正月の痔疾発症以来、医師松田成斎ひいては痔疾との付き合いが、貫流左衛門の死の直前までつづいていた様子がうかがえる。（田原）

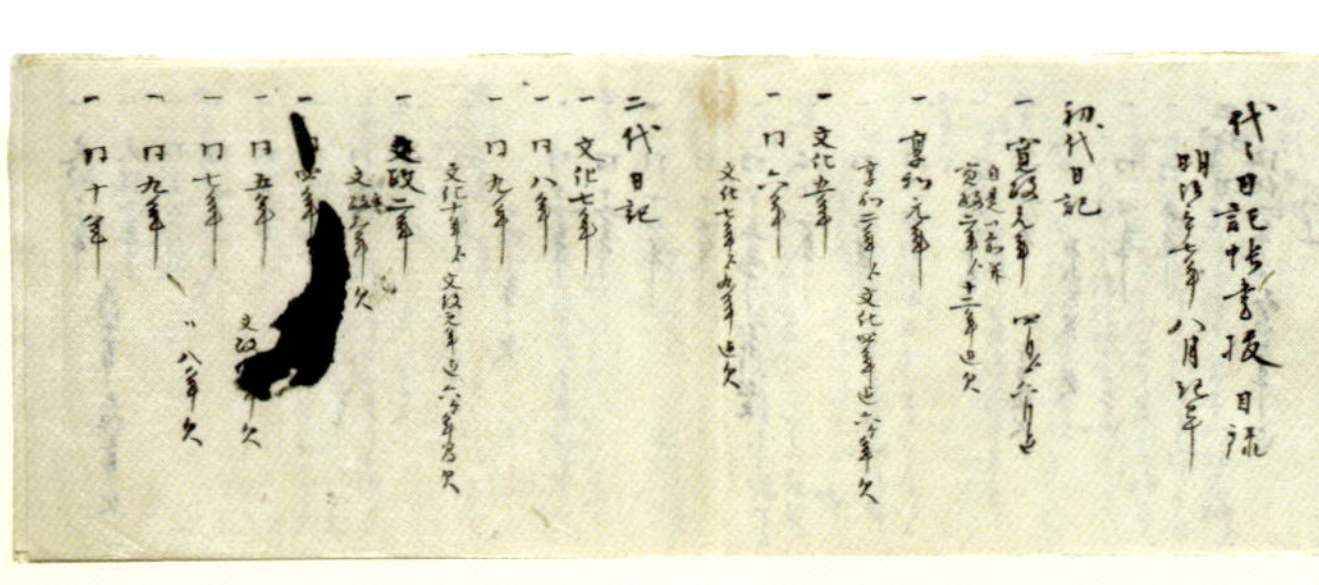
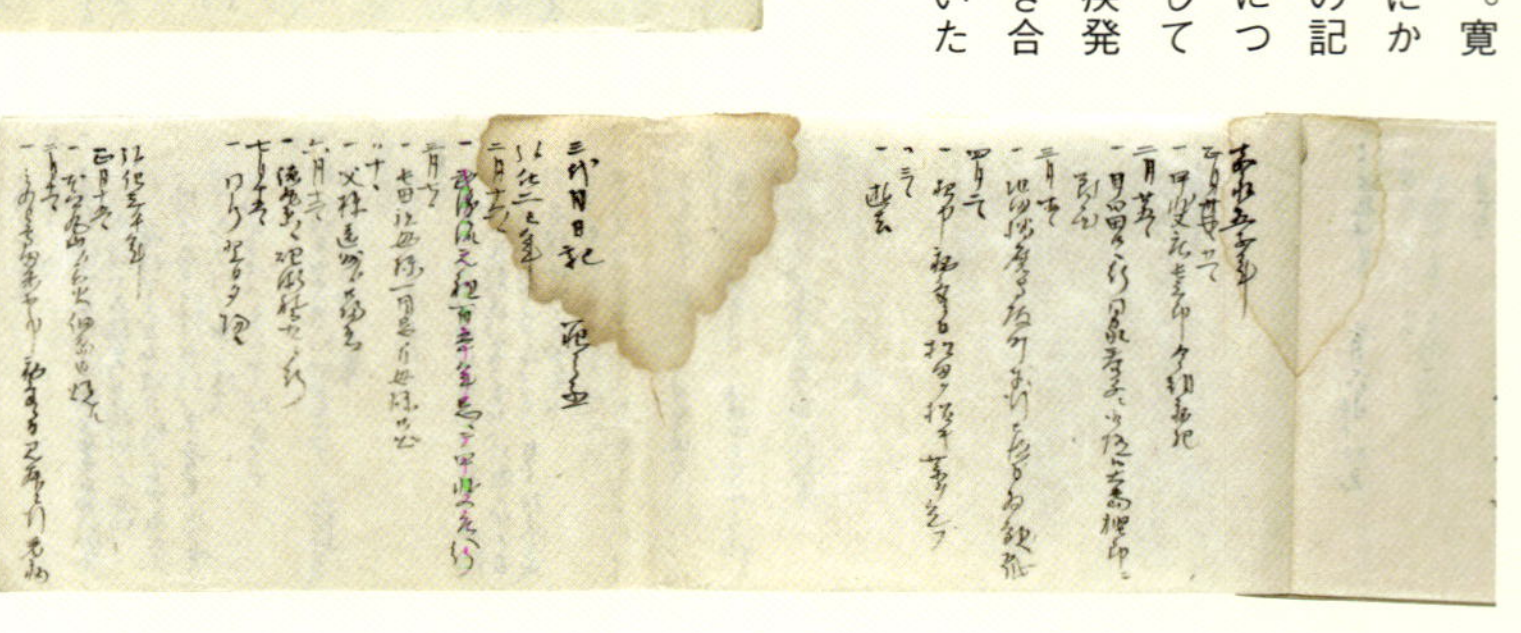

**78**

**代々日記帳書抜（だいだいにっきちょうかきぬき）　目録（もくろく）**

**Excerpts from a Diary Covering Generations: Index**

（井上廉）
明治37年（1904）8月
一冊
江戸東京博物館

# こだわったのは墓。サムライ砲術家の遺言書

He was particular about his grave.
The last will of a artillery specialist.

二代貫流左衛門の父初代貫流左衛門が四十九歳の時に書いた遺言書。実際に亡くなったのは二十三年後の文化九年(一八一二)で、なぜこの時期に遺言を残そうとしたのかは不明だが内容は興味深い。死去後、親類に今後のことを託し、子どもに対しては、無理に医師にしてはならず、「遊民」(遊び暮らす人物)にしてもならないとする。初代貫流左衛門は、元来、医師ながら砲術家でもあり、後に幕府御鉄砲方与力格として蝦夷地に派遣された人物。多彩な経歴を持つからこそ、なるべく子どもの希望に沿った人生を望んだのだろう。特に自身の墓への注文がくわしく、大きさ、形、材質、銘文など細かく指示している。(田原)

79

死去後一覧可給書物(しきょごいちらんたまうべきしょもつ)

A Book to be Read after My Death

井上貫流(初代)
寛政元年(1789)
一冊
江戸東京博物館

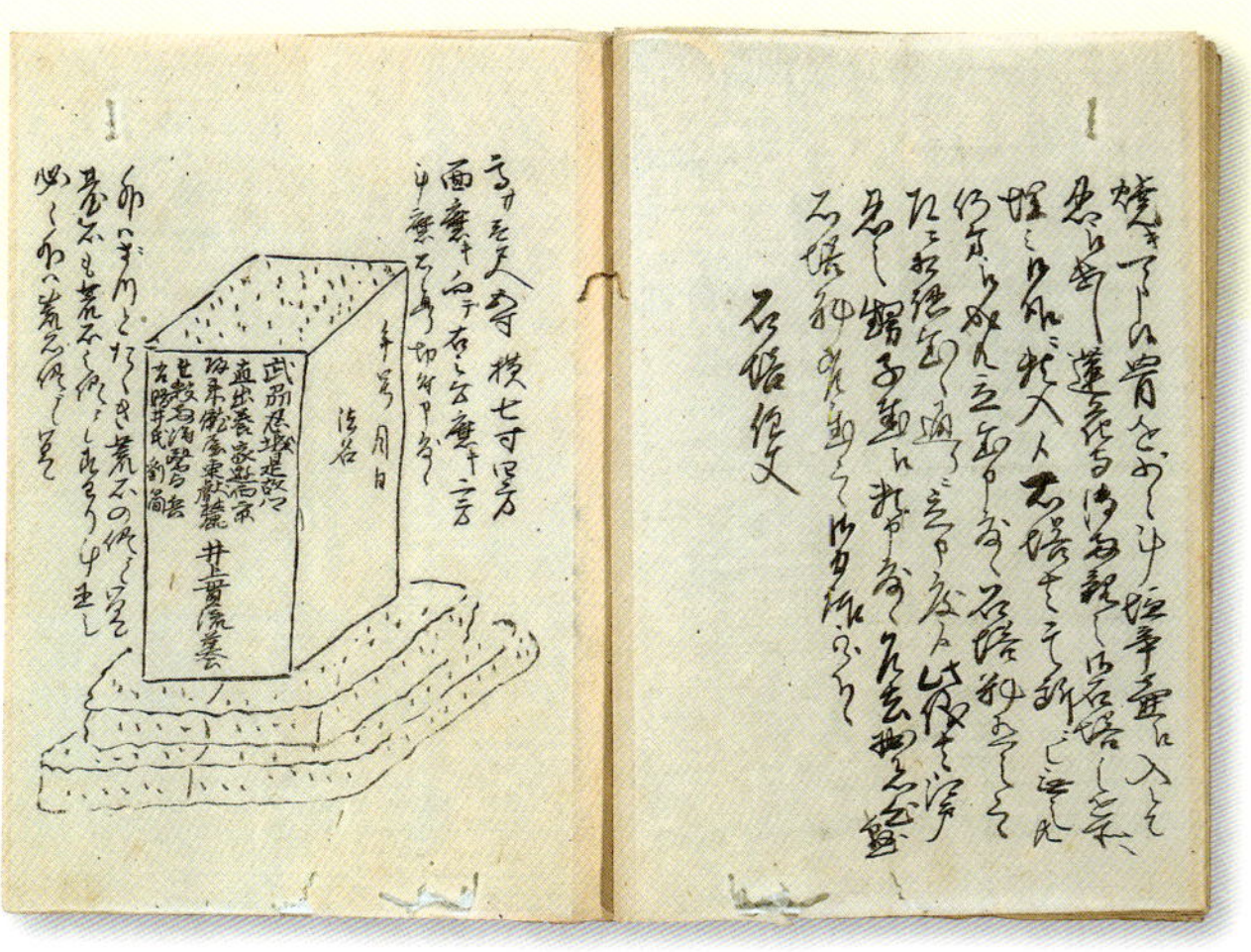

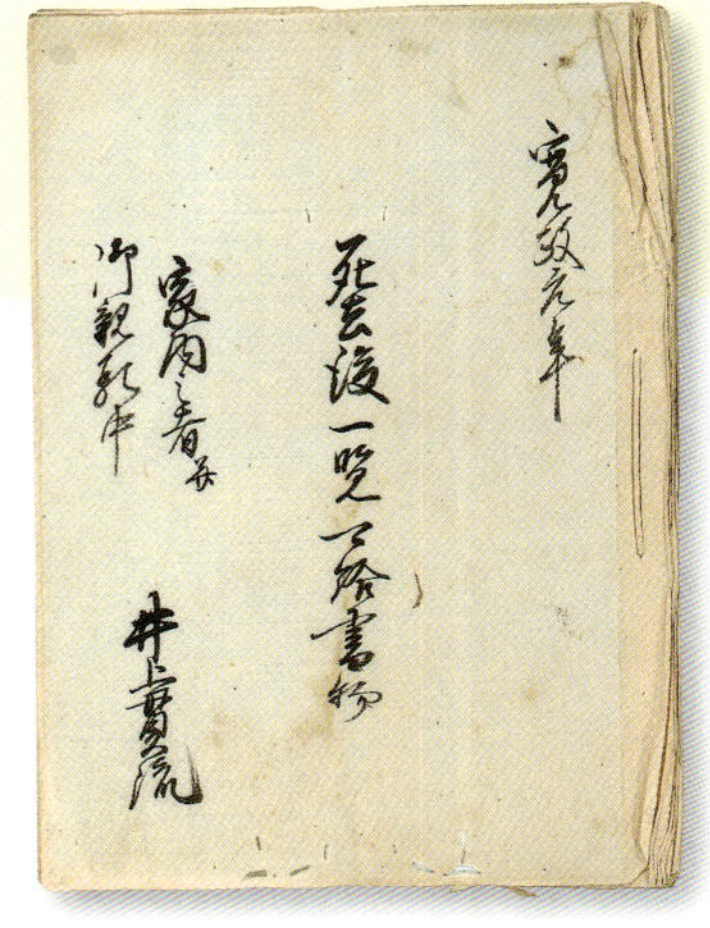

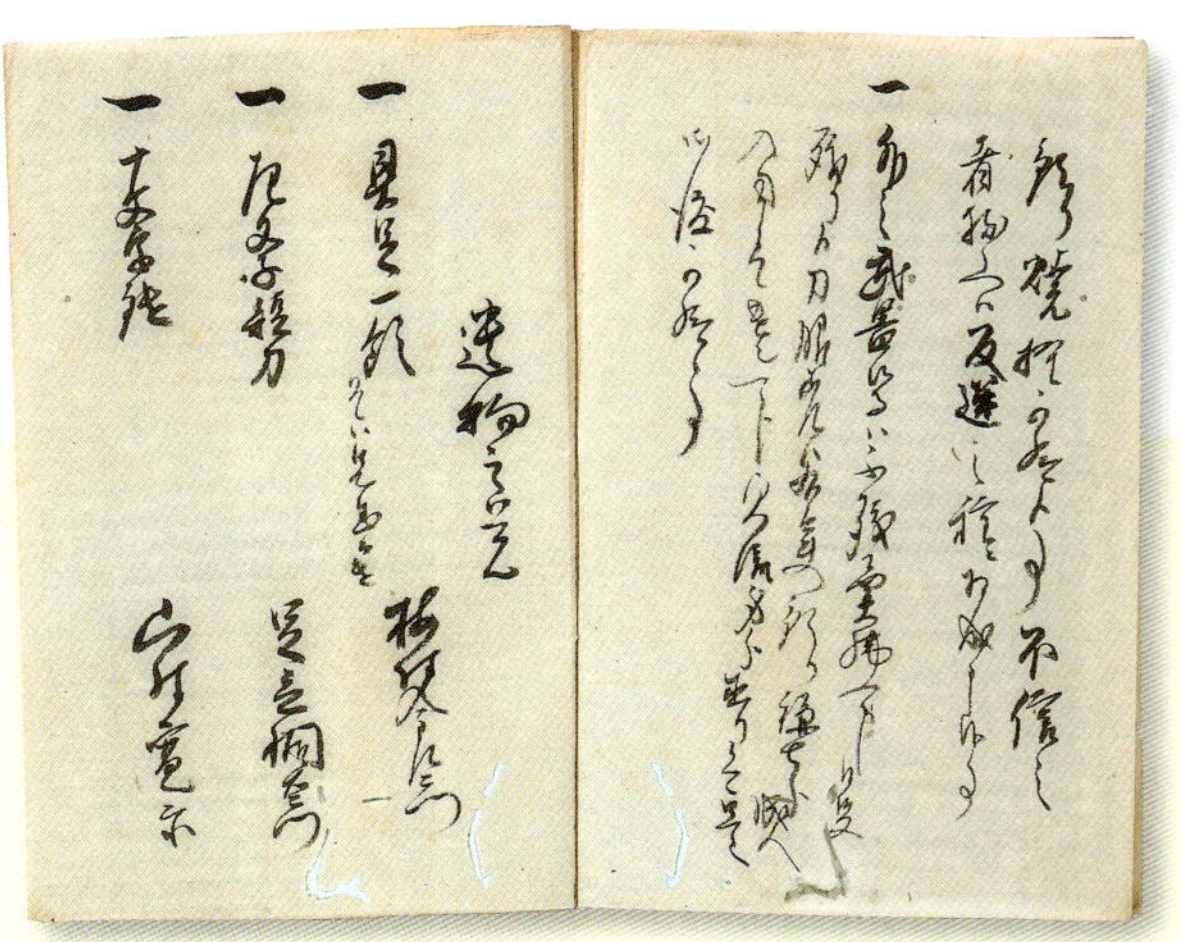

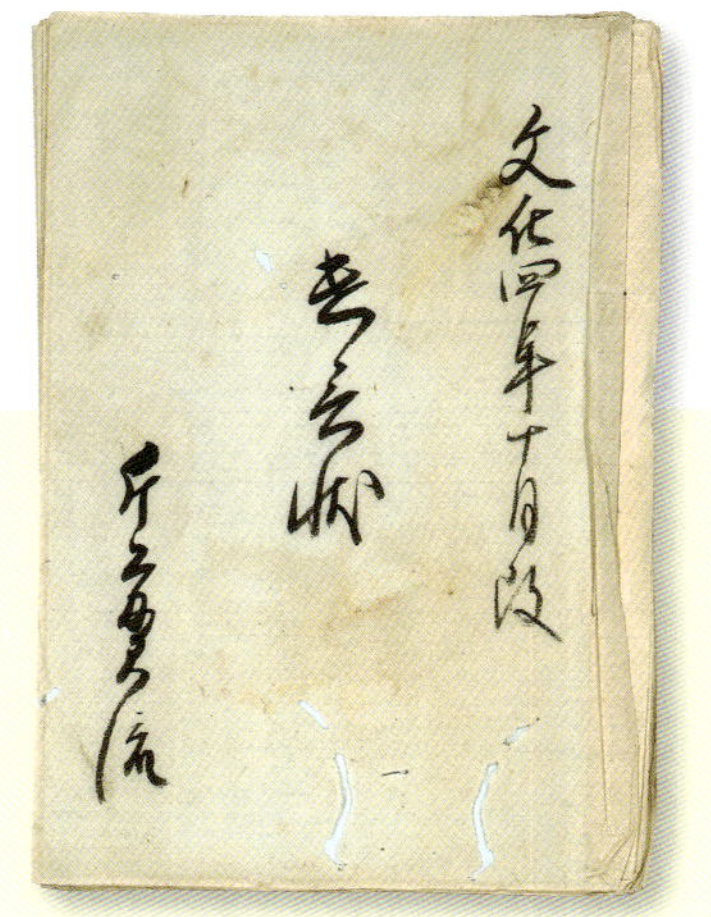

初代貫流左衛門が文化九(一八一二)に死去する六年前に作製した遺言書。「死去後一覧可給書物」に比べて簡素な内容で、葬儀は軽く、できれば火葬にして欲しいこと、「具足一領」「左文字短刀」「十文字鑓」「脇差一腰」「西蓮短刀」といった所持する武器の分配先を指示する一方、残りは売り払うよう指示している。(田原)

80

遺言状(ゆいごんじょう)

Last Will and Testament

井上貫流(初代)
文化4年(1807)10月
一冊
江戸東京博物館

# 葬儀は軽くと指示したサムライの思い

A samurai's wish for a simple funeral.

# 幼くして富士の名所を描く! 広重十歳の作品

**He drew the famous sights of Mt. Fuji from a young age! The work of Hiroshige, aged 10.**

中央右に三保松原を描き、御穂神社と思われる建物も見える。山並みの背後には堂々とした富士山がそびえる。参詣帰りであろうか、馬に乗ったサムライが、槍持ちたちを従え進んでいく。左下に「十才　安藤徳太郎」とある。この名は歌川広重の幼名で、広重十歳の時の作品と分かる。(田原)

81
**三保松原図**
Picture of Miho-no-Matsubara

安藤徳太郎(歌川広重)画
文化3年(1806)頃
一幅
江戸東京博物館

# 広重晩年の所用品

**Objects owned by Hiroshige in his latter years.**

江戸に生きたサムライでもあり、絵師でもあった広重の姿を少し身近に感じさせてくれる資料。(田原)

82
**骨製脇差**
Short Sword Made of Bone

歌川広重所用
嘉永五子年(1852)晩冬吉日
一振
江戸東京博物館

## 【歌川広重】

寛政九年(一七九七)~安政五年(一八五八)

江戸時代後期の浮世絵師。本名は安藤重右衛門、徳兵衛。幼名を徳太郎といった。江戸八代州河岸定火消屋敷にて幕府定火消同心の家に生まれる。文化六年(一八〇九)に跡を継ぎ、文政元年(一八一八)から板本や役者絵などを描き始める。天保二年(一八三一)から「東都名所」など風景画を手がけるようになり、同三年に同心職を惣領仲次郎に譲り本格的に画業を志す。同四年ごろから刊行された「東海道五十三次」で人気を得た。(田原)

# 素朴な所用品からうかがえる広重の人となり

We can tell Hiroshige's character from his simple possessions.

歌川広重所用と伝えられる身の回りの道具。（田原）

**83**

**煙草入れ**

Tobacco Container

**84**

**袂落とし**

Pouch
(to be carried inside the sleeve)

歌川広重所用
江戸時代後期
各一個
江戸東京博物館

## 後の始末は金次第。広重の遺言状に見る江戸っ子気質

'My funeral depends on the money available.' Hiroshige's character was typical of the people of Edo as can be seen from his last will and testimony.

安政五年九月六日に病死する直前に広重が認めた遺言状で、九月二日付、九月三日付、日付無しの三通が現存する。九月二日付と日付無しの遺言状はほぼ同じ内容で、絵の道具と絵手本、脇差しを弟子に、着物を親族に形見として残すこと、その他は全て売り払い、借金を返済することを申し付けている。最後を狂歌で「死んでゆく　地ごくの沙汰はともかくも　あとのしまつが　かねしだいなれ」と結ぶ。定火消同心の子として江戸に生まれた広重。この狂歌からは、宵越しの金は持たない広重の江戸っ子気質がうかがえる。（田原）

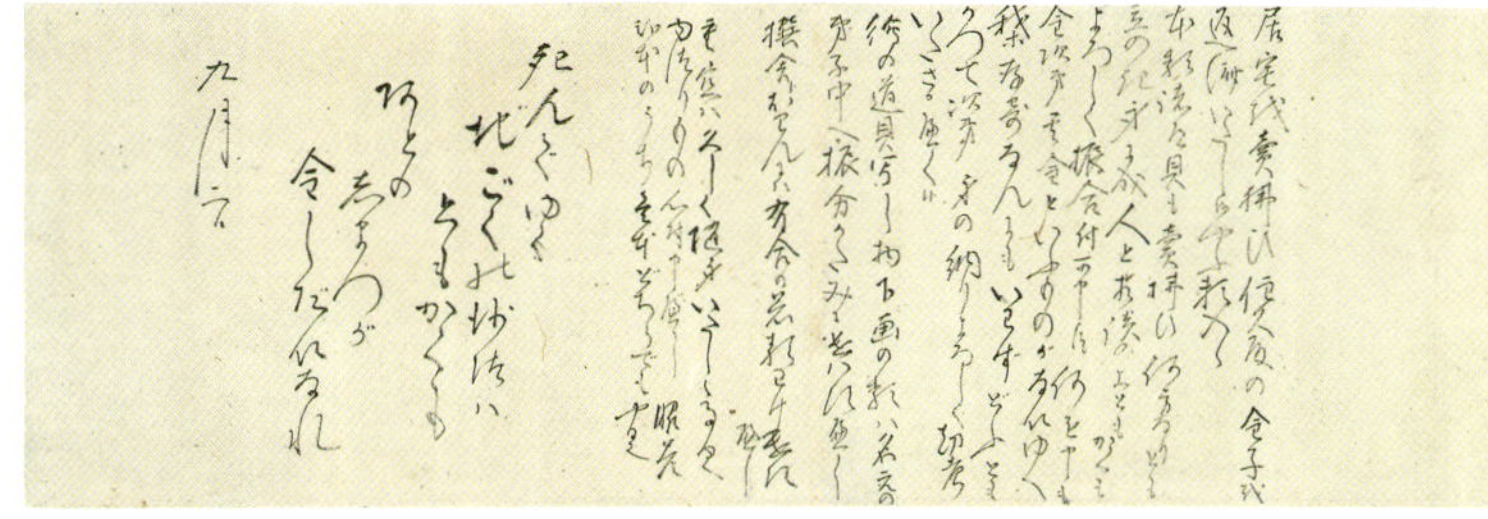

**85**

**歌川広重遺言状　九月二日付**

UTAGAWA Hiroshige's Last Will and Testimony.
2nd Day, 9th Month

歌川広重
安政5年（1858）9月2日
一通
江戸東京博物館

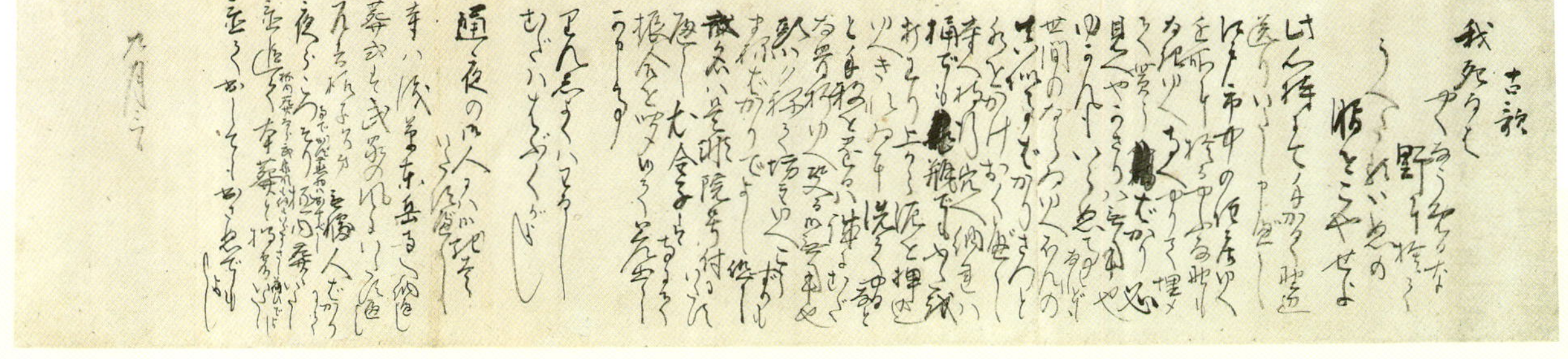

## 「葬式は武家の風」。死を前にした広重の望み

'The funeral should be samurai-style.' Hiroshige's wish prior to death.

**86**

**歌川広重遺言状　九月三日付**

UTAGAWA Hiroshige's Last Will and Testimony.
3rd Day, 9th Month

歌川広重
安政5年（1858）9月3日
一通
江戸東京博物館

九月三日付の遺言状では、冒頭に古歌「我死なば　焼くな埋めるな　野に捨てて　飢えたる犬の　腹をこやせよ」を掲げ、それにならった簡素な埋葬を指示する。世間の手前、湯灌や剃髪はせざるを得ないだろうが、埋葬時にはどうせ棺の中まで土を入れ込むのだし、頭もすでに坊主頭なので、（湯灌・剃髪は）ほんの真似事でかまわないと無駄を省くよう指示する。その一方で、ぜひ戒名は院号とし、通夜に来た人にはご馳走を振舞うことを希望して、世間体を気にする心の内を見せる。また「葬式は武家の風にいたすべし」と自身の出自に則った葬儀を指示しつつ、状況によっては内々の葬儀でもかまわない旨を家族に伝えている。（田原）

# 広重の辞世の句。死してなおあの世の名所を見たい！

広重の友人であった三代目歌川豊国が描いた死絵。死絵とは、死没後に事跡や辞世の句などを添えた死者の肖像画を描いて追悼の意を表したもの。左上に「東路へ筆をのこして　旅のそら　西のみ國の　名ところを　見む」と広重の辞世の句が記されている。あの世でも名所めぐりをと辞世に詠んだのは、いかにも広重らしい。（田原）

**UTAGAWA Hiroshige's death poem. Even after death he wants to see the sights of the next world!**

87

**歌川広重像（死絵）**

**UTAGAWA Hiroshige (posthumous portrait)**

歌川豊国（三代）画
安政5年（1858）
一幅
江戸東京博物館

# 第四章 交流

## —諸芸修養と人材交流—

Social Relationships of the Samurai
—Cultivation of the Arts and Development of Networks—

4

武家諸法度にも定められているように、江戸時代のサムライは「文武」の両道、すなわち学問と武芸の両方を学ぶことが求められた。これらを学ぶことで、治者たるにふさわしい教養や気質、心構えを身に付けていったのである。

特に学問では、旗本や御家人の子弟を教育するため、江戸幕府の教育機関として昌平坂学問所が設けられた。寛政の改革を機に行われるようになった学問吟味は、有能な人材が実力で要職に就くための手がかりとなった。

一方で、江戸時代のサムライのなかからは、俳諧や戯作などの文芸、絵画、囲碁、将棋などの趣味や娯楽に熱心に取り組み、いわば文化人として活躍する者も出てきた。文芸や絵画などの文化の世界では、武士や上層の町人、百姓が同好の仲間として、身分の違いを乗り越えて交流した。このような、同じ学問や趣味を共有できるサムライと庶民の「近さ」は、有能な者を庶民から取り立てて、サムライとしての処遇を与え、統治の業務の一端を担わせていく背景にもなった。

学問や登用試験、文化活動、武芸鍛錬に取り組むサムライの姿。そこからは、身分や格式を越えて人材を登用するあり方が見えてくるのである。（小酒井）

# 学芸と人脈 ―大田南畝と平賀源内

## Liberal Arts and Personal Connections—ŌTA Nanpo and HIRAGA Gennai

江戸のサムライたちのなかからは、趣味・娯楽でその才能を発揮し、文化の発展に寄与する者も多く現れた。文芸、絵画などの文化の世界では、武士や町人といった身分や格式を越えた交流が見られた。幕臣の家に生まれ、幅広い文芸活動で人気を得て、江戸文壇の中心人物となったのち、昌平坂学問所で学問吟味を受け、幕臣としての出世を追求していく大田南畝。高松藩出身の浪人で本草学、文芸、蘭学、洋風画、殖産・実業などの分野で活躍した平賀源内。彼らの足跡と交流関係を見ていきたい。（小酒井）

### 江戸の戯作者一五名を掲載。そのうち八名がサムライ出身。

### Featuring 15 of Edo's popular novelists, 8 of them were born samurai!

江戸時代後期の著名な戯作者一五名についての紹介と肖像画を記載したもの。著者の木村黙老は高松藩家老で、その祖父木村季明は平賀源内と親交があった。前編に「平賀鳩渓」（平賀源内、元讃岐高松藩松平家臣）、「蜀山人」（大田南畝、幕府御徒）、後編に「十遍舎一九」（十返舎一九、駿府町奉行同心倅・元大坂町奉行小田切直年家来・浪人）、「修紫楼主人」（柳亭種彦、旗本）ら、サムライ出身の戯作者が八名掲載されている。（田原）

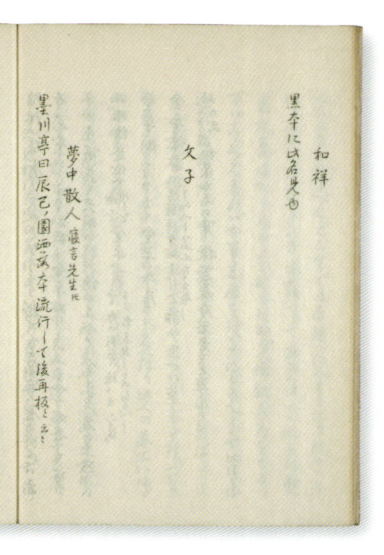

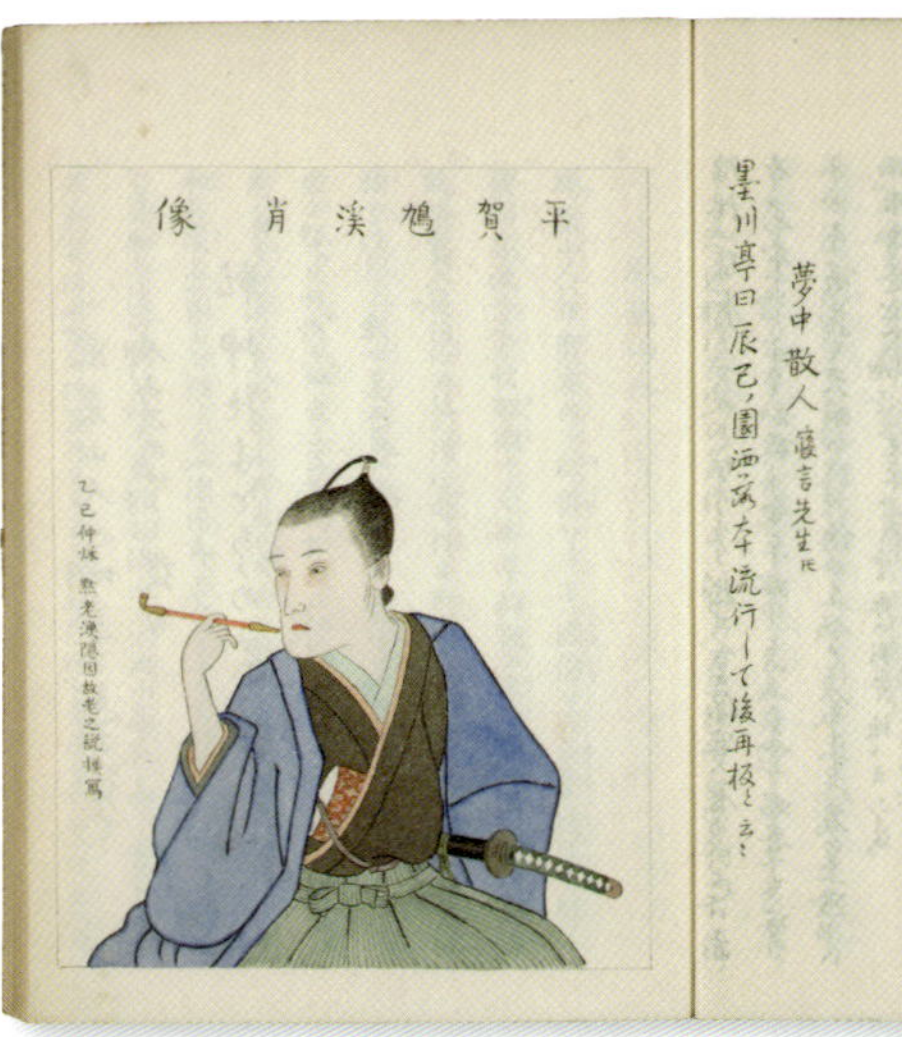


平賀源内

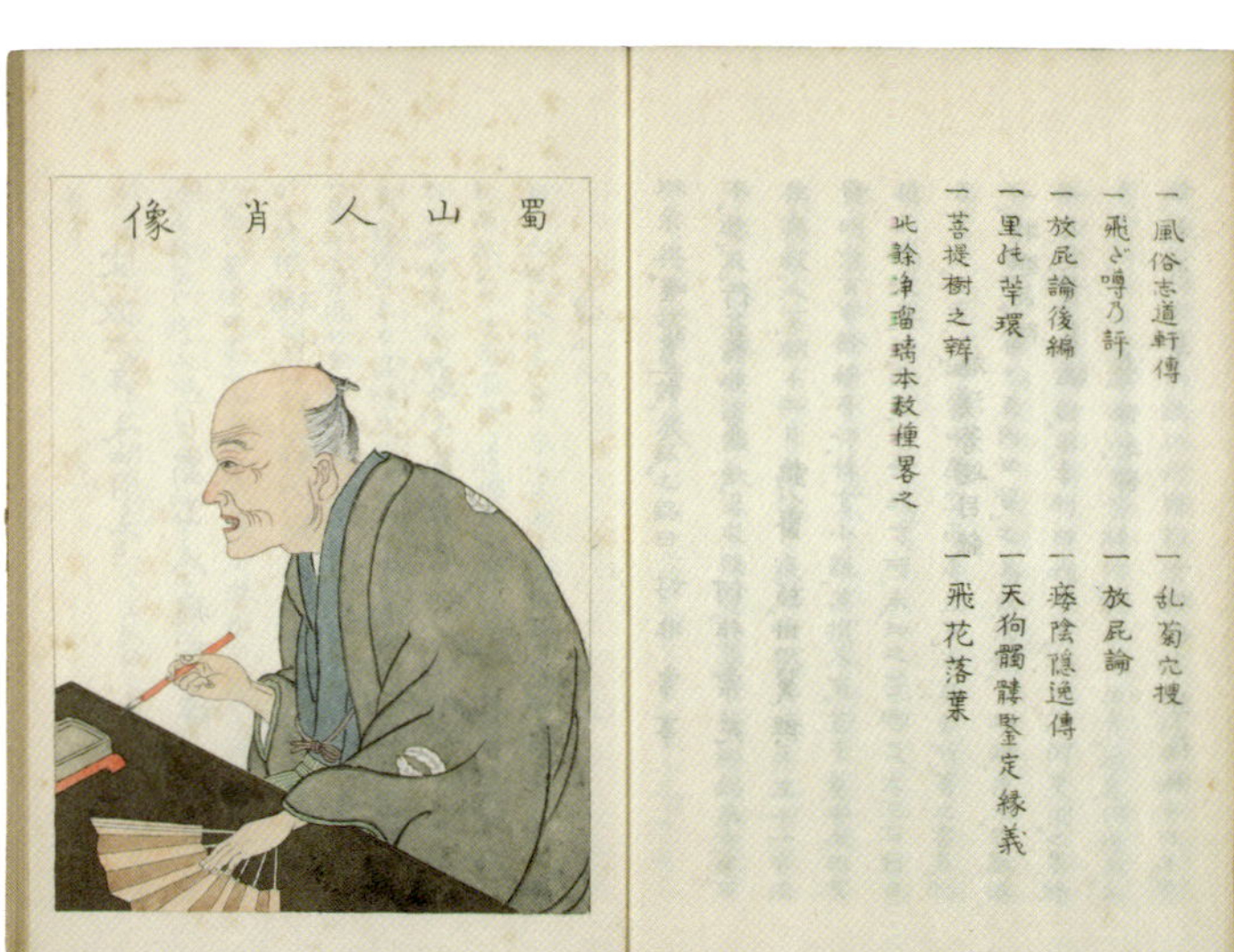


大田南畝

88-1

**戯作者考補遺**（げさくしゃこうほい）

**Popular Novelists: Supplement**

木村黙老著
弘化2年（1845）
二冊
慶應義塾図書館

## 【平賀源内】

享保十三年（一七二八）～安永八年（一七七九）

江戸時代中期の本草家、戯作者。讃岐高松藩松平家の家来であったが、向学心が高まった結果、宝暦四年（一七五四）に同家を退身。同六年に江戸に出て田村藍水に入門し本草学を学ぶ。同七年以降、藍水らと物産会を開催し、同十三年に数次にわたる出品物をまとめた「物類品隲」を刊行。その他、蘭書によって火浣布、寒暖計、エレキテルを製作し評判を得る。この間、高松藩に再仕するが不自由を嫌って再度退身し、終生を浪人として送る。その他、滑稽文学でも名を上げ、画才にも長じていた。（田原）

## 【柳亭種彦】

天明三年（一七八三）～天保十三年（一八四二）

江戸時代後期の戯作者。本名は高屋彦四郎知久といい旗本であった。寛政八年（一七九六）に家督を継ぐ。絵画・狂歌・俳諧・川柳に堪能で、絵師歌川国貞と組んだ「偐紫田舎源氏」で成功を収める。ところがこの作品により天保改革で筆禍をうけて板木を没収、まもなく病死した。（田原）

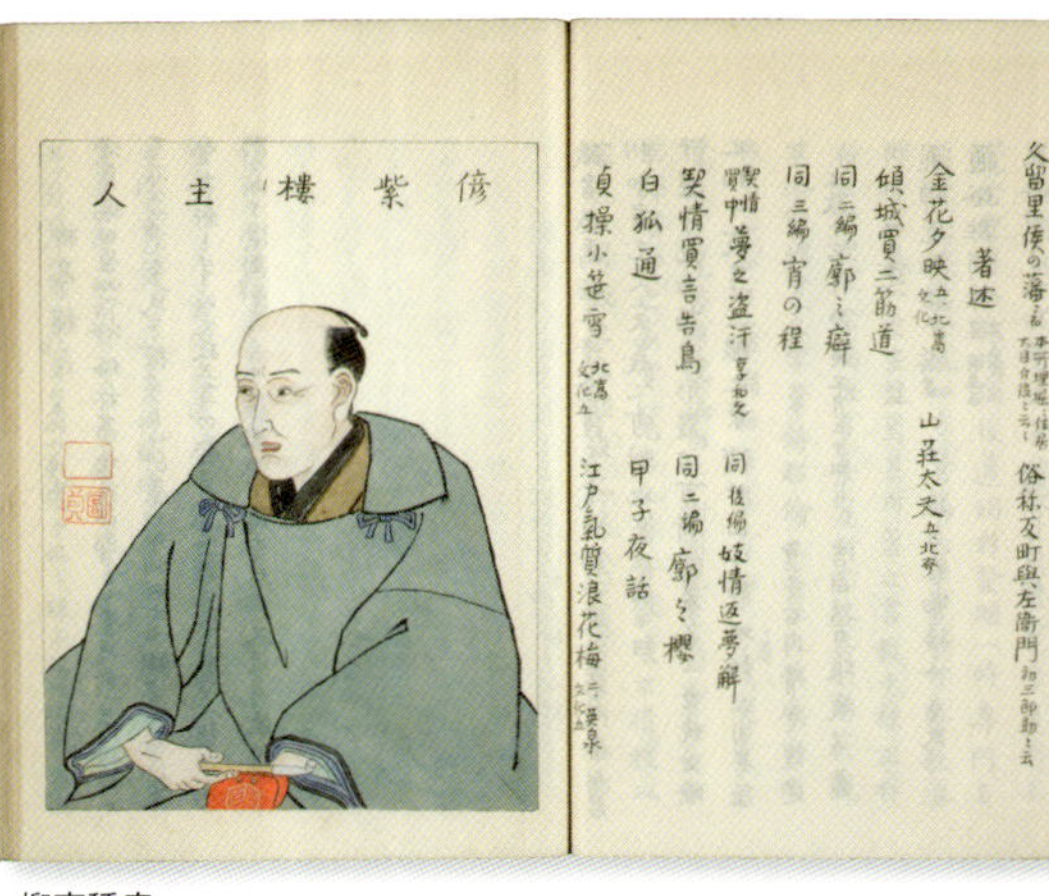


柳亭種彦

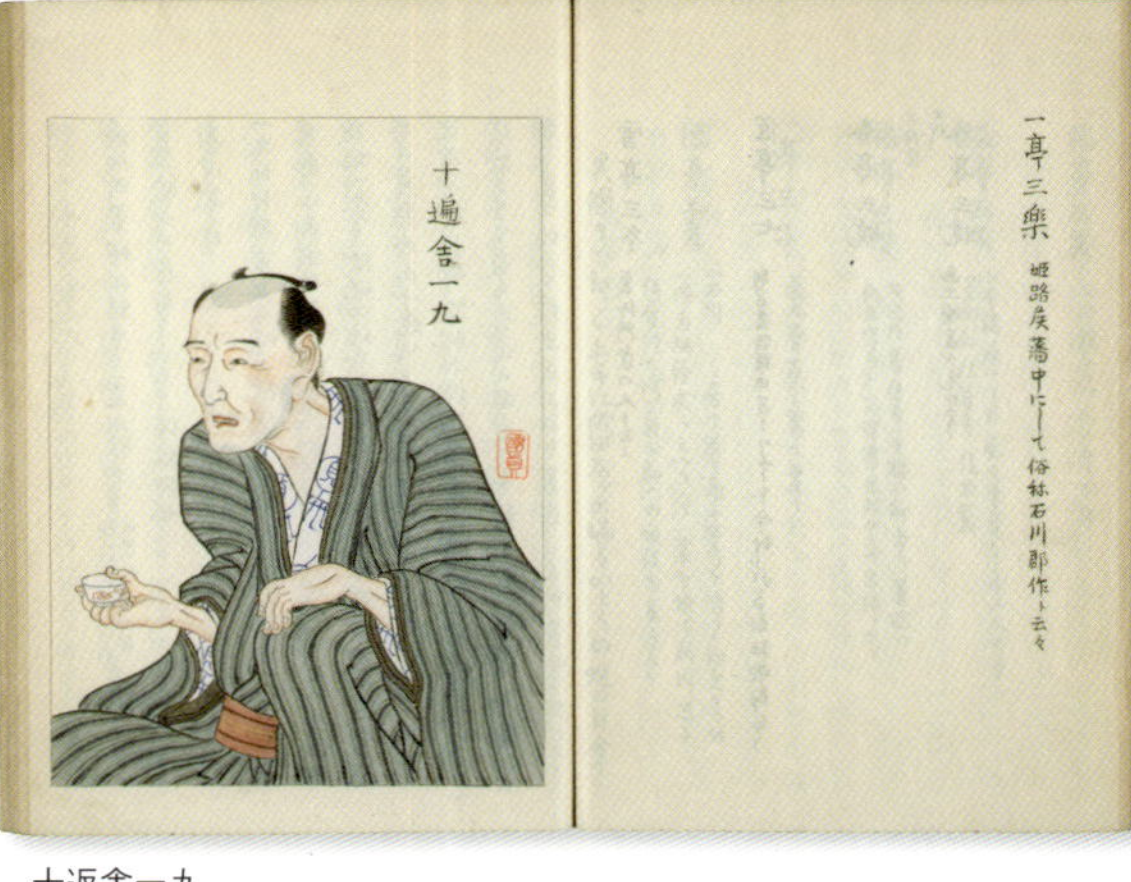


十返舎一九

**88-2**

**戯作者考補遺〔複製〕**

**Popular Novelists: Supplement (reproduction)**

木村黙老原著
［原資料］弘化2年（1845）
二冊
江戸東京博物館
慶應義塾図書館原資料蔵

## 【大田南畝】

寛延二年（一七四九）～文政六年（一八二三）

江戸時代中期の戯作者。本名は大田直次郎覃といい、幕府御徒大田吉左衛門の長男として生まれる。明和二年（一七六五）に御徒を継ぎ、同四年に狂詩集「寝惚先生文集」を出版し、滑稽本・戯作本などにも手を染める。特に天明期における狂歌流行の中心的存在となるが、寛政改革の改革路線に抵触して筆を断ち、学問吟味に応じて登用され、支配勘定に昇進。以後、大坂銅座出役、長崎奉行所出役などを歴任する。（田原）

## 【十返舎一九】

明和二年（一七六五）～天保二年（一八三一）

江戸時代後期の戯作者。本名は重田貞一といい、駿府町奉行所同心の子息として駿府に生まれる。少年の時に江戸に出て、後に大坂町奉行小田切直年に仕えて大坂に行き、ほどなく武家奉公をやめて浄瑠璃等を修行をする。寛政五年（一七九三）に江戸に戻り、山東京伝の知遇を得て、また蔦屋重三郎の食客となり、同七年以降、戯作者として黄表紙・洒落本・合巻・滑稽本の作品を残す。とくに享和二年（一八〇二）に刊行された「（浮世道中）膝栗毛」（東海道中膝栗毛）が好評で、その地位を確立した。（田原）

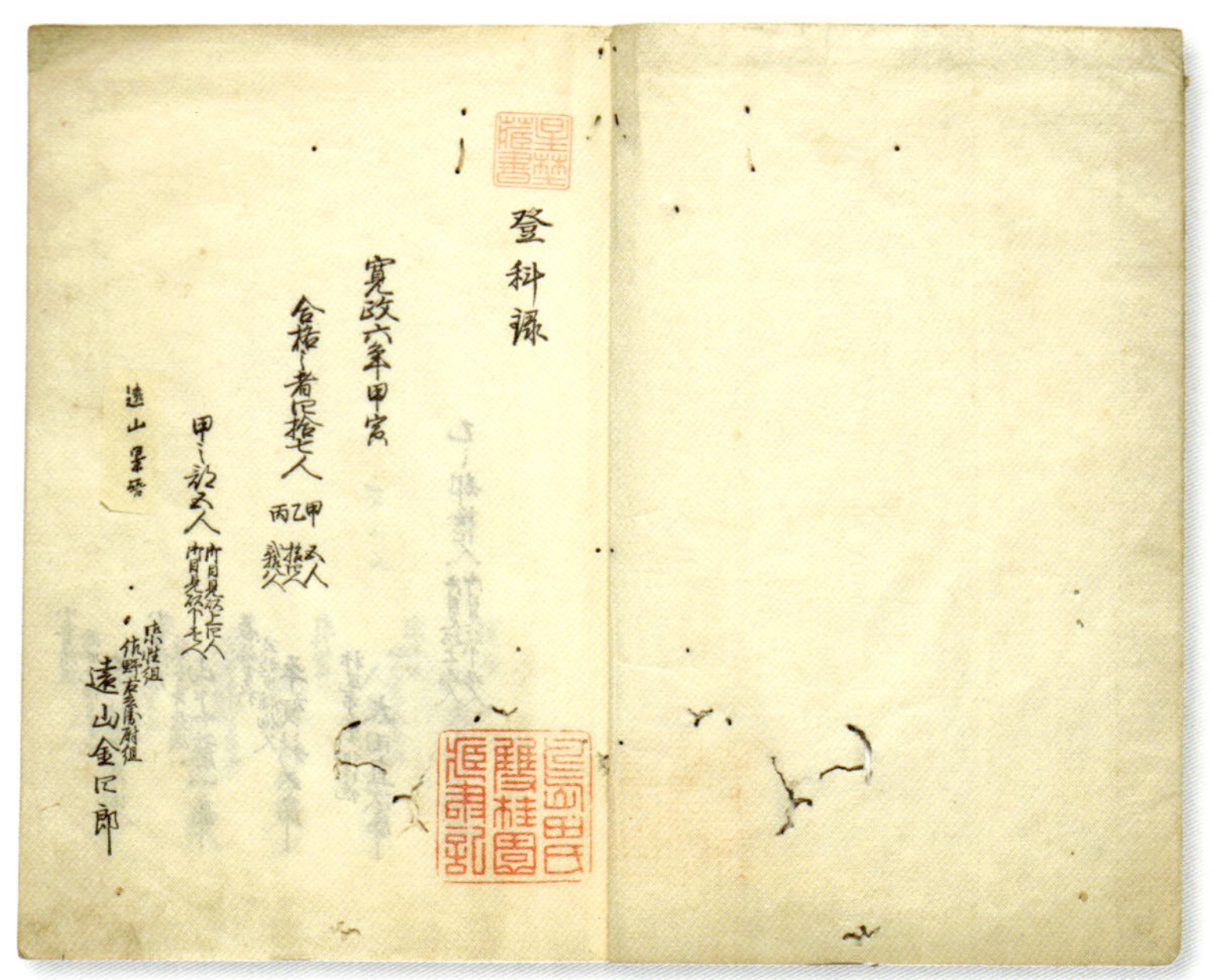


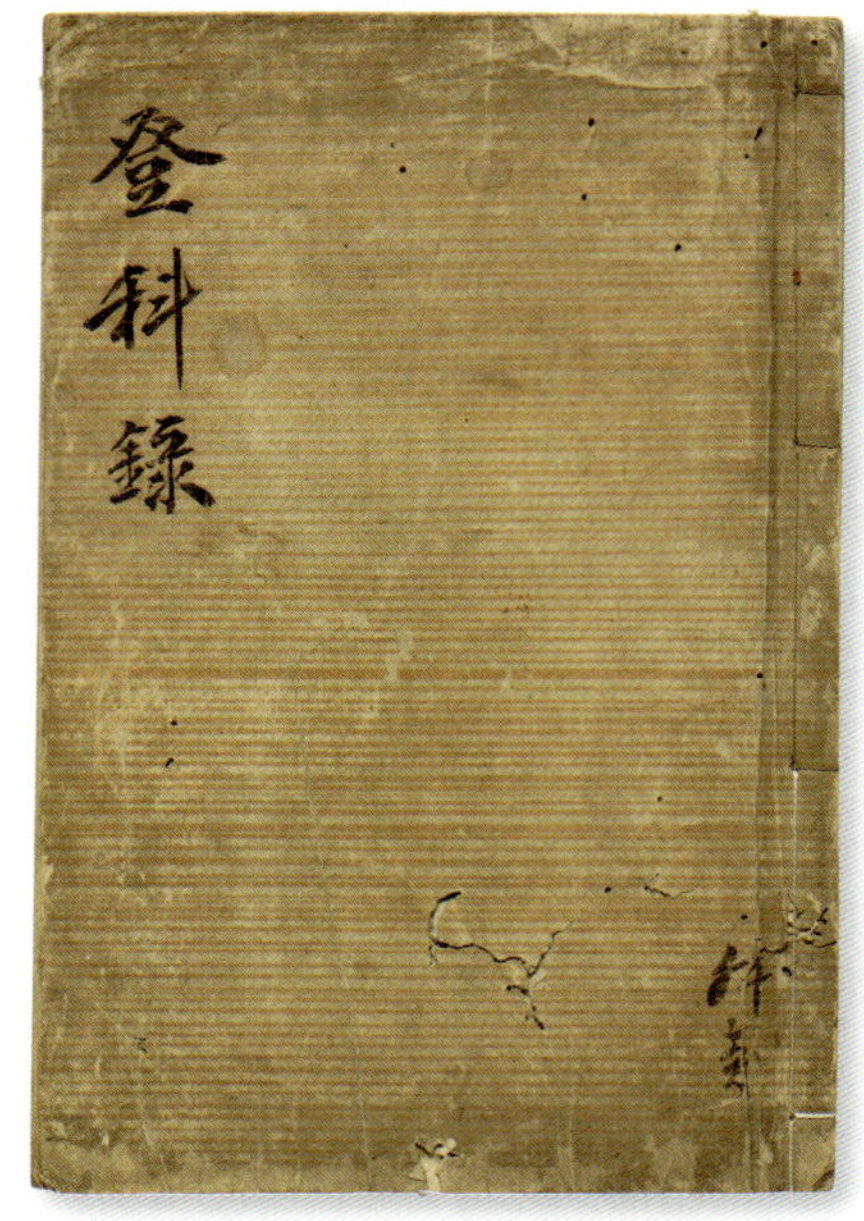


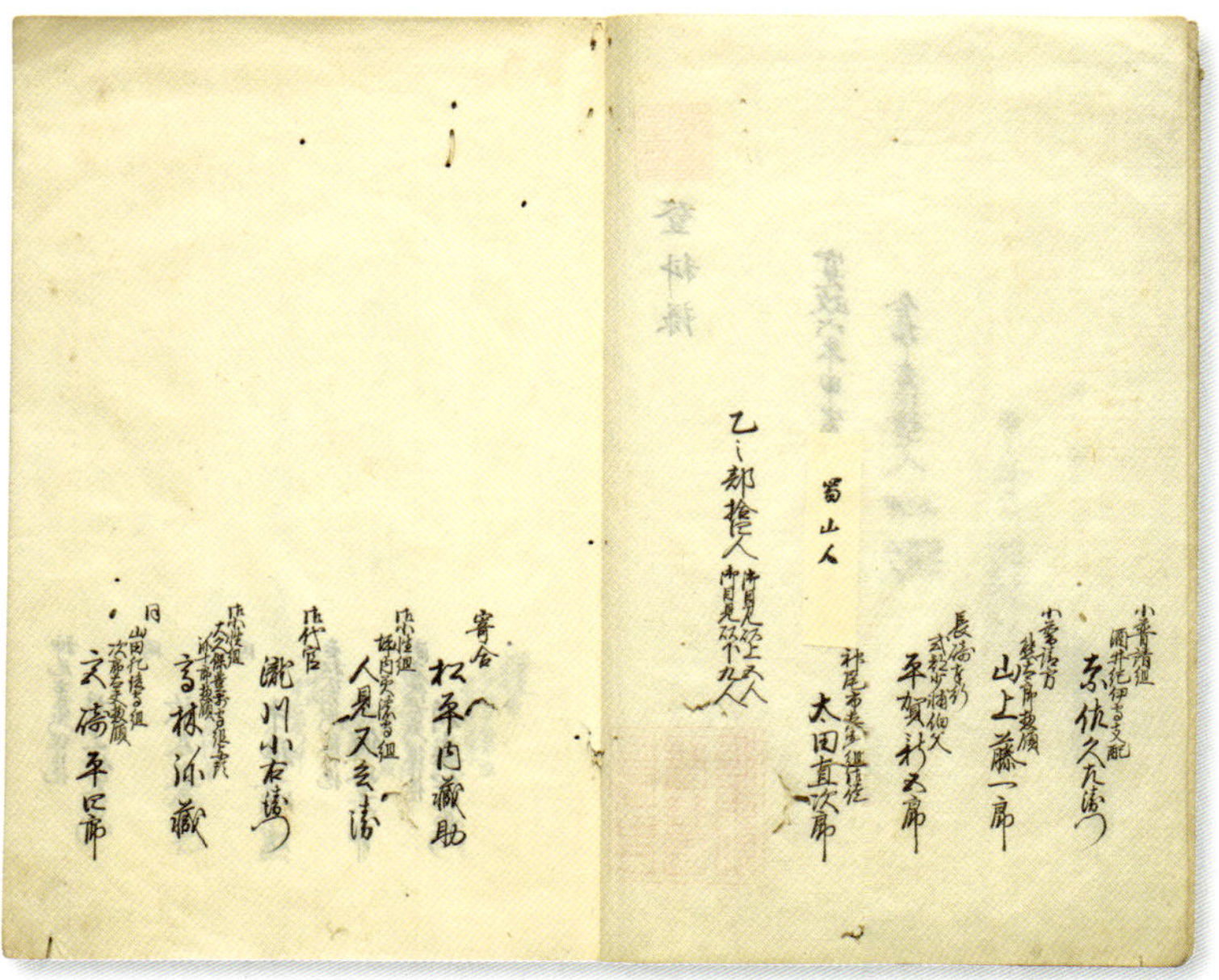

89

**登科録**

Record of Examination Passes

慶応元年(1865)正月以降
一冊
江戸東京博物館

# 学問吟味の合格者名簿。そこに大田南畝の名が!

## List of people who passed the government examination and the name ŌTA Nanpo can be seen among them.

幕府の学問吟味は学問好きの松平定信が老中就任直後の天明七年(一七八七)九月に実施した儒生試験を嚆矢とする。本書は、寛政六年(一七九四)の第三回目以降、最終の慶応元年(一八六五)まで一七回分の合格者名簿。合格者には出世の道が開かれたという。冒頭に町奉行遠山左衛門尉景元の父金四郎景晋の名があり、次頁には、大田直次郎(南畝)の名がある。南畝は文人として著名だったが、合格後は職務に励んだという。(田原)

# 学問吟味対策! 大田南畝による模範解答書

## How to pass the test! ŌTA Nanpo produced a list of model answers.

寛政六年（一七九四）の学問吟味合格者である大田南畝が書き残した学問吟味の経過と課題および解答を、寧静居という人物が嘉永五年に写したものである。明治大正時代に文学者として活躍した旧幕臣戸川残花の蔵書印がある。こうした大田南畝の模範解答書は広く流布し、多くの写本が現存している。（田原）

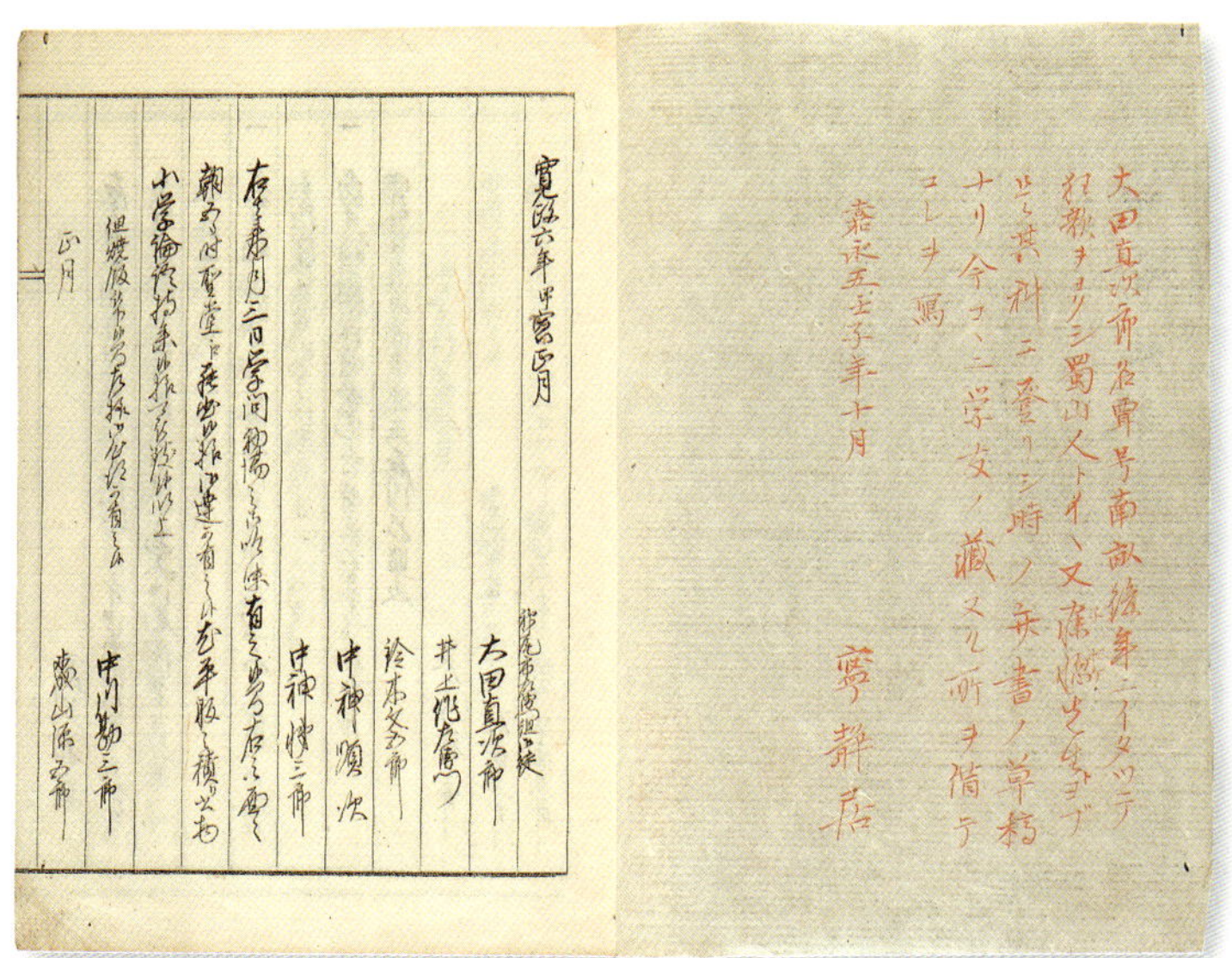

90

**甲寅延試考**

*Kōin teishikō*
(Reference for the Government Exam)

大田南畝著／寧静居写
嘉永5年（1852）10月写
一冊
江戸東京博物館

# 作者も幕臣！幕府直轄の最高教育機関

## The artist was a retainer of the shogunate! This was the top institute of education run directly by the government.

二曲一隻の屏風に、湯島聖堂と昌平坂学問所を描く。中央右手に見える黒塗りの建物が聖堂の正殿（大成殿）で、左手が学問所である。湯島聖堂は孔子をまつる廟堂で、昌平坂学問所は幕府直轄の教育施設である。旗本、御家人の子弟を教育するだけでなく、各藩の藩士から浪人までを対象として人材育成に努めていた。作者の桜井雪鮮（一七六九〜一八一二）は幕府の大番同心で、後に学問所下番を勤めた人物。桜花の絵を得意とした。（田原）

91

**湯島聖堂図**

Illustration of the Yūshima Seidō

桜井雪鮮画
寛政11年（1799）以降
二曲一隻
江戸東京博物館

# 右手に聖堂、左手に学問所。幕府教育機関の平面図

**The buildings on the right is a Confucian temple, those on the left are the school. A plan of the government's educational facility.**

92

**昌平坂学問所惣絵図**

Plan of the Shōheizaka School

寛政年間（1789～1801）
一枚
江戸東京博物館

昌平坂学問所は、公的な機関並みの扱いを受けていたが、元来は大学頭を世襲した儒家林家の私塾であった。寛政九年（一七九七）に寛政改革の一環として学問奨励策がとられると、幕府の正式な教育施設となった。（田原）

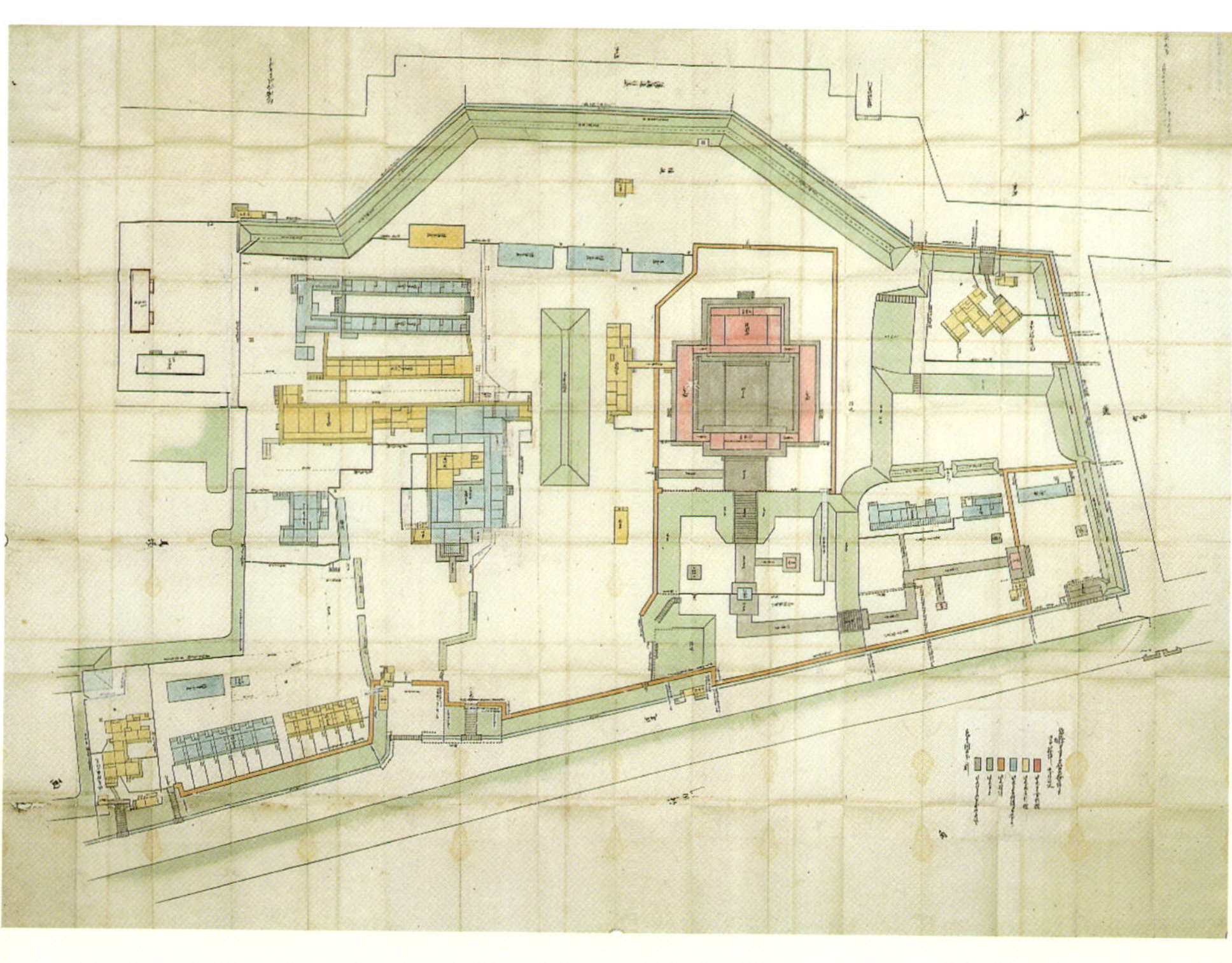

# 狂歌の世界で名を上げた。大田南畝の処女作

**The maiden work of ŌTA Nanpo who made his name in the kyōka [comic tanka poems] world.**

93

**寝惚先生文集**

*Neboke Sensei Bunshū*
[Collection of the Works of a Groggy Poet]

大田南畝著
明和4年（1767）
一冊
江戸東京博物館

大田南畝が十九歳で出版した処女作。文芸界に初登場して一躍文名をあげ、江戸における新興文学界を担うきっかけとなった。（田原）

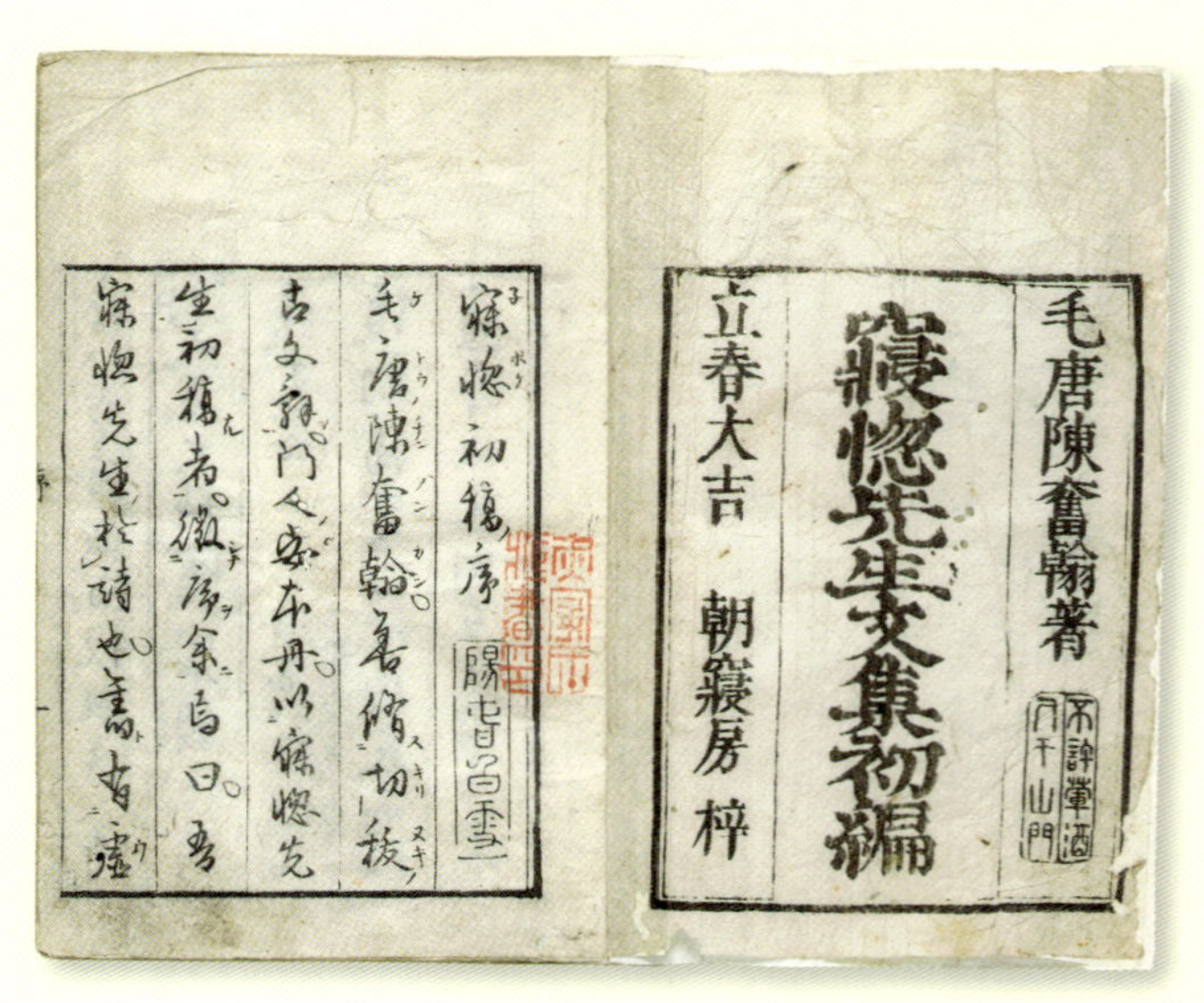

## 南畝・春信・源内で合作。当時の文化人の交流が見える作品

**A joint work by Nanpo, Harunobu and Gennai. This book illustrates the interaction that took place between the cultured people of the day.**

94

**売飴土平伝**（あめうりどへいでん）

*Ameuri Dohei den*
[The Life of Dohei the Candy Vendor]

大田南畝著／鈴木春信画／平賀源内序
明和6年（1769）
一冊
江戸東京博物館

当時、唐人装束で歌いながら飴を売り歩いて人気を呼んだ奥州仙台の土平と、明和三美人のうち笠森お仙と柳屋お藤を俗語・俗謡まじりの漢文体で面白おかしく問答させた読み物。大田南畝、鈴木春信、平賀源内と当時の著名文化人の合作で、明和期の江戸文化を象徴する一作。（田原）

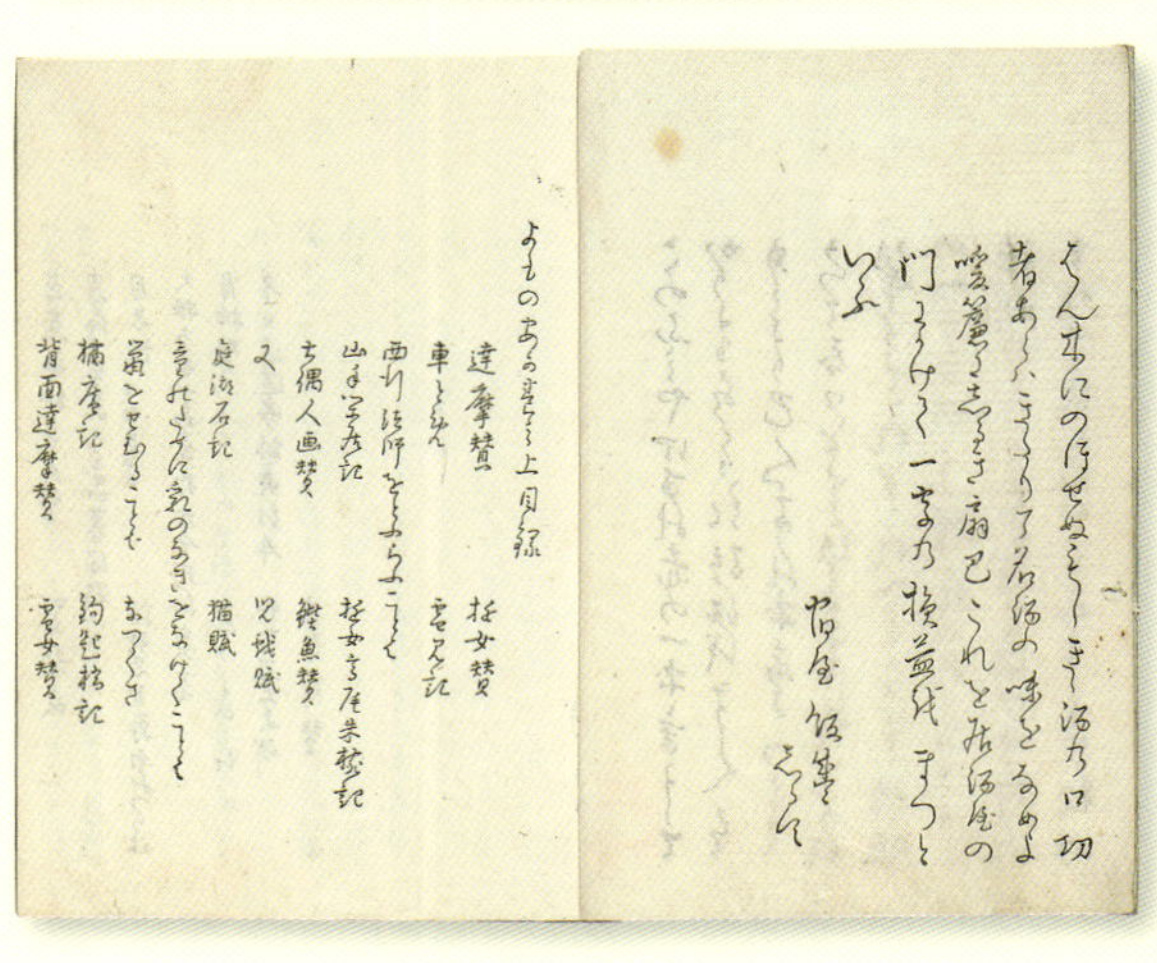

## 南畝・四方赤良・蜀山人・寝惚先生。ペンネームも多かった!

**Nanpo, Yomonoakara, Shokusanjin, Neboke-sensei. He had numerous pen names!**

95

**四方のあか**（よものあか）

*Yomonoaka*

大田南畝（四方赤良）著
天明8年（1788）
全二冊
江戸東京博物館

四方赤良（よものあから）とも号した大田南畝の狂文集。平賀源内風の威勢の良い文章や俳文、雅文、そのほか種々の様式から吸収した独特の狂文集となっている。狂文とは、主に狂歌師による社会風刺に富んだ戯文のこと。（田原）

# 平賀源内の代名詞。エレキテル実験の様子

## The thing HIRAGA Gennai is most famous for —his experiments with electricity.

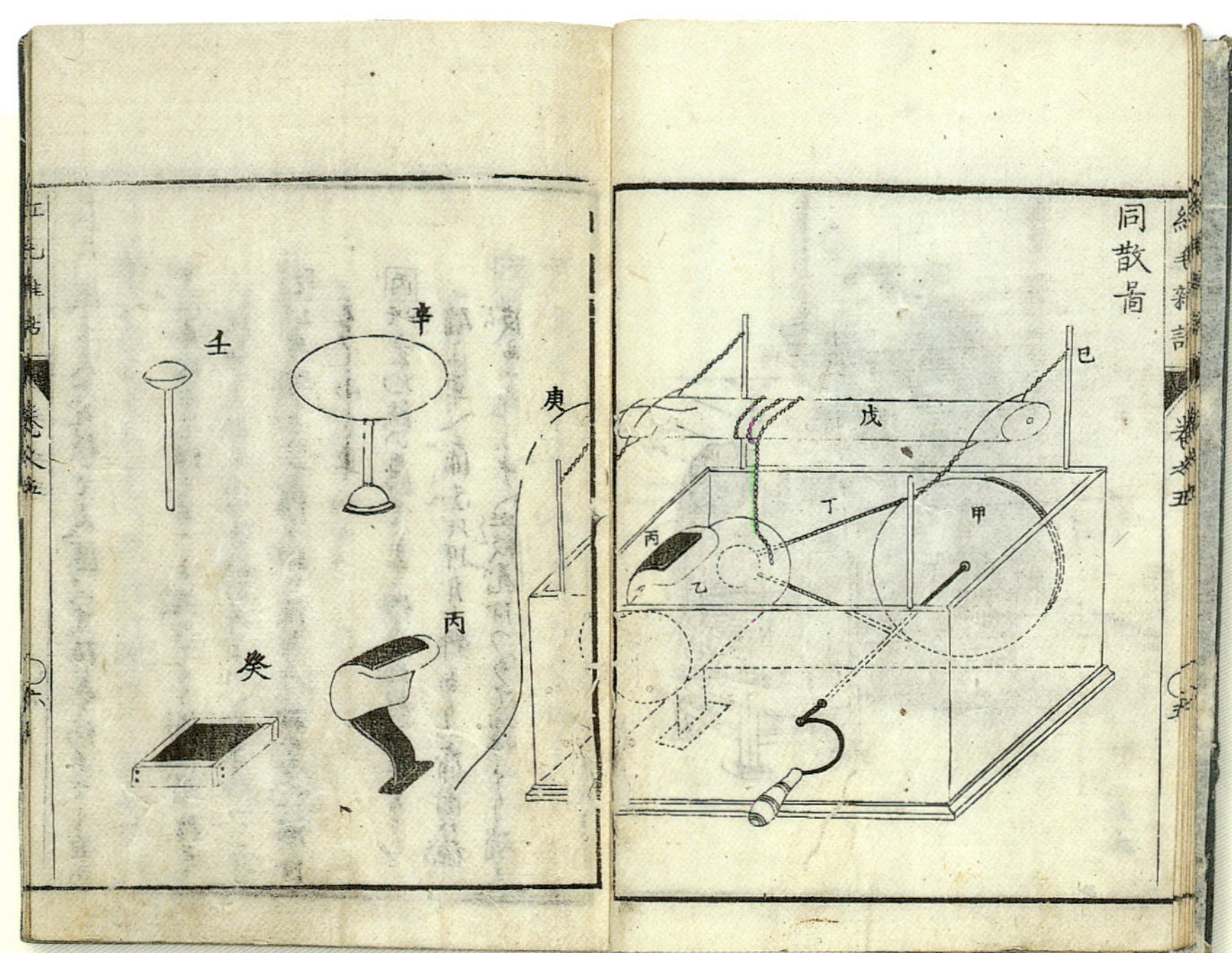

平賀源内の門人森島中良が、蘭学の知識を一般向けに解説した書物。巻之五に北尾政美画のエレキテル実験の挿図「野礼幾的爾之図」がある。左端が源内、中央が中良の兄桂川甫周、左端でエレキテルを操作するのが政美であるという。（田原）

**96**

**紅毛雑話**

***Kōmō zatsuwa***
**[Sayings of the Dutch [lit. Miscellaneous Stories of the Red-haired Peoples]]**

森島中良著
天明7年（1787）
五冊
江戸東京博物館

## 五回におよぶ物産会の成果物から源内の博識をうかがう

**Gennai's wide learning is apparent from the results of five product expositions.**

源内が携わってきた薬品会、物産会の成果をまとめたもの。三六〇種の物産を一三部に分けて列挙し産地、品質などを紹介している。田村藍水が選定し、挿図は宗紫石による。場面は巻之六「軋蔗取漿図」（蔗を軋して漿を取る図）で、牛を動力とした圧搾機で、甘蔗（サトウキビ）の漿（汁）を採取する様子が紹介されている。（田原）

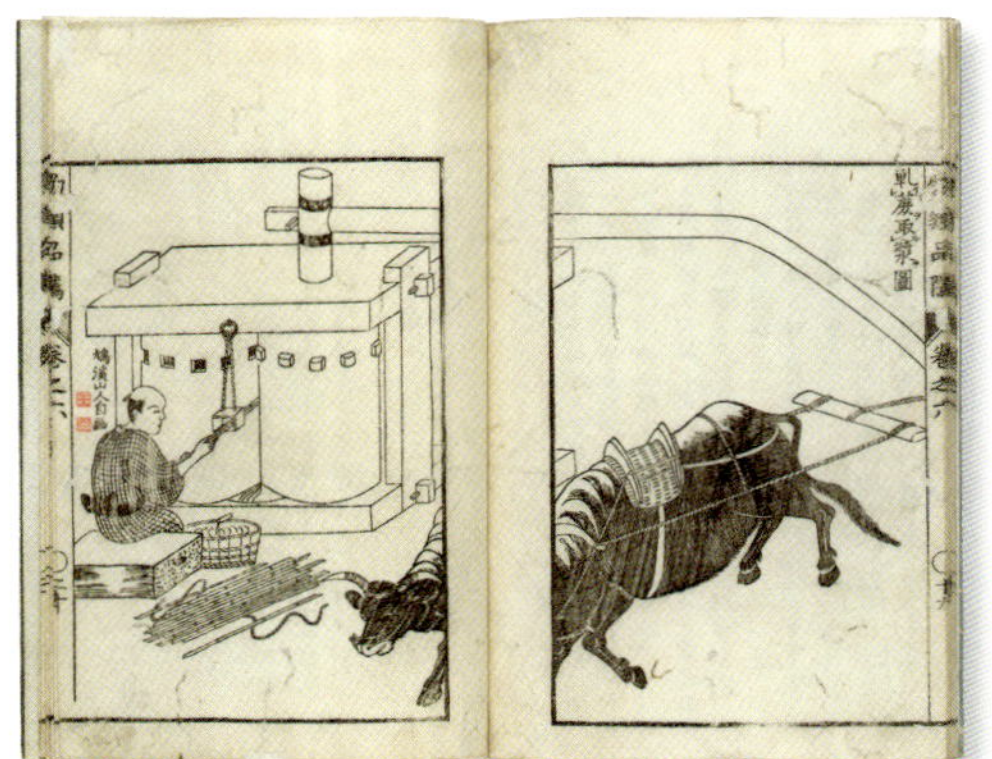

**97**

**物類品隲**（ぶつるいひんしつ）

*Butsurui hinshitsu*
[A Classification of Various Products]

平賀源内著
宝暦13年（1763）
六冊
江戸東京博物館

## 多才！滑稽さと風刺を効かせた世相小説

**Genius! A novel on social conditions written with humor and satire.**

宝暦十三年の夏におこった、歌舞伎女形荻野八重桐の水死事件を題材に、水死の真因を物語っている。実際には溺死であったが、当時の人気女形瀬川菊之丞の身代わりとなり自死したという設定で、閻魔大王や河童まで登場する。（田原）

**98**

**根南志具佐**（ねなしぐさ）

*Nenashigusa*
[Rootless Weeds]

平賀源内著
宝暦13年（1763）
五冊
江戸東京博物館

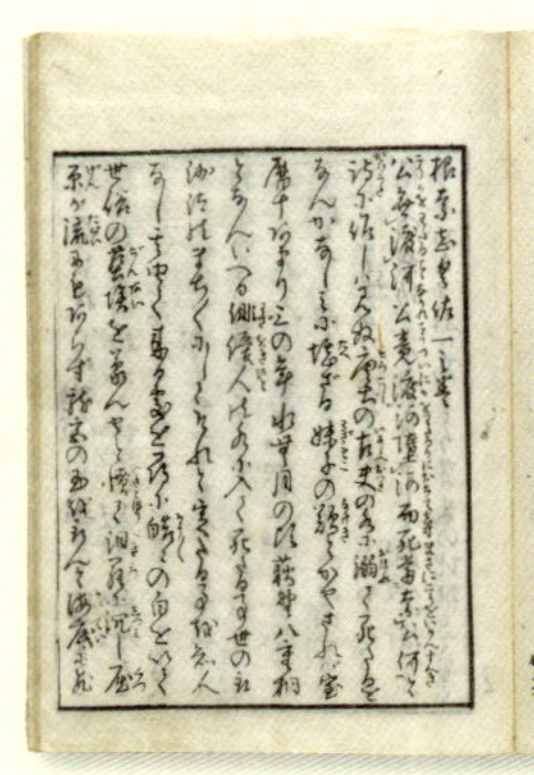

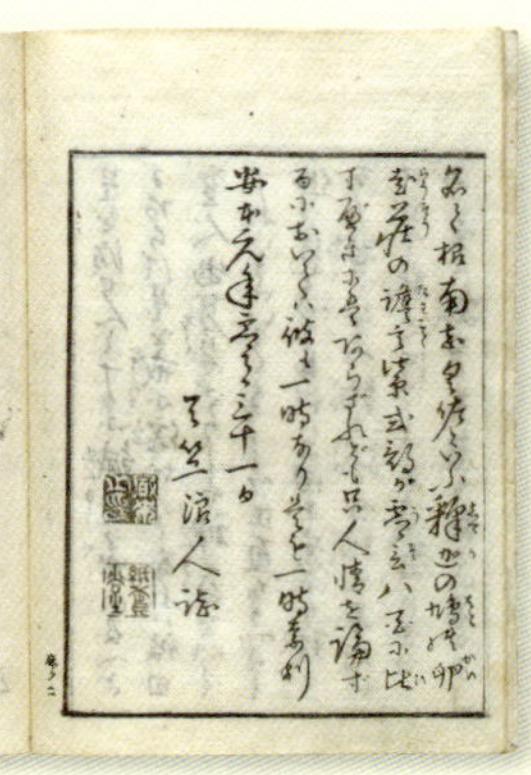

# 世間を俯瞰したい仙人の「羽扇」に思いを託して

Placing his thoughts on the feather fan of the mountain ascetic who wanted a bird's-eye view of the world.

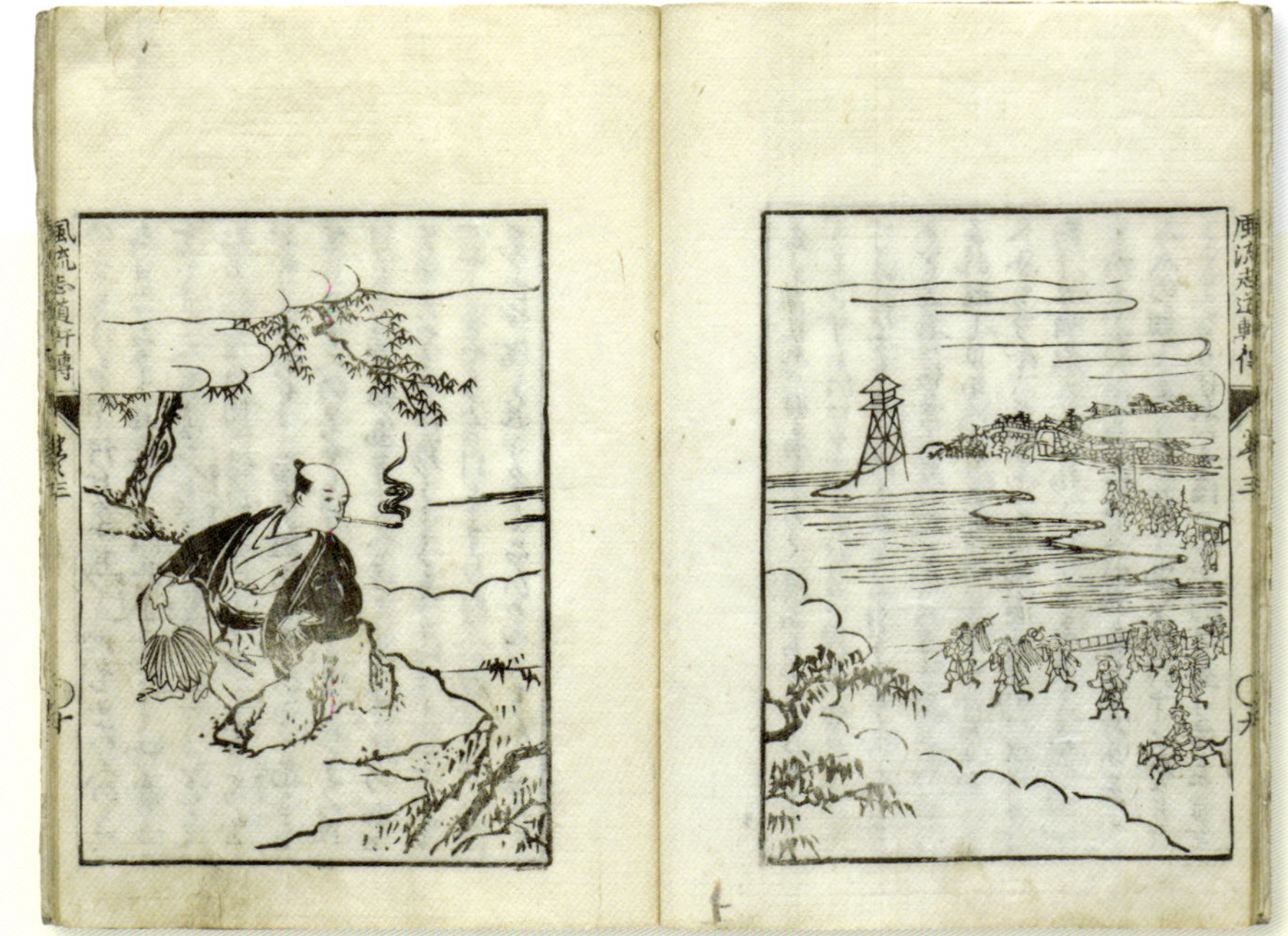

実在の講釈師深井志道軒の生涯を虚構を交えて物語った伝記小説。志道軒は木製の陽物を手にして机を打ち鳴らし、大仰な身振りで警句を吐いた奇人として著名。図は辻講釈する志道軒と、志道軒が仙人から入手した万能の「羽扇」で遠くの景色を眺める様子が描かれている。（田原）

99

**風流志道軒伝**（ふうりゅうしどうけんでん）

*Fūryū shidōken den*

[The Dashing Life of Shidōken]

平賀源内著

宝暦13年（1763）

三冊

江戸東京博物館

# 源内の多才を示す。火浣布作製の経緯書

**Demonstrating Gennai's numerous talents.**
**Report on the method of creating fireproof cloth.**

宝暦十四年(一七六四、明和元年)に奥秩父で石綿を発見したという源内は、火浣布(石綿織物)の作製を試みて成功、幕府にも献上している。本書は、この火浣布作製の経緯などを書き記して刊行したもの。(田原)

100

**火浣布略説**

*Kakanfu ryakusetsu*
[Brief Explanation of Fireproof Cloth]

平賀源内著
明和2年(1765)
一冊
江戸東京博物館

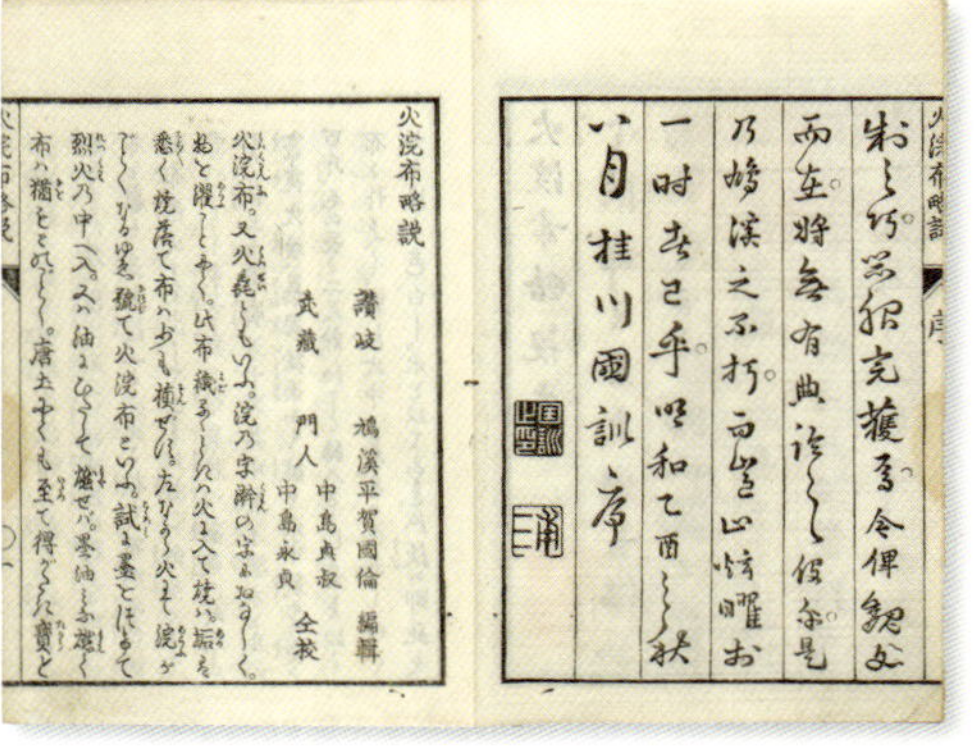

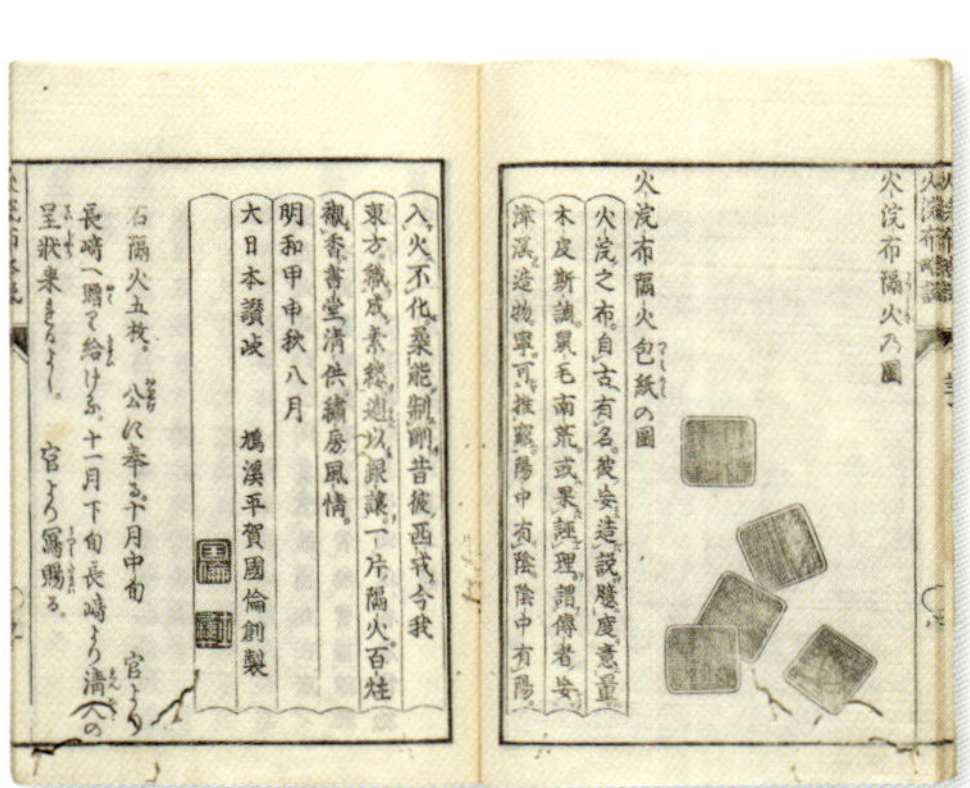

# その死から五年。大田南畝編による源内の遺稿集

**Five years after his death, ŌTA Nanpo published Gennai's posthumous writings.**

101

**飛花落葉**

*Hikarakuyō*
[Petals Scatter and Leaves Fall]

平賀源内著／大田南畝編
天明3年(1783)
一冊
江戸東京博物館

平賀源内が生前、書き散らかした広告文や口上、未定稿を大田南畝が集めて編纂した源内の遺稿集。「飛花落葉」とは、花が散り落ち葉も舞う季節に故人となった源内が偲ばれるという意味。(田原)

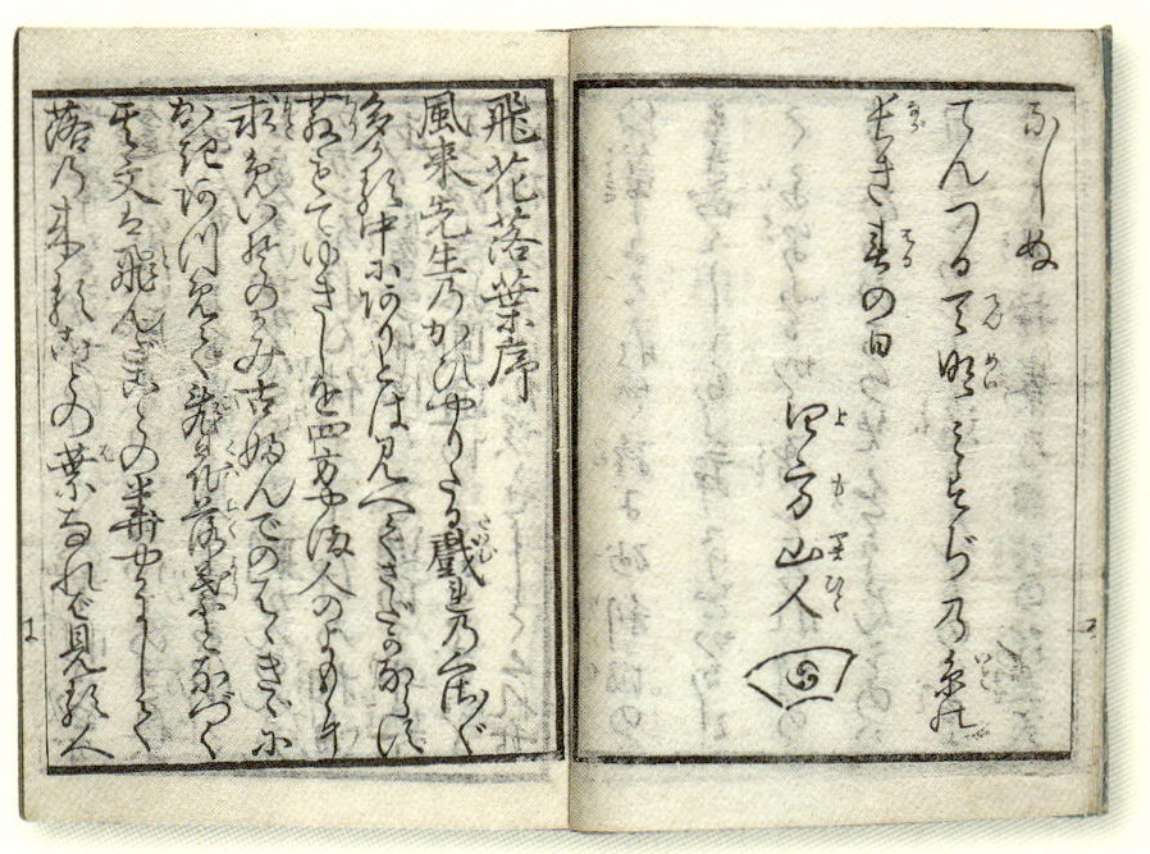

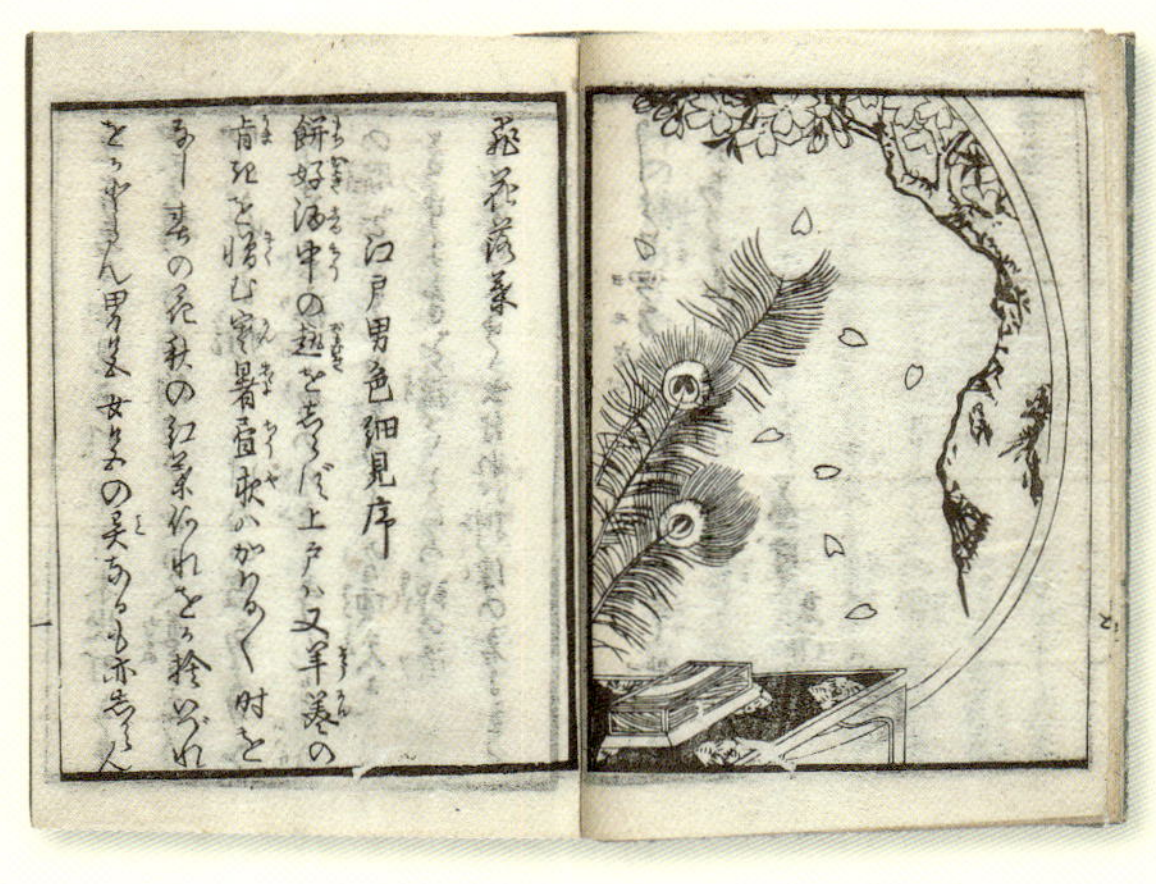

# 士と庶の間 ―川崎平右衛門

## The Gap Between Samurai and Commoners—KAWASAKI Heiemon

サムライ（士）と町人・百姓（庶）との間は、身分の違いによって断絶していたわけではない。たとえば、町人や百姓出身の者が幕府や大名、旗本の配下に取り立てられ、行財政や家政をとり仕切ることがしばしば見られた。天下太平の時代の下、経済が発展して社会が複雑になってくると、現地の実情や慣習に精通し、専門的な知識・技術をもった町人・百姓の能力が、統治に必要とされたからである。その典型例として、江戸時代中期に、村の名主から取り立てられて、江戸西郊の武蔵野新田の経営にあたり、代官にまでなった川崎平右衛門がいた。（小酒井）

画像提供:府中市郷土の森博物館

102-2

**川崎平右衛門**
**肖像画（複製）**

Portrait of KAWASAKI Heiemon (reproduction)

一幅

府中市郷土の森博物館

102-1

**川崎平右衛門**
**肖像画**

Portrait of KAWASAKI Heiemon

江戸時代

一幅

個人蔵

# 百姓からサムライとなった川崎平右衛門の晩年を描く

## Portrait of KAWASAKI Heiemon in his latter years. He was born a farmer but later became a samurai.

川崎平右衛門の肖像。着しているのは、布衣（ほい）という無紋の狩衣で、旗本の礼装である。布衣着用が認められたのは明和四年（一七六七）なので、平右衛門の最晩年の姿だが、本図は、その死後に作成されたと考えられる。

武蔵国多摩郡押立村の名主であった平右衛門は、その才覚を幕府から認められて、武蔵野新田の経営にあたり、その後は、代官として美濃国や石見国の幕領支配にも携わった。布衣をまとう平右衛門の姿は、百姓からサムライとなったその人生を象徴する。（小酒井）

### 【川崎平右衛門（かわさきへいえもん）】

元禄七年（一六九四）〜明和四年（一七六七）

武蔵国多摩郡押立（おしたて）村の名主の家に生まれる。諱（いみな）は定孝。私財を投じての窮民救済の功績により、元文四年（一七三九）から南北武蔵野新田世話役として登用され、武蔵野新田の経営にあたる。肥料の貸付と貯穀の実施などによって、新田の維持・存続に尽力。宝暦四年（一七五四）には一五〇俵を給され、代官となり、美濃国・石見国の幕領支配に携わった。（小酒井）

### 苗字帯刀

江戸時代の武士身分と他の身分（百姓や町人、商人など）との差を、最も明瞭に示すのが、公的な場面で苗字を名のったり、刀を差したりすることが認められているかどうか、である。苗字帯刀は、武力を保持しつつ行政を担う武士身分の象徴であった。

江戸時代中期になると、経済が発展して社会が複雑になり、武士身分だけでは対処できない問題が増えてくる。そのため、百姓など他の身分から、優れた才覚を有し、地域の実情にも通じた者を起用し、行政の一部を担わせることがあった。その際、彼らは苗字帯刀を許され、いわば一時的な武士身分となって職務を遂行した。

このように、江戸時代中期以降には、百姓・町人身分出身の有能な者が取り立てられて苗字帯刀を認められ、幕府や大名、旗本などの行財政や家政の実務をとり仕切ることは、各地で見られた。（小酒井）

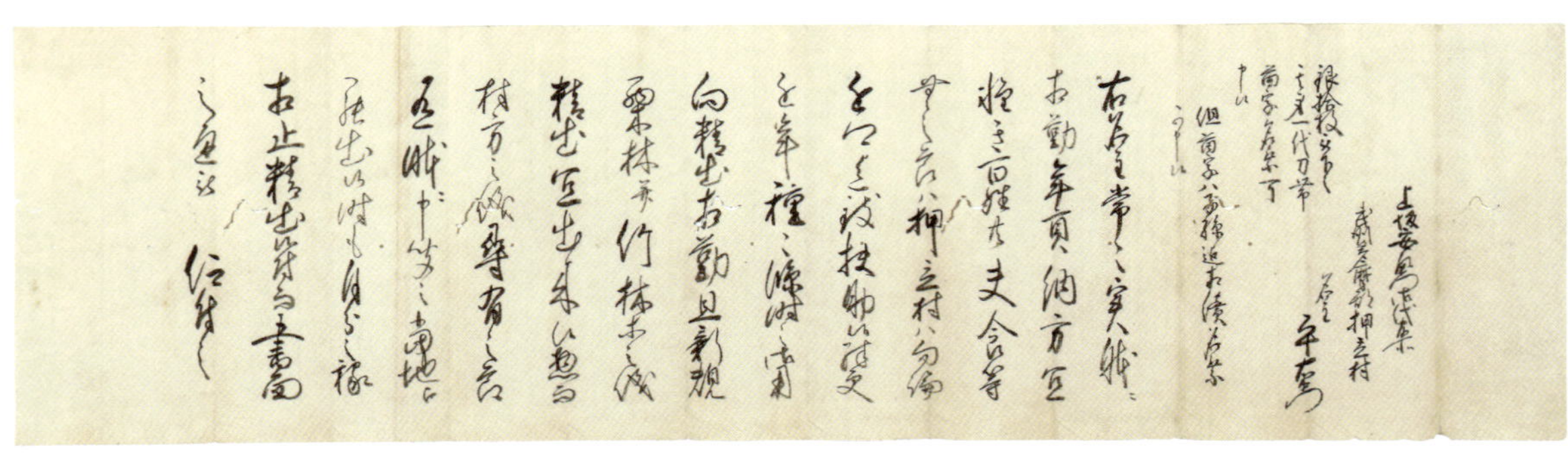

# 百姓身分であった川崎平右衛門、苗字の使用と帯刀が認められる

Born a farmer, KAWASAKI Heiemon became a samurai and was given permission to use a surname and carry two swords.

武蔵国多摩郡押立村の名主であった平右衛門に、銀十枚を下賜し、苗字帯刀の特権を認めた文書。帯刀は平右衛門一代にのみ、苗字の使用はその子孫まで認められた。本文書によると、これらは、平右衛門が名主の職務をよくこなし、百姓の食料がない時に、押立村はもちろん近隣村も助成したことなどに対する褒美であった。内容から、元文四年（一七三九）に、当地の支配代官であった上坂安左衛門が発給したと考えられる。（小酒井）

103

**苗字帯刀御免**

License to Use Surname and Wear Swords

（元文4年（1739））
一通
個人蔵
府中市郷土の森博物館保管

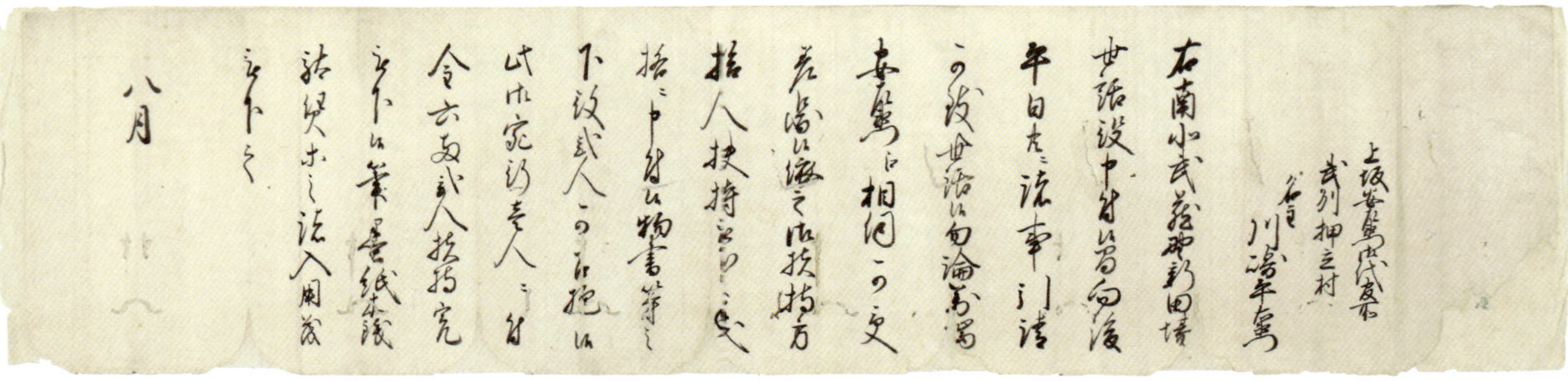

# 川崎平右衛門、武蔵野新田の支配役人として起用される

KAWASAKI Heiemon was appointed to oversee the development of new fields in the Musashino area.

川崎平右衛門に、武蔵野新田世話役という役職を申し付けた文書。代官上坂安左衛門の指示の下で、新田支配を手伝う手代格の役職で、給与は十人扶持であった。また、物書などの下役を二名召し抱えることとされ、その分の給与（ひとりあたり金六両・二人扶持）や筆・紙・墨などの事務経費も認められた。こうして、川崎平右衛門は武蔵野新田の支配・経営に深く携わることになった。

なお、包紙の記載によれば、本文書は、当時武蔵野新田支配に関わっていた「大岡越前守（忠相）」からのものとされる。（小酒井）

104

**武蔵野新田場世話役申付書**

Document Ordering Oversight of the Development of New Fields in Musashino Province

元文4年（1739）8月
一通
府中市郷土の森博物館

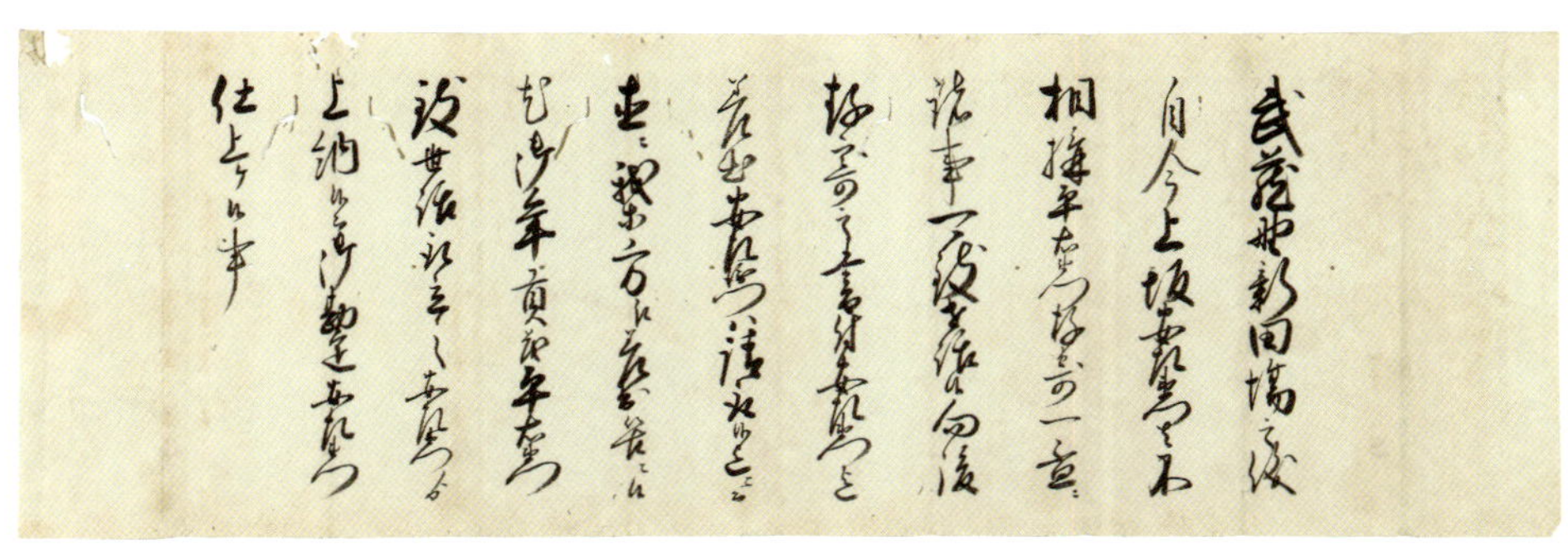

## 大岡忠相より、武蔵野新田を思うままに世話せよと命じられる

ŌOKA Tadasuke ordered KAWASAKI Heiemon to manage the new fields in Musashino as he saw fit.

大岡忠相から川崎平右衛門に宛てたと考えられる申渡書。大岡は、今後は代官上坂安左衛門に構わず、平右衛門が思うままに武蔵野新田を世話せよと命じている。そして、平右衛門が提出する書類について、上坂はそれを受け取るだけで、すぐに自分(大岡)のところへ差し出すことになっていると述べる。No.104で平右衛門は、何事も上坂の指示に従うことになっていたが、大岡や上坂の信頼を得て、より大きな裁量が認められるようになったことがうかがえる。(小酒井)

105

**武蔵野新田存寄一盃ニ可致申渡書**

Document Delegating Full Control Over Musashino's New Fields

江戸時代中期
一通
個人蔵
府中市郷土の森博物館保管

106

**高翁家録**

*Kōō karoku* [Record of Achievements]

高木三郎兵衛
明治時代以降写
一冊
個人蔵
府中市郷土の森博物館保管

## 最大のパートナーが記した川崎平右衛門の仕事ぶり

KAWASAKI Heiemon's achievements described by his greatest partner.

川崎平右衛門の事績をまとめた書物で、本書は、明治時代以降の写本。平右衛門が武蔵野新田や美濃国で活躍していた時期の事績が記され、石見国での事績については記されていない。

作者の高木三郎兵衛は、No.104で平右衛門が武蔵野新田世話役となった時に下役として召し抱えられた人物で、長年にわたり平右衛門を支えた。平右衛門にとって最も身近な人物が記した記録で、その事績を現在まで、生き生きと伝える。(小酒井)

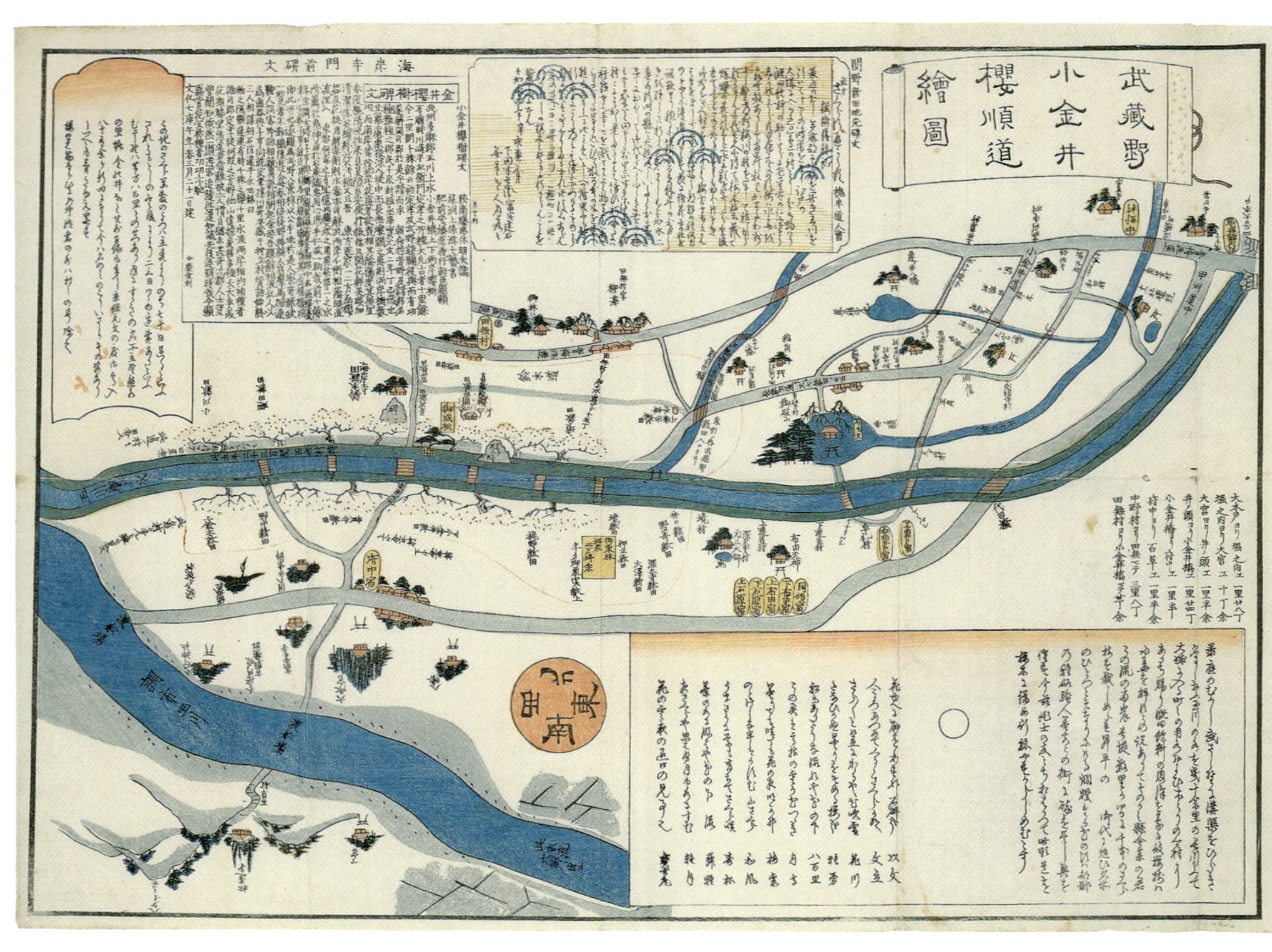


# 平右衛門が発案したとされる桜の名所

## An area said to have been cultivated according to KAWASAKI Heiemon's plan to create a famous site for cherry blossoms.

107

武蔵野小金井桜順道絵図（むさしのこがねいさくらじゅんどうえず）

Illustrated Guide Map to the Cherry Blossom Viewing at Koganei in Musashino

嘉永4年(1851)以降
一枚
江戸東京博物館

江戸西郊の名所として知られる小金井桜は、川崎平右衛門が発案し、周囲の新田の振興のため、山桜約二千本を取り寄せて植えたものとされる。当初は訪れる人も少なかったが、江戸時代後期には、多くの地誌や紀行文で紹介され、江戸市中からも多くの花見客が訪れる桜の名所となった。

本図は、多くの花見客を小金井桜へ誘致するための案内図で、嘉永四年（一八五一）以降の作成とみられる。色刷りの大きな一枚図で、小金井桜への道筋や周辺の名所などが描かれているほか、小金井桜に関する碑文や俳句も紹介されている。（小酒井）

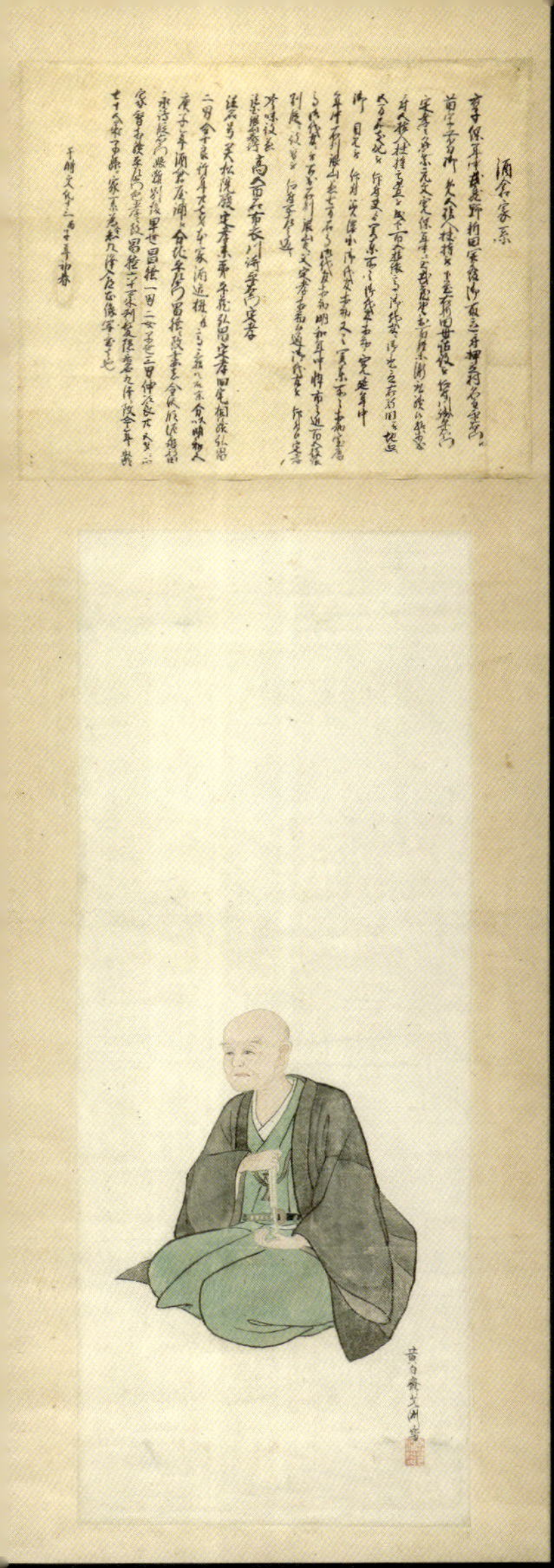

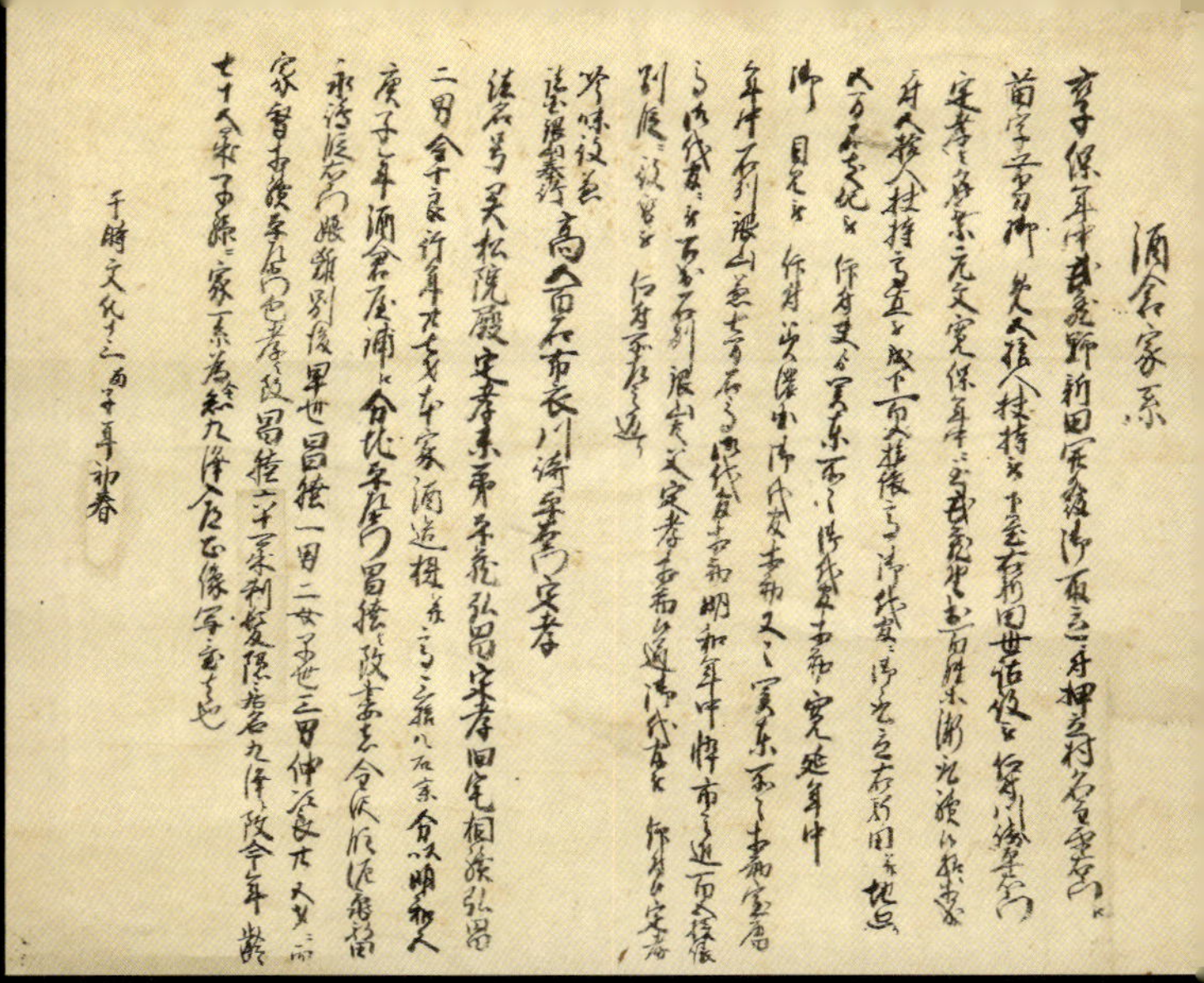

# 語り継がれる川崎平右衛門の活躍

## KAWASAKI Heiemon's achievements continued to be spoken of for many years.

川崎平右衛門の甥にあたる、川崎平左衛門昌睦の肖像。明和五年（一七六八）に本家の川崎平右衛門家から、酒造を行う権利と土地（高三十八石余）を引き継ぎ、新たに分家を立てたとされる。本図は、昌睦が七十五歳の時に、家系を子孫に伝えるために描かれたもの。

肖像上段の文章には、川崎平右衛門の事績や経歴と、昌睦が分家を立てた経緯が記されている。百姓からサムライとなった平右衛門は、昌睦の立てた分家にとっても、子孫に語り継ぐべき重要な人物であった。（小酒井）

08

**川崎平左衛門像**

**Portrait of KAWASAKI Heizaemon**

黄白齋文洲写
文化13年（1816）初春
一幅
府中市郷土の森博物館

# 江戸の武芸——剣術と砲術
## Martial Arts in Edo—Swordfighting and Artillery

政務を執行する役人としての性格を強めた江戸時代のサムライにあっても、学問的素養とともに武芸鍛錬が求められた。武芸の内容は、弓術や馬術、槍術など多彩であったが、とくに剣術は、実戦のためというよりは精神修養に不可欠なものとして、彼らのなかに広く浸透した。また、戦国時代末から江戸時代初期の合戦で導入され、大きな威力を発揮した鉄砲や大砲の扱いも、サムライが学ばねばならない重要な素養のひとつだった。剣術と砲術を中心に、武芸鍛錬に励んだ江戸のサムライの姿からは、太平の世ながらも「武人」としての矜持が見え隠れする。（小酒井）

## 剣術界の一大流派、一刀流の流祖たちを描く
### Picture of the founders of one of the great Schools of swordfighting—*Ittō-ryū*.

一刀流の諸所伝を安政三年に編写したもの。冒頭に一刀流の創始者伊藤一刀斎景久、その弟子で小野派一刀流を創始した小野次郎右衛門忠明、忠明の弟子で忠也派一刀流を開いた伊藤典膳忠也の肖像を載せる。一刀流はこのほかにもさまざまな流派に分かれ、全国に普及。幕末においては剣術界の一大勢力となっていた。（田原）

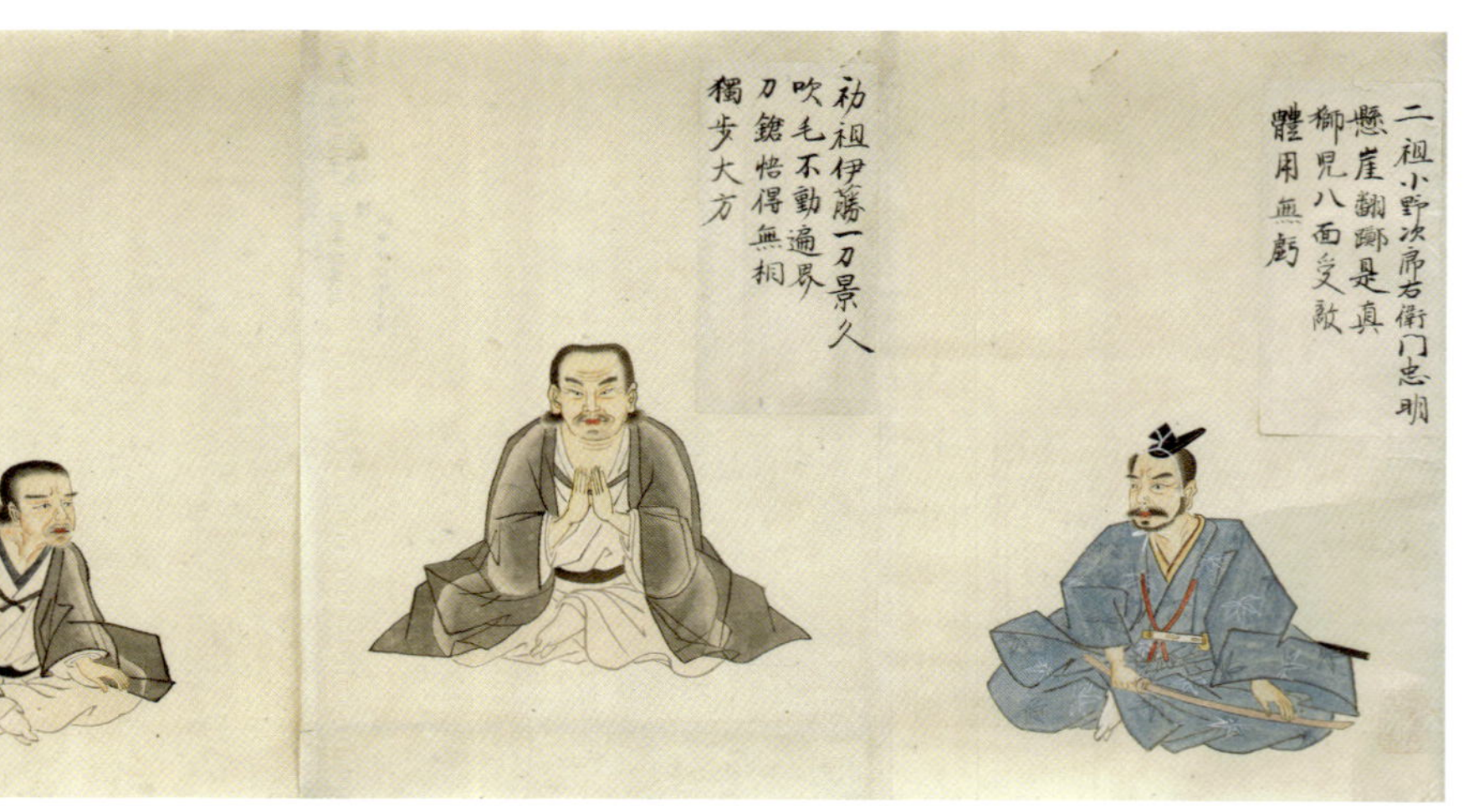


109
いっとうりゅうでんしょ
**一刀流傳書**

The Book of *Ittō-ryū* that was Passed Down Through the Generations

安政3年（1856）写
一巻
個人蔵
江戸東京博物館寄託

### 【小野忠明（おのただあき）】

?～寛永五年（一六二八）

江戸時代前期の剣術家、旗本。通称次郎右衛門。はじめ神子上典膳といい安房里見家に属していたという。少壮にして一刀流の流祖伊藤一刀斎景久に剣術を学ぶ。文禄二年（一五九三）に徳川家康に拝謁し秀忠に仕え、関ヶ原合戦の際には上田城攻めに加わり、大坂の両陣にも従軍した。この頃から母方の小野姓を名乗るようになる。一刀斎の剣術を革新し、秀忠に指南する一方、旗本に一刀流を広め、江戸時代における同流隆盛の基礎を築いた。（田原）

110

洋風日本風俗画帖

Picture Album of Japan Customs Painted in Western Style

幕末
一帖
江戸東京博物館

## 江戸時代に広がった竹刀と防具を使う剣術稽古

**The use of bamboo swords and body protectors when practicing swordfighting became popular during the Edo period.**

作者・作成年代・作成経緯などはいずれも不明。巻末に「A collection in Yedo May 1866」というメモと「J.W.Beackwith」の署名がみられることから、幕末に来日した人物が土産物として持ち帰ったものと考えられる。装丁は洋装の画帖で、商人や奉公人など、多様な人びとの姿が描かれている。

本図には、剣術の稽古の様子が描かれており、図中にも片仮名で「ケイコ」と説明がある。剣術において、竹刀と防具による打ち合いの道場稽古が一般的になるのは江戸時代中期で、幕末までに七百を越える流派が生まれたという。(小酒井)

## スイス人が見た幕末日本の剣術稽古

**Sword practice as witnessed by a Swiss man at the end of the Edo period.**

文久三年(一八六三)に修好通商条約締結のため、スイスから来日した使節団の代表アンベールは、長崎や京都、鎌倉、そして江戸を歩き回り、町や人びとの暮らしの様子をつぶさに観察し、帰国後、フランスで『幕末日本図絵』を出版した。

本図は、その挿絵のひとつで、江戸のある剣術道場での稽古の様子を描いたもの。著作のなかでアンベールは、すべてのサムライは幼少時より、剣術や槍術、乗馬を教わっていると述べている。(小酒井)

111

『幕末日本図絵』挿絵
日本の撃剣

Illustration from *"Le Japon illustré"*
Japanese Fencing

A・アンベール著
1870年以前
一枚
江戸東京博物館

## 直心影流の使い手・榊原鍵吉が行った剣術試合の興行
A display of swordfighting by SAKAKIBARA Kenkichi, a master of the Jikishinkage-ryū School.

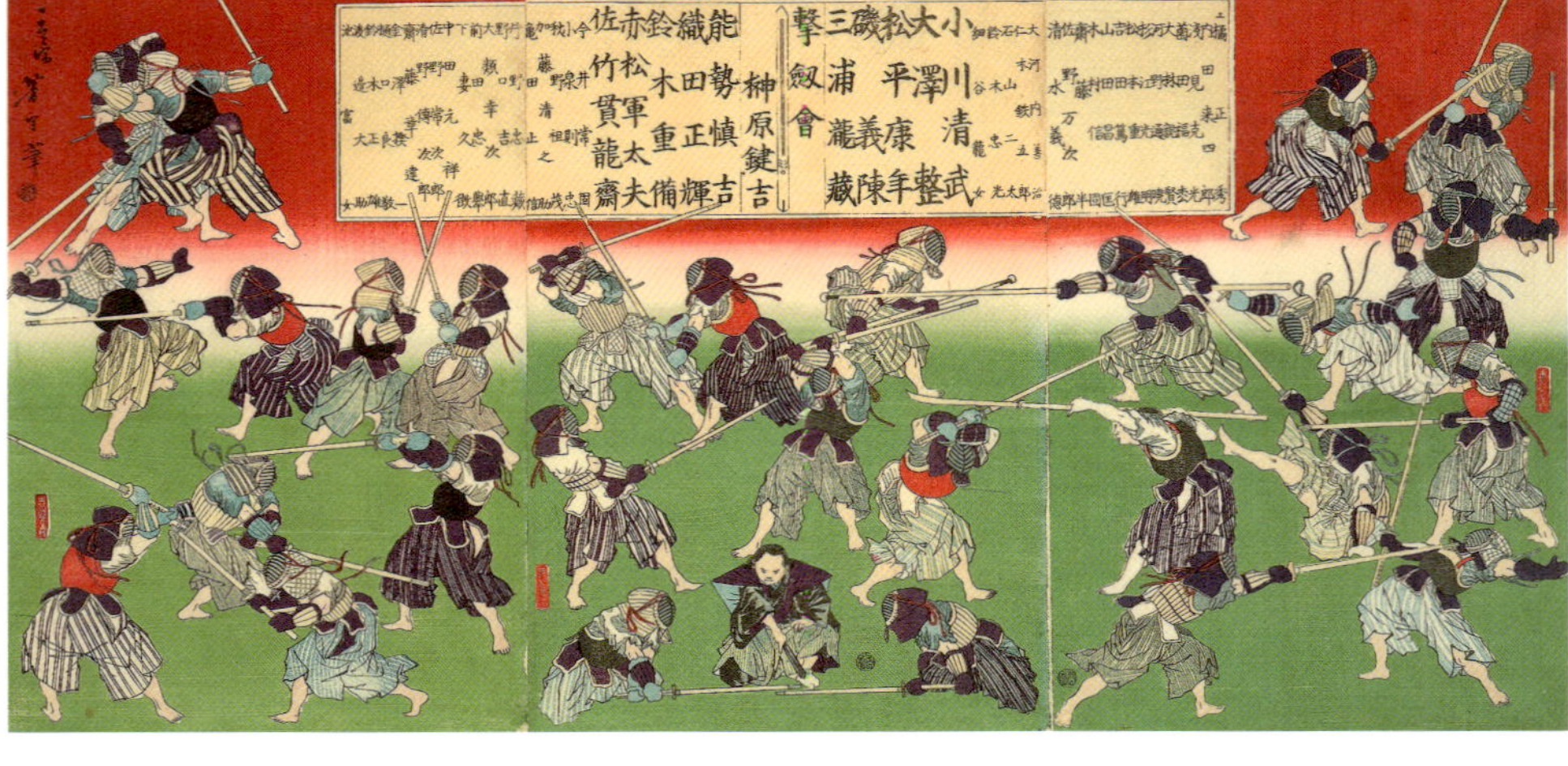

112
**撃剣会**
Swordfighting Tournament

月岡芳年画
明治6年(1873)
三枚続
江戸東京博物館

江戸幕府の講武所で剣術教授方を勤め、直心影流の使い手であった榊原鍵吉が、明治維新後、困窮した剣術家らを救済するために行った剣術試合の興行「撃剣会」を画題としたもの。画面いっぱいに、竹刀と防具を身に付けて試合をする剣士たちが描かれているが、なかには、薙刀術・槍術の使い手も見られる。(小酒井)

## 相撲を参考にした剣術試合の興行を描く
Illustration of a Swordfighting tournament based on sumo wrestling.

113
**撃剣会・赤松軍太夫と小川清武**
Swordfighting Tournament —AKAMATSU Gundayū vs. OGAWA Kiyotake

歌川国輝(二代)画
明治6年(1873)
三枚続
江戸東京博物館

榊原鍵吉は、明治維新後、西洋軍制の導入や帯刀禁止令の布告などで、暮らしが立ち行かなくなった剣術家らを救済するため、「撃剣会」という剣術試合の興行を行った。

本図は、明治六年(一八七三)四月に浅草左衛門町河岸で行われた撃剣会の様子を描いたもの。赤い柱が周囲に立つ土俵のような舞台は、この興行が相撲を参考にしたことを示す。防具を身につけ、竹刀を交わさんと相対しているのが赤松軍太夫と小川清武。右側で床几に腰かけ、両名の試合を見守っているのが榊原鍵吉である。この興行には、多くの見物人が詰めかけた。(小酒井)

# 砲術をもって幕府に召し抱えられた井上貫流左衛門の姿

初代貫流左衛門に関する画賛である。鉄杖翁の号に違わず、常に鉄杖を持ち歩いていたという貫流左衛門の肖像が素朴な筆致で描かれ、医者でもあり砲術家でもあった業績が賛されている。（田原）

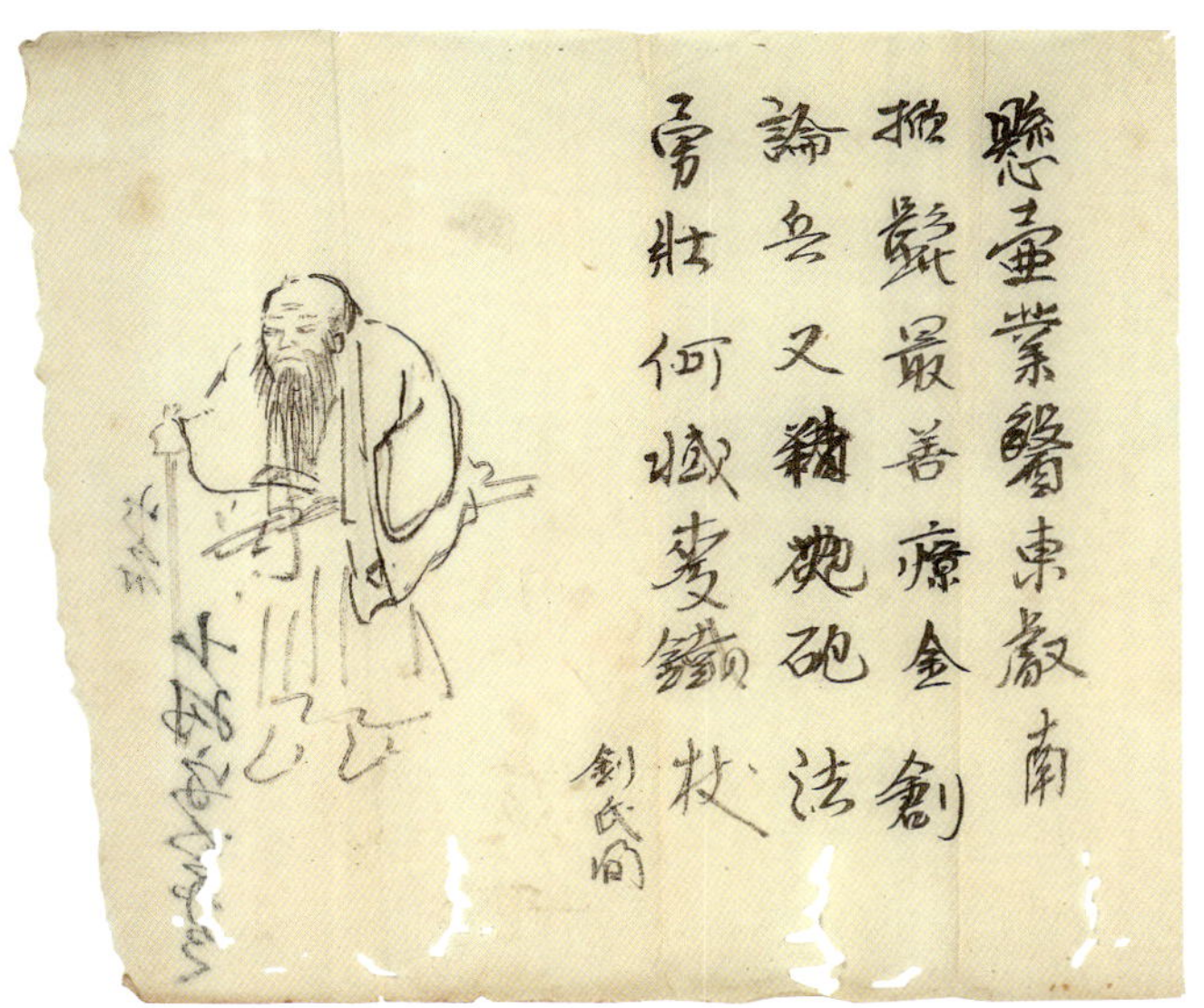

INOUE Kanryūzaemon was employed by the Edo government for his skill with artillery.

114

**鉄杖翁画賛**

Picture and Poetry Praising 'Old Iron-cane' (Kanryūzaemon)

井上貫流左衛門家伝来
江戸時代中期
一枚
江戸東京博物館

# 北方の危機に備え、鉄砲訓練を指揮

Commanding artillery practice in preparation for danger from the north.

## 【榊原健吉】

天保元年（一八三〇）～明治二七年（一八九四）

旗本榊原友直の長男として生まれる。一三歳で男谷精一郎に入門し、直心影流を極めた。幕府が設立した講武所の剣術教授方、遊撃隊頭取などを勤める。明治維新後、剣術の衰退を憂え、明治六年（一八七三）四月に浅草左衛門河岸（現台東区）で撃剣興行を行なった。明治天皇の前で、名刀同田貫による兜の試し切りを成功させた「天覧兜割り」の逸話が有名。生涯髷を切らなかった。（小酒井）

115

**蝦夷地タカシマにおける鉄砲訓練の図**

Picture of Artillery Practice at Takashima, Ezochi

井上貫流左衛門家伝来
井上鎌七郎画
文化5年（1808）
一枚
江戸東京博物館

初代貫流左衛門が子息末五郎（二代貫流左衛門）とともに幕府に命じられて蝦夷地タカシマ（高島、現在の北海道小樽市付近）で行った鉄砲訓練の様子を描いたもの。当時はロシア艦隊による蝦夷地襲撃事件が相次いでおり、幕府による蝦夷地警備の強化が進められていた。（田原）

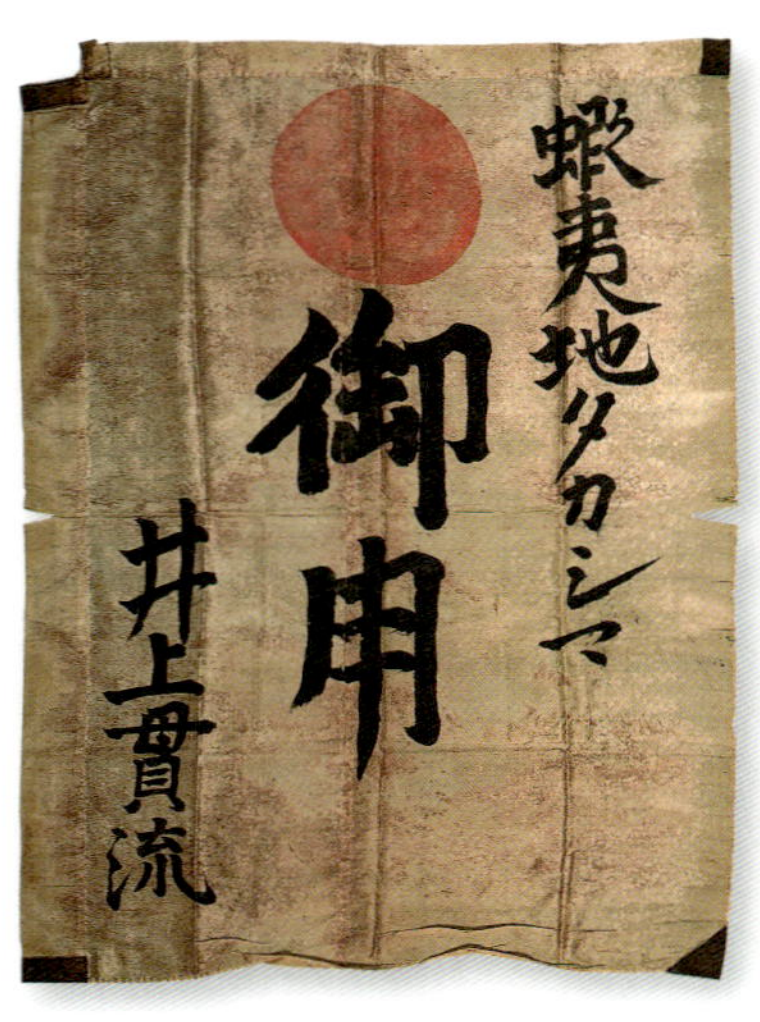


# そこに「御用」の文字。蝦夷地出張の御用旗

## The flag says ‘Goyō’ [Government Business] and it was used on the journey to Hokkaido.

井上貫流左衛門一行が、「蝦夷地御用」を受け北方沿岸警備を目的とした鉄砲訓練のため、「タカシマ」に赴いた際に使用したと思われる御用旗。（田原）

116

**蝦夷地タカシマ御用旗**（えぞち／ごようばた）

Goyō Flag for Takashima, Ezochi

井上貫流左衛門（初代）所用
江戸時代後期
一旒
江戸東京博物館

# 砲術家の家に伝来した二挺の火縄銃

## Two matchlock guns belonging to the family of artillery experts.

117・118

**火縄銃**（ひなわじゅう）

Matchlock Guns

井上貫流左衛門家伝来
江戸時代
各一挺
江戸東京博物館

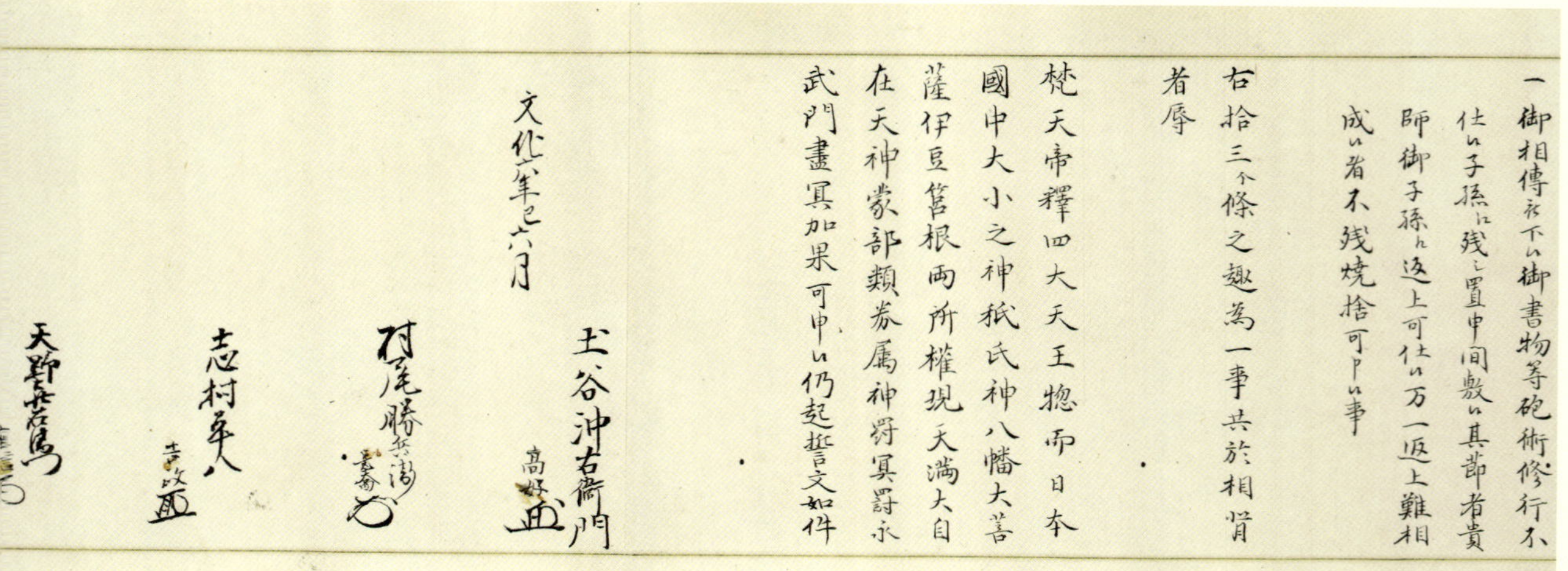

一御相傳被下候御書物等砲術修行不
仕候子孫ニ残シ置申間敷候其節者貴
師御子孫ヘ返上可仕候万一返上難相
成候者不残焼捨可申候事
右拾三ヶ條之趣為一事共於相背
者辱
梵天帝釋四大天王惣而日本
國中大小之神祇氏神八幡大菩
薩伊豆筥根両所權現天満大自
在天神蒙部類眷屬神罰冥罰永
武門盡冥加果可申候仍起誓文如件
文化六年巳六月
土谷沖右衛門 高好
村尾勝兵衛
志村弟八

119

### 当流軍学起請文

Written Pledge of this Military School

井上貫流左衛門家伝来
大内吉右衛門・他一八名
明和4年（1767）〜文化8年（1811）
一通
江戸東京博物館

## 井上貫流左衛門の入門者リスト。そこに平山行蔵の名が!

List of students who studied under INOUE Kanryūzaemon. Hirayama Kōzō's name can be seen among them!

包紙題に「当流軍学起請文」とあり、本紙冒頭に「天罰起請文前書之事」と記される。明和四年五月から文化八年正月にかけて初代貫流左衛門に入門した一九名が差し出した起請文の写し。寛政八年（一七九六）九月十六日の入門者に平山行蔵（子龍）の名が見える。文化年間以降、北方問題や海防に関して、たびたび幕府に上書などを行った平山行蔵が、この頃、貫流左衛門に弟子入りしたことがわかる。（田原）

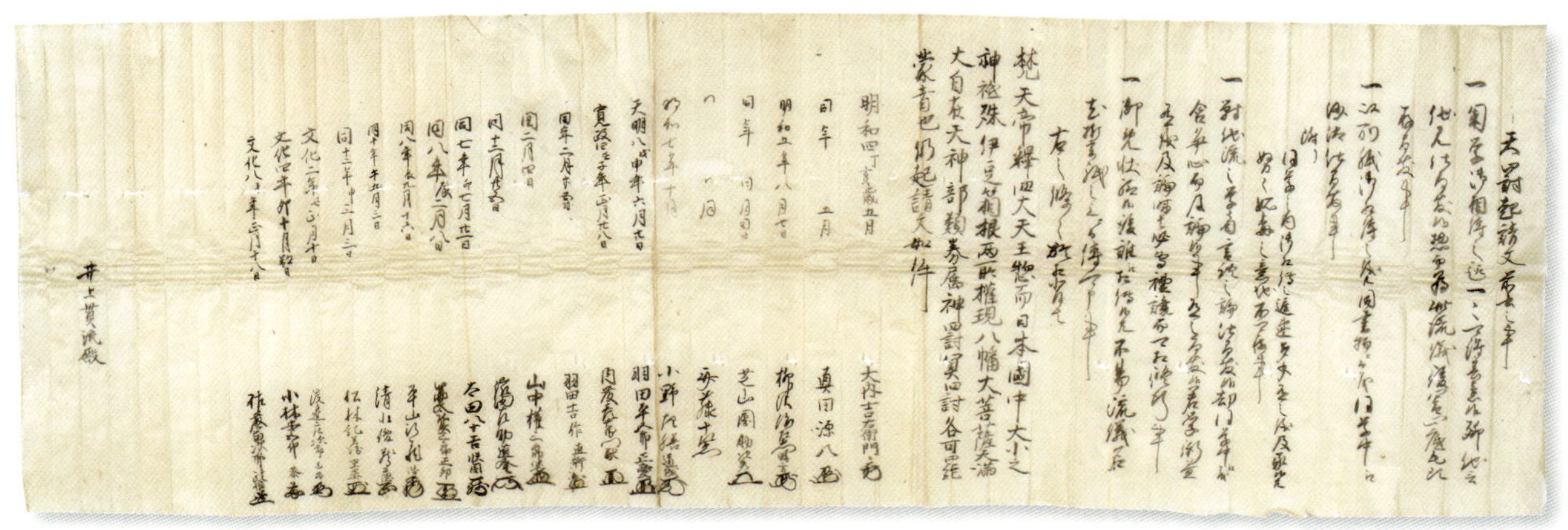

120

### 天罰起請文前書之事

Headnote to an Oath Invoking the Wrath of Heaven [if broken]

井上貫流左衛門家伝来
土谷沖右衛門・他九五名
文化6年（1809）〜弘化3年（1846）
一巻
江戸東京博物館

## 井上貫流左衛門の弟子たちによる血判状

A pledge, sealed in blood by INOUE Kanryūzaemon's students.

文化六年六月から弘化三年十一月朔日にかけて、貫流左衛門に入門した九六名が差し出した血判状。おそらく初代の晩年から二代にかけての入門者と考えられる。各人の花押辺りにあるしみが血判である。（田原）

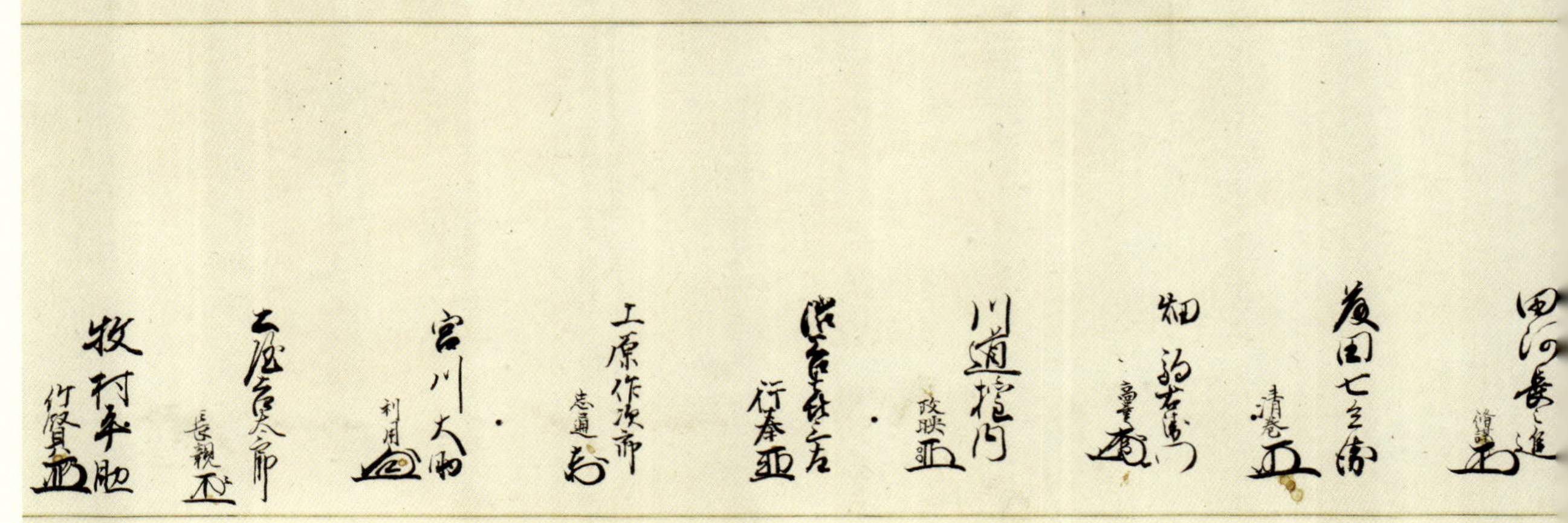

# 血判のため指を切る際に用いた針

## The needle used to draw blood for the seals.

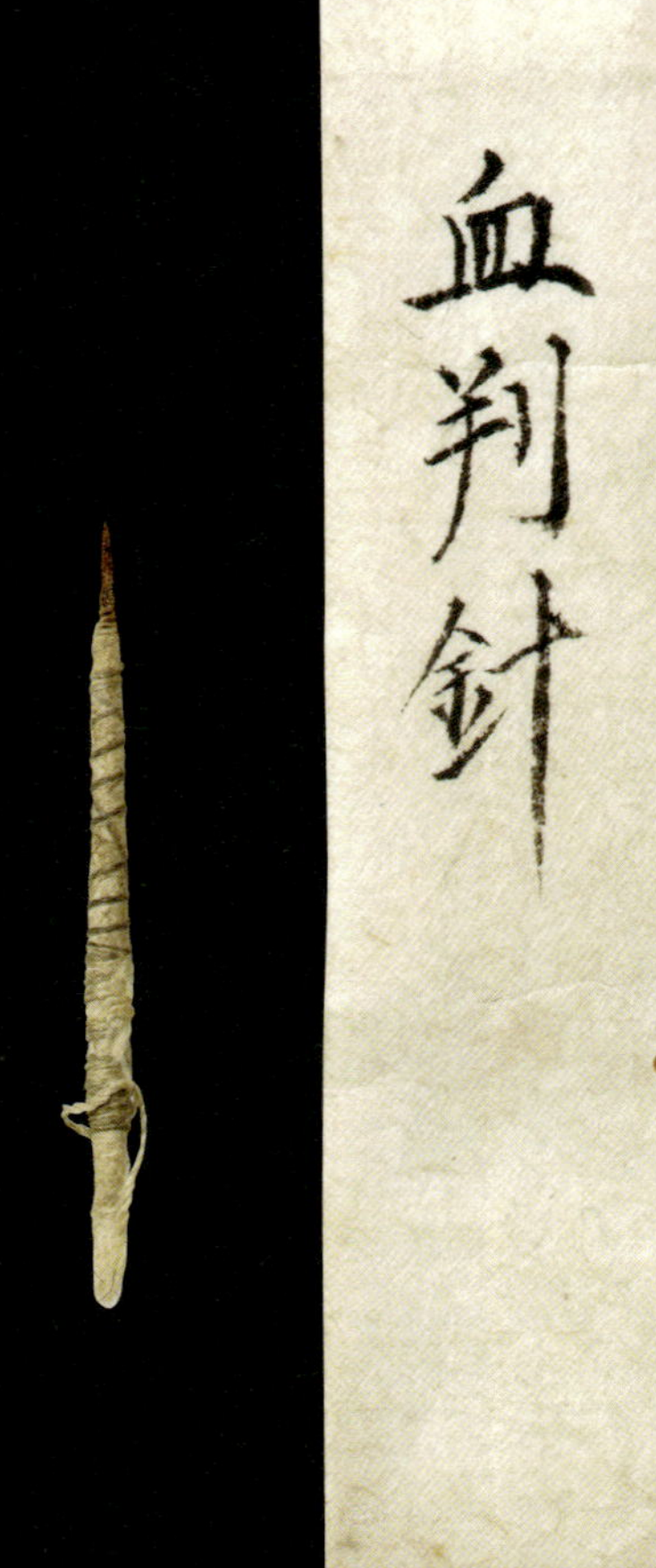


121
**血判針**
**Blood Seal Needle**

井上貫流左衛門家伝来
江戸時代後期
一本
江戸東京博物館

平山行蔵による血判状「盟誓前書之事」（No.123）で用いられたもの。本状に関わらず、「天罰起請文前書之事」（No.119）のような血判状では、こうした血判針が多く用いられていた。（田原）

### 【井上貫流左衛門（初代）】

元文五年（一七四〇）～文化九年（一八一二）

江戸時代中期の医師、砲術家。名は直、鉄杖翁、白髯翁と号した。武蔵忍藩士梅村金左衛門の三男といい、忍で砲術の一派武衛流を学び武衛流四世の相伝を受ける。ほかにも槍術や剣術など諸般の武芸を修める。宝暦十二年（一七六二）に忍を出て京都や江戸で医術を学び上野で医業を開く。文化五年（一八〇八）、砲術の技能をもって御鉄炮方与力格として幕府に召し抱えられ、蝦夷地御用に出向。翌年には松前へ砲術指南として出張を命じられる。子息に井上貫流左衛門（二代）、弟子に平山行蔵（子龍）がいる。（田原）

### 【平山行蔵】

宝暦九年（一七五九）～文政十一年（一八二八）

江戸時代後期の兵学者、剣術家。諱は潜、字は子龍。幕府伊賀組同心の子息として生まれ、幼少から文武にすぐれ武芸百般を修めたという。寛政五年（一七九三）に昌平坂学問所に入り同八年に御普請役見習となるが、同九年には辞職し、以後、文武研鑽に専心する。文化四年（一八〇七）に択捉島にてロシア船による事件がおこると、同年六月、七月と続けて幕府に北方警備に関する上書を提出。さらに同六年には大砲の試射などを願い出るが全て却下されてしまう。晩年は憂国のうちに多くの著述をおこなった。勝海舟の父小吉の師匠としても有名。（田原）

# 勝海舟の父の師匠・平山子龍と その師匠・井上貫流左衛門

HIRAYAMA Shiryū, who was the teacher of KATSU Kaishū's father, Kokichi, with his own teacher INOUE Kanryūzaemon.

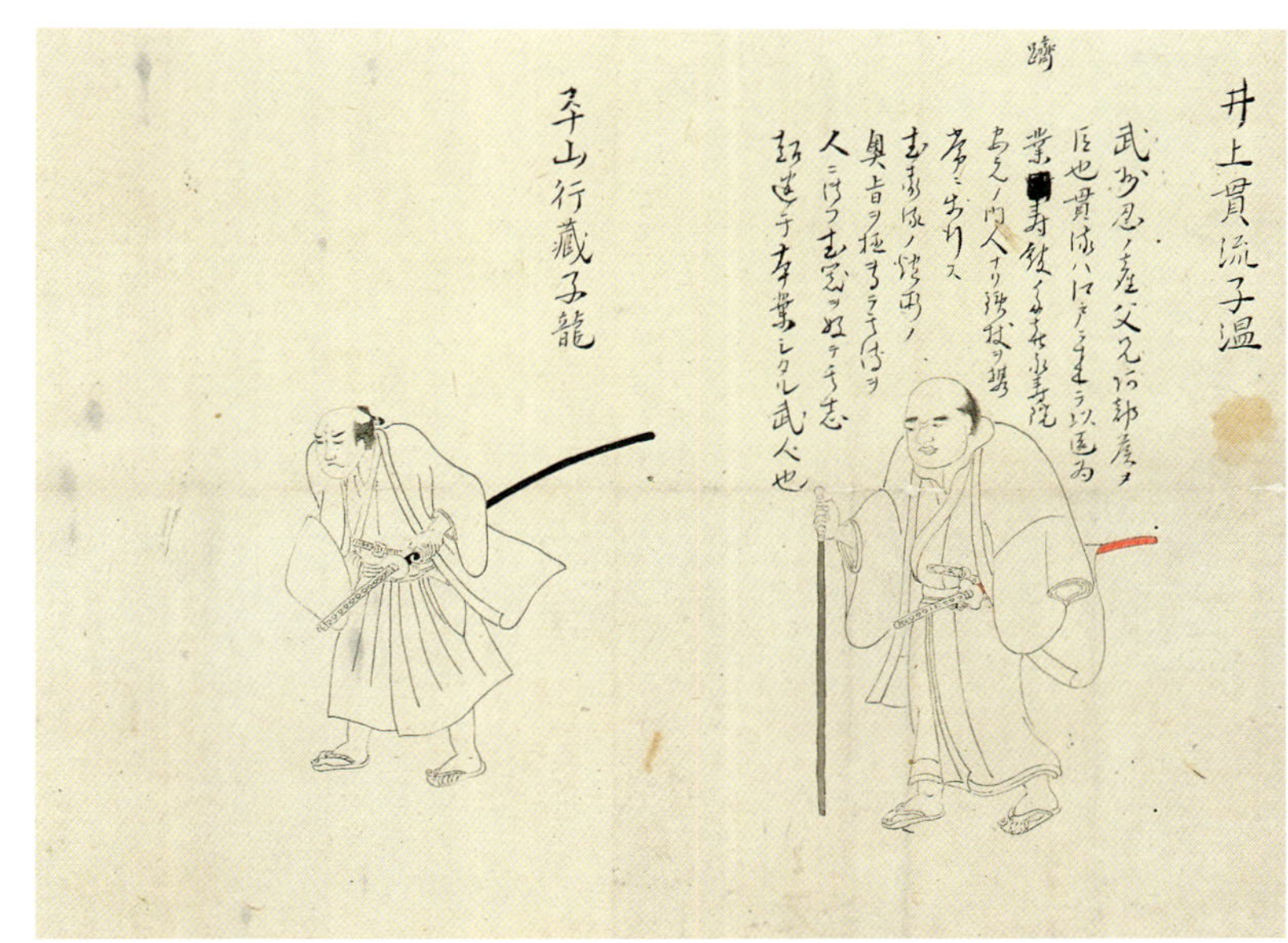


井上貫流左衛門（初代）とその弟子平山行蔵（子龍）が散策する姿。晩年に長いあごひげを生やし、常に鉄杖を持って歩いていたという貫流左衛門と、身の丈に合わない大太刀を帯びていたと伝えられる行蔵が豪傑を思わせる様子で描かれる。平山行蔵は勝海舟の父小吉の師匠としても知られている。北方問題への関心が深く、文化四年（一八〇七）に自身を蝦夷地へ派遣するよう幕府に進言したがかなわなかった。しかし、翌年に師匠の貫流左衛門が蝦夷地に渡っている。（田原）

**122**

**井上貫流先生平山子龍先生散策之図**

**INOUE Kanryūzaemon Walking With HIRAYAMA Shiryū**

井上貫流左衛門家伝来
江戸時代後期
一幅
江戸東京博物館

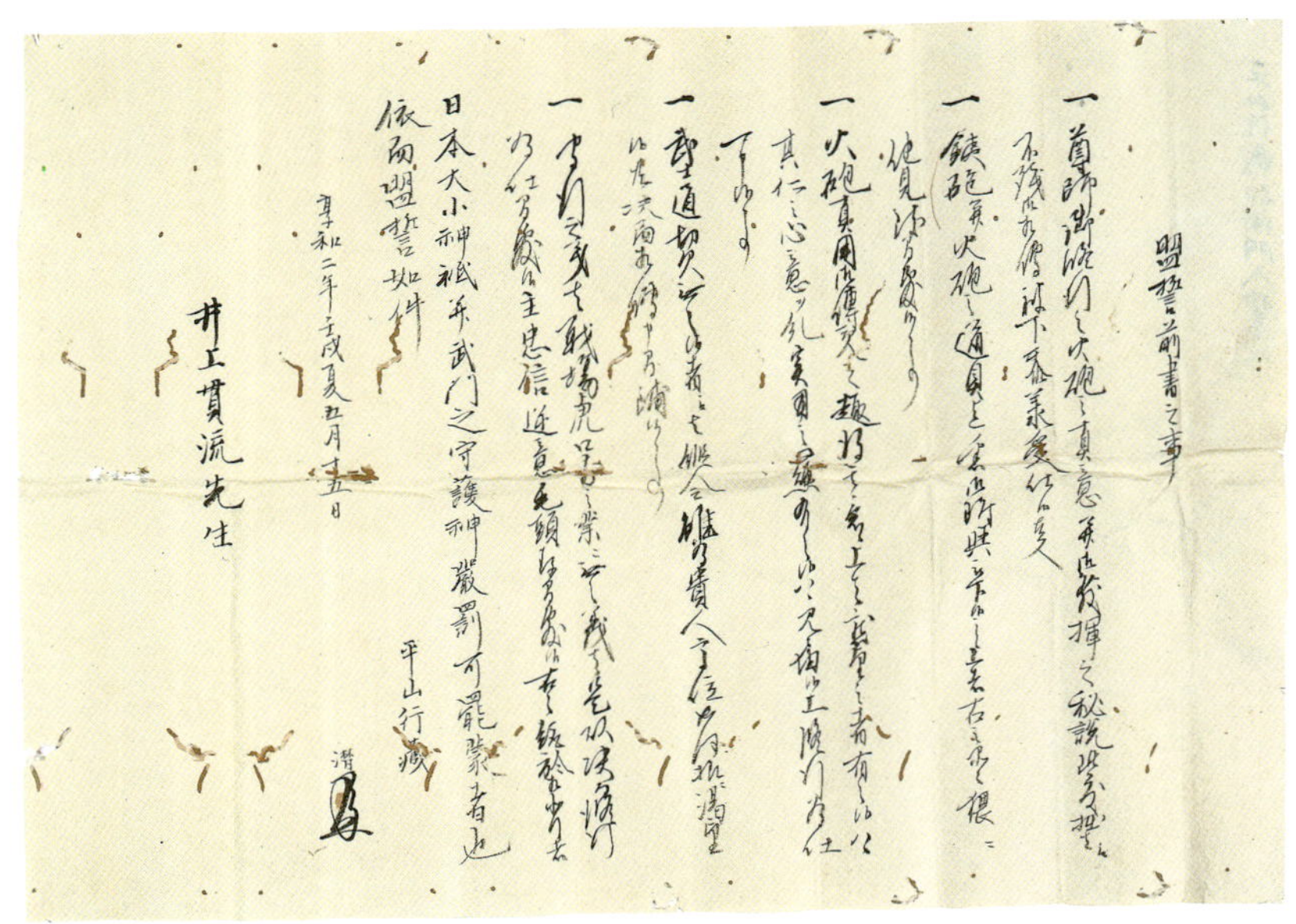

盟誓前書之事

井上貫流先生

享和二年壬戌夏五月十五日

平山行蔵

# 平山行蔵が師匠に提出した血判状

Contract Document sealed with blood which HIRAYAMA Kōzō submitted to a teacher.

冒頭に「尊師御修行の火砲の真意、ならびに御発揮の秘説、この度拙者へ残らず御相伝下され、忝なく承受仕り候事」とある通り、平山行蔵が井上貫流左衛門から砲術を相伝した際に差し出した血判状。花押の上に見えるしみが血判である。血判の際には血判針（No.121）を用いた。寛政八年（一七九六）九月十六日の入門以来、六年後のことであった。（田原）

**123**

**盟誓前書之事**

**Headnote to the Oath**

井上貫流左衛門家伝来
平山行蔵
享和2年（1802）5月15日
一通
江戸東京博物館

# 徳川軍のため磔となったサムライの姿

# Figure of the soldier who became the crucifixion for the Tokugawa forces.

124

**鳥居強右衛門磔図旗指物写**

Copy of the Flag Depicting the crucifixion of TORII Sune-emon

井上貫流左衛門家伝来
江戸時代後期
一枚
江戸東京博物館

鳥居強右衛門の行動に感動した敵方武田勝頼の家臣落合左平次は、その最後の姿を描かせ旗指物とした。現物は東京大学史料編纂所に所蔵されている。また、平山行蔵が文化元年（一八〇四）にこの旗指物を描き写し賛を添えたものを朝霞市博物館が所蔵している。本図は、平山行蔵の師匠である井上貫流左衛門（初代）の家に伝来したもの。二代貫流左衛門は平山行蔵から諸般の武術を習った関係から、こうした図が残されたと考えられる。職を辞し、諸芸研鑽中の行蔵が何を思って鳥居強右衛門の図を写したのか興味深い。（田原）

## 【鳥居強右衛門】

?～天正三年（一五七五）

三河長篠城主奥平信昌の家臣。天正三年、長篠合戦で長篠城が武田勝頼軍に包囲された際、救援要請のため強右衛門は城を脱出し、岡崎城の徳川家康、織田信長から援軍派遣の了解を取り付ける。長篠城への帰途で武田軍に捕らえられ城近くに連行、偽りの報告を強要される。ところが、強右衛門は援軍が間もなく到着すると叫び、このため磔にされた。（田原）

# 第五章 士 一新 ―時代はかけめぐる―

## Transformation of the Samurai —The Changing Times—

5

嘉永六年（一八五三）六月、アメリカ使節のペリー率いる艦隊が浦賀に来航、翌年に日米和親条約が締結された。これを機に江戸幕府の対外政策は大きく転換し、安政五年（一八五八）には、アメリカを始めとする五カ国と通商条約を締結した。

諸外国との関係が拡大すると、条約の批准や諸条件の交渉のため、欧米への使節としてサムライたちは海を渡ることになった。彼らは、各地で熱烈な歓迎を受けるとともに、その姿や振る舞いは人びとの関心を呼び、新聞記事などに取り上げられた。彼らの持ち帰った経験や知見は、日本の近代化に役立てられていった。

一方、相次ぐ外国船の渡来や二度のペリー艦隊の来航に対し、幕府は軍事力を強化すべく、西洋式の軍制の導入を目指すようになる。これは、新たな武器の導入にとどまらず、江戸時代の軍団組織のあり方、そして、戦いにおけるサムライたちの役割や姿を大きく変えることになった。

開国・開港は、江戸幕府を中心とする政治体制をめぐっても議論を引き起こし、激しい政治抗争が展開した。慶応三年（一八六七）の大政奉還、翌年に勃発した戊辰戦争により、天下太平の世をつくり出し、統治してきた江戸幕府は倒壊した。（小酒井）

# 幕末の外交使節団
## ―使節一行と野々村市之進
## Foreign Diplomatic Missions at the End of the Edo Period
## —The Mission Members and NONOMURA Ichinoshin

万延元年(一八六〇)、日米修好通商条約の批准のための使節として、正使・新見正興以下、総勢七七名が、日本からアメリカのワシントンD.C.へ派遣された。また、翌文久元年(一八六一)には、安政の五カ国条約で取り決められた江戸・大坂の開市と新潟・兵庫の開港延期について交渉するため、正使・竹内保徳以下、総勢三八名が使節として、ヨーロッパ諸国へ派遣された。使節団として海を渡ったサムライたちは各所で歓迎を受け、その姿やふるまいは写真や新聞などに記録され、また、貴重な知識や経験とともに、珍しい品などを持ち帰った。(小酒井)

125-1〜24
文久遣欧使節団肖像写真
Portrait Photographs of the Bunkyū Mission to Europe
花房義質駐露公使がロシアの海軍中将より明治十八年(一八八五)に受贈
イポリット・ロビヤール
文久二年(1862)
二四枚
外務省外交史料館

## ロシア・サンクトペテルブルクのロビヤール写真スタジオで撮影された遣欧使節団の肖像写真
## Members of the Mission to Europe, photographed at the Robillard Studio in St. Petersburg, Russia.

徳川幕府は、当時、修好通商条約を結んでいた六カ国(イギリス、フランス、オランダ、プロイセン、ロシア、ポルトガル)に、開港・開市の実施延期や、ロシアとの樺太国境問題を交渉することを目的に使節団を派遣した。この使節団はその年号にちなんで「文久遣欧使節団」と呼ばれている。文久元年十二月二十三日(一八六二年一月二十二日)に品川から出航した一行は三カ月弱で最初の訪問国フランスに到達。その後イギリスに移動し、新潟と兵庫の開港、江戸と大坂の開市を延期する「倫敦(ロンドン)覚書」に調印。その後、オランダ、プロイセンとも同様の覚書を締結。ロシア、フランス、ポルトガルを経て文久二年十二月(一八六三年一月)に帰朝した。

この二十四枚の肖像写真は文久遣欧使節団一行がロシア・サンクトペテルブルクを訪れた際、現地の写真スタジオで撮影されたものである。撮影したフランス人のイポリット・ロビヤールは、一八四二年からサンクトペテルブルクに滞在し、一八五〇年代末から一八六〇年代初め頃、写真家として活動を始めた。ペテルブルクのボリシャヤ・モルスカヤ通りに開設した写真スタジオは非常に有名で、ロシア大公や詩人・外交官、貴族などの上流階級が顧客であった。

この写真には来歴があり、明治十八年(一八八五)十月、特命全権公使の花房義質がロシアの海軍中将から受贈したとある。花房義質は明治十六年(一八八三)三月から明治十九年(一八八六)八月までロシア・ペテルブルクに駐在しており、一八八五年は日露和親条約(一八五五年)締結からちょうど三〇年目にあたることから、記念として贈られた可能性がある。

撮影された写真は台紙に貼られ、右側には写された本人による署名がある。人物の背景の山や木、植物は手で描かれたもので、ロビヤールによるものと推察される。撮影した写真は、プラチナ・プリントに焼付けられている。画像がプラチナで形成されたプラチナ・プリントは大変高価であり、希少性が高い。また耐久性に優れ、長期にわたって良質な画像を保つことができるという利点がある。日本とロシアの外交の証にふさわしい写真である。(岡塚)

**125-1**

**正使　竹内下野守保徳**

**Chief Delegate: TAKEUCHI Shimotsuke-no-kami Yasunori**

松平石見守
Matsu-Daïra-Iwamino-Kami, 2e ambassadeur.


**125-2**

**副使　松平石見守康直**

**Vice Chief Delegate: MATSUDAIRA Iwami-no-kami Yasunao**

125-3

**目付　京極能登守高朗**

**Inspector: KYŌGOKU Noto-no-kami Takaaki**

京極能登守高朗

柴田貞太郎

125-4

**組頭　柴田貞太郎**

**Head of Mission Staff: SHIBATA Sadatarō**

岡崎藤左衛門

Okasaki-To-Sayemom, officier 7e rang

**125-6**

**調役並（しらべやくなみ）　岡崎藤左衛門（おかざきとうざえもん）**

**Investigator: OKAZAKI Tōzaemon**

日高圭三郎

Fukida-Saku-Taro, officier 4e rang.

**125-5**

**勘定役（かんじょうやく）　日高圭三郎（ひだかけいさぶろう）**

**Treasurer: HIDAKA Keisaburō**

齋藤大之進

Saïto-Daïnosin, officier.

**125-8**

**同心（どうしん）　斎藤大之進（さいとうだいのしん）**

**Constable: SAITŌ Dainoshin**

上田友輔

Uyeda-Juski, officier 9e rang, économe et caissier de l'ambassade

**125-7**

**定役元締（じょうやくもとじめ）　上田友輔（うえだともすけ）**

**Administration Officer: UEDA Tomosuke**

**125-10**

小人目付（こびとめつけ）　高松彦三郎（たかまつひこさぶろう）

Assistant Superintendent Officer: TAKAMATSU Hikosaburō

**125-9**

徒目付（かちめつけ）　福田作太郎（ふくださくたろう）

Officer under Inspector: FUKUDA Sakutarō

**125-12**

通詞（つうじ）　福地源一郎（ふくちげんいちろう）

Interpreter: FUKUCHI Gen'ichirō

**125-11**

小人目付（こびとめつけ）　山田八郎（やまだはちろう）

Assistant Superintendent Officer: YAMADA Hachirō

福澤諭吉

Fukasava-Jukitsi, officier 18e rang.

25-14

通詞・外国方翻訳局員　福沢諭吉

nterpreter (Foreign Translation Department): FUKUZAWA Yukichi

太田源三郎

Officier de la suite
Nom inconnu

125-13

通詞・唐通詞　太田源三郎

Interpreter (Chinese): ŌTA Genzaburō

箕作秋坪

Mitsukuri-Seu-Heï.

25-16

翻訳方兼医師　箕作秋坪

ranslator/Doctor: MITSUKURI Shūhei

立廣作

Tatsi-Kazaku, interprète.

125-15

通詞・外交方翻訳局員　立広作

Interpreter (Foreign Translation Department): TACHI Kōsaku

川崎道民

*Kawasaki-Domin, docteur.*

25-18

医師　川崎道民

octor: KAWASAKI Dōmin

高島祐啓

*Takasima-Yukei, docteur.*

125-17

医師　高島祐啓

Doctor: TAKASHIMA Yūkei

市川渡

*Itsi-Kawa-Watari, de la suite*

25-20

松平石見守　家来　市川渡

Retainer of MATSUDAIRA Iwami-no-kami: ICHIKAWA Wataru

長尾丈輔

*Nagaho-Dzoski, officier*

125-19

竹内下野守　家来　長尾丈輔

Retainer of TAKEUCHI Shimotsuke-no-kami: NAGAO Jōsuke

25-22

尹勢屋八兵衛　手代　重兵衛

alesclerk from Iseya Hachibē: Jūbē

125-21

京極能登守　家来　岩崎豊太夫

Retainer of KYŌGOKU Noto-no-kami: IWASAKI Toyodayū

Mori-Yama-Takitsiro, 1er rang après les ambassadeurs.

25-24

調役格通弁御用頭取　森山多吉郎

Chief translator of official business : MORIYAMA Takichirō

125-23

勘定格調役　淵辺徳蔵

Accountant: FUCHIBE Tokuzō

## サンフランシスコで撮影されたサムライの姿

**A samurai photographed in San Francisco.**

日米修好通商条約の批准のため、幕府は正使・新見正興、副使・村垣範正、目付・小栗忠順らを全権大使とする使節団を派遣した。使節団に参加し、アメリカに渡ったサムライたちは、サンフランシスコやニューヨークの写真館を訪れ、肖像写真を持ち帰った。

副使・村垣の従者として使節団に参加した野々村忠実（通称は市之進）もその一人で、サンフランシスコで撮影されたもの。（小酒井）

126

**野々村忠実肖像写真**
**於サンフランシスコ**

NONOMURA Tadazane's Portrait Photograph, in San Francisco

万延元年（1860）
一点
東京都写真美術館

## ニューヨークで撮影されたサムライの姿

**A samurai photographed in New York.**

幕府の遣米使節団は、サンフランシスコ、ワシントン、フィラデルフィアなどの諸都市を経て、ニューヨークを訪れた。この写真は、最後の滞在地であるニューヨークで撮影されたもの。No.126では腰掛けているのに対し、この写真では、肩衣・袴姿で、左手に刀を持って立っている。（小酒井）

127

**野々村忠実肖像写真**
**於ニューヨーク**

NONOMURA Tadazane's Portrait Photograph, in New York

万延元年（1860）
一点
東京都写真美術館

# 野々村市之進のアメリカ土産

## NONOMURA Ichinoshin's American souvenirs.

**128・129**

**野々村忠実のアメリカからの持ち帰り品**

Items NONOMURA Tadazane Brought Back From the U.S.A.

19世紀中期
二点
江戸東京博物館

遣米使節団一行は、サンフランシスコやニューヨークなどの諸都市を訪れるなかで、先進的な文化や技術、知識などに触れ、さまざまなものを持ち帰った。

このガラスの小鉢とオペラグラスは、野々村忠実がアメリカから持ち帰ったもので、オペラグラスは、ニューヨークのブロードウェイで製造された品。（小酒井）

### 【野々村市之進】

文政元年（一八一八）～明治十七年（一八八四）

長崎奉行所・大坂町奉行所などに勤めたという野々村治平の子として生まれる。諱は忠実。旗本用人として、川村修就・戸田氏栄・村垣範正らに仕えた。日米修好通商条約の批准のために派遣された万延元年（一八六〇）の遣米使節団では、副使村垣の従者としてアメリカに渡航した。航海の記録として「航海日録」がある。（小酒井）

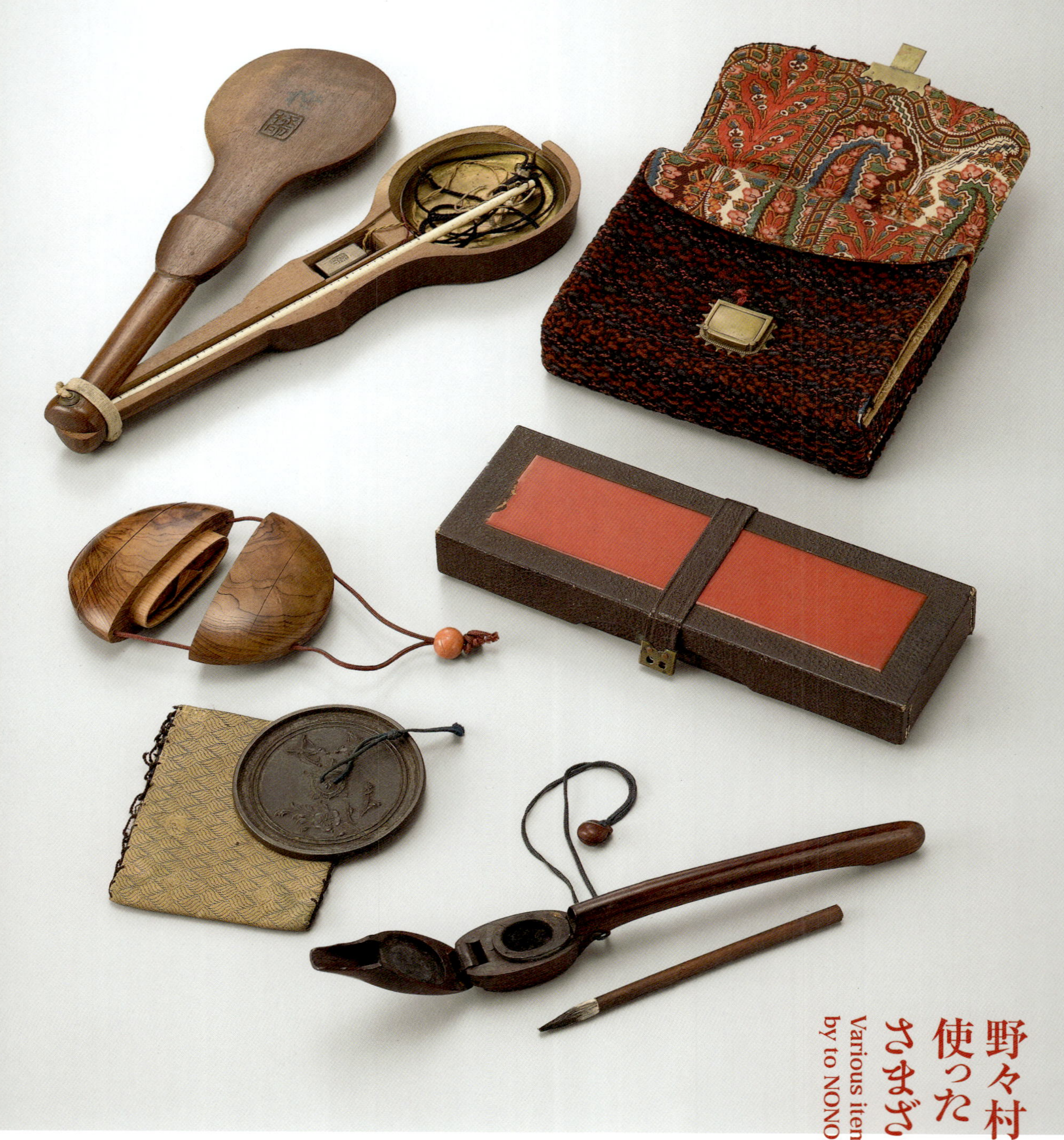

# 野々村市之進が使ったさまざまな道具

## Various items that were used by to NONOMURA Ichinoshin.

旗本用人として川村長就・戸田氏栄・村垣範正らに仕え、遣米使節団にも随行した野々村市之進が身近に置き、使っていたと考えられる文房具、小物入などの品々。右上から時計まわりに、提げ金具付羅紗小物入・一閑張文箱・矢立ならびに筆・手鏡（袋付き）・丸型四段重印籠・棹秤。当時のサムライの暮らしぶりがうかがえる。（小酒井）

**130・131・132・133・134・135**
**野々村市之進所用の品々**
**Various Items that Belonged to NONOMURA Ichinoshin**

幕末
六点
江戸東京博物館

136・137・138・139

**野々村市之進所用**
**火縄式馬上銃・鉄砲玉入・鉄砲玉・口薬入**

**Horseback matchlock, bullet cases, bullets and priming powder that belonged to NONOMURA Ichinoshin**

幕末
四点
江戸東京博物館

## 馬上で射撃できる火縄銃
**A matchlock that could be used on horseback.**

野々村市之進所用の品々で、馬上銃は、文字通り馬に騎乗した状態で用いる銃のこと。馬上で使用しやすくするため、銃身が短くなっている。鉄砲玉を入れる二種の鉄砲玉入は、革製と羅紗製。口薬入は、火縄銃の火皿に盛って起爆剤とする火薬の収納容器。（小酒井）

## 野々村市之進所用の脇差
**Short sword (*wakizashi*) owned by NONOMURA Ichinoshin.**

野々村市之進所用の脇差。拵の柄はサメ皮に黒糸を巻き、鞘は革地。鐔には星梅鉢紋がみられる。付属する小柄には「山口主水正正清」との銘がある。（小酒井）

140
**脇差 銘「長運斎綱俊」**
**Short sword, signed 'Chō Unsai Tsunatoshi'**

天保14年（1843）3月
一振
江戸東京博物館

## 野々村市之進所用の短刀
**Dagger (*tantō*) owned by NONOMURA Ichinoshin.**

野々村市之進所用の短刀。拵は漆地で、星梅鉢紋が見える。小柄・笄が付属する。小柄には「金花山金高」との銘があり、笄は無銘。なお、茎の銘「備州長船住清光」の真偽については検討を要する。（小酒井）

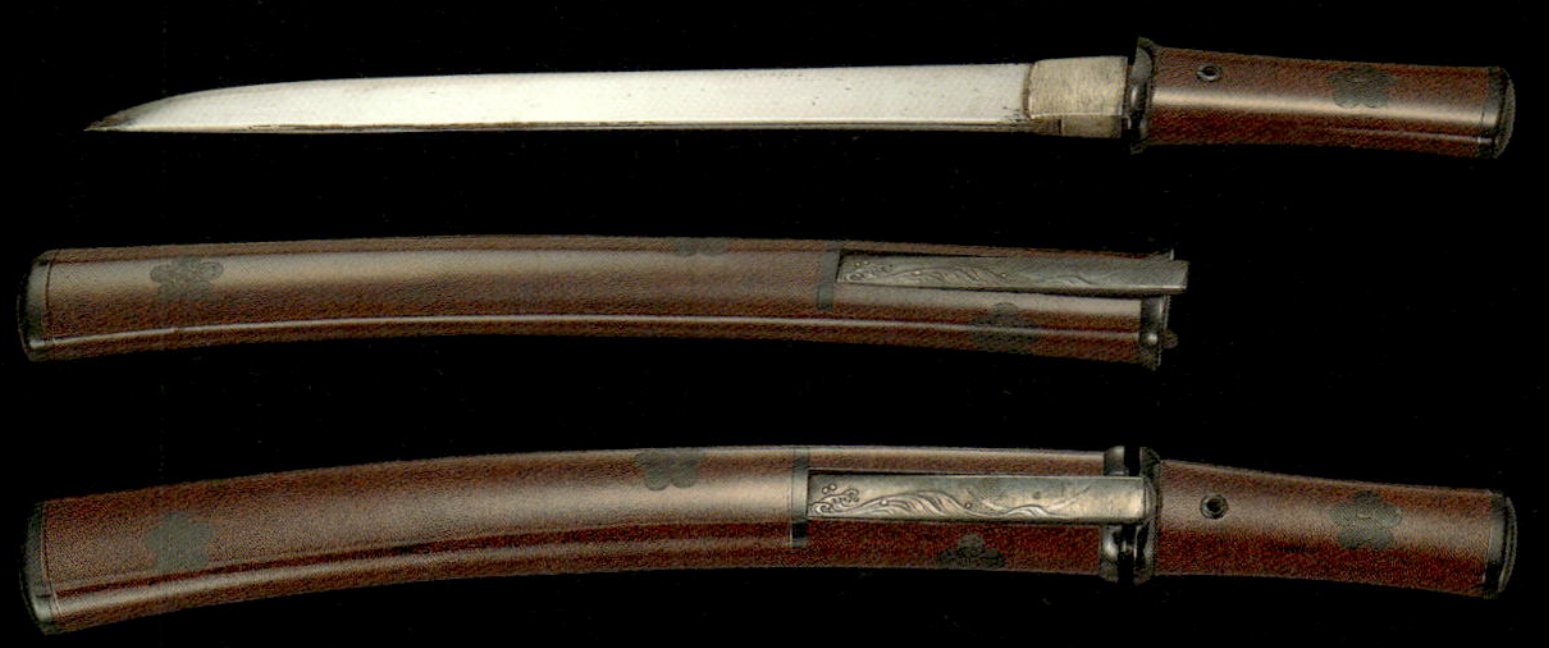

141
**短刀 銘「備州長船住清光」**
**Dagger, signed 'Bishū Osafunejū Kiyomitsu'**

天文2年（1533）8月
一振
江戸東京博物館

# 幕末の軍事 ―講武所と軍制改革

## Military Situation at the End of the Edo Period―The Kōbusho and Military Reform

ペリー艦隊の二度にわたる来航に直面した江戸幕府は、武術の訓練によって旗本や御家人を強化するとともに、西洋式の軍事技術の導入を目指していく。安政三年（一八五六）に、幕臣の子弟を対象に設置された講武所では、剣術・槍術・弓術・馬術・柔術などとともに、西洋式の砲術の教授・訓練が行なわれた。以降、幕府は、文久・慶応と改革を実施し、西洋式の軍制を導入する。こうして、幕末に再び戦うことを求められたサムライの姿は江戸時代初期のそれと、大きく異なるものになった。（小酒井）

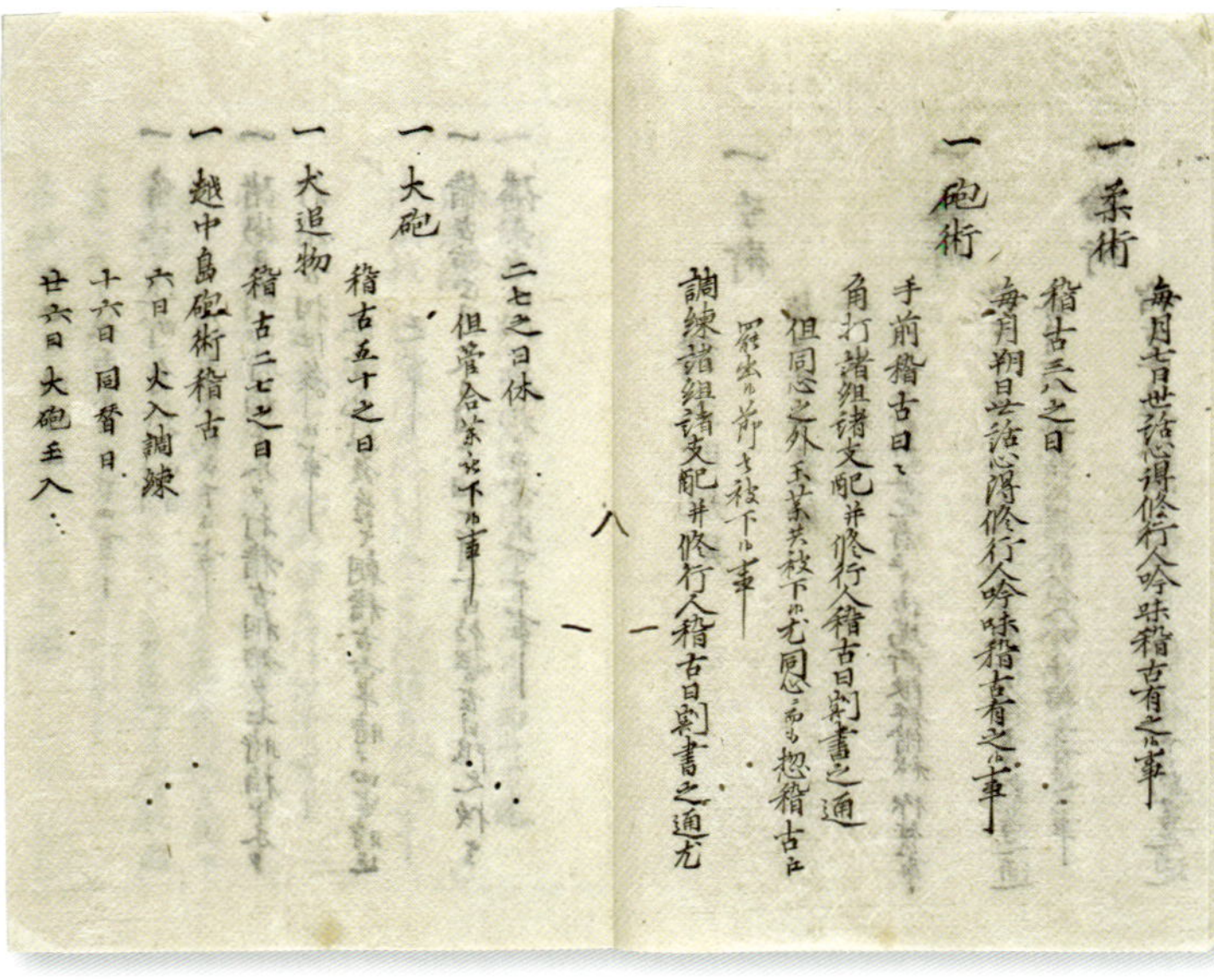

## 講武所で教授・訓練される多彩な武術

The various martial arts that were taught and practiced at the Kōbusho military academy.

この規則書は、文久元年（一八六一）十二月に出されたもので、講武所における各武術の稽古日程などが記されている。弓術、剣術、槍術、柔術、砲術など、多彩な武術が教授・訓練されていたことがわかる。（小酒井）

142
講武所規則（こうぶしょきそく）
Rules of the Kōbusho

文久元年（1861）
一冊
国立歴史民俗博物館

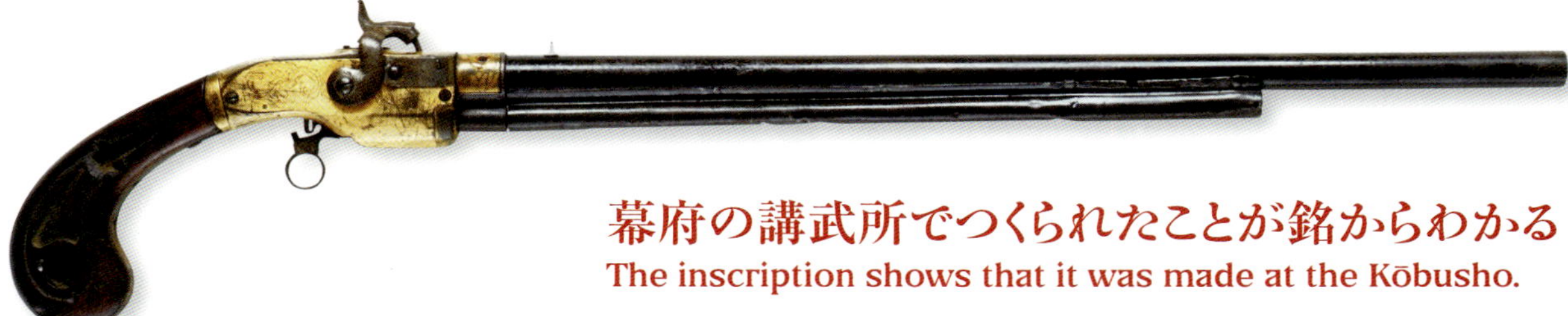

## 幕府の講武所でつくられたことが銘からわかる

**The inscription shows that it was made at the Kōbusho.**

かん打式の銃。かん打式（雷管式）とは、十九世紀初頭に発明された、新たな銃の発火方式で、ペリー艦隊の来航以降、幕府や諸藩で導入されていった。従来の方式と比べ、天候に左右されずに発射可能という利点がある。

この銃は、刻まれた銘から、安政三年（一八五六）に設置された幕府の「講武所」で「模造」されたものであることが知られる。連発銃で、銃身内には弾の直進性を高めるための施条（ライフリング）がある。（小酒井）

143

**かん打銃**

**（銘「於講武所模造」）**

Percussion Lock Gun.
Signed the Kōbusho

幕末
一挺
靖國神社遊就館蔵

144

**調練足並略図**

Sketch of Foot Drill

安政年間（1854～1860）
一枚
国立歴史民俗博物館

## 太鼓のリズムに合わせて行軍するサムライたち

**Samurai marching to the rhythm of drums.**

安政年間（一八五四～一八五九）以降、幕府や諸藩では西洋式軍制の導入が目指された。本図は、当時の銃隊調練の様子を描いたもの。中央やや左に半太鼓隊が見える。彼らの太鼓に合わせて、雷管ゲベール銃を持った歩兵が、整然と行軍している。（小酒井）

## 砲術訓練にはげむサムライたちが用いた、軽くて水にも強い笠

Type of hat favored by samurai when carrying out artillery practice—it is both light and waterproof.

伊豆韮山の江川太郎左衛門英龍が考案した笠で、砲術訓練の士卒が用いた。紙縒で編み、黒漆を塗って金泥で紋を入れている。軽くて水に強く、折りたたむことができるので携帯に便利であった。籔くぐりともいわれる。（小酒井）

145
**韮山笠**
Nirayama Hat
幕末
一頭
国立歴史民俗博物館

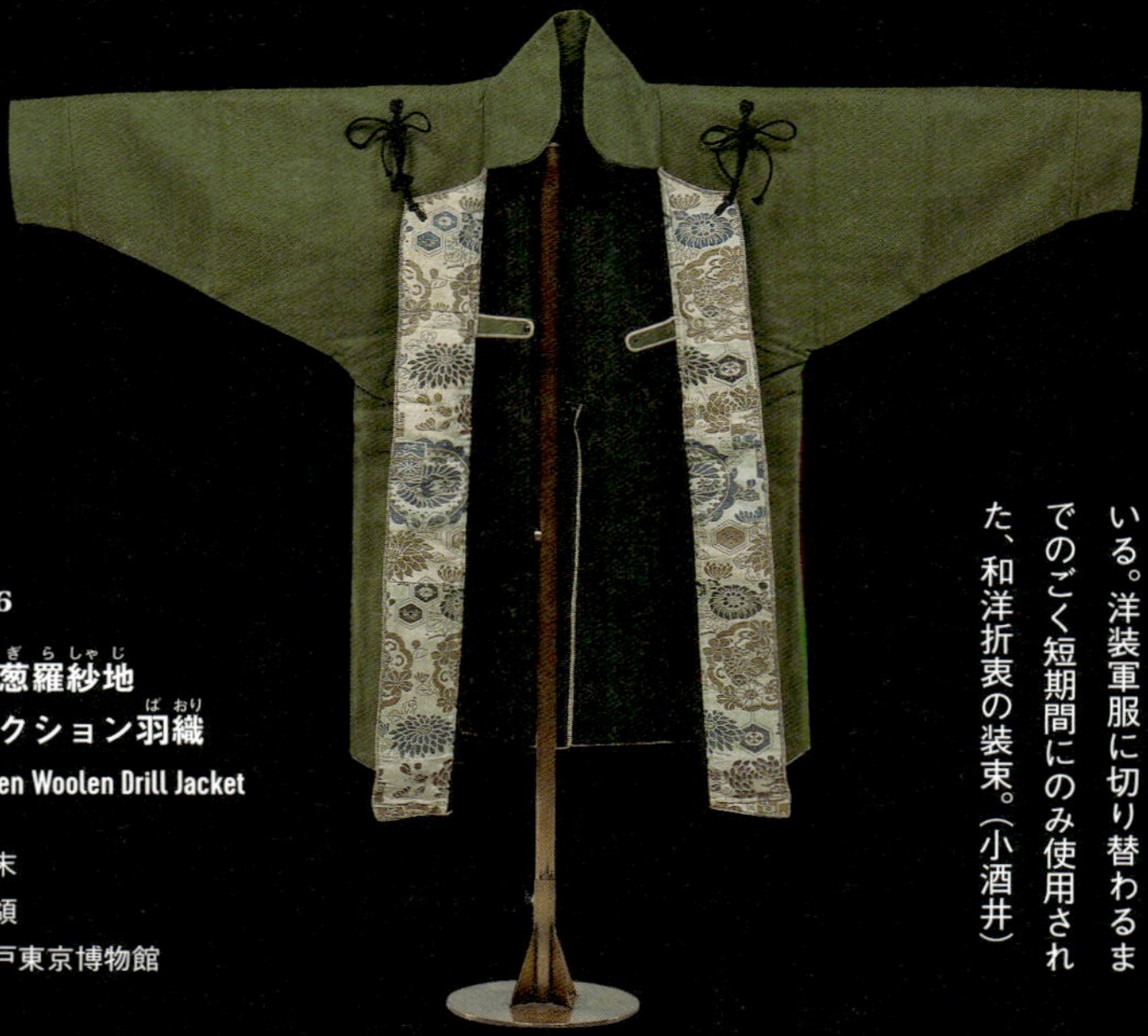

## 和洋折衷のサムライの装束

Samurai jacket combining Japanese and Western styles.

文久年間（一八六一～一八六三）における幕府の軍制改革にともない、誕生した訓練装束。洋服の影響を受けた、筒袖形の羽織となっている。「レクション」とは、lesson（訓練）の意味とも、lequitation（乗馬）に由来するともいわれる。

萌葱色の羅紗地で仕立てられ、胸襟には白地で唐花と菊、亀甲模様の錦が当てられ、背中央には黒羅紗で月星紋を表している。洋装軍服に切り替わるまでのごく短期間にのみ使用された、和洋折衷の装束。（小酒井）

46
**萌葱羅紗地**
**クション羽織**
reen Woolen Drill Jacket
幕末
一領
江戸東京博物館

## サムライの行軍のリズムをとる太鼓

Drum used to provide a rhythm for samurai when marching.

西洋式の軍事調練において使用された太鼓で、隊列行進のリズムをとるためのもの。太鼓下部の側面には「中輪に頭合三つ雁金」とみられる家紋が付いており、幕府に由来するものではないが、当時の西洋式の軍事調練の様子を物語る。（小酒井）

147
**半太鼓**
Drum
19世紀
一鼓
国立歴史民俗博物館

## 幕末の大砲、正午を知らせる午砲となる
**Cannon dating from the end of the Edo period, used to signal midday.**

幕末期の二十四斤カノン。青銅製。直線的な弾道で砲弾を発射する。ペリー艦隊の来航を契機に、江戸湾内海を防備するために築造された品川台場でも、同種の火砲が配備されていた。

明治維新後の明治四年(一八七一)九月九日からは、この大砲が皇居内旧本丸跡に設置され、正午を知らせる時報として、空砲が毎日一発ずつ発射された。以来午砲(ドン)と呼ばれ、東京に暮らす人びとに長く親しまれた。(小酒井)

149
**午砲**
Noon Gun

幕末
一門
江戸東京たてもの園

## 上野戦争で使用され、上野公園から出土したと伝えられる砲弾
**Artillery shell that could have been used during the battle of Ueno and excavated from Ueno Park.**

四斤山砲とは、フランスで開発された大砲で、幕府や諸藩で主力の洋式野戦砲として用いられた。「四斤」は砲弾の重さで、四ポンド(約一・八キログラム)を意味する。「山砲」は、分解して馬で運搬できる大きさの大砲のことで、平坦地の少ない日本の地形に適していた。砲弾の表面に丸くみえるのはリベット(もしくはその跡)で、前後に六個ずつ付いている。これらを砲身の内側にらせん状に施された溝に沿わせ、砲弾に回転を与えることで、直進性を高めた。

この砲弾は、幕末期の上野戦争で新政府軍が使用したと考えられる四斤山砲のもので、上野公園内から出土したと伝えられる。旧武蔵野郷土館の所蔵品。その後、江戸東京たてもの園に引き継がれた。(小酒井)

148
**四斤山砲　砲弾**
Shell From a Canon de Montagne

幕末
一弾
江戸東京たてもの園

# 幕末の三舟 ―勝海舟・高橋泥舟・山岡鉄舟

## The Three 'Shūs' of the End of the Edo Period —KATSU Kaishū, TAKAHASHI Deishū and YAMAOKA Tesshū

江戸時代末期の幕臣で、慶応四年（明治元年、一八六八）三月の「江戸無血開城」に尽力した勝海舟・高橋泥舟・山岡鉄舟らは、いずれもその雅号に「舟」の字が用いられていることから、後年、「幕末の三舟」「旧幕の三舟」などと総称されるようになった。しかしながら、その出自や経歴、果たした政治的役割などは、それぞれに個性的であった。江戸時代末期から明治時代という日本史上でも屈指の激動期を生きた三人のサムライのあゆみを所用の品々から見てみよう。（小酒井）

## 海舟が二女に渡した写真

**Photograph that Kaishū gave to his second daughter.**

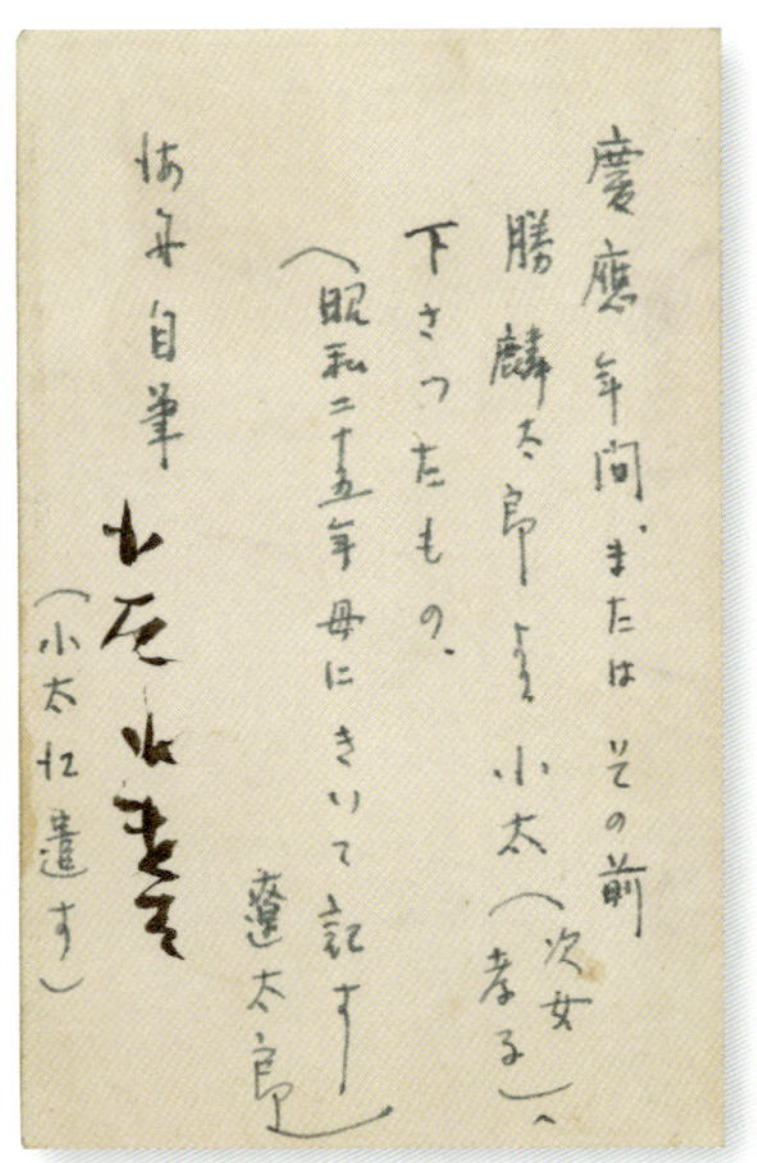

慶應年間、またはその前
勝麟太郎より小太（次女孝子）へ
下さつたもの。
（昭和二十五年母にきいて記す） 逸太郎
海舟自筆 小太江遣す
（小太江遣す）

150

**勝海舟肖像写真**（かつかいしゅうしょうぞうしゃしん）

**Portrait Photograph of KATSU Kaishū**

慶応年間（1865～1868）以前
一枚
名古屋市博物館

勝海舟の肖像写真。裏には、海舟自身の筆で「小太江遣す」と記されている。「小太」とは、海舟の次女・孝子のことで、海舟から娘の孝子に渡したものであることがわかる。（小酒井）

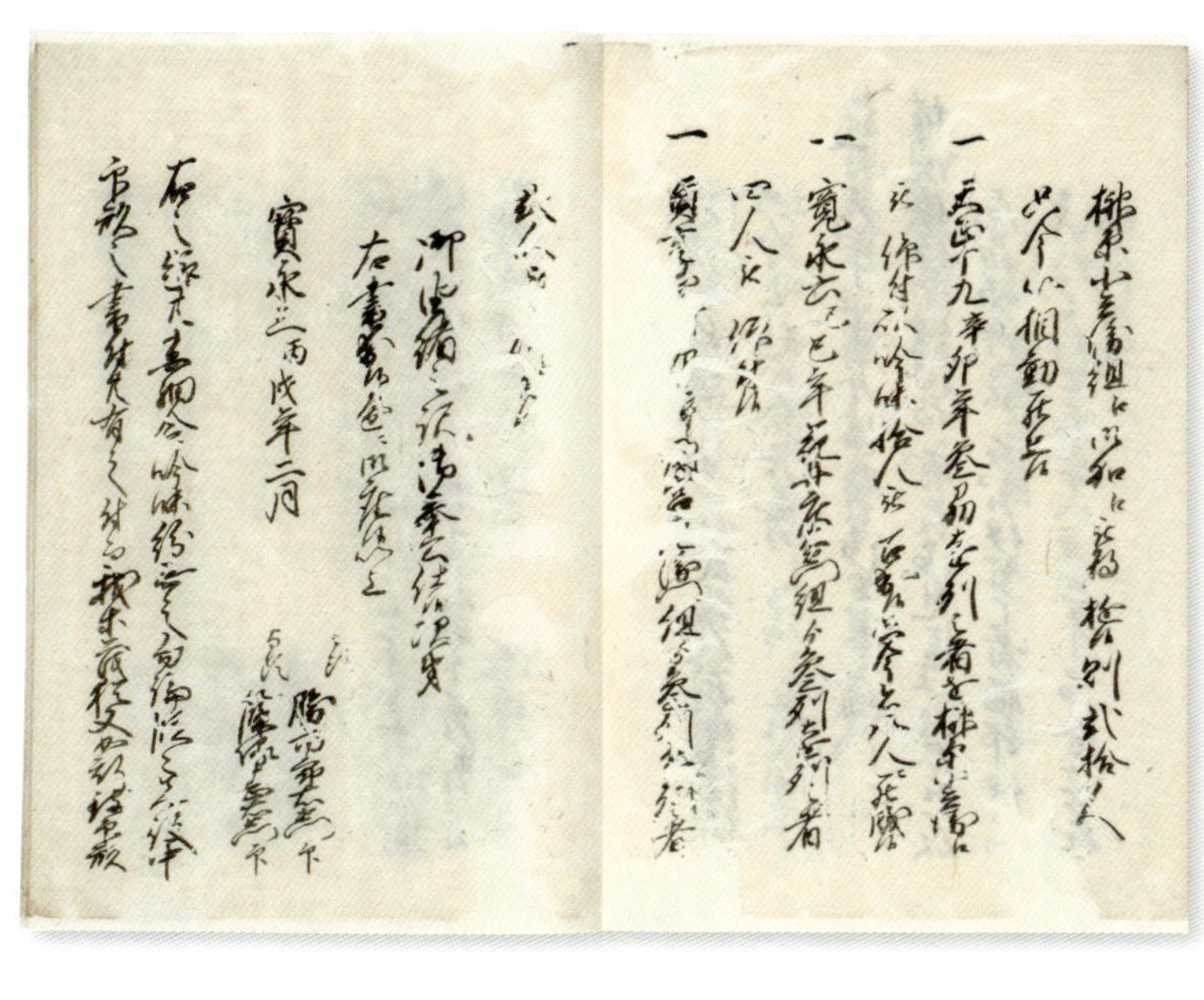

151

御鉄砲玉薬組　御由緒書

History of the Gunpowder Section of the Government Artillery Corps

宝永3年（1706）2月成立

一冊

江戸東京博物館

# 勝海舟の先祖は御鉄砲玉薬組の同心！

## KATSU Kaishū's ancestors were members of the government's artillery corps!

江戸幕府で主に「玉薬」（鉄砲火薬）の製造と保管を担っていた御鉄砲玉薬組の由緒書。同組が「権現様」（徳川家康）以来の由緒ある役職であるとアピールし、組が受ける職権や役得の正当化を企図している。本書の成立は宝永三年（一七〇六）二月で、その後、同組で書き写されてきたが、その原本作成者のひとりに勝市郎右衛門（武平）の名が見える。勝海舟の五代前の先祖で、当時、御鉄砲玉薬組同心をまとめる元〆組頭であった。海舟は、権現様の時代から続く御鉄砲玉薬組同心であった先祖を誇りとし、折にふれて想起していた。（田原）

### 【勝小吉】

享和二年（一八〇二）～嘉永三年（一八五〇）

旗本勝家の婿養子となった。旗本男谷家の出身で、旗本男谷家は、越後国から江戸へ出て、高利貸しにより富を築いた米山検校が息子平蔵のために、同家の株を買い、男谷姓を名乗らせたのが始まり。その平蔵の子が勝小吉である。小吉は、幕府の役職に就くべく熱心に運動したが果たせず、終生無役の小普請だった。刀剣の鑑定や売買を行い、本所・浅草辺の顔役として知られた。勝海舟の父で、海舟に家督を譲ったのち、夢酔と号した。（小酒井）

### 【勝海舟】

文政六年（一八二三）～明治三二年（一八九九）

旗本勝小吉の長男として生まれる。諱を義邦、幼名・通称を麟太郎といい、海舟は号。ペリー来航に際し、安政元年（一八五四）に軍制改革や人材登用を求める意見書を幕府へ提出。長崎での海軍伝習を経て、万延元年（一八六〇）には、咸臨丸で太平洋を横断。慶応四年（一八六八）三月十三・十四日、東征軍参謀西郷隆盛と江戸で談判し江戸無血開城に尽力。明治政府でも、参議兼海軍卿や元老院議官などの高官に任じられた。（小酒井）

# 勝海舟の父小吉による口語調の一代記

KATSU Kaishu's father, Kokichi's autobiography, written in spoken-language style.

内題は「鶯谷庵独言」。「左衛門太郎」は勝海舟の父小吉の通称、「夢酔」は号である。天保改革中に素行不良で隠居・謹慎を命じられたときに、隠居所の鶯谷庵で書かれたといわれ、当時の旗本の生活や社会の様子が口語調で記されている。小吉は内職として刀剣の鑑定や売買を行い、本所辺の顔役として知られた。序文の最後に「子々孫々ともかたくおれがいふことを用ゆべし。先にもいふ通り、おれは今までも、なんにも文字のむづかしい事はよめぬから、こゝにかくにもかなのちがひも多くあるから、よくよく考えてよむべし」と記し、本文冒頭に「おれほどの馬鹿な者は世の中にもあんまり有るまいとおもふ」と書く。小吉の人柄がよくうかがえる。（田原）

152

**夢酔独言**

*Musui dokugen* [Drunken Dream Monologue]

左衛門太郎入道　夢酔老著
天保14年（1843）
一冊

# 海舟が自分で筆写したオランダ語の辞典

A Dutch dictionary that KATSU Kaishū copied by hand.

153

**『ヅーフハルマ』写本**

Copy of the Doeff-Halma Dictionary

嘉永元年（1848）完写
十冊

長崎のオランダ商館長ヅーフ（Hendrik Doeff 一七七七～一八三五）編著の蘭和辞典を、勝海舟が筆写したもの。海舟は、万国地図を見たのをきっかけに、二十歳の時の天保十三年（一八四二）から、蘭学を学び始めた。そして、二十五歳の時の弘化四年（一八四七）秋から一年がかりで、高額ゆえ入手が容易でなかった蘭和辞典『ヅーフハルマ』（全五十八巻）を借りて二部筆写し、一部を売却して損料（借り賃）にあてた（生活費にあてたとも）。若き日の海舟の強靭な精神力がうかがえる。（小酒井）

# 勝麟太郎、「海舟」を号す

## Rintarō changes his name to Kaishū.

佐久間象山は、信濃松代藩の著名な兵学者。勝海舟は、嘉永三年（一八五〇）に象山と出会い、交流を深めた。同五年には、海舟の妹・順が象山の正室となっている。

この額は、神田お玉が池の象山宅にかけられていたものを勝海舟が気に入り、譲り受けたという。「海舟」の号はこれにちなむ。以来、この額は海舟の起居する書斎にかけられていた。（小酒井）

154

**書額「海舟書屋」**

Framed Calligraphy 'Kaishū Sho-oku' [Kaishū's Study]

弘化元年（1844）頃
一点
江戸東京博物館

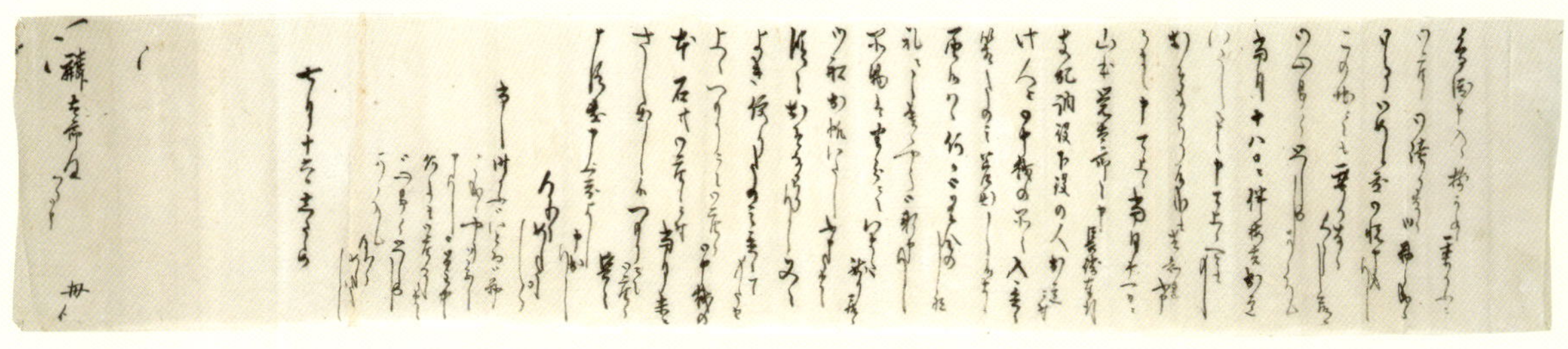

## 子の勝麟太郎（海舟）に対する母の心遣いがうかがえる

A letter in which we can see Kaishu's mother's thoughts for him.

母の勝信から子の勝麟太郎（海舟）に宛てた書状で、麟太郎が長崎での海軍伝習を命じられていた頃のものと考えられる。

冒頭で、江戸に残った家族も変わりなく暮らしているので安心するようにと述べる。そして、長崎奉行の下役・山本覚太郎が長崎へ向かうにあたり、麟太郎から頼まれていた品々を送り届けてもらうことを伝えている。（小酒井）

155

**勝麟太郎宛勝信書状**

Letter from KATSU Nobu to KATSU Rintarō [Kaishū]

安政3～5年（1856～1858）7月6日
一通
名古屋市博物館

156

### 掌記一

*Shōki* I [An Essay]

勝海舟筆
安政2年(1855)以降
一冊
江戸東京博物館

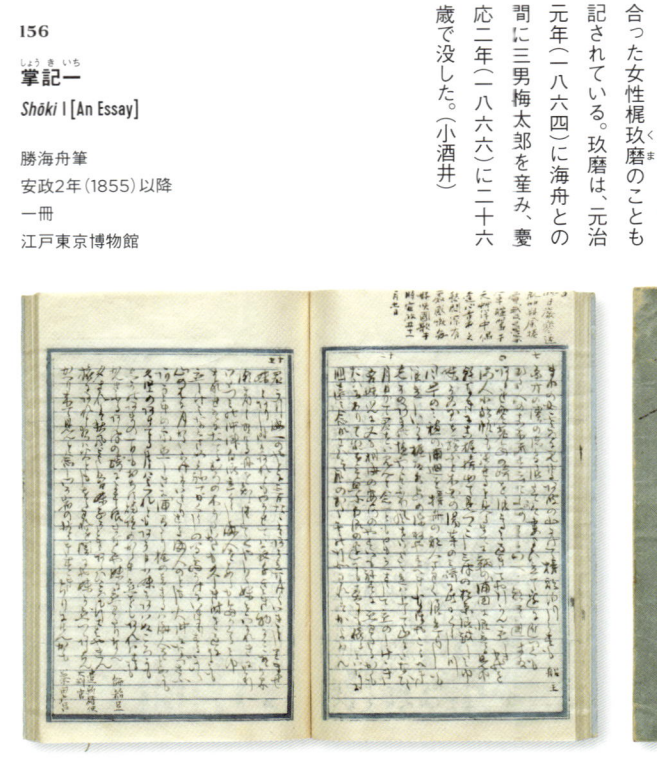

勝海舟が、万葉集や白楽天など、古今の和歌や漢詩を多数書き写したノート。長崎での海軍伝習中の海舟が、科学技術とともに、詩歌の学習も行っていたことがわかる。

文中には、長崎で知り合った女性梶玖磨のことも記されている。玖磨は、元治元年(一八六四)に海舟との間に三男梅太郎を産み、慶応二年(一八六六)に二十六歳で没した。(小酒井)

157

### クララを囲んで(梶梅太郎と家族写真)

Surrounding Clara
[KAJI Umetarō and his family]

明治19年～33年(1886～1900)
一枚
名古屋市博物館

勝海舟と長崎の梶玖磨の間に生まれた梶梅太郎は、アメリカ人のクララ・ホイットニーと結婚した。この写真は、梅太郎とクララ、そして子供たちの家族写真で、後ろに並ぶのが梅太郎とクララ。二人の間には、六人の子ども(うち五人は女子、一人は男子)が生まれた。(小酒井)

## 勝海舟の息子の写真
Photograph of the son of KATSU Kaishū.

# アメリカや小笠原に渡った江戸幕府の軍艦・咸臨丸の姿

## The Government's battleship, Kanrinmaru, that travelled to America and Ogasawara.

日米修好通商条約の批准のため、アメリカに派遣された使節・新見正興らが乗るポーハタン号の護衛として、咸臨丸が渡米することになった。長崎での海軍伝習を経て、勝海舟は、事実上の艦長役として咸臨丸に乗船した。品川を出た咸臨丸は途中、難船の危機もあったが、何とか太平洋を横断し、サンフランシスコに入港した。

本図は、文久元年（一八六一）十二月に小笠原を領土とするため、調査団として派遣された外国奉行水野忠徳らが乗る咸臨丸を描いたもの。（小酒井）

158

**小笠原島真景図　咸臨丸洋中風波之図**

A True View of Ogasawara Island
– Kanrinmaru at Sea Amid the Wind and Waves

幕末〜明治時代初期
一冊
江戸東京博物館

# 海舟の非常時の出で立ち

**Kaishū's emergency clothing.**

火事の多発した江戸では、その発生場所により出動する幕臣が決められており、このような火事装束は必需品で、火事場でまとい、消防活動の指揮や警備にあたった。中央の胸当てには、勝海舟の家紋として知られる丸に剣花菱が見える。（小酒井）

159

**火事装束**

**Firefighting Costume**

勝海舟所用
幕末
一式

# 海舟所用の動きやすい袴

**Hakama trousers worn by Kaishū that were easy to move in.**

野袴とは、江戸時代にサムライが乗馬や狩の時、または火事装束として用いたもの。（小酒井）

160

**野袴**

***Nobakama* Trousers**

勝海舟所用
幕末
一式

# 安房守となった海舟の礼服

Court wear belonging to KATSU Kaishū after he received the title of 'Awa-no-kami.'

江戸時代において、大紋と長袴は、位階が五位の武家の礼服。五位になると諸大夫と呼ばれ、「○○守」といった形の守名乗が認められた。海舟が従五位下に叙せられたのは、幕府の軍艦奉行となった元治元年(一八六四)で、以降安房守を名乗った。大紋の背には、海舟の家紋である、丸に剣花菱紋が大きく染め抜かれいる。(小酒井)

161

大紋・長袴

Formal Wear: Jacket with Family Crests and Long *Hakama* Trousers

勝海舟所用

幕末

一式

# 勝海舟が持っていた礼服

Formal wear belonging to KATSU Kaishū.

裃は、江戸時代のサムライの礼服。地質や色、模様など、同じ意匠で仕立てた肩衣と袴を、紋服と小袖の上に着た。肩衣の両胸と背、袴の腰に家紋を付けた。(小酒井)

162

裃(肩衣・袴)

*Kamishimo* [formal costume], Consisting of *Kataginu* [sleeveless jacket] and *Hakama* [pleated trousers]

勝海舟所用

幕末

一式

開城時に海舟が置かれていた苦しい立場をよく表現するものとなっている。（小酒井）

163

**江戸城明渡の帰途（勝海舟江戸開城図）**

Returning Home After the Surrender of Edo Castle

川村清雄画
明治18年（1885）
一枚
江戸東京博物館

# 勝海舟晩年の姿

## KATSU Kaishū in his old age.

晩年の勝海舟。明治維新後、海舟は、明治政府に出仕し、海軍大輔、海軍卿兼参議、枢密顧問官などを歴任し、「海軍歴史」「陸軍歴史」「吹塵録」といった旧幕府時代の資料集編纂にも携わった。また、徳川家や旧幕臣らへの援助も行った。明治三十二年(一八九九)正月に、七十七歳で死去。(小酒井)

164

**勝海舟肖像**

Portrait of KATSU Kaishū

明治時代中期

一枚

江戸東京博物館

# 勝海舟の妻・民子と娘たち

## KATSU Kaishū's wife, Tamiko, and their daughters.

右から二人目の椅子に座っているのが、海舟の妻・民子。その周囲にいる三人の女性が海舟と民子の娘たちで、右側から次女・疋田孝子、長女の内田夢子、三女の目賀田逸子。(小酒井)

165

**勝民子・疋田孝子・内田夢子・目賀田逸子**

KATSU Tamiko, HIKITA Kōko, UCHIDA Yumeko and MEGATA Itsuko

明治24年(1891)3月

一枚

名古屋市博物館

# 長男小鹿への期待がにじむ

## Kaishū's expectations for his eldest son, Koroku, are apparent.

海舟がつくった漢詩。十六歳でアメリカに留学する長男小鹿を励ます内容。冒頭で、海舟の父小吉が廉節を貴び、おおらかな人柄で自分を薫陶したとし、海外に雄飛して祖父のような高い志をはぐくめと小鹿に教えている。

末尾には、「安房守勝義邦」との署名がある。元治元年（一八六四）に幕府の軍艦奉行となった時に従五位下安房守に任じられ、明治以降は安房守を名乗りとした（それまでは麟太郎を名乗っていた）。義邦は諱（本名）。明治以降は安芳と名乗った。（小酒井）

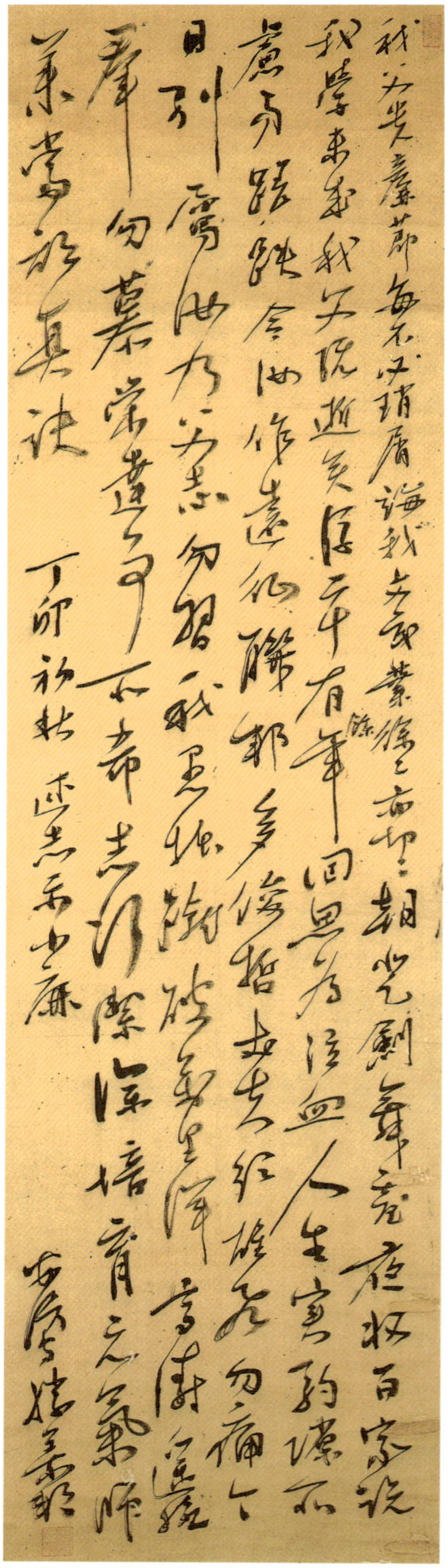

166

**長男小鹿宛勝海舟漢詩**（ちょうなんころくあてかつかいしゅうかんし）

**A Chinese-style Poem by KATSU Kaishū, addressed to his Son Koroku**

勝海舟作筆
慶応3年（1867）
一幅
江戸東京博物館

## 江戸開城と三舟

慶応四年（一八六八）正月の鳥羽・伏見の戦いに敗れ、大坂から江戸に帰還していた徳川慶喜は、二月に江戸城を出て、上野寛永寺の大慈院に入り、謹慎していた。東征軍が京都を発し駿府に至った三月、慶喜は精鋭隊隊長の山岡鉄舟を使者として派遣し、自らの恭順・謹慎の状況を説明させようとした。鉄舟を慶喜に推薦したのが、遊撃隊頭として慶喜の警固にあたり、厚く信頼されていた高橋泥舟で、鉄舟の義理の兄にあたる。

駿府への出発に先立ち、鉄舟は軍事取扱勝海舟のもとを訪れて、東征大総督参謀西郷隆盛に宛てた書状を預かる。そして、江戸市中を混乱させる工作にかかわって幕府に捕縛され海舟がかくまっていた薩摩藩士益満休之助をともなって駿府に赴き、三月九日に西郷と面会した。この面会により、東征軍から旧幕府側に、初めて降伏条件が提示された。

江戸城総攻撃が予定されていた三月十五日の直前、三月十三日・十四日に、海舟と西郷は江戸で会談。さきに西郷から示された降伏条件を踏まえ、海舟はその修正案を提示した。西郷は、これを容れることを約束し、十五日の総攻撃は延期された。

そして、四月十一日、江戸城は新政府側に接収された。（小酒井）

# 勝海舟の長男小鹿、アメリカに留学する

## KATSU Kaishū's eldest son, Koroku, goes to school in the U.S.A.

167

**勝小鹿肖像写真**
**（於アメリカ）**

Portrait Photograph of KATSU Koroku
(in the U.S.A.)

明治12年（1879）
一枚
名古屋市博物館

勝小鹿は、嘉永五年（一八五二）に生まれた海舟の長男。アメリカのアナポリス海軍兵学校に留学中、明治十二年（一八七九）にアメリカで撮影されたもので、向かって右側に立っているのが小鹿。（小酒井）

# 和装でたたずむ勝小鹿

## KATSU Koroku relaxing in Japanese clothes.

168

**勝小鹿肖像写真**

Portrait Photograph of KATSU Koroku

清水東谷撮影
明治25年（1892）頃
一枚
名古屋市博物館

和装で椅子に座る勝小鹿。写真の裏書によれば、明治二十五年（一八九二）頃に撮影された。小鹿は同年に四十一歳の若さで亡くなっているため、この写真は死の直前の姿と見られる。（小酒井）

# 槍の名手で、徳川慶喜から厚い信頼を得た幕臣・高橋泥舟

**TAKAHASHI Deishū, a master of spear fighting and a shogunate retainer who enjoyed the trust of TOKUGAWA Yoshinobu.**

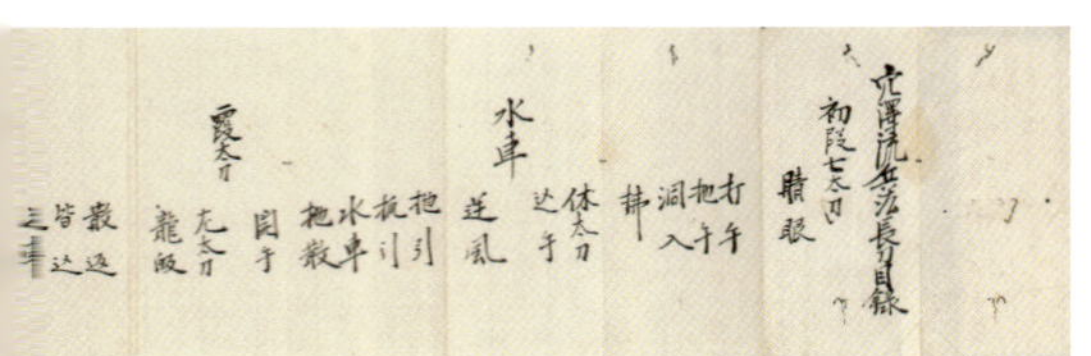

明治維新後の高橋泥舟の肖像。「泥舟」は後年の号。旗本山岡正業の二男として生まれ、のち母の兄弟である高橋包承の養子となった。刃心流（自得院流）の槍術の名手で、講武所の槍術師範役を勤める。その後、遊撃隊頭として上野寛永寺で謹慎していた徳川慶喜の身辺警護にもあたった。明治維新後は、書や禅などの分野で名を残した。（小酒井）

169
高橋泥舟先生肖像写真（たかはしでいしゅうせんせいしょうぞうしゃしん）
Portrait Photograph of TAKAHASHI Deishū
明治時代
一点
江戸東京博物館

## 高橋泥舟、若き日の思い出を記す

**TAKAHASHI Deishū writes his memoirs.**

高橋泥舟が後年に、自分の幼少から青年期のころを振り返った書付。十二歳の時に兄の山岡静山から文武のうち、自らが好む方を選び修練するように言われた泥舟は、自分も「文事」ではなく、「武」をもって志を立てようと心に決め、そのことを兄に告げた。しかし、十五歳の時には、二十五歳まで槍技の修練に励み、その後兄に告げて「文事」を学ぼうと考えるようになったことなどが記される。若き日の泥舟の考えや動向がうかがえる貴重な記録。（小酒井）

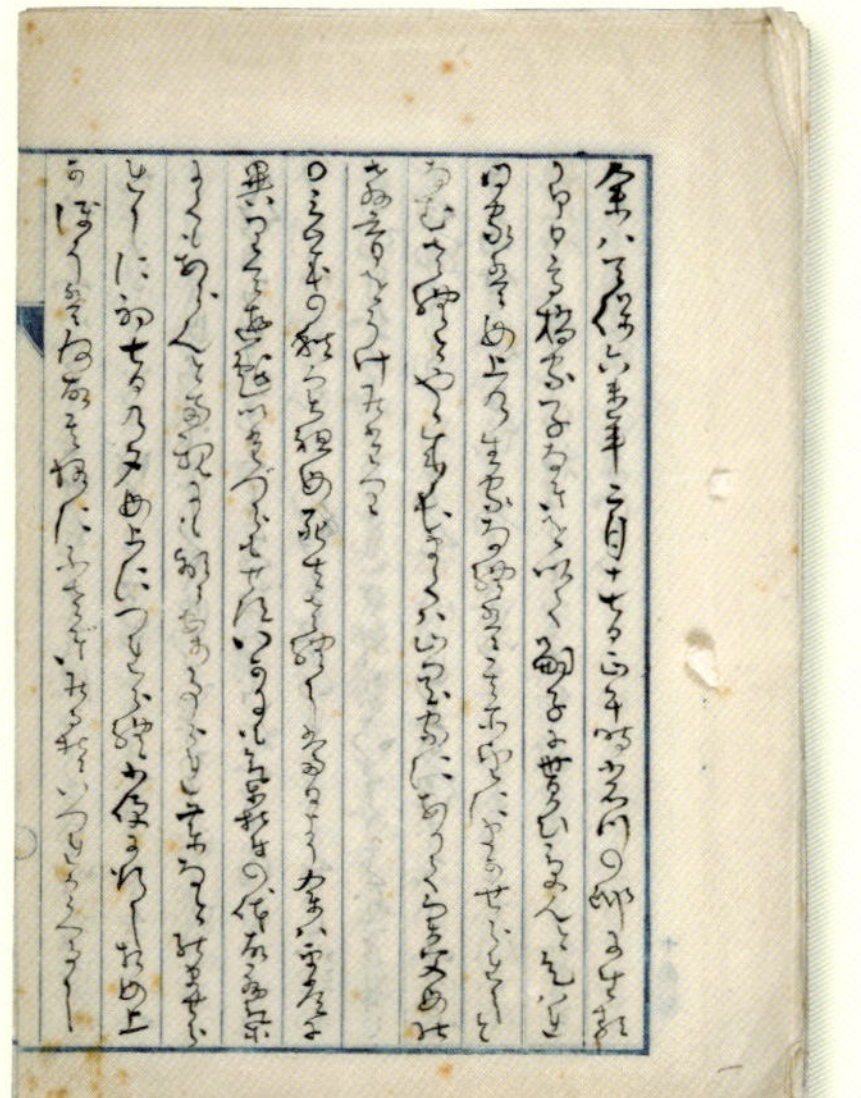

170
思い出の記（おもいでのき）
Memoirs
高橋泥舟筆
江戸時代後期
一冊
江戸東京博物館

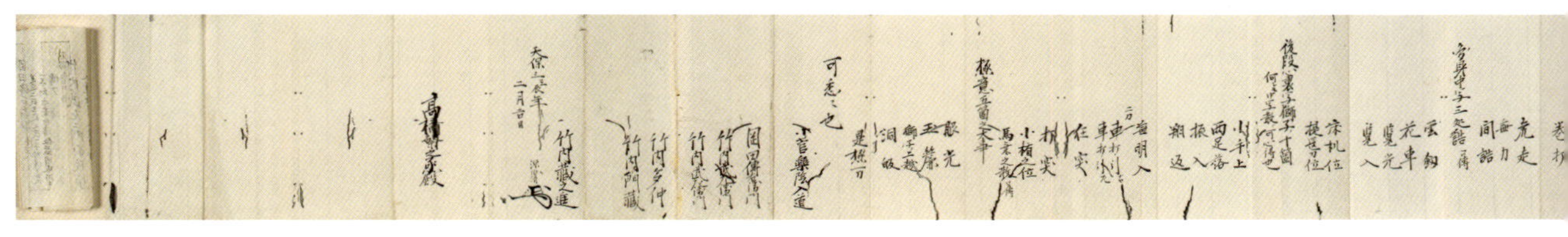

171

穴沢流兵法長刀目録

Diploma Certificate from the Anazawa-ryū School of Long Sword Technique

天保3年(1832)2月
一帖
江戸東京博物館

## 槍術だけでなく、長刀も学んだ高橋家

**The Takahashi family did not specialize only in spear fighting, but also the use of the long sword.**

泥舟が跡目を継ぐこととなる高橋家では、刃心流槍術とともに穴澤流の長刀も学ばれていた。この目録は、天保三年(一八三二)に、泥舟の養父にあたる高橋繁之丞(包承)が、竹内蔵之進(治清)から穴澤流長刀の免許を受けたもの。こののち、穴澤流長刀と刃心流槍術は、山岡正視(静山)や高橋泥舟によって学ばれていった。(小酒井)

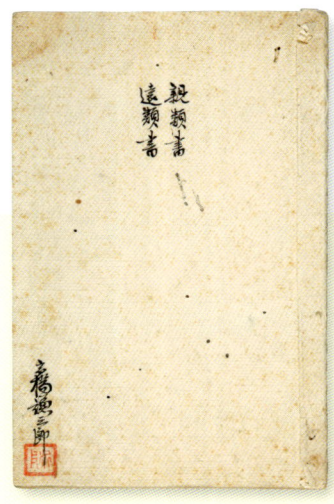

## 高橋泥舟の血縁者たちが一覧できる貴重な記録

**A valuable record listing all the blood relatives of TAKAHASHI Deishū.**

高橋謙三郎(泥舟)の親類・遠類の書き上げ。冒頭では、嫡孫として祖父高橋義左衛門包實から高橋家の家督を相続したこと、安政三年(一八五六)三月に講武所の槍術教授方を命じられたことなどを記す。また、とくに親類書では、泥舟の親類の名前・続柄、役職や、養祖父(包實)・養父(鏈之助)の幕臣としての経歴を詳述する。(小酒井)

172

親類書・遠類書(高橋家)

Close Relatives List, Distant Relatives List [Takahashi family]

高橋謙三郎
万延元年(1860)
一冊
江戸東京博物館

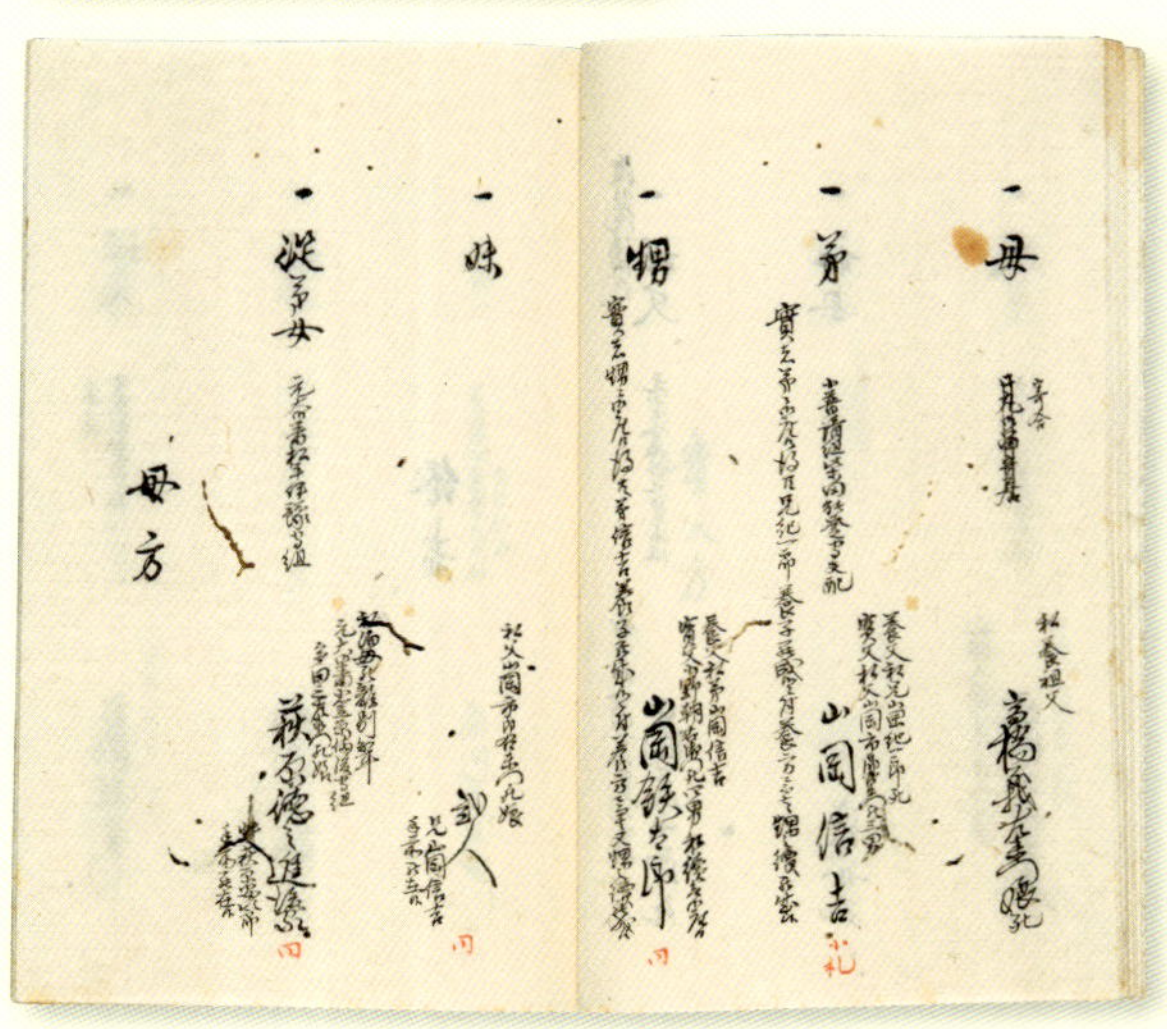

### 【高橋泥舟】

天保六年(一八三五)~明治三六年(一九〇三)

旗本山岡正業の二男。諱は政晃で、泥舟は後年の号。母の兄弟である高橋包承の養子となる。勘定、講武所槍術師範役、浪士取扱、遊撃隊頭取、同隊頭などを歴任。慶応四年(一八六八)三月、徳川家の赦免と存続を願うため、義弟山岡鉄舟を駿府まで進軍してきた東征軍の参謀西郷隆盛のもとへ派遣することを徳川慶喜に進言する。江戸無血開城後、徳川家の静岡移住に従うも、明治四年(一八七一)の廃藩置県後は職を辞し、東京に隠棲した。(小酒井)

# 高橋泥舟の兄で槍の名手・山岡静山の相貌がうかがえる

We can glimpse the appearance of TAKAHASHI Deishū's elder brother and master of spear fighting, YAMAOKA Seizan.

高橋泥舟の実兄・山岡静山の死絵。幕臣としての静山は、将軍が出かける際に先駆けや警衛にあたる新御番などを勤めたが、病気のため、新御番の離職と小普請入りを願い出ている。この後、安政二年（一八五五）に若くして死去するが、死因をめぐっては諸説ある。（小酒井）

173

**死絵（しにえ）　山岡静山（やまおかせいざん）**

**Death Portrait of YAMAOKA Seizan**

高橋泥舟写
明治時代
一枚
江戸東京博物館

## 【山岡静山（やまおかせいざん）】

文政十二年（一八二九）～安政二年（一八五五）

旗本山岡家の七代、正視。通称は市郎右衛門、紀一郎で、静山は号。刃心流（自得院流）槍術の名手として知られる。西丸小十人組、新番などの役職を勤めるも、安政二年（一八五五）に二七歳の若さで死去。この時、弟泥舟は実母の実家高橋家の養子になっていたため、同じく弟の信吉が跡を継いだ。そして、弟子の小野鉄太郎（のちの山岡鉄舟）が信吉の養嗣子となり、妹英子を妻として後見、のち山岡家を継いだ。（小酒井）

## 高橋泥舟が記した兄・山岡静山の生涯

Biography of YAMAOKA Seizan written by his younger brother, TAKAHASHI Deishū.

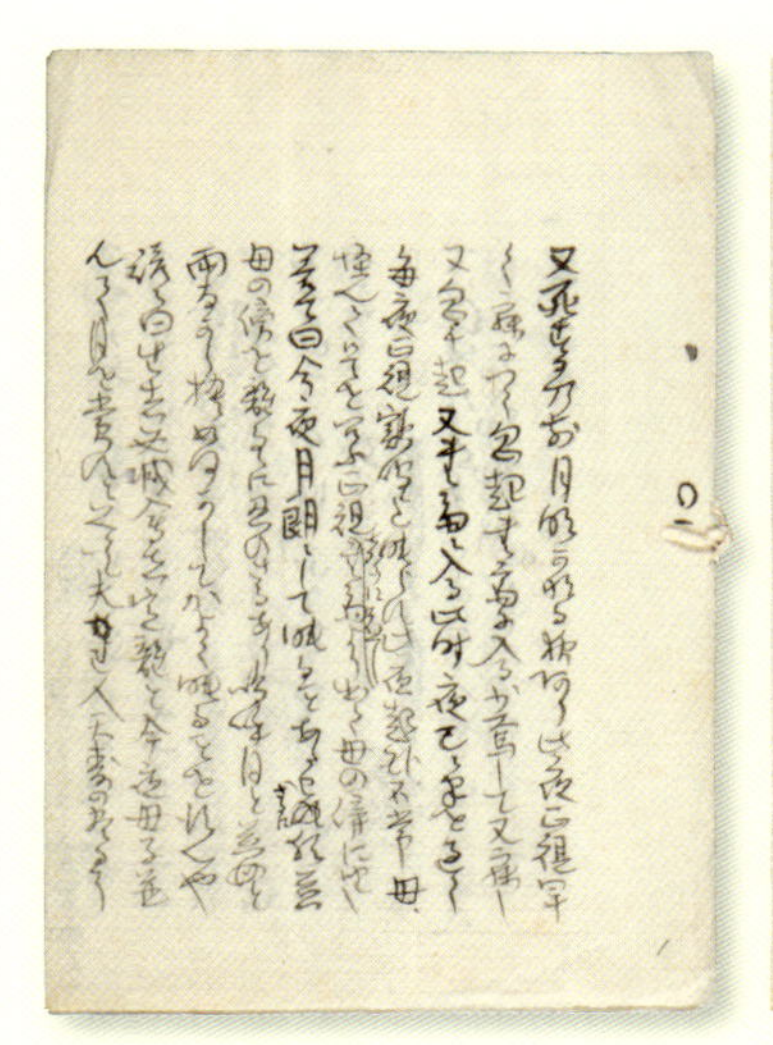

174

**「静山覚書（せいざんおぼえがき）」一（いち）・二（に）**

**Memories of Seizan I, II**

高橋泥舟写
江戸時代後期
二冊
江戸東京博物館

高橋泥舟が兄・山岡静山（正視）の事績についてまとめた覚書。

静山は幼少時より槍術・剣術に長じていたが、一九歳の時、剣術の達人が多いのにくらべ槍術の達人が少ないことを憂え、槍術に熱心に取り組み、二十二歳のころには槍術において名を知られるようになったという。このような槍術の達人となる経緯のほか、弟子たちとの稽古、泥舟や弟子に対する教諭の概略、亡くなる日の様子などについて詳細に記されている。（小酒井）

# 若き日の泥舟（謙三郎）、高橋家を継ぐ

**The young Deishū (Kenzaburō) takes over as head of the TAKAHASHI family.**

高橋義左衛門包実が、山岡謙三郎（のちの高橋泥舟）を孫養子とし、家督相続させることを願い出た関係書類の写をまとめたもの。包実の長男鏈之助（包承）は、男子を得ないまま病を患い、安政二年（一八五五）に死去した。そこで包実は、鏈之助の病状がかなり悪化していたと考えられる嘉永七年（一八五四）に、謙三郎を孫養子とすることを願い出た。そして、翌年に鏈之助が死去するとすぐに、謙三郎に家督相続（「嫡孫承祖」）を願い出た。若き日の泥舟が高橋家の跡目を継ぐ経緯がよくわかる記録。（小酒井）

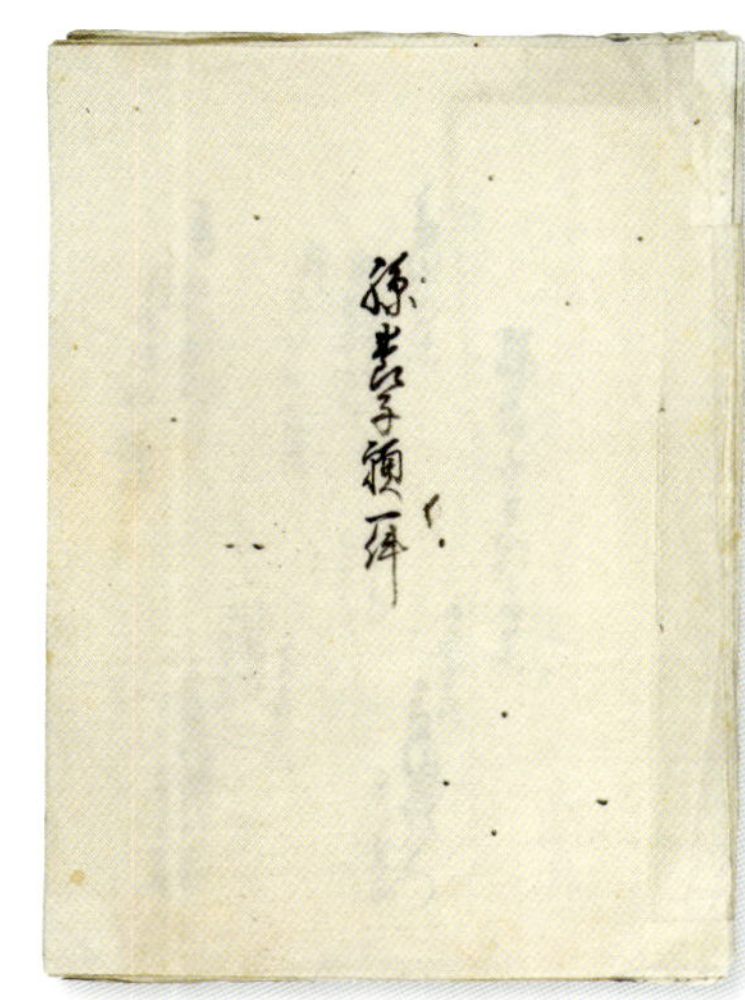

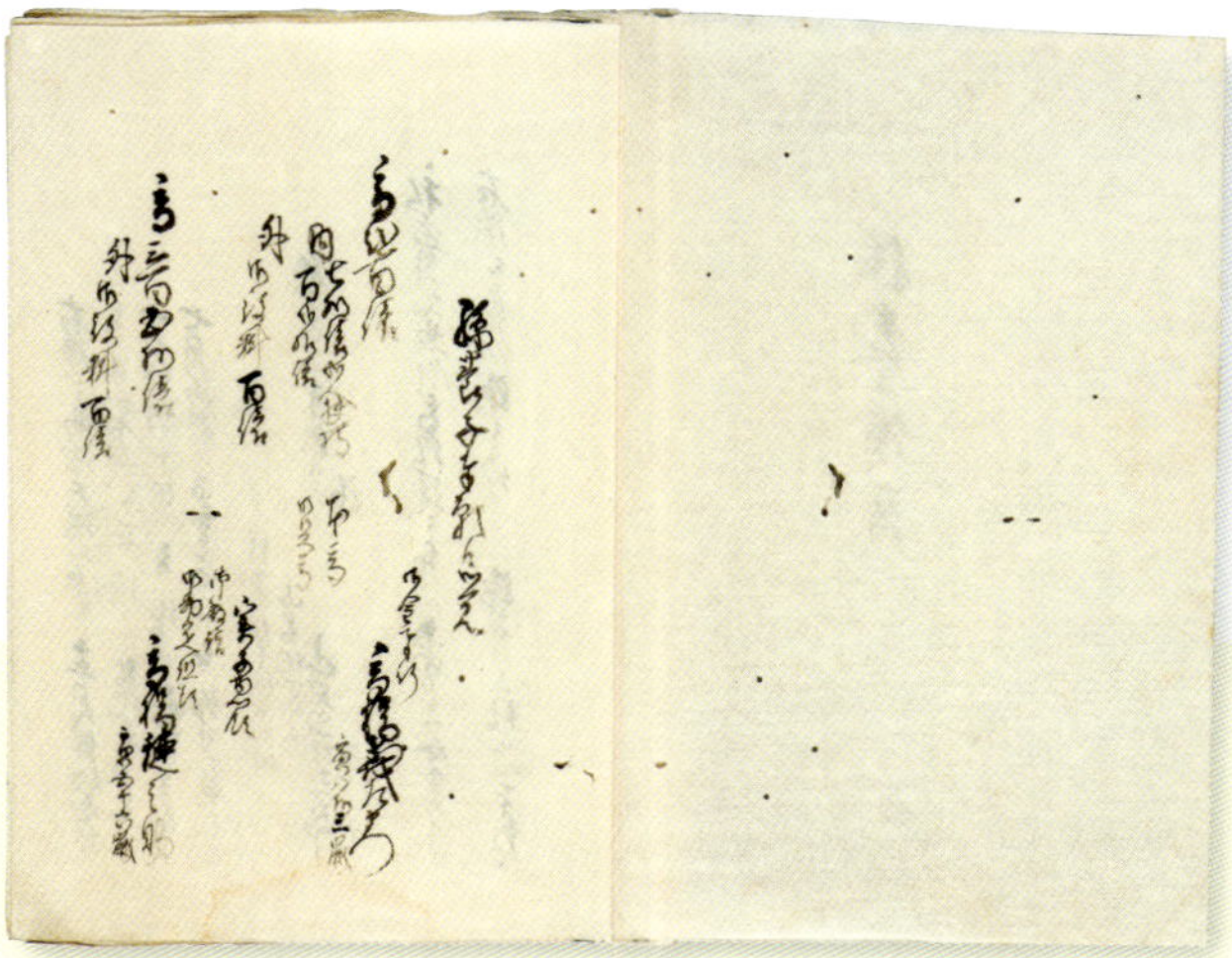

175

**孫養子願一件**

**Application to Recognize Grandson as Adopted Son**

（高橋義左衛門包承）
安政2年（1855）以降
一冊
江戸東京博物館

## 高橋泥舟、兄であり師の山岡静山から刃心流槍術の免許を受ける

**TAKAHASHI Deishū received a license in spear fighting from his elder brother and teacher, YAMAOKA Seizan.**

実の兄にして師の山岡紀一郎（正視、静山）から高橋謙三郎（泥舟）が刃心流槍術の免許を受けたことを示す。差出にあたる部分では、開祖岡田永定以下、刃心流を継承してきた者たちが名を連ね、紀一郎の右側には、泥舟の養父・養祖父にあたる高橋鏈之助（包承）、高橋義差衛門（包実）の名も見える。大きな手形は、山岡静山によるものとされる。（小酒井）

176

**刃心流初中後之巻**

**License of the Ninshin-ryū School of Spear Fighting**

山岡紀一郎正視
嘉永6年（1853）正月
一巻
江戸東京博物館

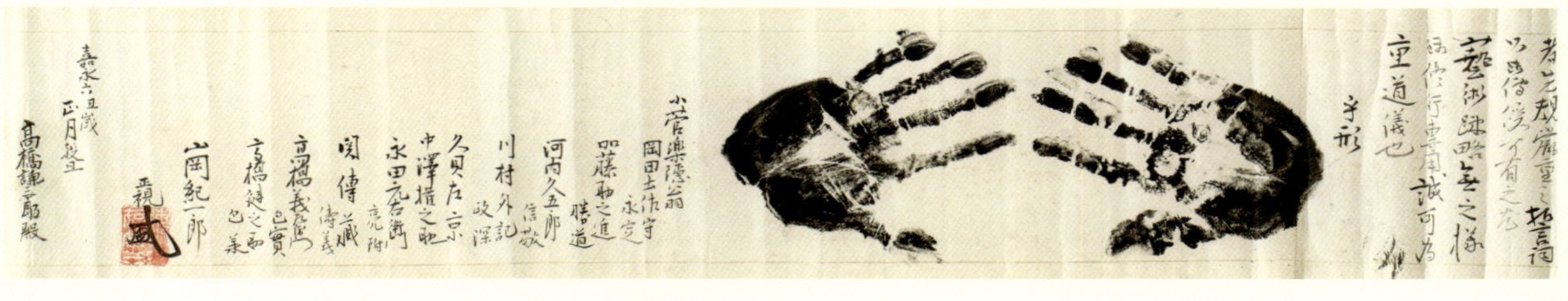

# 謹慎中の高橋泥舟が詠んだ漢詩

**A Chinese-style poem written by TAKAHASHI Deishū while he was in disgrace.**

文久二年（一八六二）、幕府は京都に集まっていた諸国浪士を統御するため、浪士組を募集し、翌年京都へ派遣した。その担当者として浪士取締役に起用されたのが高橋泥舟や山岡鉄舟であった。江戸への帰府後、横浜焼き討ちによって攘夷を決行しようとするなど、浪士組は統御不能になっていった。そのため幕府は、浪士組の中心人物・清河八郎を暗殺し幹部らを捕縛、泥舟ら幕府の担当者も罷免した。

謹慎中の泥舟が詠んだ詩を収めるのがこの詩稿で、「述懐」という詩には、「今年帰東武解綬鎖幽荘」と、江戸に帰り、職を辞し謹慎している泥舟の境遇を示す一文が見られる。（小酒井）

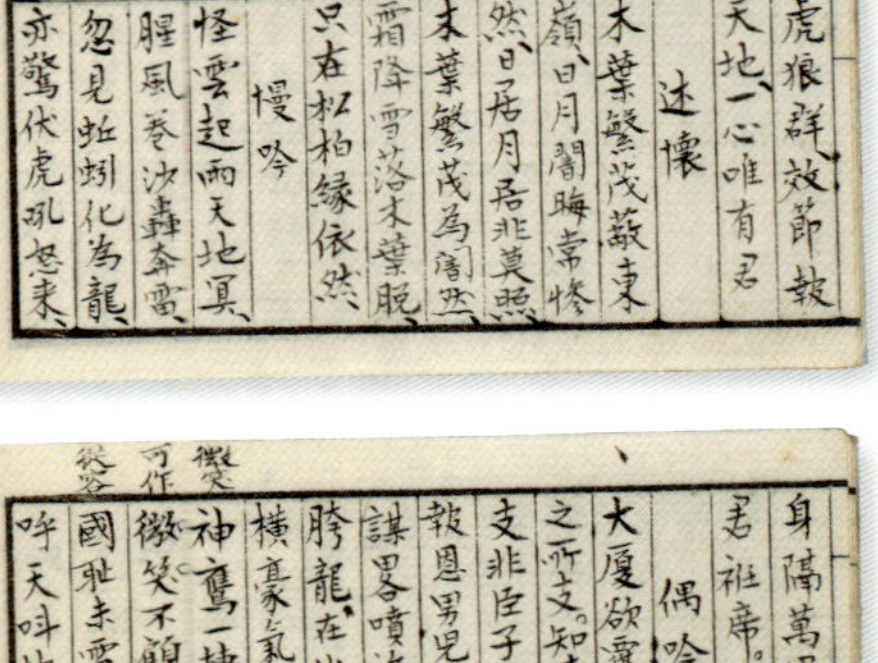

177
**幽中詩稿**（ゆうちゅうしこう）
*Yūchū shikō* (Poem Manuscript)

高橋泥舟
文久3年（1863）頃
一冊
江戸東京博物館

# 高橋泥舟、江戸城の火事に駆け付ける！

**TAKAHASHI Deishū rushed to fight the fire at Edo castle!**

高橋泥舟の詩稿のひとつ。文久三年（一八六三）十一月十五日夜、江戸城の本丸御殿は火事によって焼失した。この時の高橋泥舟は、浪士取締役を罷免され、謹慎中であったが、山岡鉄舟らとともに主君の護衛に駆け付けた。

この詩稿には、その際に泥舟が詠んだという詩が書きとめられている。導入文に、文久三年の「仲冬」（陰暦十一月）十五日の「大城」（江戸城）の火災にあたり、泥舟が、謹慎の「禁」を犯し、馬を鞭打って城の周辺に駆け付け、心を奮い起こしてこの詩を詠んだ、との記述が見られる。この後ほどなく、泥舟や鉄舟らの謹慎は赦免された。（小酒井）

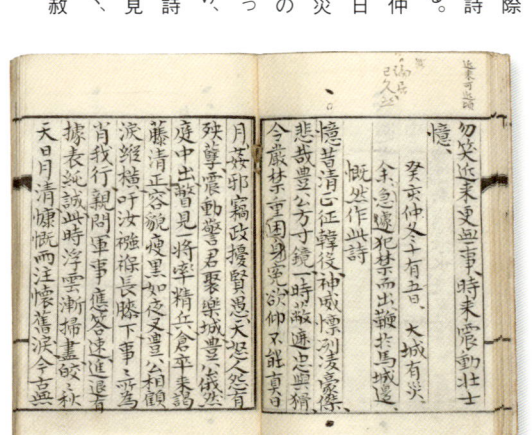

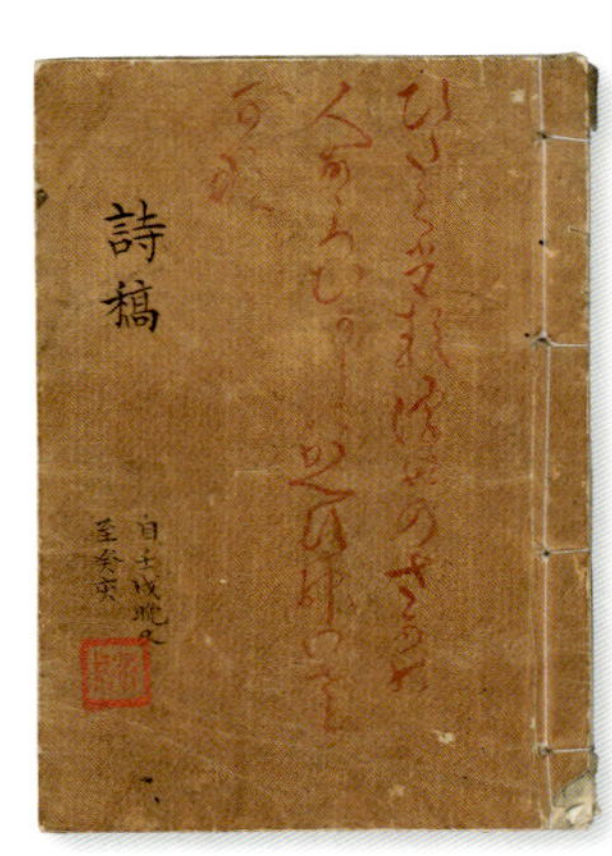


178
**詩稿**（しこう）
Poem Manuscript

高橋泥舟
文久2年～文久3年（1862～1863）
一冊
江戸東京博物館

# TAKAHASHI Deishū wrote the calligraphy for his own gravestone.

晩年泥舟が自らの生涯を振り返って書いた履歴で、子の道太郎および子弟に宛てたもの。幕臣としてのあゆみ、徳川家の駿府移封後は田中奉行、大属席を勤めたことなど、泥舟の履歴が自身の筆で詳細に記されている。そして末尾では、自分が死去した際の墓標は図のようなものとすること、葬送等は「古風」を旨とし、「質素」なものとすることを道太郎らに指示している。（小酒井）

**179**

**履歴**
**Life History**

藤原政晃（高橋泥舟）識
明治24年（1891）
一冊
江戸東京博物館

180

泥舟茶碗（でいしゅうちゃわん）

Deishū Tea Bowls

一式（佐渡焼五碗・寒山焼五碗）
江戸東京博物館

## Tea bowls decorated with a picture of a skull and an inscription by TAKAHASHI Deishū.

## 高橋泥舟が銘文を書き、髑髏の絵を描いた茶碗

佐渡焼と寒山焼の二種類がある。佐渡焼の茶碗には泥舟による銘文があり、寒山焼の茶碗には、髑髏の絵が描かれている。晩年の泥舟は、髑髏の絵を好んで描いたとされる。これらの茶碗を収める箱には、「泥舟茶碗」という墨書が見られる。（小酒井）

# 晩年の山岡鉄舟を描く
## Painted YAMAOKA Tesshū in his latter years.

181

182

**181**

**開基鉄舟居士肖像**

**Portrait of the Founder, YAMAOKA Tesshū**

渡辺幽香画／山岡鉄舟賛
明治19年（1886）11月
一幅
全生庵

山岡鉄舟晩年の肖像。賛は鉄舟自身によるもの。

幕末に尊王攘夷思想に共鳴する幕臣として活動し、江戸無血開城や徳川家の駿府移封に多大な功績を上げ、明治維新後も明治天皇の侍従を勤めるなど、要職を歴任した。仏教の興隆にも尽力し、明治十六年（一八八三）には、東京谷中に臨済宗全生庵を建立した。

この作品が描かれた二年後の明治二十一年（一八八八）の七月十九日、鉄舟は五十三才で亡くなった。法名は全生庵殿鉄舟高歩大居士。（小酒井）

**182**

**開基鉄舟居士肖像**

**Portrait of the Founder, YAMAOKA Tesshū**

天龍寺滴水賛
一幅
全生庵

山岡鉄舟晩年の肖像。賛は天龍寺の滴水老師による。（小酒井）

183

## 年中家例覚（ねんちゅうかれいおぼえ）

Memorandum of Annual Events

山岡正業
弘化3年（1846）6月改記
一冊
全生庵

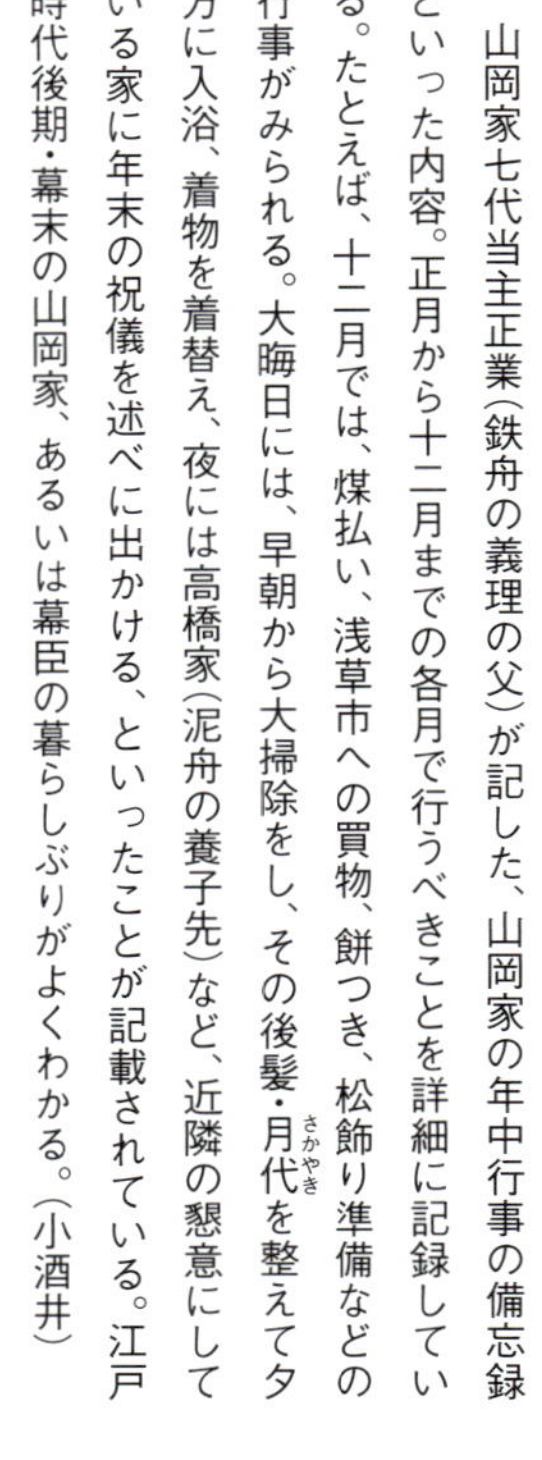

# 山岡家の年中行事の詳細な記録

**Detailed record of annual events in the Yamaoka household.**

山岡家七代当主正業（鉄舟の義理の父）が記した、山岡家の年中行事の備忘録といった内容。正月から十二月までの各月で行うべきことを詳細に記録している。たとえば、十二月では、煤払い、浅草市への買物、餅つき、松飾り準備などの行事がみられる。大晦日には、早朝から大掃除をし、その後髪・月代（さかやき）を整えて夕方に入浴、着物を着替え、夜には高橋家（泥舟の養子先）など、近隣の懇意にしている家に年末の祝儀を述べに出かける、といったことが記載されている。江戸時代後期・幕末の山岡家、あるいは幕臣の暮らしぶりがよくわかる。（小酒井）

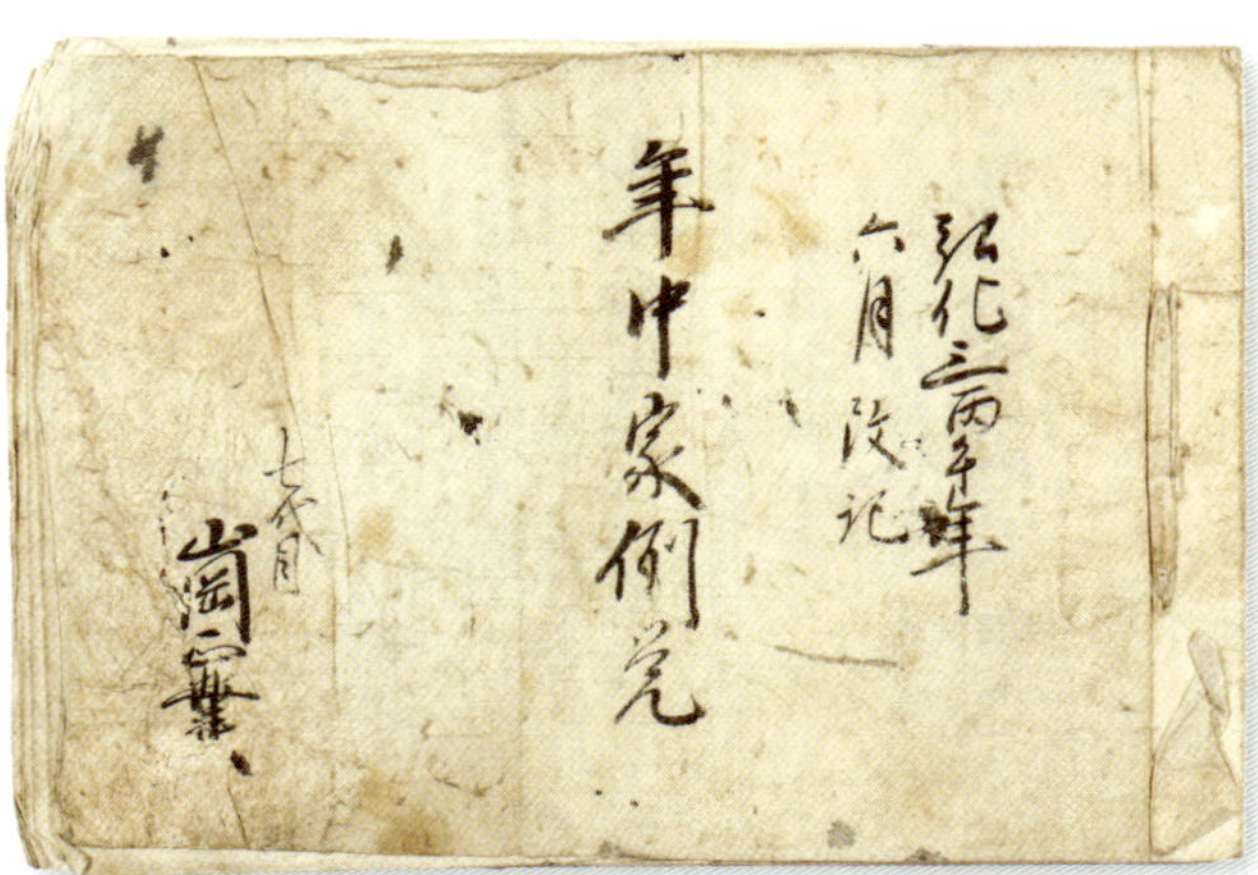

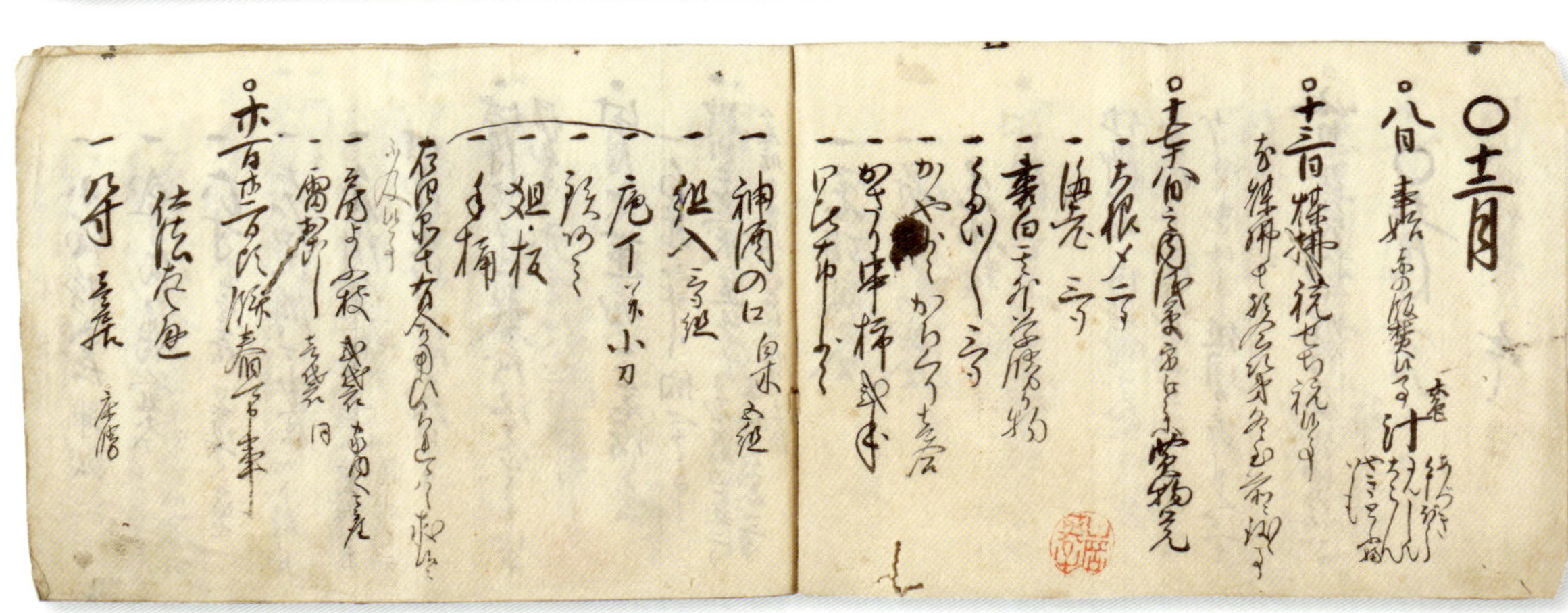

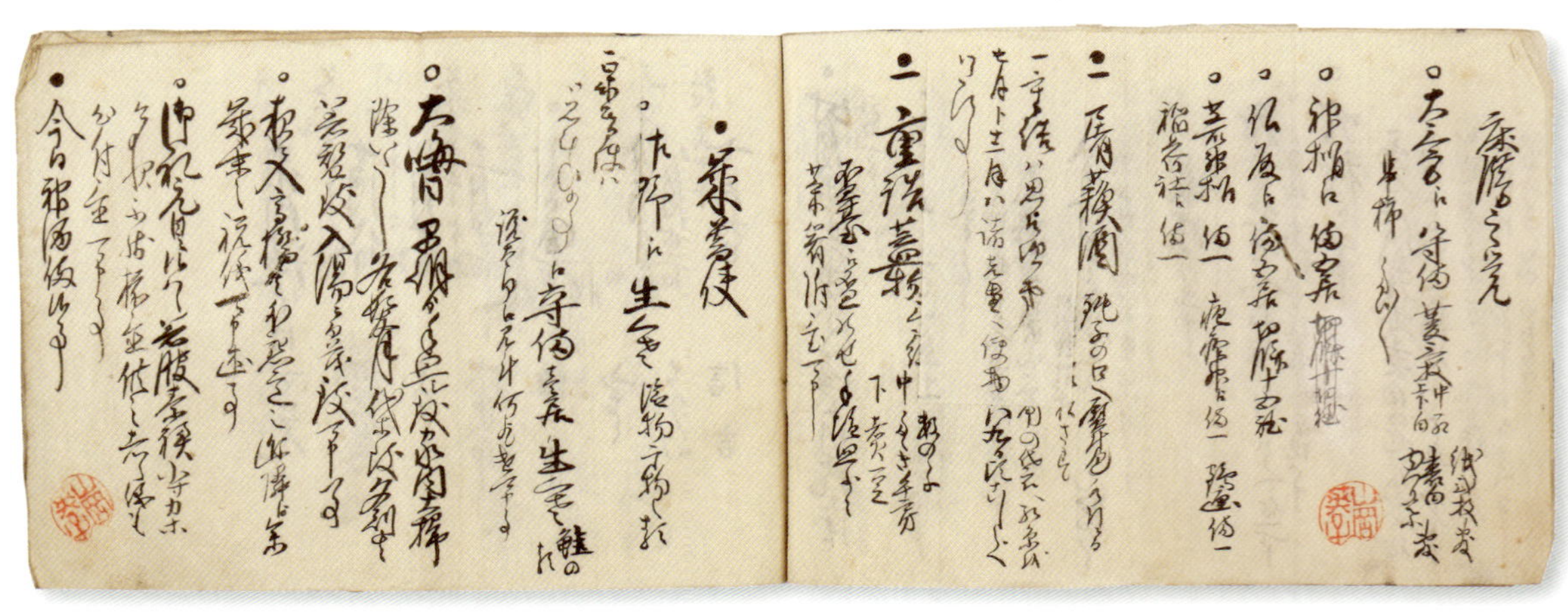

# 西郷隆盛との会談のため、駿府に向かう山岡鉄舟が身に付けた

**Tesshū wore this when he headed for Sunpu for discussions with SAIGŌ Takamori.**

184

**鉄舟胴乱**（てっしゅうどうらん）

**Leather Pouch Belonging to Tesshū**

幕末
一個
全生庵

胴乱とは、革製の方形の小袋のことで、印章や薬などを入れて腰にさげた。

慶応四年（一八六八）三月、徳川慶喜の命を受けた山岡鉄舟は、駿府まで進軍してきた東征軍参謀西郷隆盛と会い、慶喜に対する処遇を交渉した。

駿府に赴く前に、勝海舟宅を訪れた鉄舟は、海舟から西郷に宛てた書状を渡された。この胴乱は、駿府に向かう鉄舟が腰まわりにさげたとされるもので、中に海舟の書状を入れていたという。（小酒井）

## 【山岡鉄舟（やまおかてっしゅう）】

天保七（一八三六）～明治二一年（一八八八）

旗本小野朝右衛門の五男。諱は高歩、通称は鉄太郎、号は一楽齋、鉄舟。父の飛騨郡代在任中、同地で書や剣術の修行を本格化。江戸に戻ると、槍術の名手山岡静山に入門、のち山岡家を継いだ。幕府講武所では剣術教授方世話役を勤める。慶応四年（一八六八）には精鋭隊頭となり、徳川慶喜の命を受け、駿府で東征軍参謀西郷隆盛と会談、江戸無血開城の実現に尽力。明治に入ると、天皇の侍従など要職を勤めるかたわら、無刀流の一派を創始した（小酒井）。

# 西郷隆盛との会談時に山岡鉄舟が帯用した刀

## The sword worn by YAMAOKA Tesshū when he held discussions with SAIGŌ Takamori.

山岡鉄舟は、慶応四年（一八六八）三月九日に駿府で東征軍参謀の西郷隆盛と面会し、徳川家存続のための条件を引き出した。西郷との面会のとき、鉄舟が帯用していたと伝えられるのが、この刀である。刀身には、いつの時点のものかは不明ながら、相手の刀を受けた際にできたと考えられる傷もあり、かなり使い込まれたものと見られる。

この刀はその後、鉄舟が開いた一刀正伝無刀流の二代目香川善治郎から四代目草鹿龍之介を経て、六代目村上康正に伝わったことが、箱書などから知られる。（小酒井）

185

**山岡鉄舟佩刀（やまおかてっしゅうはいとう）　銘家吉（めいいえよし）**

Sword Carried by YAMAOKA Tesshū. Signed: Ieyoshi

一口

金沢市立玉川図書館近世史料館

## 無刀流剣法修行規則（むとうりゅうけんぽうしゅぎょうきそく）

The Rules for Training in the Mutōryū School of Swordfighting

明治13年（1880）
一冊
金沢市立玉川図書館近世史料館

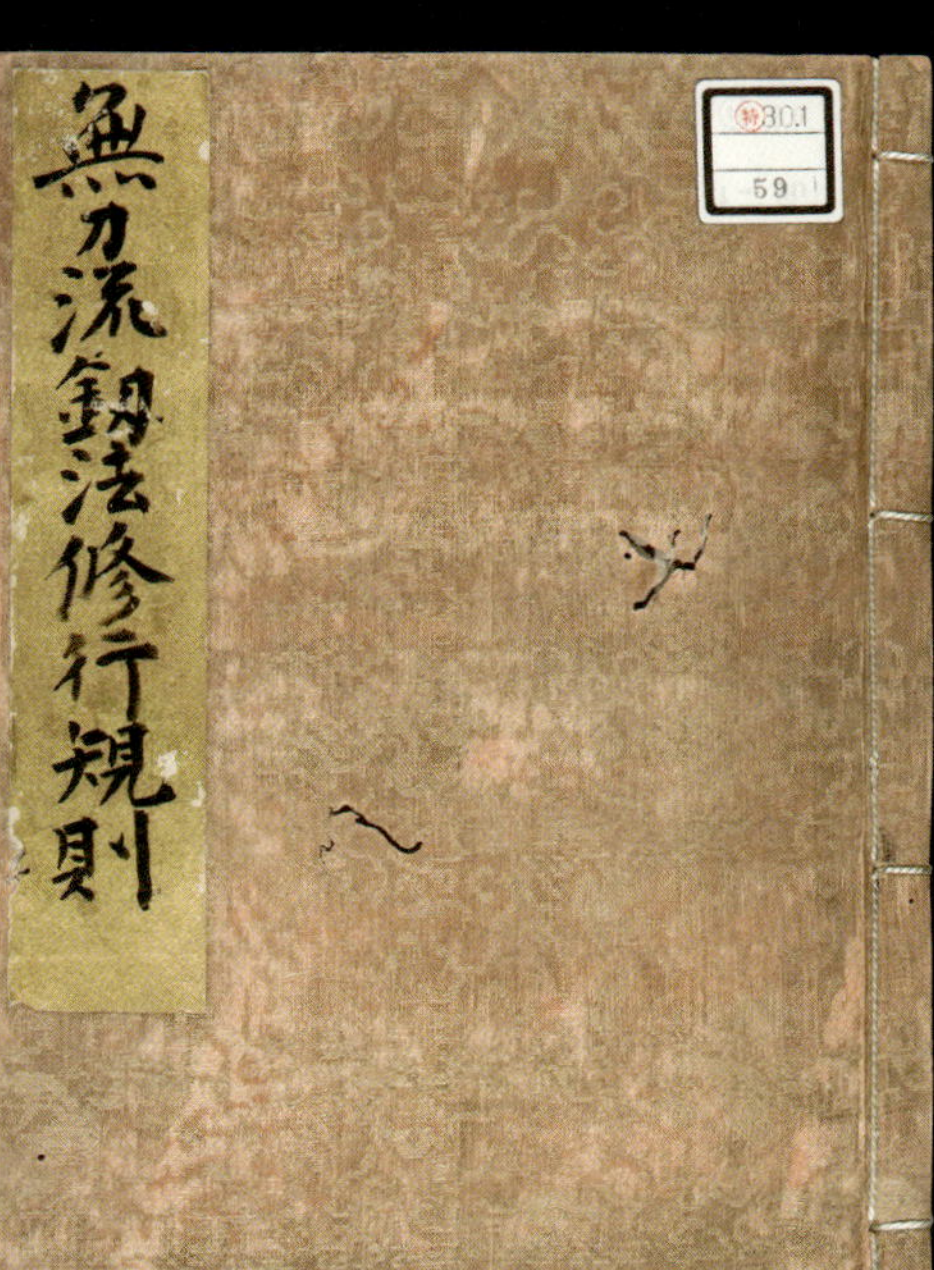

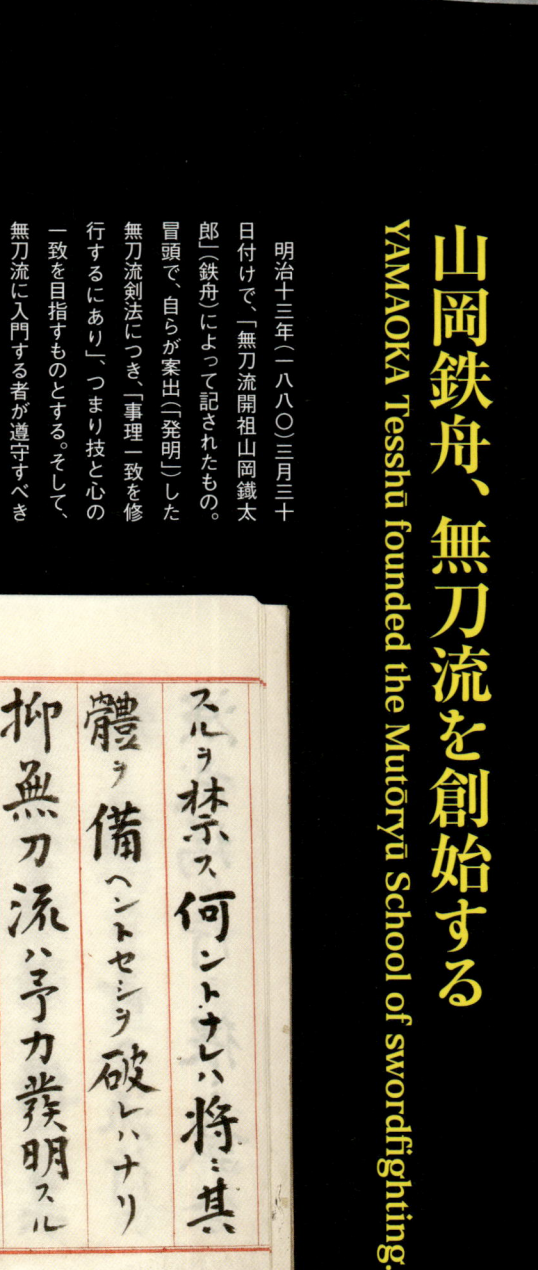

# 山岡鉄舟、無刀流を創始する

YAMAOKA Tesshū founded the Mutōryū School of swordfighting.

明治十三年（一八八〇）三月三十日付けで、「無刀流開祖山岡鐵太郎」（鉄舟）によって記されたもの。冒頭で、自らが案出（「発明」）した無刀流剣法につき、「事理一致を修行するにあり」、つまり技と心の一致を目指すものとする。そして、無刀流に入門する者が遵守すべき規則について述べている。鉄舟の記した文の後には、明治二十二年（一八八九）までの入門者の名簿が付く。（小酒井）

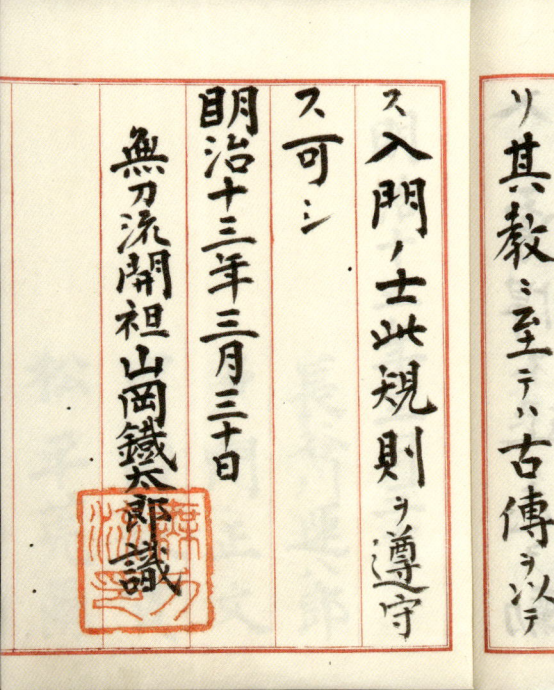

スルヲ禁ス何ントナレハ将ニ其
體ヲ備ヘントセシヲ破レハナリ
抑無刀流ハ予カ發明スル
所ニシテ事理一致ノ秘訣ナ
リ其教ニ至テハ古傳ヲ以テ
ス入門ノ士此規則ヲ遵守
ス可シ
明治十三年三月三十日
無刀流開祖山岡鐵太郎識

# 山岡鉄舟、一刀流中西派を継承する

## YAMAOKA Tesshū became the successor to the Nakanishi-ha Ittō-ryū School of swordfighting.

浅利義明から山岡鉄太郎（鉄舟）に宛てた一刀流（一刀流中西派）の免状。一刀流中西派は、小野派一刀流を学んだ中西忠太子定が江戸で創始した剣術の流派。鉄舟は、文久三年（一八六三）から浅利義明に師事し、一刀流中西派の剣術を学んでいた。（小酒井）

**187**

**一刀流兵法目録**（いっとうりゅうひょうほうもくろく）

**Certificate of Techniques for Ittō-ryū**

浅利義明
明治14年（1881）1月30日
一巻
金沢市立玉川図書館近世史料館

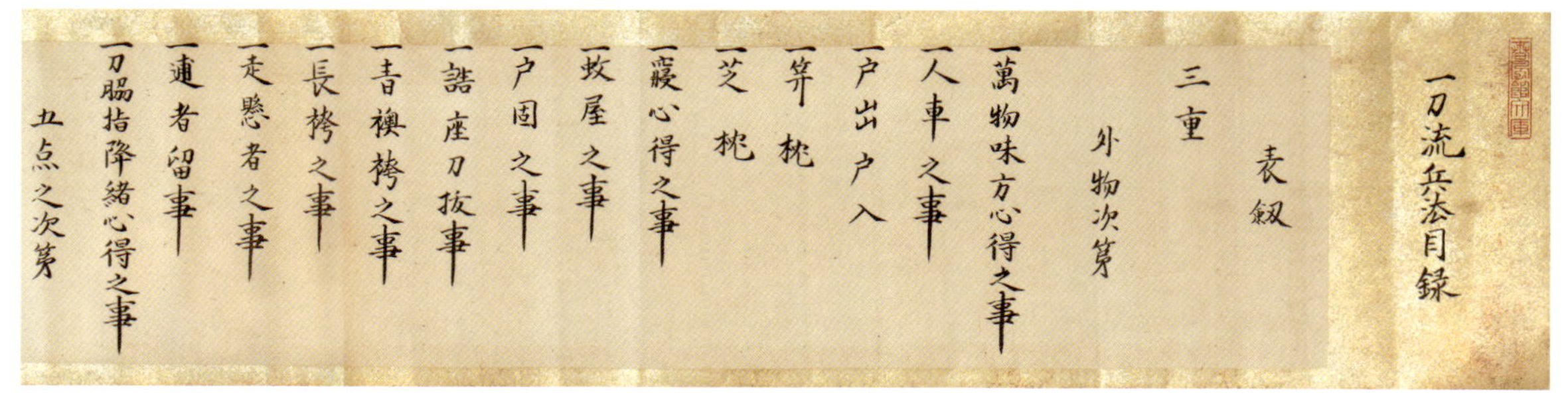

一刀流兵法目録
表叙
三重
外物次第
一萬物味方心得之事
一人車之事
一戸出戸入
一笄　枕
一芝　枕
一寝心得之事
一蚊屋之事
一戸固之事
一諸座刀抜事
一青襖袴之事
一長袴之事
一走懸者之事
一通者留事
一刀脇指降緒心得之事
五点之次第

一吹毛用了急須磨
一睡中抓痒處
一観見
一两捨一用
一叙用捨
一相小太刀
八方分身　須臾轉化
欲在前　忽然而在後
人　人　人

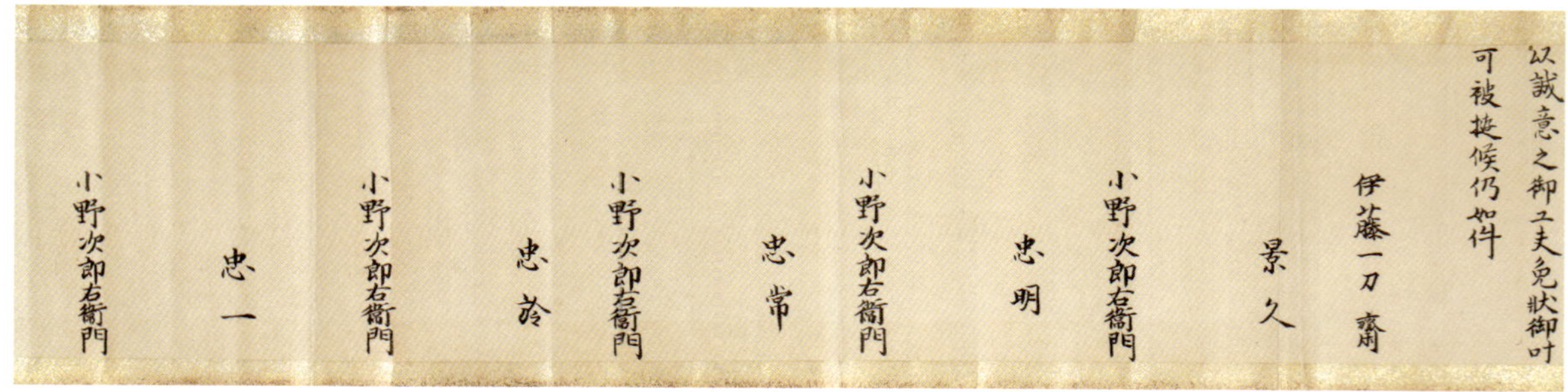

以誠意之御工夫免状御叶
可被授候仍如件
伊藤一刀斎
景久
小野次郎右衛門
忠明
小野次郎右衛門
忠常
小野次郎右衛門
忠於
小野次郎右衛門
忠一
小野次郎右衛門

忠方
中西忠太
子定
中西忠蔵
子武
中西忠太
子啓
中西猪太郎（後忠兵衛改名）
子正
浅利義明
明治十四年
一月三十日
山岡鐵太郎殿

# 山岡鉄舟、小野派一刀流を継承する

YAMAOKA Tesshū became the successor to the Ono-ha Ittō-ryū School of swordfighting.

188

**一刀流允可状**

Ittō-ryū License

小野業雄忠政
明治18年(1885)3月
一枚
金沢市立玉川図書館近世史料館

小野業雄忠政から山岡鉄太郎(鉄舟)に宛てた、小野派一刀流の印可状。明治十三年(一八八〇)に無刀流の一派を創始していた山岡鉄舟は、明治十四年(一八八一)に一刀流中西派を(No.187)、そしてこの印可状により、同十八年(一八八五)に小野派一刀流を継承して一刀流の両派を総括し、一刀正伝無刀流と称した。(小酒井)

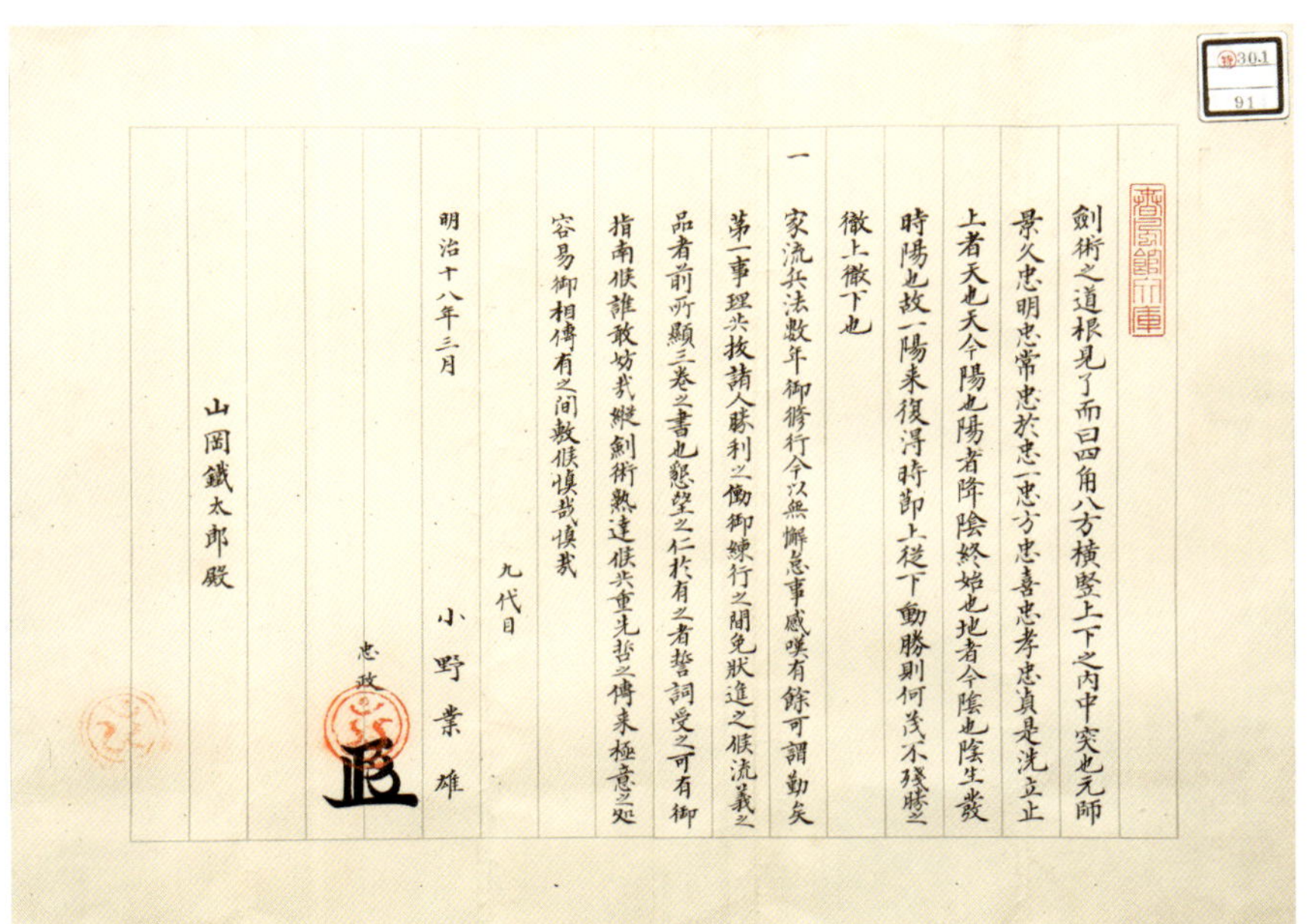
剣術之道根見了而曰四角八方横竪上下之内中突也元師
景久忠明忠常忠於忠一忠方忠喜忠孝忠貞是洗立止
上者天也天今陽也陽者降陰終始也地者今陰也陰生哉
時陽也故一陽来復浔時節上從下動勝則何茂不殘勝之
徹上徹下也
一 家流兵法数年御修行今以無懈怠事感嘆有餘可謂勤矣
第一事理共抜諸人勝利之働御錬行之間免状進之候流義之
品者前所顕三巻之書也懇望之仁於有之者誓詞受之可有御
指南候雖敢妨我縦剣術熟達候共重先哲之傳来極意之処
容易御相傳有之間敷候慎哉慎哉
明治十八年三月
九代目 小野業雄 忠政
山岡鐵太郎殿

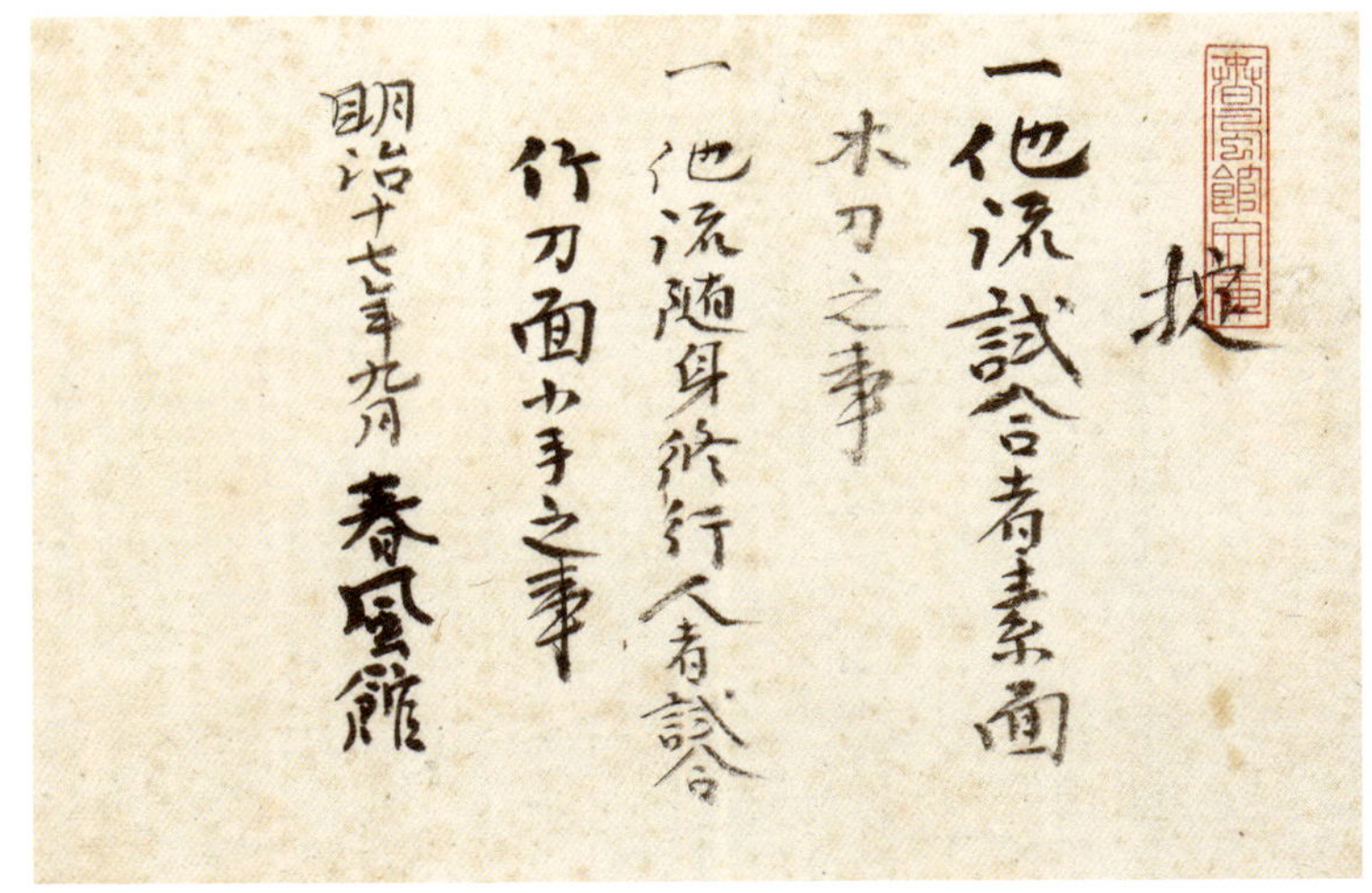
掟
一 他流試合者素面 木刀之事
一 他流随身修行人春試合 竹刀面小手之事
明治十七年九月 春風館

# 山岡鉄舟が開いた春風館、他流試合の掟を定める

The Shunpūkan dōjō established by YAMAOKA Tesshū had rules governing bouts with people from other Schools.

189

**春風館掟**

Rules of the Shunpūkan

明治17年(1884)9月
一枚
金沢市立玉川図書館近世史料館

鉄舟は自宅の裏に、春風館という剣術の道場を建て、明治十六年(一八八三)十一月に開館した。本資料は、明治十七年九月付で定められた掟である。他流試合を素面(面をつけない)・木刀で行うこと、他流について修行している者は、竹刀と面・籠手を使用することが、二ケ条にわたり記されている。(小酒井)

# 山岡鉄舟と弟子たちの剣術稽古のようす

A view of YAMAOKA Tesshū and his students training.

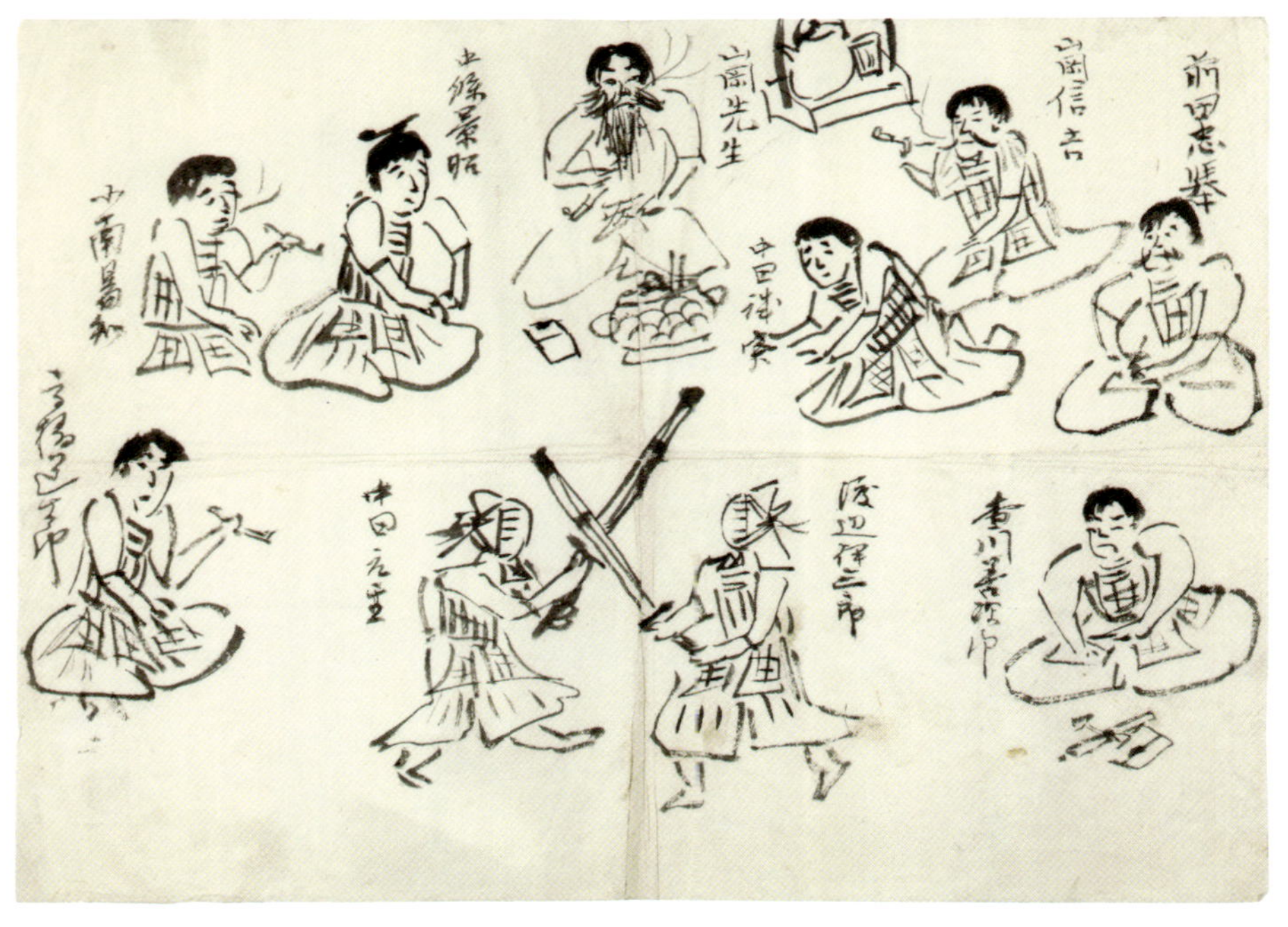

190

**山岡先生と門弟稽古図**

Illustration of Yamaoka-sensei and his Students Training

明治時代

二枚

全生庵

山岡鉄舟と門弟の稽古の様子を描いた二枚の図。一枚は、渡辺伊三郎と中田元重の稽古を、「山岡先生」こと山岡鉄舟や中田誠実・香川善次郎ら春風館の門弟が見ている。もう一枚は、画面を四分割し、防具を付け、竹刀を持った鉄舟が弟子たちに稽古をつけている。「山岡先生」が弟子たちを圧倒している。（小酒井）

# 春風館でのきびしい稽古を物語る

Written pledges that speak of the hard training carried out at the Shunpūkan.

191

**誓願札**（せいがんふだ）

**Pledge Boards**

明治時代
四枚
全生庵

春風館道場に掲げられたとみられるもので、近年、東京谷中の全生庵から発見された。

札の上部には誓願内容、下部には請願者の名前が記されている。四名の請願者のうち、前田忠挙・斎藤熊彦・野元龍太郎は春風館の門人、芝忠福は山岡鉄舟の実弟で、門人帳には名前がみられないが、春風館で稽古していたことがわかっている。

誓願内容を見ると、たとえば野元の場合、明治十八年（一八八五）五月一日より明治二十一年四月某日にかけて一千日修行を行い、修行を終えたその日に立切稽古で二百面の試合をする、と記されている。立切稽古とは、一人に対し、何人もの人が交代で掛かっていく稽古のこと。春風館での厳しい修行の一端を物語る。（小酒井）

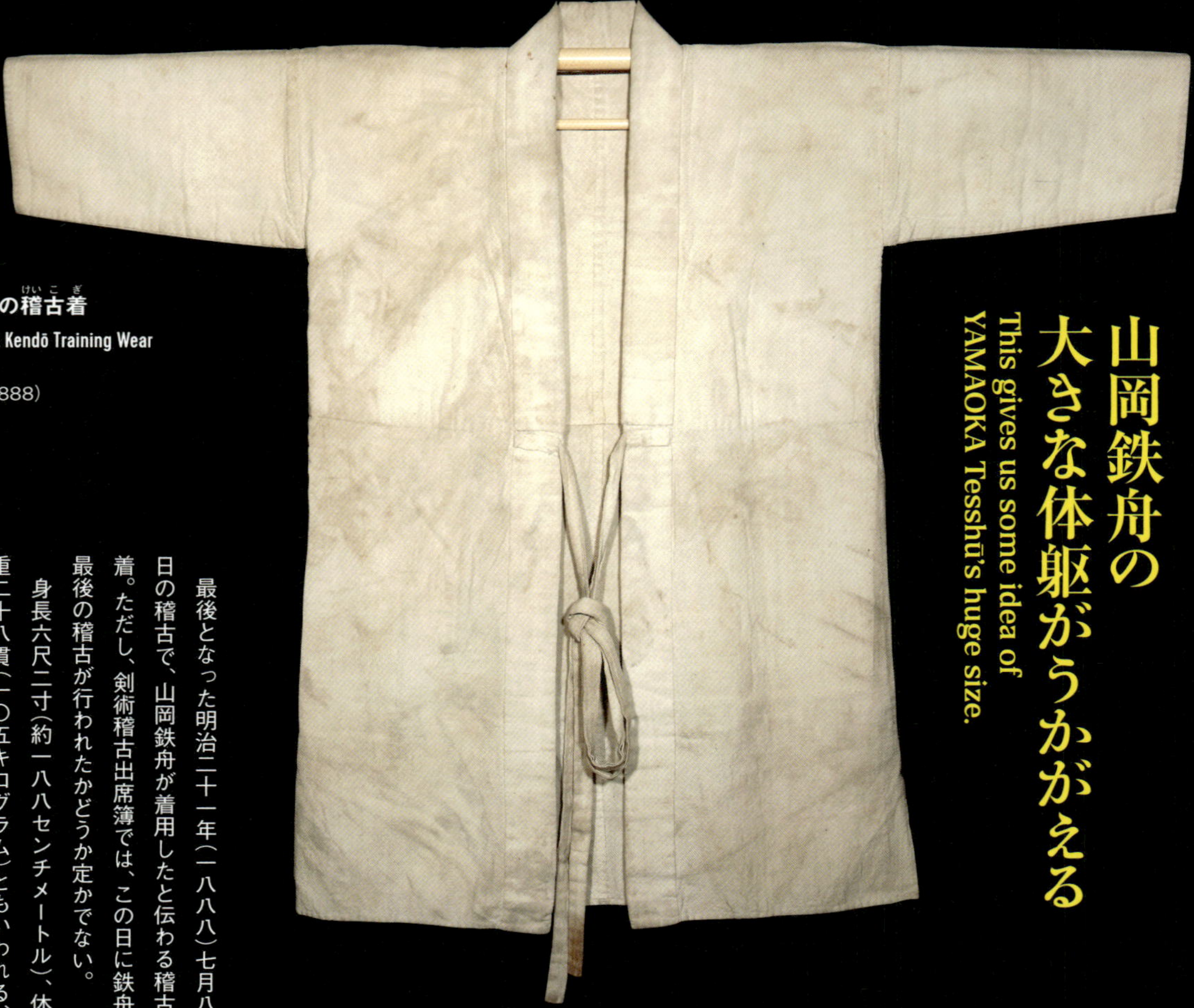

# 山岡鉄舟の大きな体躯がうかがえる

**This gives us some idea of YAMAOKA Tesshū's huge size.**

192

**鉄舟最後の稽古着**

**Tesshū's Last Kendō Training Wear**

明治21年（1888）
一着
全生庵

最後となった明治二十一年（一八八八）七月八日の稽古で、山岡鉄舟が着用したと伝わる稽古着。ただし、剣術稽古出席簿では、この日に鉄舟最後の稽古が行われたかどうか定かでない。

身長六尺二寸（約一八八センチメートル）、体重二十八貫（一〇五キログラム）ともいわれる、当時としては並外れた鉄舟の大きな体躯がうかがい知れる。（小酒井）

# 山岡鉄舟が所用した護身用・鍛錬用の木製扇

**A wooden fan that YAMAOKA Tesshū carried for self-defense and exercise.**

扇子の閉じた状態を木で削りだしたもので、護身や鍛錬のために使用した。表・裏の両面に、「剣術の極意は風の柳かな」「電光影裏春風を斬る」という、山岡鉄舟の賛がある。（小酒井）

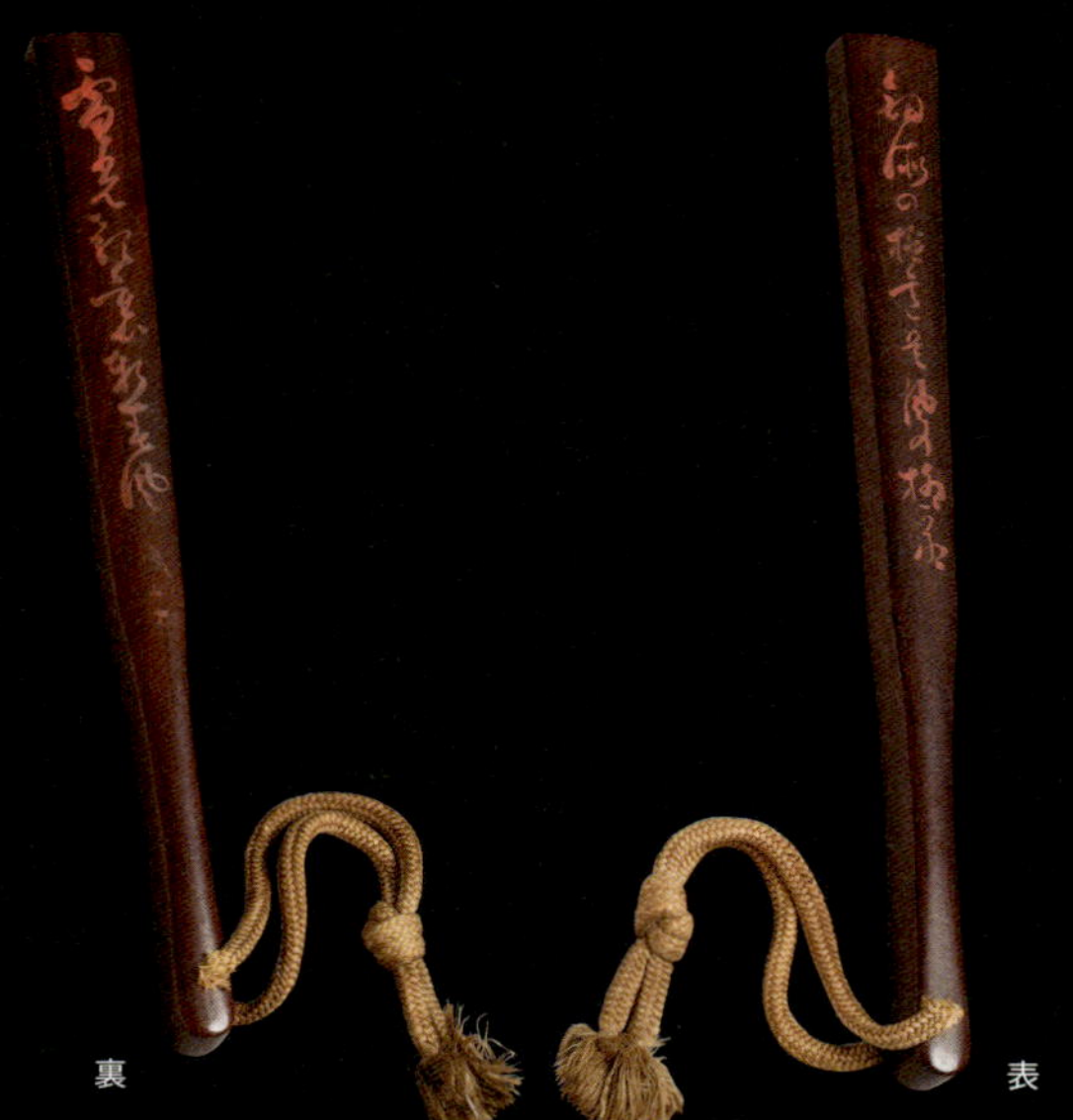

裏　表

193

**山岡鉄舟所用手慣らし木扇**

**YAMAOKA Tesshū's Training Fan**

山岡鉄舟賛
一本
江戸東京博物館

# 山岡鉄舟遺愛の名刀・瓶割刀の由来

**The origins of famous sword *Kamewaritō* (Jar-splitting sword) that YAMAOKA Tesshū treasured.**

山岡鉄舟遺愛の刀として著名な「瓶割刀」について、その由緒や鉄舟死後の処置を高橋泥舟がまとめたもの。瓶割刀とは、一刀流の始祖・伊藤一刀斎景久の佩刀であったと伝わる刀で、神子上典膳（小野次郎右衛門忠明）ら優秀な門人に代々伝えられて小野業雄に至り、小野業雄から山岡鉄舟に授けられた。鉄舟はそれを誰にも授けぬうちに死去したため、妻英子は瓶割刀が「埋没」するのを憂え、日光東照宮の神庫に納めたという経緯が記されている。（小酒井）

此一文字作名瓶割刀者一刀流始
祖伊藤一刀齋景久所佩也景久修
行諸州而與刀術者決輸贏三十三
度皆以此刀所得勝也有弟子神子
上典膳者多年從景久得其精妙先
此有弟子善鬼者同精其術景久有
故常欲殺害之或時告典膳曰汝可
殺害善鬼然恐不可及彼術今可以

194
**瓶割刀由緒**
Origins of the *Kamewaritō* Sword

高橋泥舟
明治25年（1892）
一冊
江戸東京博物館

# 高橋泥舟、山岡鉄舟の死を悼む

**TAKAHASHI Deishū mourns the death of YAMAOKA Tesshū.**

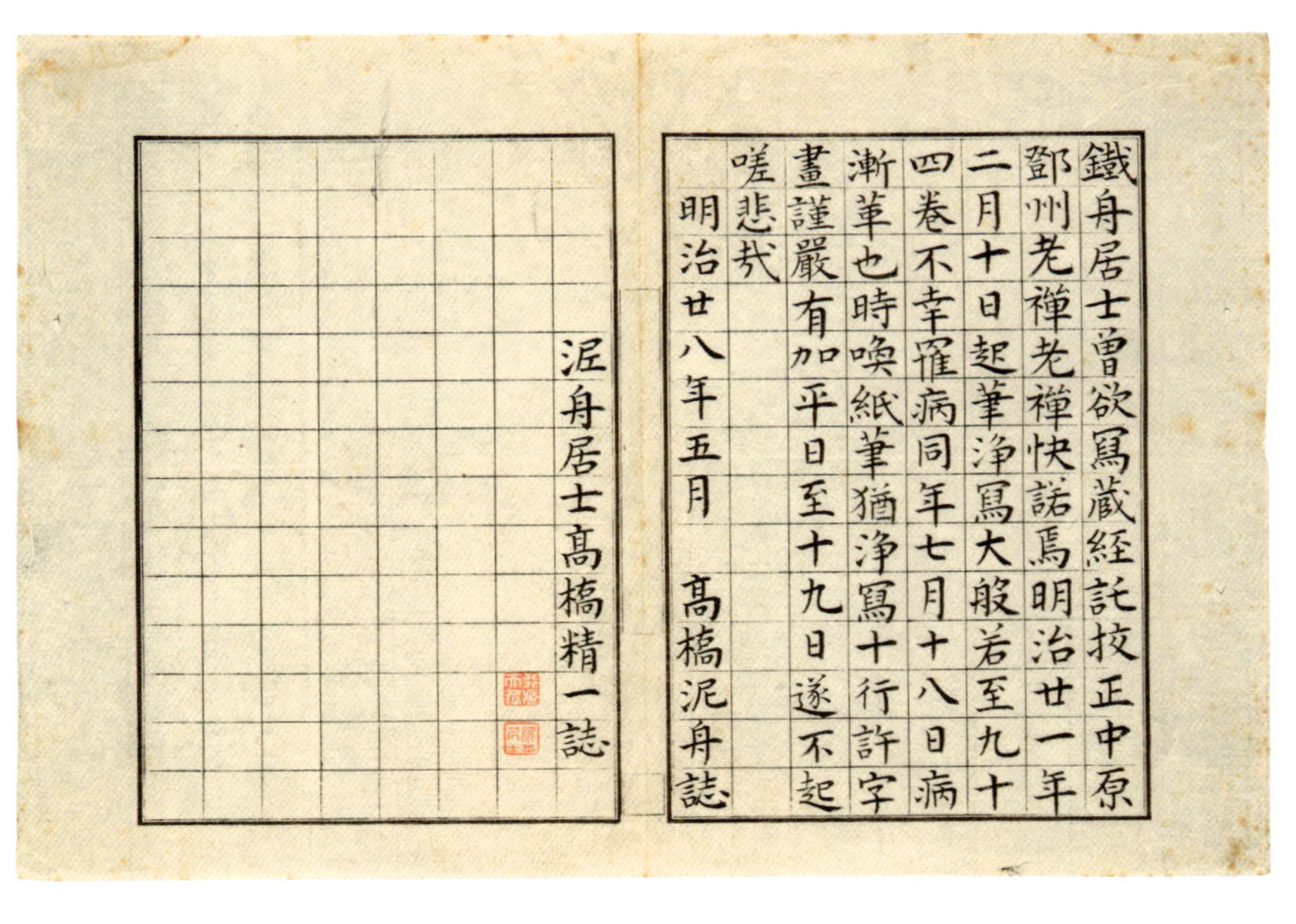

鐵舟居士曾欲寫藏經託扳正中原
鄧州老禅老禅快諾焉明治廿一年
二月十日起筆淨寫大般若至九十
四巻不幸罹病同年七月十八日病
漸革也時喚紙筆猶淨寫十行許字
畫謹嚴有加平日至十九日遂不起
嗟悲哉
明治廿八年五月　高橋泥舟誌

泥舟居士高橋精一誌

195
**山岡鉄舟の追悼文**
A Memorial to YAMAOKA Tesshū

高橋泥舟誌
明治28年（1895）5月
一枚
江戸東京博物館

山岡鉄舟は、明治二十一年（一八八八）七月十九日に死去した。その七年後に高橋泥舟が記した、鉄舟の死を悼む一文。鉄舟は晩年に、大蔵経の書写を発願し、明治二十一年二月には大般若経九十四巻まで書写したが、不幸にも罹病し、同年七月十八日に危篤となった。なおも十行ほど書写を進めたが、七月十九日に死去した、という内容。

この紙には、「南無妙法蓮華経」「南無阿彌陀佛」と書かれた泥舟筆の名号が二枚、はさみ込まれていた。（小酒井）

# 大政奉還 —武都の変容

## Restoration of Imperial Rule —Transformation of the Samurai Capital

慶応三年（一八六七）十月十四日、十五代将軍の徳川慶喜は、大政奉還を朝廷に上表し、翌日許可された。徳川家康以来、二五〇年余続いた江戸幕府が終焉を迎えたのである。それにともない、文久二年（一八六二）に、大幅に緩和されていた参勤交代の制度も廃止となり、江戸の武家人口は減少した。こうして、全国から大名やその家臣たちが集まり、最大の武家人口を有した武家の都としての江戸は、明治時代にかけてその姿を大きく変えていくこととなった。（小酒井）

### 【徳川慶喜】

天保八年（一八三七）〜大正二年（一九一三）

水戸藩主徳川斉昭の七男。弘化四年（一八四七）に一橋家を相続。安政五年（一八五八）に、大老井伊直弼を詰問したため、隠居謹慎。文久二年（一八六二）に一橋家を再相続し、将軍後見職に就任。慶応二年（一八六六）に徳川宗家を相続し、将軍となるが、幕府を支えきれず、慶応三年（一八六七）に大政奉還。翌年の鳥羽・伏見の戦いで敗れ、京都から江戸に戻り、のち駿府にて謹慎。明治二年（一八六九）に謹慎免除となった。（小酒井）

## 決死の表情をみせる慶喜が抱いた思いとは

What was Yoshinobu thinking to make him look so desperate?

196

**徳川治蹟　年間記事　十五代徳川慶喜公**

The Tokugawa Shogunate's Annual Policy Articles: TOKUGAWA Yoshinobu, the 15th Shogun

月岡芳年画
明治時代前期
三枚続
江戸東京博物館

鳥羽・伏見の戦いが始まって三日後の慶応四年（一八六八）正月六日夜、徳川慶喜は、ごくわずかな重臣らとともに大坂城を脱出。小船で天保山沖に出て、停泊していたアメリカの軍艦に乗り込み、翌朝、幕府軍艦開陽丸に乗り移り江戸へ向かった。

本図は、小船からアメリカの軍艦に移ろうとする慶喜一行の姿を描いたもの。画面中央に立ち、炎上して煙が立ち上る大坂方面を振り返っているのが慶喜である。（小酒井）

# 元幕臣の小林清親、最後の将軍徳川慶喜を描く

TOKUGAWA Yoshinobu, the final Shōgun, painted by an ex-shogunate retainer, KOBAYASHI Kiyochika.

十五代将軍であった徳川慶喜の明治時代の肖像画。

慶応四年（一八六八）二月、朝廷に対し恭順を決めた徳川慶喜は、江戸城を出て上野の寛永寺に移り、謹慎生活に入った。この行動により、江戸は戦火から免れた。本図右上には、「徳川慶喜が資性寛仁大度にして能く天下の機勢を卓見し明治維新の國是を創設賛成せられし」と、慶喜の人物を賞賛し、明治維新の功労者であるとする趣旨の詞書が記されている。なお、本図を描いた小林清親は元幕臣で、鳥羽・伏見の戦いに従軍した。（小酒井）

197

**教導立志基（きょうどうりっしのもとい）　徳川慶喜（とくがわよしのぶ）**

**Instructive Models of Lofty Ambition: TOKUGAWA Yoshinobu**

小林清親画
明治時代
一枚
江戸東京博物館

# サムライどもが夢の跡。明治維新後の江戸城内の様子

## Remains of the samurais' dreams. Edo Castle after the Meiji Restoration.

明治維新後、新政府が引き継いだ江戸城は、幕末の火災などの影響で荒廃が進んでいた。そこで新政府は江戸城の姿を少しでも後世に残そうと考え、城内各所の景観を撮影し記録する計画をたてる。これを担当したのが太政官の役人であった蜷川式胤であり、撮影には横山松三郎があたった。明治四年に行なわれた調査結果は、『旧江戸城写真帖』（国指定重要文化財、東京国立博物館所蔵）にまとめられ、さらに明治十一年、蜷川が『観古図説　城郭之部一』として刊行する。その他にもこの調査で撮影した写真はいくつか現存するが、これら写真のガラス原板として確認されているのは、江戸東京博物館所蔵の二九枚のみで、現在、国の重要文化財に指定されている。（田原）

**198-1～8**

重要文化財

**旧江戸城写真ガラス原板**

Glass Slides of Edo Castle
(Important Cultural Property)

横山松三郎撮影
明治4年（1871）
八枚（二九枚の内）
江戸東京博物館

**198-1**

**旧江戸城写真ガラス原板**
**江戸城半蔵門**

Glass Slides of Edo Castle
– Edo Castle: Hanzōmon Gate

江戸城を取り巻く内堀沿いあった城門のひとつ。現在の東京メトロ半蔵門駅近辺。奥に見えるのが明治四年に取り壊す直前の半蔵門。牛の姿が不思議な情景をかもしだす。（田原）

198-2

**旧江戸城写真ガラス原板 江戸城上梅林門と 二ノ丸喰違門**

**Glass Slides of Edo Castle — Edo Castle: Kamibairinmon Gate and Ninomaru Kuichigaimon Gate**

右下の建物は二丸入口の喰違番所。左は二丸喰違門。中央上に見える櫓門（やぐらもん）は本丸北東部にある上梅林門である。左上の石垣上やその石垣の下など、多くの人の姿が見える。（田原）

198-3

**旧江戸城写真ガラス原板 江戸城外桜田門と桜田堀**

**Glass Slides of Edo Castle — Edo Castle: Soto-Sakuradamon Gate and Sakurada Moat**

西丸南側を囲む桜田堀。遠くには外桜田門が見える。写真は現在の国会議事堂付近より撮影したもので、現在もほぼ同じ景観である。画面中央に写真機が写り込む。（田原）

198-4

## 旧江戸城写真ガラス原板 江戸城本丸書院二重櫓と重箱二重櫓

**Glass Slides of Edo Castle — Edo Castle: Honmaru Shoin Nijūyagura Tower and Jūbako Nijūyagura Tower**

ガラス原板の裏面上段に「明治四年三月九日、横山松三郎寫（写）之」とあり、撮影がこの前後の期間に行われたことがうかがえる。画面中央、ふたつの櫓に挟まれた付近に人が写り込んでいる。（田原）

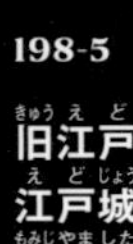

198-5

## 旧江戸城写真ガラス原板 江戸城三日月堀より紅葉山下門・蓮池門方向

**Glass Slides of Edo Castle — Edo Castle: Momijiyamashitamon Gate and Hasuikemon Gate, from Mikazuki Moat**

本丸の西側壁面を北側から写している。石垣の高さは城内でも屈指。石垣の建物は現在も一部が残る。堀沿いに何人かの人の姿が見える。（田原）

**198-6**

**旧江戸城写真ガラス原板**
**江戸城和田蔵門**

**Glass Slides of Edo Castle**
**— Edo Castle: Wadakuramon Gate**

現在の皇居前広場の北東部にあたる門で、今も石垣が残る。城内側から撮影したもので、右側に櫓門、左側に番所が見える。よく見ると門の前にひとり、番所の前に三人、人が立っている。(田原)

**198-7**

**旧江戸城写真ガラス原板**
**江戸城田安門**

**Glass Slides of Edo Castle**
**— Edo Castle: Tayasumon Gate**

北の丸の北方にあった田安門を南に向かって撮影。同門は現存し、北の丸公園への出入口として利用されている。画面中央に影のように人がひとり写り込む。(田原)

**198-8**

**旧江戸城写真ガラス原板**
**江戸城大手門**

**Glass Slides of Edo Castle**
**– Edo Castle: Ôtemon Gate**

三の丸東面にある大手門で、江戸城の正門にあたる。橋を渡った地点にある高麗門と右に折れ場所にある櫓門を通過する枡形門の形式をとる。まるで守衛かのように橋の両側にひとりずつ人が立っている。(田原)

# エピローグ
# サムライ、新たな生き様

Samurai, a New Lifestyle

EPILOGUE

明治維新後、明治二年（一八六九）には版籍奉還、同四年には廃藩置県が断行されるなか、サムライ身分は士族や卒族へと再編成されていく。つづけて、明治六年以降の秩禄処分や同九年の廃刀令などを経て、主君に仕え俸禄を受け、帯刀を許され庶民を支えた江戸の〝サムライ〟は終わりをとげる。

これらの施策に不満を持つかつてのサムライたちは、「士族反乱」と呼ばれる武力反乱を起こすが、身分を問わず徴兵された新政府軍によって次々と鎮圧されていく。明治十年の西南戦争以降、こうした反乱は息を潜め、〝サムライ〟たちは新たな生き様を模索していく。

ときには「士族の商法」と揶揄されながらも、士族授産という名の救済策に乗る者、旧来の主君を中心に結集し旧家臣団同士で開拓事業や工商事業を立ち上げる者など、その奮闘はさまざまであった。なかには旧幕時代に培った修養の成果をもとに、政府の官僚として、あるいは文化人として、新時代に合った活躍の場を拡げるサムライもいたのである。さらには、こうした時代の変革に対応していくサムライの姿に感銘を受けた外国人たちによって、その文化は日本を理解する一助として国外で紹介されていく。（田原）

# サムライ観の受容と変容 —和装と洋装

## The Acceptance and Transformation of the Samurai Outlook —Japanese and Western Clothing

明治三三年（一九〇〇）の新渡戸稲造による『武士道』の出版を待たずに、西洋では日本のサムライに関してイメージ的な受容が行われていた。日本を訪れた西洋人の中には、和装を好んで着用し写真として残す者や、既成の和装像に自身の顔を当てはめて描いた絵画を日本土産として自国へ持ち帰る者もいた。こうした和装の多くは、刀を帯びたサムライの姿であった。対して日本においては、開国以降、まずは軍服の洋式化が進み、明治維新後には西洋に比肩するため西洋化を急いだ新政府は、礼装・制服を洋装に定める。かつて、その多くがサムライであった明治の高官らは、熨斗目・袴・帯刀に代えて上衣・ズボン・サーベルといった姿となって、新しい時代の儀式に臨んだのである。（田原）

### 実は日本土産。両刀を帯びた和装の西洋人男性

### Souvenir of Japan. Western man wearing *kimono* and carrying two swords

既成の日本画の人物象に、外国人の写真を模した顔を当てはめて描いたもの。海外への日本土産となり「写真画」とも呼ばれる。創始者は五姓田芳柳で、この作品も芳柳かその周辺で製作された横浜絵の一種。背景はどこかの水辺で、男性の背後には富士山も描かれる。金泥が用いられた着物の絵柄はかなり豪華で細かく、男女とも葵の紋を付けている。顔はおそらく依頼者に似せて描かれたのであろう。（田原）

199

**和装西洋男女図**

Western Man and Woman in Japanese Clothing

明治時代前期
一組（二点）
江戸東京博物館

## 登場人物が日本刀を持つ！イギリスのコミック・オペラ

**One of the actors is holding a Japanese sword! A British comic opera.**

イギリスのコミック・オペラ「ミカド」を報じたもの。「ミカド」は、サリヴァン作曲、ギルバート台本で一八八五年（明治十八年）三月十四日にロンドンのサヴォイ劇場で初演。外見上は架空の日本らしさを意識した舞台設定で、衣裳に旧幕府時代の着物や生活用品を多用し、執政官や大臣などに両腕で支える剣（日本刀）を持たせ、ヨーロッパにおけるジャポニスムの先駆けとなった。ただし、物語には日本らしさは組み込まれていない。また、欧米では初演以来現在まで多く上演されているが、日本ではその作品名が不敬であるとの理由でほとんど上演されていない。明治維新から十七年目にして「サムライ」を彷彿とさせるキャラクターがヨーロッパで成立していたのである。（田原）

**200**

**サヴォイ劇場での新喜歌劇ミカド（「絵入りロンドンニュース」より）**

**Sketches From 'The Mikado' at the Savoy Theatre (Illustrated London News)**

1885年4月4日
一枚
江戸東京博物館

## ロンドンで日本ブーム。喜歌劇「ミカド」を生んだ博覧会「日本人村」

**A Japanese boom in London. The popularity of the Japanese exhibition led to the production of 'The Mikado' opera.**

ロンドン日本人村を報じたもの。コミック・オペラ「ミカド」は、ロンドンで開催された日本人村に触発されて生まれた。ロンドン日本人村は、一八八五年（明治十八年）一月十日にロンドンのサウス・ケンジントンに隣接するナイツブリッジで開幕した博覧会・催物。日本の工芸家や職人が日本の鮮やかな衣裳を着け、日本の風俗や習慣、美術産業を披露した。一八八七年九月下旬に閉鎖するまで、途中約七ヶ月間の中断を含めて十四ヶ月弱開催し、日本ブームを起こした。（田原）

THE ILLUSTRATED LONDON NEWS, FEB. 21, 1885.—

THE JAPANESE VILLAGE.

The experiment of transporting a complete village with its shops, tea-house, theatre, and place of worship, as well as their inhabitants, from warm, sunny Japan to murky London, during the coldest and dullest months of the year, has been

**201**

**ケンジントンの日本人村（「絵入りロンドンニュース」より）**

**Kensington Japanese Village (Illustrated London News)**

1885年2月21日
一枚
江戸東京博物館

# 和から洋へ明治新政府による礼装改革。所用者は西郷隆盛の子息

**From Japanese to Western, the revolution in clothing for Meiji government officials. The owner of this uniform was a descendant of SAIGŌ Takamori's son.**

202
**侯爵大礼服**
Court Uniform for a Marquis

西郷寅太郎所用
明治35年（1902）
一式
江戸東京博物館

明治新政府は成立後まもなく、文武官の礼装、各種の制服などの制定を始めた。明治五年（一八七二）には洋装による文官の大礼服などの規定を布告、宮中の儀式や公式行事の際の礼装に、我が国の伝統的な服を廃して洋装を取り入れた。明治十七年には華族令の発布にともない、有爵者の大礼服も定められている。本資料は、侯爵西郷寅太郎の大礼服。明治三十五年、父西郷隆盛の功績により侯爵を授けられた際に新調された。（田原）

## サムライ姿のフランス人　ウジェーヌ・コラッシュ

コラッシュはフランス海軍の見習士官である。明治元年（一八六八）フランス軍艦ミネルヴ号を脱艦してフランス軍事教官ブリューネとともに箱館旧幕軍に参加。翌二年の宮古沖海戦では旧幕艦隊の高尾に乗艦し宮古湾を目指すが、政府軍の陽春に追撃をうけ同艦は自焼。上陸し逃走中に新政府軍の捕虜となった。

コラッシュは自身の手記にてその直後の様子を「（日本人仕官全員が武器の差し出しを求められた際、自分だけは）自分の武器を所持するのは許された。佩刀するのが日本でどれほどの重要性をもつものなのかを考えてみれば、私に対して細心の心遣いをもって接していたことが理解されよう」と述べる。

また、江戸への護送中にコラッシュの宿所に人だかりができ、「誰もその男（コラッシュ）を見たかったのである。しかし、日焼けした髭をたくわえていないこの顔で、和服姿だったので、野次馬どもは勘違いして、口髭を生やし、米国の海軍士官のような服装の日本人をヨーロッパ人と取り違えるのだった」と記す。

フランス軍人の一人が佩刀したり和服姿であったり、一見するとサムライ姿であったのに対して、新政府軍人が米国海軍士官のような服装であり、野次馬も見間違えた。戊辰戦争期の一情景である。（田原）

コラッシュ「箱館戦争生き残りの記」（市川慎一・榊原直文翻訳『フランス人の幕末維新』（有隣堂、一九九六年）所収）参考・引用

# 一新とサムライ ―川村帰元・清雄と井上廉

## The Meiji Restoration and the Samurai —KAWAMURA Kigen, Kiyo-o and INOUE Kiyoshi

明治四五年二月三日、洋画家川村清雄の父帰元が逝去した。行年八九歳。川村家は、清雄の曾祖父修富、祖父修就がともに幕府の奉行職に就いた御庭番家筋のなかでも名門のひとつで、父帰元も御庭番として遠国御用を勤め、さらに徒頭へと進んだ。しかし、維新後の帰元は、官途に就くことなく半ば隠棲してすごした。清雄も同じく官途に就かず、自身が捧げた洋画において、旗本家として培っていた江戸文化の香り高い独自の芸術世界を築いていく。対照的に井上廉は、勘定奉行所御普請役という旧幕時代の技術官僚としての技能を活かし、明治新政府の会計局畑の職を歴任、勅任官にまで登りつめる。激動の時代をくぐり抜けたサムライたちは、その特性を活かした新たな道を進んでいったのである。（田原）

203
川村龍水肖像（かわむらりゅうすいしょうぞう）
Portrait of KAWAMURA Ryūsui

川村清雄画
明治時代中期
一枚
江戸東京博物館

川村帰元の母で清雄の祖母たき（号龍水）の肖像。往時に旗本夫人であった人物の絵姿となる。たきは文化十四年（一八一七）に川村修就と結婚し、帰元（修正）ら七男四女をもうけた。修就が新潟奉行など遠国奉行を勤めた際にはともに任地へ赴き夫を支え、修就に先立たれた後、明治二十二年に九十歳で没した。（田原）

### 維新の洋画家 川村清雄が描く祖母の肖像
Portrait of his grandmother by the restoration-period, Western-style artist, KAWAMURA Kiyo-o.

### 清雄が進む画家の道を静かに見守った父の姿
Portrait of KAWAMURA Kiyo-o's father who watched his development as a Western-style artist.

姪の羽山荊子の没後に神戸を訪れ、荊子の長男鎧吉とともに撮影したもの。向かって左が帰元。（田原）

204
川村帰元肖像（かわむらきげんしょうぞう）
Portrait of KAWAMURA Kigen

明治37年（1904）
一枚
江戸東京博物館

【川村帰元（かわむらきげん）】
文政七年（一八二四）～明治四十五年（大正元年、一九一二）
諱は修正。帰元は号である。勘定吟味役、新潟奉行などを歴任した御庭番筋の旗本川村修就の子息に生まれる。御庭番として九州筋へ遠国御用を勤めた後、御徒頭に任じられ、将軍家茂の上洛に際しては京都へ随行した。明治後は帝国大学史談会の聞き取りで「御庭番の話」を語り（明治二十五年）、御庭番の姿を後世に残す一助を果たした。妻たまとの間に維新の洋画家川村清雄がいる。（田原）

# 控えながらも息子清雄の活躍を気にする父帰元からの手紙

Letter from KAWAMURA Kigen shows he cared about his son, Kiyo-o's, activities.

毎日新聞に清雄の「歴代海軍将校像」の評判が掲載されていることを、子息清雄に知らせている。別の用件を記した書簡の追伸部分を清雄が切り取って残したものと思われる。父の希望とは違い画家の道を選んだ清雄に対して冷たい態度を示していた帰元だが、その清雄の活躍を喜ぶ様子がにじみ出ている。（田原）

**205**

**川村清雄宛**
**川村帰元書簡断片**

**Fragment of Letter to KAWAMURA Kiyo From KAWAMURA Kigen**

明治23年（1890）8月29日
一通
江戸東京博物館

**206**

**川村清雄弔辞**

**KAWAMURA Kiyo-o's Address**

明治45年（1912）2月13日
一枚
江戸東京博物館

## 父帰元へ捧げる弔辞。芸術血脈の連絡を誓う

Funeral address for his father Kigen.
He swears to continue the family's artistic pedigree.

明治の世が終わる明治四十五年の一月三十日に清雄の母たまは八十四歳で世を去る。その後を追うように、二月三日に父帰元が急逝する（八十九歳）。清雄は、帰元のため旗本にふさわしく威儀を整えた葬儀を準備するが、父母の相次ぐ死の衝撃で、清雄は病床に伏してしまう。この資料は清雄が帰元の霊前に捧げた弔辞。参列できなかった清雄に代わり、江原素六が代読した。画業に専心するあまり両親をよく養えなかった不孝を詫び、「芸術ノ血脈連絡」して伝え、「家名ヲ貶サズ忠孝ヲ完フスル」ことを誓っている。（田原）

川村清雄の母たまの死と父帰元の死と葬儀を報じた記事。四本の旗や梅・桃・松の生け花三対、役僧と迎僧が葬列を組み、その後ろから「代々幕府の旗本たりし祖先が将軍家より賜わりし次房の太刀を白の錬絹に包んで（中略）白地に九枚笹の定紋へ霞をかけし四半の差物、その後より曾祖父の代に打たせし萌黄三枚錣の金の鍬形打ったる星冑を白布敷いたる白木の台に載せ」と報じられている。清雄は、新聞記事になるほど古式にのっとった旗本家にふさわしい葬儀を父のために整えた。（田原）

# 新聞に報じられた川村帰元の死。代々の旗本に相応しい威儀ある葬列

**KAWAMURA Kigen's death was reported in the newspaper. His funeral procession befitted his status as one of the old direct retainers of the Shōgun.**

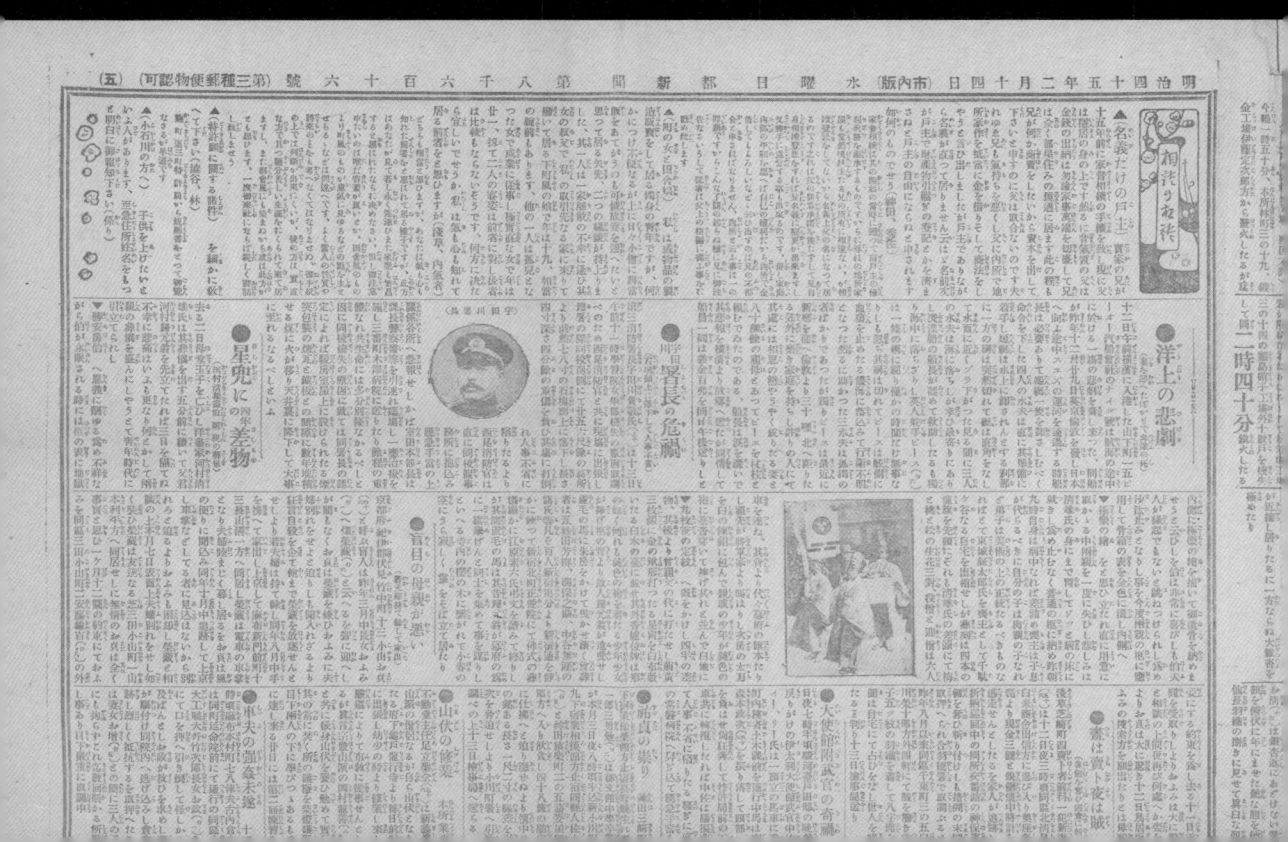

**207**

**「都新聞」第八六一六号　星兜に四半の差物（川村清雄画伯両親の葬儀）**

**'Miyako Shimbun' Newspaper No. 8616, Star Helmet and Square Flag (The Funeral of the Parents of the Artist KAWAMURA Kiyo-o)**

明治45年（1912）2月14日（市内版）
一部
江戸東京博物館

参考図版

**井上廉肖像写真**（いのうえきよししょうぞうしゃしん）

INOUE Kiyoshi Portrait Photograph

明治12年（1879）御下命

宮内庁三の丸尚蔵館原資料蔵

明治十二年に明治天皇の御下命によって制作された『人物写真帖』のうちⅡ類―1「諸官省」に掲載されている井上廉の肖像写真。「太政官権大書記官正六位井上廉　東京府士族　三十五歳」との解説がつく。（田原）

# 幕府の技術官僚が
# 新政府の会計官僚に転身!

**A technical expert under the old regime becomes an finance expert under the new government!**

御普請役として幕府の土木建築畑の役人であった井上廉は、明治後、新政府の会計官筆生となり、会計畑の役人としての道を歩む。旧幕時代に培った専門性を活かして、ついには内閣恩給局長・会計局長を勤めるまで出世をとげるのである。(田原)

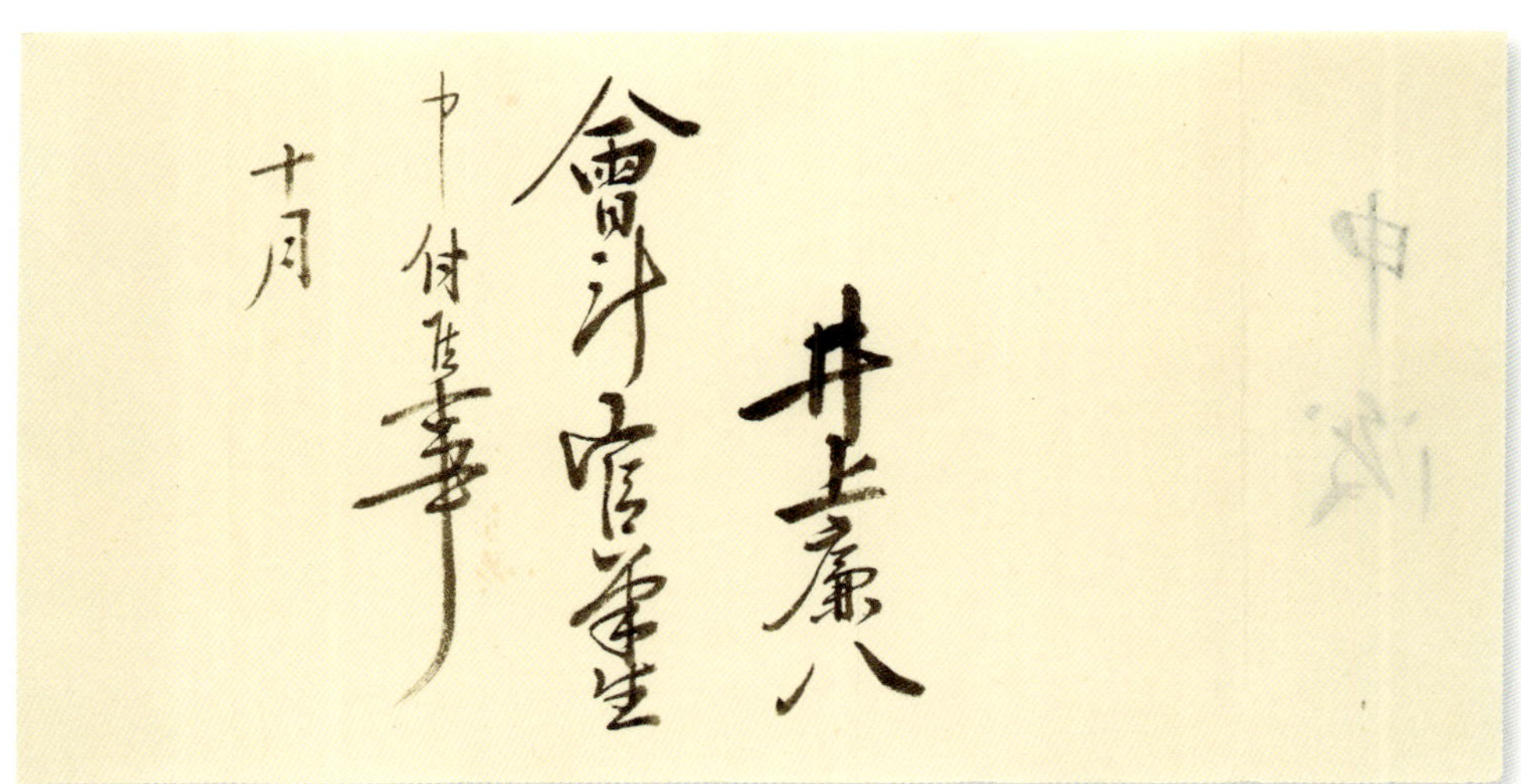

208

申渡(井上廉八会計官筆生申付)

Letter of Appointment
(INOUE Renpachi is Appointed to the Accounts Department)

(会計官)
明治元年(1868)10月
一通
江戸東京博物館

## 【井上廉】

弘化三年(一八四六)～大正三年(一九一四)

諱は直義、通称廉八、のち廉と改名。二代貫流左衛門の孫で、父範之丞が早世したため嫡孫として井上家を相続した。貫流左衛門の死後、安政三年(一八五六)に幕府御普請役に抱えられ、主に甲州・東海道における川普請御用に従事する。明治維新後は新政府の民政裁判所に出仕後、会計官筆生、同書記、出納少佑、同権大佑などとして会計畑の職を歴任。明治六年からは太政官正院勤務となり、以後、太政官における会計官僚として活躍。内閣書記官、同会計局長、恩給局長、元老院議官などを勤めた。(田原)

# 新政府で出世をとげる井上廉。ついに勅任官となる

Having achieved success under the new government, INOUE Yasushi becomes an imperial appointee.

井上廉は、明治二十三年に元老院議官に任じられ、合わせて勅任官二等に叙せられた。勅任官は勅令によって任用される高等官で、各省庁の次官・局長級などがこれにあたる。（田原）

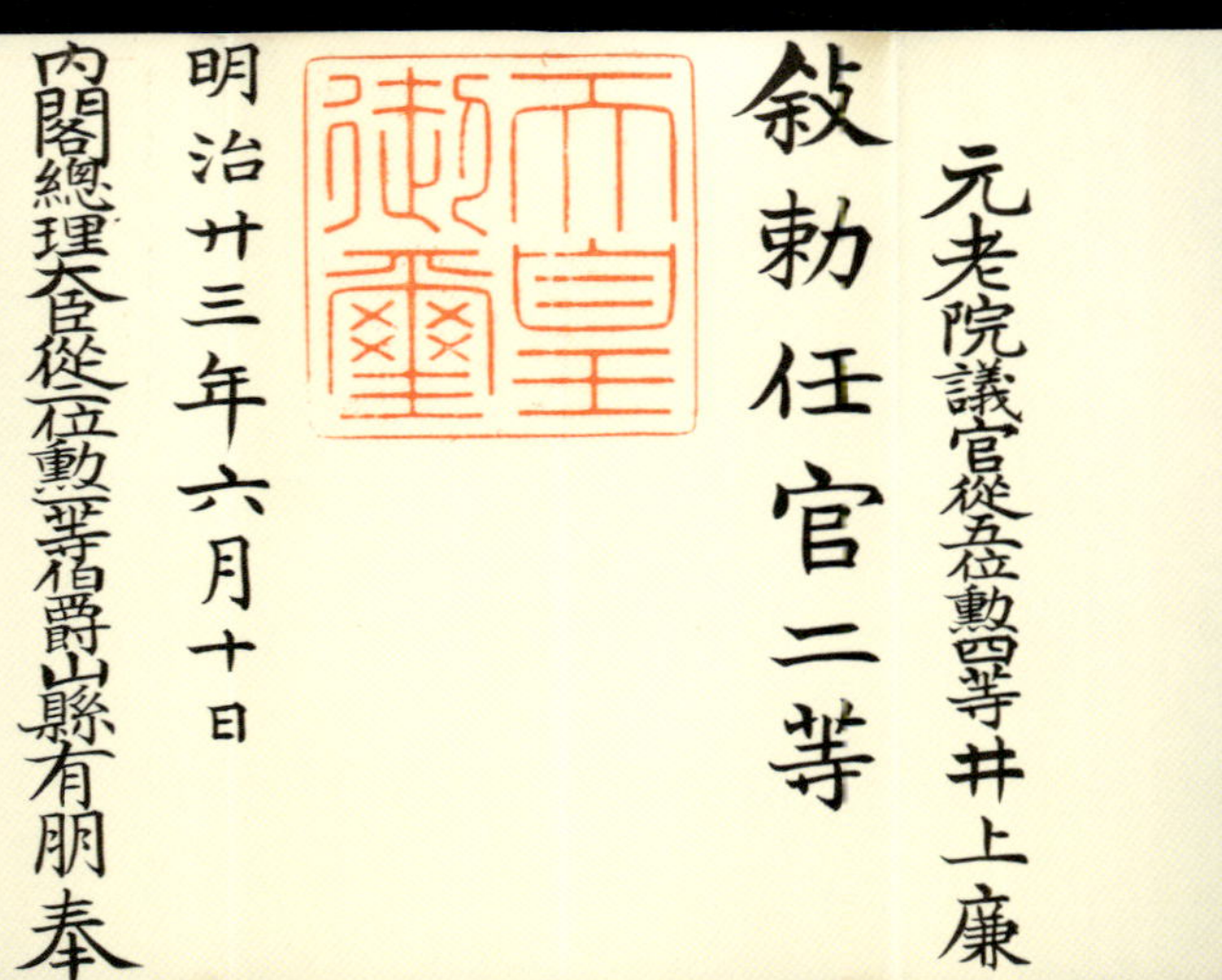

元老院議官從五位勲四等井上廉
敍勅任官二等
天皇御璽
明治廿三年六月十日
内閣總理大臣從二位勲一等伯爵山縣有朋奉

209
位記（井上廉勅任官二等に叙す）
Court Rank Diploma
(INOUE Kiyoshi is appointed to Junior Second Rank)

内閣総理大臣従二位勲一等伯爵山県有朋奉
明治23年（1890）6月10日
一通
江戸東京博物館

210
辞令（井上廉願に依り兼官を免ず）
Letter of Appointment
(INOUE Kiyoshi is relieved of his concurrent office at his oen request)

内閣
明治26年（1893）10月16日
一通
江戸東京博物館

# 新政府役人として出世をとげた井上廉。ついには内閣恩給局長までに!

Having advanced as an official in the new government, INOUE Kiyoshi finally becomes Chief of the Cabinet Pension Bureau!

非職の元老院議官として内閣恩給局長の職を兼務していた井上廉が、依願によりその兼務を免じられた際の辞令。本紙の発給者は「内閣」とあるが、封筒には「内閣総理大臣伯爵伊藤博文」とある。以後、井上廉は実務から遠ざかる。（田原）

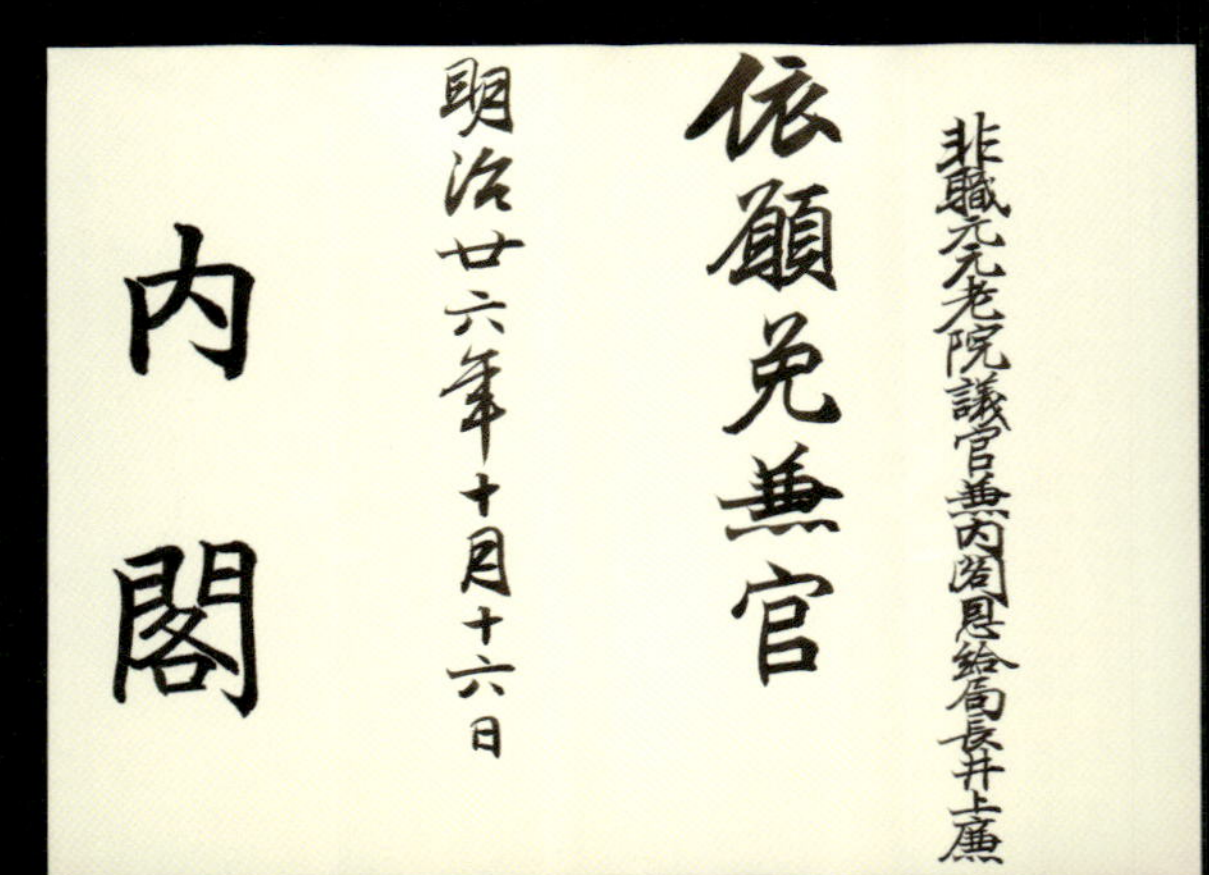

非職元老院議官兼内閣恩給局長井上廉
依願免兼官
明治廿六年十月十六日
内閣

内閣總理大臣伯爵伊藤博文

論考

# 士と庶が入り混じる江戸城の下働き

田原昇

## はじめに

江戸城内では、本丸や西丸の御殿向を始め、紅葉山や吹上御庭など御殿外でも、さまざまな儀礼・政務が行われていた。これらを中心となって執り行っていたのは、将軍および大名・旗本であり、彼らこそ、江戸城内における儀礼・政務の主役であった。対して、将軍・大名・旗本らが、滞りなく儀礼・政務を行うためには、その活動にともなうさまざまな庶務・雑用を引き受ける者が必要となってくる。また、儀礼や政務が行われる場所や設備を日々整備し、時に応じて準備する者も必要となってくる。

これら江戸城内におけるさまざまな庶務・雑用＝下働きを担っていたのが目付支配の諸役人である。彼らは、諸門番人、荷物運搬、触達走り使い、営繕、将軍とその家族が移動する時の御供など、江戸城内外で、さまざまな下働きに従事していた幕府御家人である。なかでも、中間・小人・黒鍬之者・掃除之者・駕籠之者といった「五役」の者がその中心であった(※1)。

しかし、江戸城内では、平時・臨時を問わずさまざまな庶務・雑用が生じていたはずで、それを処理するには、約一八〇〇人という、旗本の三分の一くらいの五役の人員では不足していた。事実、日常業務のなかで、五役が手不足に悩む姿が史料の端々にうかがえる。こうしたなか、五役が手不足に対応するため「御雇」(人員借用)制度を利用して各役所間で人数を融通し合い、一時的に人手を補う姿が知られている。合わせて、それでも不足する人員を御用町人足と称して庶民から補充し対処していた(※2)。

そこで本稿では、江戸城内における庶務・雑用の運営が、五役の者を始めとした下働きの御家人と御用町人足とで補完しあってなされていた様子を明らかにし、士と庶が入り混じってこそ機能する幕府運営の一端を紹介したい(※3)。

## 一　江戸城庶務運営の仕組み

### 1　江戸城内の庶務・雑用と五役

五役とは、江戸城内外の庶務・雑用を担っていた目付支配諸役人のうち、最も人数が多い五つの役職をいう(図表1参照)。五役のうち、駕籠之者を除いた四つの役職を「四役」という。この違いは、駕籠之者が譜代席であっても、駕籠を担うという職務上、相続する条件に身長規制があり、必ずしも親の跡を子が継げなかったからである。対して四役は、譜代席という家格に相応しく、父から子へと家筋を引き継いでいけた。

このように五役は、他の御家人の多くが抱席（一代抱）であるなか、下働き要員ながら譜代の格式を得ていた。というのも五役は、江戸城内でさまざまな庶務・雑用をする都合上、将軍やその家族、大名・旗本といった貴人の日常生活に接する機会が多く、江戸城内の様子を巨細に知り得る立場にあったためである。城中保安のためにも一代で召放とはせず、幕府は譜代として子々孫々まで身分を拘束し続けたのである。

かかる相続上の特権にもかかわらず、五役の身分は御家人中最下層近くに位置していた。事実、五役の多くは、職務中には名字・帯刀が許されず、通称・脇差にて勤務しており、その姿はさながら庶民であった。ただし、非番の際には名字・帯刀となり、その姿は他の御家人と違いはなく、武士としての体面を保持していた（※4）。

## 2　江戸城大奥の「ジンコ爺」

こうした五役、たとえば黒鍬之者の勤務中（通称・脇差）、勤務外（名字・帯刀）といった体面の違いによって、黒鍬之者の身分について幕府関係者さえも混乱をきたしていた。三田村鳶魚は、幕末に大奥女中を勤めた「ませ子刀自」による御殿での思い出として、つぎのような談話を紹介している（※5）。

**【史料1】**

ジンコ籠はありません。ジンコ箱です。縁側のジンコ箱は、御末が集めて爺に渡すのです。奥のジンコ箱は、御次の者がお三の間へ出し、お三の間の者が御末へ出します。鼻紙はジンコ箱へ入れるのです（中略）部屋部屋のジンコ箱も、日々縁側へ出しておいて、お雇いじじいに掃除させるのです。この親仁（おやじ）をジンコ屋といいますのも、ジンコの掃除をするからです。

この大奥のジンコ箱（塵籠箱）の収集者をませ子刀自は、「お雇いじじ」「ジンコ屋」と表現し、幕府役人とは思っていなかった節がある。確かに、大奥長局の各側々の両端にある芥溜めは、人足が取りに来ていたようだが、縁側のジンコ箱を片付ける爺とは別の身分の者である。事実、このジンコ爺について、旧幕臣の山中共古が「このお雇いじじいというのは、

［図表1］五役の者一覧

| 職名 | 禄高 | 役割 | 定員 |
|---|---|---|---|
| 黒鍬之者 | 12俵1人扶持 | 江戸城内の土木工事や作事、堀割などの清掃、物品の運搬や御使に従事。また、将軍が遠出をする際には、雑用のために随行。 | 3人の黒鍬之者頭（100俵高）のもと3組に編成。総勢470人前後。 |
| 中間 | 15俵1人扶持 | 江戸城内の御長屋門・大奥御長屋門・御台所前新土戸・大奥前仕切戸などの警備、御使などに従事。中間から中間目付が抜擢され目付部屋に勤務。 | 3人の中間頭（80俵高）のもと3組に編成。総勢550人前後。 |
| 小人 | 15俵1人扶持 | 御玄関や中之口などを警衛し、女中や奥役人の出入りに供奉。また、御使や用品の運搬などに従事。小人から小人目付が抜擢され目付部屋に勤務。 | 3人の小人頭（80俵高）のもと3組に編成。総勢500人前後。 |
| 駕籠之者 | 20俵2人扶持 | 将軍やその家族が乗る駕籠の担ぎ手。 | 3人の駕籠之者頭のもと3組に編成。総勢70人前後。 |
| 掃除之者 | 10俵1人扶持 | 江戸城内御殿をはじめ、紅葉山や吹上御庭などさまざまな場所の清掃に従事。また、御使や物品の運搬にも従事。 | 3人の掃除之者頭のもと3組に編成。総180人前後。 |

※「五役」の総数は頭も含めて約1800人ほどで、6～7000人いた目付支配諸役人のまさに中核であった。

田原昇「江戸幕府「五役」の人員補充—部屋住御雇と公儀人足を事例に—」（『東京都江戸東京博物館研究報告』14、2008年）105頁を一部改変して転載。

黒鍬のことです。黒鍬は多く大久保辺に住んでいた。御末の荒い仕事を助けるのが、黒鍬の職分であった。（中略）長局の各側々の両端にある芥溜めは、黒鍬でない別の人足が取りに来る」と談じていたと、三田村鳶魚は紹介している（※6）。「御中臈などのごとき高級女中は、下方のことは詳しく知らぬ。人足も黒鍬も何も弁別もない。しかし黒鍬は十俵一人扶持でも、御家人である」というのである。

いずれにしても江戸城大奥にて、御家人である黒鍬之者が塵芥収集を行い、それを補助する御家人ではない「人足」が立ち入っていたこと、その体面は両者とも似かよっていて区別が難しかった様子がうかがえよう。

このように、江戸城内外で庶務・雑用を担うさまざまな御家人はいたが、その人員は必ずしも潤沢ではなかった。そこで五役は、「御人少」を理由に五役の無足部屋住の惣領どもをその日を限り、しかも、とくに御手当などは支給しないで「御雇」（人数借用）と称して調達していた。この御雇ならば、一時的な労力の借用・調達のため、譜代席という家筋に拘束された五役でも、当座の人数を安易に調達できる長所があった。しかしそれに、「御人少」という状況の中で倅共を御雇し、あくまでその日限り、別段手当等を支給しない条件で「軽キ御用」に宛っており、抜本的な解決とはならなかったのである（※7）。

## 二　町人足の供給元

### 1　黒鍬による御作事人足の「御断」

そこで黒鍬之者は、御作事奉行が町人請け負いで調達した町人足を「黒鍬代人足」として「御断」（人数要請）してその欠を補っていた。つぎの史料は、黒鍬之者の勤方をまとめた控書「（黒鍬之者）勤方諸心得控」に掲載されている書付である（※8）。

［図表 2］黒鍬之者による御作事人足御断の事例

| No. | 御断人数 | | 事由 | 受取時期 | | 揃場所 | 願出時期 |
|---|---|---|---|---|---|---|---|
| 1 | 御作事人足 | 108 | 浜御庭へ御成御供御用のため | 当月21日 | 前夜4時揃 | — | 2月25日 |
| 2 | 御作事人足 | 6 | 山王護持院へ御札長持人として | 当月12日 | 昼9時揃 | — | 8月 |
| 3 | 御作事人足 | 6 | 駒場野大調練御見置に付御品持人のため | 当月16日 | 前夜4時揃 | 西丸二重橋門外黒鍬之者詰所 | 月日 |
| 4 | 御作事人足 | 5 | 駒場野大調練御見置に付御品持人として | 明16日 | 今夜4時揃 | 西丸二重橋門外黒鍬之者詰所 | 3月15日 |
| 5 | 御作事人足 | 4 | 御書物蔵御長持人として | 明25日 | 朝何時揃 | 西丸二重橋門外黒鍬之者詰所 | 9月幾日 |
| 6 | 御作事人足 | 6 | 上野日光門主并増上寺知恩院御門跡へ見送御品持人として | 今29日 | 昼9時揃 | 西丸二重橋門外黒鍬之者詰所 | 正月29日 |
| 7 | 御作事人足 | 6 | 上野日光御門主并芝知恩院御門跡へ御進物御品持人として | 当正月29日 | 昼9半時揃 | — | 2月 |
| 8 | 御作事方之者 | 42 | 北常御用詰切黒鍬之者為助入のため | — | — | 二重橋門外黒鍬之者詰所 | 月日 |

江戸東京博物館蔵「（黒鍬之者）勤方諸心得控」および田原昇「江戸幕府『五役』の人員補充～部屋住御雇と公儀人足を事例に～」（『東京都江戸東京博物館研究報告』第14号、2008年）より作成した。

**【史料2】**

人足仮断

御作事奉行衆　御当番目付

覚

御作事人足　四人

但、朝何時揃

右者、明廿五日御書物蔵御長持持人之方江黒鍬之者手足不申候ニ付、請取申度奉存候、書面刻限之通、西丸二重橋外黒鍬之者詰所江相揃候様、御作事方江御断被下候様仕度奉存候、以上

（慶應元年ヵ）九月幾日　黒鍬之者頭

柳田勝太郎

慶応元年（一八六五）九月、黒鍬之者頭柳田勝太郎が、御書物蔵から御長持を運び出すための持人が手不足のため、上役の当番目付を通じて作事奉行衆へ御作事人足四人の派遣を要請した史料である。こうした事例は、この「勤方諸心得控」で度々確認できる（図表2参照）。

実は御作事奉行は、かかる人数不足が生じた幕府諸役へ人足を派遣する役割を担っていたのである。御作事奉行は、御殿建築をはじめ幕府が行う建設事業を担当していたため、その工事のための人足を多く保持していた。そこで「黒鍬代人足」など幕府諸役の要請に応じて人足を派遣する役目も担っていた（※9）。これこそ山中共古のいう「人足」である。

### 2 御作事人足の供給源

では、こうした御作事人足の供給源はどこであったか。その中心は、幕府が江戸市中の町々に課した夫役のひとつである町人足役である。町地の間口を基準に割り出した人数を各町から差し出させたもので、元来は町民が実際に労役を勤めたが、享保年間以降は事実上の代金納制に移行している。享保七年（一七二二）には総割付高一四万二一六〇人余（代金四七三〇両余）で（※10）、その勤め先は幕府諸役所の御用人足であった（図表3参照）。

［図表3］町人足差出候箇所（延享4年）

| No. | 箇所名 |
|---|---|
| 1 | 御納戸頭 |
| 2 | 御留守居 |
| 3 | 田付四郎兵衛（鉄砲方） |
| 4 | 御作事奉行 |
| 5 | 御船手 |
| 6 | 御賄頭 |
| 7 | 御台所頭 |
| 8 | 伝奏御馳走大名 |

国立国会図書館蔵 旧幕府引継書「享保撰要類集」29ノ下「伝馬人足之部」「町人足差出候ヶ所之儀申上候書付」より作成。

このように幕府は、江戸城内外の庶務・雑用を五役を始めとした諸役御家人に担わせる一方、その作業を補完し人手不足に対応するため、図表3にあげたような諸役所に町人足を管理させ、「御断」に応じて諸役へ派遣していたのである。

## 三　五役以外の町人足利用

### 1 小間遣方による御作事人足請取

もちろん、五役以外にも御作事奉行は町人足を派遣していた。たとえば、御飾御用人足として、小間遣方に町人足を派遣していた。小間遣方は、江戸城の各御台所で雑用を勤める役職であるが、三河以来の由緒として、江戸城諸門の正月の御松飾御用を勤めていた。当初は小間遣方の役人だけで御飾りを勤めていたが、御飾り場所が多くなり、宝永年中（一七〇四～一七一一）になると御飾り場所の増加によって、幕府の御

作事方から上人足二九四人、小普請方から上人足四〇六人、合わせて七〇〇人の人足が提供されるようになっていたという（※11）。

## 2　元御賄方人足の江戸城内入込み

さて、これだけさまざまな町人足が江戸城内に出入りする以上、幕府はその出入を管理する工夫をしていた。つぎの史料からその一端がうかがえる（※12）。

**【史料3】**

一御賄方人足一人と申候札を腰へ下ゲ、日々御城内へ入込候日雇一人御ざ候よし。此間酒ニ給酔御城内ニて大にあばれ申候ニ付、御徒目付抔吟味仕候處、當時出入仕候札とハ違ひ、已前の御賄日用札ニて御ざ候由（後略）。

日用人足一人が、城内出入のための「御賄方一人」とある札を提げて日々城内に出入りしていたところ、酒に酔い大暴れし、御徒目付の吟味を受けたという。ところがこの札は、当時の出入札とは違い、以前の「御賄日用札」であったというのである。このように町人足は、御作事奉行以外も管轄しており（図表3、№6参照）、かつその人足の城内出入に際し鑑札を提げていた。またなかには、この元御賄方人足のように不埒な所業に及ぶ者のいたことがうかがえるのである。

## おわりに

将軍・大名・旗本が儀礼・政務を執り行っていた江戸城は、下働きを担う諸役御家人あってこそ機能していた。しかし、これら御家人（士）のみでは庶務・雑用を処理するのは難しく、多くの町人足（庶）が入り混じり下働きを果たしていた。こうした姿からは、幕府の華麗な儀礼や政務を下支えする仕組みの一側面が垣間見えるのである。

脚注

※1　田原昇「江戸城内の運営と「五役」―「新古改撰誌記」より―」（『東京都江戸東京博物館研究報告』一二、二〇〇六年）一七五・一七六頁。

※2　同上「江戸幕府「五役」の人員補充―部屋住御雇と公儀人足を事例に―」（『同上』一四、二〇〇八年）一〇三・一〇四頁。

※3　本稿は、平成二十一年度三田史学会（於慶應義塾大学三田校舎）における個別発表（同上「江戸城の庶務運営と御作事人足」）を基に、加筆・訂正して成稿したものである。

※4　前掲註（2）同論文一〇四～一〇六頁。

※5　三田村鳶魚「御殿女中の研究」（『三田村鳶魚全集』第三巻、中央公論社、一九七六年所収）九一・九二頁。

※6　前掲註（5）同書九一・九二頁。

※7　前掲註（2）同書一一一～一一四頁。

※8　「（黒鍬之者）勤方諸心得控」（江戸東京博物館蔵89205146）。

※9　前掲註（2）同論文一一六～一一八頁。

※10　町人足については、吉田伸之「江戸の日用座と日用＝身分」（尾藤正英先生還暦記念会編『日本近世史論叢』上巻、吉川弘文館、一九八四年所収）三七六～三八二頁、「公役人足高制定」（『東京市史稿』産業編一一、東京都、一九六七年）七九五～七九七頁などを参照。

※11　田原昇「小間遣頭ならびに小間遣方由緒古例書」（日本放送協会学園編『古文書を読む二〇一七年度解読実践コース　解説ノート』二六号（日本放送協会学園、二〇一七年所収）参照。

※12　「よしの冊子」九（『随筆百花苑』第八巻、中央公論社、一九八〇年、三六六頁）。

# 武士になろうとする百姓

小酒井大悟

## はじめに

江戸時代の武士身分とは、当時のあるべき規範や基準を体現する身分であり、それゆえに武士たちは鍛錬と教養、そして禁欲的な寡黙と所作が求められた。百姓や町人、商人など他の身分の人びとは、こうした名誉ある身分としての武士になりたいという願望を抱いたという(※1)。

研究史上で「士分化願望」と称されるこの願望は、江戸時代において大きな潮流のひとつとして存在していたのであり、当時の社会や人びとの暮らし・生き方に迫りうる重要な手がかりといってよい。

ここでは、武蔵国多摩郡の百姓小川東吾とその子小太夫をおもな事例として、武士になろうとする百姓の姿を、彼らが直面した困難・課題とともに明らかにしたい。

## 一　小川家と尾張家鷹場預り案内

小川東吾と小太夫が生まれた小川家は、武蔵国多摩郡の小川村（現東京都小平市）を統括する名主の家であった。小川村は、明暦二年（一六五六）に、後北条氏の旧臣という由緒を持つ土豪小川九郎兵衛が主導して開いた村で、村名も、九郎兵衛の苗字からとられている。開発以来、同村の名主は江戸時代を通じ、小川家が世襲した(※2)。

小川東吾は、小川家の八代目で通称を弥次郎、諱を包孝といった。「東吾」は、おそらく隠居後に名乗ったようである。その子が九代目の小太夫で、当初の通称は弥四郎、諱を包広といった。この親子は、御三家の尾張徳川家の鷹場を管理する役職に就き、身分上昇を目指し、活動を展開した。

江戸の周辺には、徳川将軍家や御三家（尾張家・紀伊家・水戸家）の鷹場が設けられていた(※3)。江戸の西側に広がる多摩郡には尾張家の鷹場が設定され、その範囲には、宝暦三年（一七五三）の時点で一八〇か村が含まれていた。ただし、これらの村々はいずれも、幕府領や他の大名領、旗本領などで、尾張家の所領は見られない。

つまり、尾張家の鷹場に設定された村々は、年貢徴収や行政・司法などを通じて関わる支配領主（幕府の代官、大名、旗本など）とは別に、鷹場を通じて尾張家とかかわりを持っていたことになる。いささか複雑だが、東吾や小太夫が名主を勤めた小川村も、幕府領であるとともに、尾張家の鷹場とされていた。

尾張家の鷹場では、地域の有力百姓を鷹場預り案内という役職に起用し、鷹場の管理を現地で担わせた。鷹場預り案内役は、鷹場の管理のため、さまざまな規制や負担を村々に課すことになるため、その職務を果たしている間は苗字帯刀を許可され、武士としての身分・格式が認められた。

小川家が鷹場預り案内に最初に任じられたのは享保一六年（一七三一）で、その時の当主は五代弥一（諱は重好）。その後、宝暦九年（一七五九）に東吾がこの役職に就き、三十年以上の長期にわたって勤めた。また、天明元年（一七八一）からは小太夫が見習となり、享和三年（一八〇三）に父から役職を継承し、鷹場預り案内の並役となった。

このように、江戸時代中後期の小川家当主であった東吾・小太夫は、小川村の名主を勤める一方で、尾張家の鷹場預り案内の役職に就き、その職務を行う間に限り、苗字帯刀が許可され、武士としての身分・格式を得ていた。

## 二　旗本との縁組み

天明七年（一七八七）、小川東吾は自分の娘を旗本酒井半三郎に嫁がせようとした。酒井半三郎から小川東吾に宛てた書状によれば、同年十一月二十日に、酒井は上役の水野大膳に、次のような縁組の願書を差し出すことになったという（以下、引用史料中の括弧は筆者による）(※4)。

縁組奉願候覚

尾張殿家中
初縁　小川東吾娘

小普請組水野大膳支配
高弐百俵　初縁　酒井半三郎江

右之通縁組仕度此段奉願候、以上
天明七未年十一月　酒井半三郎
水野大膳殿

小川東吾の娘との結婚を酒井半三郎が水野大膳に願い出る、という内容だが、注目すべきは東吾の肩書きが「尾張殿家中」となっていることである。これは明らかに、東吾が当時、尾張家の鷹場預り案内を勤めていたことによる。東吾は、鷹場預り案内を勤めていることを根拠に、自らを尾張家の家中、つまり武士身分としてこの縁組みを進めようとしていたことがうかがえる。

さて、この願いをうけた水野大膳は、小川東吾が何者なのかを尾張家に照会したようである。その結果、尾張家家中の金田和泉守という者から水野大膳に宛てて書状が届けられた。この書状によれば、金田は尾張家の御城附坂野逸平次に東吾のことを問い合わせたところ、次のような書付を渡された(※5)。

覚

此間御問合有之候小川東吾儀家中之者ニは無之、武州多摩郡小川村之者ニ而鷹場案内之儀申付置候者ニ御座候、以上

すなわち、小川東吾は尾張家の家中の者ではない、武蔵国多摩郡の小川村の者で、「鷹場案内」（鷹場預り案内）を申し付けている、という。ここから、尾張家の家中であるとする東吾の主張がはっきりと否定されていることがわかる。さらに、この書付とは別に、坂野は東吾について、鷹場預り案内としての扶持のみを与えている「百性（姓）」であると、金田に回答したようである(※6)。

こうして、小川東吾は尾張家の家中でなく、武蔵国多摩郡の百姓であるとする尾張家の見解が、金田和泉守から水野大膳に書状で伝えられた。

この書状をうけた水野大膳が酒井半三郎と東吾の娘の結婚を許可したとは考えられず、東吾の目論見は成功しなかったとみてよい。

以上のように、小川東吾は、尾張家の鷹場預り案内を勤めていることを根拠に尾張家の家中と称して（つまりは武士として）、自分の娘を旗本と結婚させようとした。しかし、尾張家から東吾は百姓であるとの見解が示され、その目論見は失敗に終わった可能性が高い。この出来事は、一時的に武士としての身分・格式が認められる鷹場預り案内という役職に対する東吾と尾張家の認識にズレがあることをよく示すものであり、そのズレからは、武士身分たろうとする東吾の願望の大きさがうかがい知れよう。

## 三　処遇の向上を求める訴願

江戸時代後期には、小川家を含む鷹場預り案内を勤める者たちが処遇の向上を尾張家に願い出るようになる。ここでは、文化十一年（一八一四）十二月に、鷹場預り案内・同並・同見習の者たち、計十一名が尾張家の鷹方役所に提出した願書から、彼らの要求内容を見ていくこととする（※7）。なお、この願書の署名者は表のとおりで、小川弥四郎（小太夫）が鷹場預り案内並として名を連ねている（図表No.5参照）。

願書によれば、鷹場預り案内の者たちは鷹場を預かっているので、場合によって、村役人らと交渉することもある。そのため、自分たちのことを幕府に通達してもらわないと、鷹場預り案内の役職や職務は、尾張家内部の、正式なものではないように思われて、何かと不都合であるとする。先述のように、武蔵国多摩郡の尾張家の鷹場は、幕府領や旗本領、大名領などの村々からなっており、尾張家の所領はなかった。鷹場の管理のため、尾張家の所領ではない他領の村役人と交渉せねばならなかったため、鷹場預り案内の者たちは、自分たちの役職や職務が幕府に認知されること、つまり、より公的な位置付けを求めたのである。

願書では続けて、鷹場預り案内の者たちは紀伊家の鷹場を統括している「山廻り」という役職について言及する。この役職は、三～五人扶持を与えられ、藩主への御目見えは言うまでもなく、熨斗目・肩衣の着用を認められ、幕府にも通達され認知されているとする。こうした「山廻り」のあり方を踏まえ、鷹場預り案内の者たちは次のように述べる。

乍恐私共是迄御役儀被　仰付候御由諸（緒）を以、
御公儀え御達被下置、其上尉（熨）斗目・肩衣着用仕候様被　仰付被下
置度奉願候、

すなわち、我々がこれまで、鷹場預り案内として鷹場の管理を命じられてきた由緒をもって、幕府に自分たちの役職や職務のことを周知し、武士の礼装である熨斗目・肩衣の着用を命じてほしい、と。このように、小川弥四郎など鷹場預り案内を勤める者たちは、より公的な位置付けと

［図表］鷹場預り案内・同並・同見習（文化11年）

| No. | 役職 | 名前 |
|---|---|---|
| 1 | 鷹場預り案内 | 井上富右衛門 |
| 2 | 鷹場預り案内 | 村野源五右衛門 |
| 3 | 鷹場預り案内 | 倉片為次郎 |
| 4 | 鷹場預り案内 | 高橋雄左衛門 |
| 5 | 鷹場預り案内並 | 小川弥四郎 |
| 6 | 鷹場預り案内並 | 椙山惣八郎 |
| 7 | 鷹場預り案内見習 | 中嶋治郎兵衛 |
| 8 | 鷹場預り案内見習 | 村山治郎右衛門 |
| 9 | 鷹場預り案内見習 | 当麻信右衛門 |
| 10 | 鷹場預り案内見習 | 鈴木武右衛門 |
| 11 | 鷹場預り案内見習 | 新藤孫左衛門 |

文化11年12月「以書付奉願候」（小川家文書、M-1-72）より作成。

武士としての処遇の向上を求めたのである。

結局、彼らの願いが尾張家から容れられたのかは不明であるが、同様な願いは文化七年（一八一〇）にも出されており、簡単に認められるような問題でなかったことは確かである。

## 四　鷹場預り案内に対する批判

以上のように、鷹場預り案内を勤めることで、小川東吾や小太夫は、武士としての身分や格式を得ようとしていた。しかし、それゆえに彼らが武士にふさわしくない振る舞いをすれば、村々の百姓たちから批判されることになった。東吾や小太夫が鷹場預り案内でなくなっている時期の事例ではあるが、最後に、百姓の鷹場預り案内に対する批判がどのようなものであったかを簡単に見ておきたい。

文政二年（一八一九）三月付けで、鷹場の百姓らが差し出したと考えられる訴状には、鷹場預り案内の者たちの素行について長文の批判が展開されている（※8）。このうち、井上富右衛門と倉片為次郎に対する批判を取り上げる。

まず、井上富右衛門について。福嶋村で鷹場役人の鳥見が殺生したことに対し、福嶋村が抗議したところ、鳥見がこれに腹を立て、尾張家の鷹方役所に訴え、きびしく取り調べてもらうと言ってきた。そのため、鷹場預り案内の富右衛門に頼んで鳥見に詫びを入れたところ、富右衛門は金五両も差し出せば許してくれるだろうと言うので、なんとか金を調達し支払った。これにより、鳥見は鷹方役所に訴えないことになったが、福嶋村が幕府にこの件を訴える準備を進めたところ、富右衛門は金を返してきて、表沙汰にしないでほしいと詫びたといううわさを伝え聞いた、とする。

おそらくは、富右衛門が鳥見と福嶋村のトラブルを利用し、福嶋村から不当に金を取ろうとしたという趣旨であろうが、こうした振る舞いを鷹場の百姓らは次のように批判する。

御屋形様ニ而は御目見以上之御取扱之由吹聴被致候得共、武士道不案内ニ相見御外聞ニ拘可申哉奉存候

つまり、鷹場預り案内は藩主から御目見以上の待遇を受けているというが、「武士道」をあまり心得ていないように見え、尾張家の外聞にもかかわるのではないか、というのである。

次に、倉片為次郎は、鷹場預り案内のひとりである椙山惣八郎が「花角力」の興行をした際に世話人を勤めた。大勢の見物人がいるなか、為次郎は「喧嘩・口論」をし、相手から激しく打ちたたかれてしまい、やっと駕籠に乗り、帰宅したのだとする。このことに対する百姓らの批判は次のとおりである。

御殿様ぇ御目見被成候身分ニ而見苦敷様体笑止千万ニ奉存候、御刀は何之ためニ指候哉、相手之もの慮外仕候ハヽ取計方も可有之、

藩主に御目見をゆるされる身分でありながら見苦しく笑止千万に思う、刀を何のために差しているのか、相手が無礼なことをしたならば対処のしようもあるはずだと、かなり手厳しい。

「武士道」に不案内である、あるいは、刀は何のために差しているのか、という百姓たちの物言いは、武士たろうとする鷹場預かり案内の者たちの姿勢をまさに逆手にとったものといえる。一時的とはいえ、藩主への御目見や苗字帯刀など、武士としての身分・格式を得た者は、それにふさわしい振る舞いが求められたことが知られる。

## おわりに

武蔵国多摩郡のうち尾張家の鷹場とされた村々の百姓にとって、鷹場預り案内となることは、武士としての身分・格式を得る重要な手がかりとなった。しかし、それはあくまで職務を遂行する間の一時的なものであり、また、武士身分にふさわしくない振る舞いをすれば、鷹場村々の百姓たちから厳しく批判されることになった。

武士になろうとする小川東吾や小太夫の姿からは、江戸時代における「士分化願望」や、そうした願望の対象としての武士身分のあり方を垣間見ることができる。

脚注

※1 深谷克己『江戸時代の身分願望』(吉川弘文館、二〇〇六年)。

※2 小川村の開発をめぐっては多くの研究蓄積があるが、最近のものとして拙稿「新田開発と百姓の暮らし」(『古文書通信』第一一九号、二〇一八年)を挙げておく。

※3 以下、本稿で取り上げる尾張家の鷹場については、槇本晶子「尾張藩の鷹場について」(『多摩のあゆみ』第五〇号、一九八八年)、大石学「鷹場に暮らす」(『小平市史』近世編、二〇一二年)、三野行徳「村に住む武士」(前掲『小平市史』近世編)などを参照。本稿の主題とのかかわりでは、とくに三野の仕事に多くを学んでいる。

※4 天明七年十一月「縁組奉願候覚」(小川家文書、U－三－十二)。

※5 (天明七年)十二月「(酒井半三郎縁組ニ付小川東吾身分調査報告状)」(小川家文書、U－三－十三)。

※6 前掲註5史料。

※7 文化十一年十二月「以書付奉願候」(小川家文書、M－一－七二)。

※8 文政二年三月「(御鷹場役人風紀紊乱ニ付御改正訴状)」(小川家文書、M－一－七三)。

# 主な参考文献


【書籍】

・早稲田大学坪内博士記念演劇博物館編『演劇百科大事典』第5巻　一九六一年
・大石慎三郎『江戸時代』中央公論社　一九七七年
・『原色浮世絵大百科辞典　第五巻　風俗』大修館書店　一九八〇年
・下中弘編『音楽大事典』第2巻　平凡社　一九八二年
・『三百藩家臣人名事典』第四巻　新人物往来社　一九八八年
・武士生活研究会編『図録・近世武士生活史入門事典』柏書房　一九九一年
・藤田覚『遠山金四郎の時代』講談社　二〇一五年　原著一九九二年
・倉田喜弘『海外公演事始』東京書籍　一九九四年
・藤木久志『雑兵たちの戦場』朝日選書　二〇〇五年　原著一九九五年
・小川恭一編著『寛政譜以降　旗本家百科事典』第1巻　東洋書林　一九九七年
・北原糸子『江戸城外堀物語』ちくま新書　一九九九年
・『歴史群像　名城シリーズ　名古屋城』学習研究社　二〇〇〇年
・加藤友康・由井正臣編『日本史文献解題辞典』吉川弘文館　二〇〇〇年
・久留島浩『シリーズ近世の身分的周縁5　支配をささえる人々』吉川弘文館　二〇〇〇年
・大石学『吉宗と享保の改革』改訂新版　東京堂出版　二〇〇一年
・東京都江戸東京博物館監修『江戸東京歴史探検』一～六　中央公論新社　二〇〇二-二〇〇三年
・河越關古『泥舟』明徳出版社　二〇〇二年
・エメェ・アンベール／茂森唯士訳『絵で見る幕末日本』講談社　二〇〇四年
・高橋典幸他『日本軍事史』吉川弘文館　二〇〇六年
・市川寛明・石山秀和『図説　江戸の学び』河出書房新社　二〇〇六年
・東京都江戸東京博物館監修『大江戸図鑑［武家編］』朝倉書店　二〇〇七年
・保谷徹『戊辰戦争』吉川弘文館　二〇〇七年
・岡崎寛徳『遠山金四郎』講談社　二〇〇八年
・根岸茂夫『大名行列を解剖する』吉川弘文館　二〇〇九年
・藤田覚『遠山景元』山川出版社　二〇〇九年
・松浦玲『勝海舟』筑摩書房　二〇一〇年
・深谷克己『東アジア法文明圏の中の日本史』岩波書店　二〇一二年
・岩下哲典『高邁なる幕臣　高橋泥舟』教育評論社　二〇一二年
・深谷克己・須田努編『近世人の事典』東京堂出版　二〇一三年
・藤田覚『幕末から維新へ』岩波書店　二〇一五年
・小山騰『ロンドン日本人村を作った男―謎の興行師タナカー・ブヒクロサン　1839-94』藤原書店　二〇一五年
・笠谷和比古編『徳川家康』宮帯出版社　二〇一六年
・東京都写真美術館編『知られざる日本写真開拓史』山川出版社　二〇一七年
・岩下哲典『江戸無血開城』吉川弘文館　二〇一八年

【論文】

・大友一雄「武蔵野新田支配政策の特質」『徳川林政史研究所研究紀要』一九八二年
・岡畏三郎「「東海道五十三次」と広重について」『保永堂版初摺集成　広重東海道五十三次』小学館　一九九七年
・小島道裕「『落合左平次背旗』復元の顛末―上か下か―」国立歴史民俗博物館企画展示図録『天下統一と城』二〇〇〇年
・原史彦「写された江戸城」『東京都江戸東京博物館研究報告』12　二〇〇六年
・セバスチャン・ドブソン「写真による日本に対しての眼差しの形成」『神奈川大学21世紀COEプログラム　シンポジウム報告書　人類文化研究のための非文字資料の体系化　第1回COE国際シンポジウム『非文字資料とはなにか―人類文化の記憶と記録―』神奈川大学　二〇〇六年
・近松鴻二「【資料紹介】「登科録」」『東京都江戸東京博物館研究報告』15　二〇〇九年
・副田一穂「江戸時代の望遠鏡と拡張された視覚の絵画化」『愛知県美術館研究紀要』20　二〇一三年
・多和田真太良「喜歌劇『ミカド』の誕生」『学習院大学人文科学論』XXⅢ　二〇一四年

【図録】

・『企画展　錦絵の誕生―江戸庶民文化の開花―［図録］』東京都江戸東京博物館・他　一九九六年
・『参勤交代―巨大都市江戸のなりたち―』東京都江戸東京博物館・他　一九九七年
・『江戸の絵師　雪旦・雪堤―その知られざる世界―』東京都江戸東京博物館・他　一九九七年

・『平成九年度夏の特別展図録　千山丸と徳島藩の船』　徳島市立徳島城博物館　一九九七年
・『没後１００年　勝海舟展』　東京都江戸東京博物館　一九九九年
・『江戸開府４００年・開館10周年記念　大江戸八百八町展』　東京都江戸東京博物館　二〇〇三年
・東京都江戸東京博物館・他編『平賀源内展』　東京新聞　二〇〇三年
・東京都写真美術館企画・監修『士―日本のダンディズム―』　ニ玄社　二〇〇三年
・『全生庵所蔵文化財図録　山岡鐵舟』　全生庵　二〇〇三年
・『第16回企画展　鎧―伊澤昭二コレクションとともに―』　朝霞市博物館　二〇〇五年
・『歴史のなかの鉄炮伝来』　国立歴史民俗博物館　二〇〇六年
・『江戸城展』　東京都江戸東京博物館・他　二〇〇七年
・『区制60周年記念　平成19年度特別展　江戸町与力の世界―原胤昭が語る幕末―』　千代田区立四番町歴史民俗資料館　二〇〇七年
・『尾張徳川家初代義直襲封四〇〇年記念　尾張の殿様物語』　徳川美術館　二〇〇七年
・『開館一五周年記念　特別展　珠玉の輿〜江戸と乗物〜』　東京都江戸東京博物館　二〇〇八年
・『特別展　ペリー&ハリス〜泰平の眠りを覚ました男たち〜』　東京都江戸東京博物館・他　二〇〇八年
・『特別展示「日英交流事始―幕末から明治へ―」』　外務省外交史料館　二〇〇九年
・『代官　川崎平右衛門』　府中市郷土の森博物館　二〇〇九年
・『特別展　隅田川　江戸が愛した風景』　東京都江戸東京博物館・他　二〇一〇年
・『企画展示　武士とはなにか』　国立歴史民俗博物館　二〇一〇年
・『名古屋開府四〇〇年記念特別展　変革のとき桃山』　名古屋市博物館・他　二〇一〇年
・『徳川美術館ガイドブック』　徳川美術館　二〇一〇年
・『特別展図録「雑兵物語の世界」』　埼玉県立歴史と民俗の博物館　二〇一〇年
・『企画展　１４０年前の江戸城を撮った男　横山松三郎』　東京都江戸東京博物館　二〇一一年
・『特別展　秀吉の城』　大阪城天守閣　二〇一二年
・『特別展　維新の洋画家　川村清雄』　東京都江戸東京博物館・他　二〇一二年
・『開館二〇周年記念特別展　花開く江戸の園芸』　東京都江戸東京博物館　二〇一三年
・『平成26年度特別展　品川から世界へ　サムライ海を渡る―幕末明治の日本と外交使節団―』品川区立品川歴史館　二〇一四年
・岡塚章子・我妻直美（東京都江戸東京博物館）編著『浮世絵から写真へ―視覚の文明開化―　青幻舎　二〇一五年
・『企画展示　ドイツと日本を結ぶもの―日独修好１５０年の歴史―』　国立歴史民俗博物館　二〇一五年
・『平成26年度特別展　徳川慶喜』　茨城県立歴史館　二〇一五年
・『幕臣尊攘派　浪士組から江戸開城へ山岡鉄舟らの軌跡』日野市　二〇一五年
・『二〇一六年ＮＨＫ大河ドラマ特別展「真田丸」』　ＮＨＫ・ＮＨＫプロモーション　二〇一六年
・『名古屋城特別展　描かれた名古屋城、写された名古屋城』　名古屋城特別展開催委員会　二〇一六年
・『特別展　築城―職人たちの輝き―』　兵庫県立考古博物館　二〇一六年
・『フェリーチェ・ベアトの写真―人物・風景と日本の洋画』　ＤＩＣ川村記念美術館　二〇一七年
・『江戸東京たてもの園特別展　川崎平右衛門―武蔵野新田開発の立役者―』　江戸東京たてもの園　二〇一七年
・「武家のシンボル―武具・刀剣―　作品リスト」　徳川美術館　二〇一七年
・『企画展「東京１５０年」図録』　東京都江戸東京博物館　二〇一八年
・『特別展　大岡越前守忠相と豊川』　豊川市桜ヶ丘ミュージアム　二〇一八年

【その他】

・『東京市史稿』港湾編第三　東京都　一九二六年
・日米修好通商条約百年記念行事運営会／編『万延元年遣米使節史料集成　第三巻』　風間書房　一九六〇年
・『東京市史稿』産業編第七　東京都　一九六〇年
・『東京市史稿』産業編第九　東京都　一九六四年
・勝小吉著・勝部真長編『夢酔独言　他』　平凡社　一九六九年
・寺島良安編・和漢三才圖會刊行委員会編集『和漢三才圖會〔上〕』　東京美術　一九七〇年
・新井白石「東雅」『日本教育思想体系10　新井白石　上巻』　日本図書センター　一九七九年
・「矢野竜渓〔ロンドン日本人村〕」　倉田喜弘校注『日本近代思想体系18　芸能』　岩波書店　一九八八年
・ウジェーヌ・コラッシュ「箱館戦争生き残りの記」　市川慎一・榊原直文編訳『フランス人の幕末維新』　有隣堂　一九九六年
・『東京都江戸東京博物館調査報告書第18集　幕臣井上貫流佐右衛門家文書の世界』　財団法人東京都歴史文化財団・他　二〇〇六年
・『三の丸尚蔵館収蔵品目録No.１―１　明治十二年明治天皇御下命「人物写真帖」〈上〉』　宮内庁　二〇一一年

# 出品目録

| No. | 指定 | 資料名 | 作者等 | 年代等 | 員数 | 法量cm　縦×横×高 | 所蔵／寄託 |
|---|---|---|---|---|---|---|---|
| **プロローグ　都市のサムライ** | | | | | | | |
| 1 | | 上野浅草図屏風 | | 江戸時代前期・十七世紀末頃 | 六曲一双 | 各縦一〇七・七　横二六六・四 | 東京都江戸東京博物館 |
| 2 | | 上野花見・両国川遊図屏風 | | 江戸時代前期・十七世紀～十八世紀初頭頃 | 六曲一双 | 各縦五五・五　横二〇九・〇 | 東京都江戸東京博物館 |
| 3 | | 皇朝武人風俗沿革全図 | 塚本岩三郎画／東京造画館発行 | 明治三十二年（一八九九）三月二十五日発行 | 一幅（三幅の内） | 縦一四九・五　横五三・〇 | 東京都江戸東京博物館 |
| 4 | | 皇朝庶人風俗沿革全図 | 塚本岩三郎画／東京造画館発行 | 明治三十三年（一九〇〇）八月二十五日発行 | 一幅（三幅の内） | 縦一四九・五　横五三・〇 | 東京都江戸東京博物館 |
| 5 | | 皇朝婦人風俗沿革全図 | 塚本岩三郎画／東京造画館発行 | 明治三十三年（一九〇〇）八月二十五日発行 | 一幅（三幅の内） | 縦一四九・五　横五三・〇 | 東京都江戸東京博物館 |
| **第一章　士　変容―武人から役人へ―** | | | | | | | |
| 6 | | 関ヶ原合戦図屏風 | 翫月亭莪山模写 | 嘉永七年（一八五四） | 六曲一隻 | 縦一五六・七　横三六一・二 | 岐阜県・関ケ原町歴史民俗資料館 |
| 7 | 重文 | 萌葱地葵紋付小紋染羽織 | | 江戸時代前期 | 一領 | 縦一〇二・〇　横一二四・〇 | 東京都江戸東京博物館 |
| 8 | | 伝旗本今村益之丞屋敷図 | | 天保十三年（一八四二）晩秋 | 一舗 | 縦六五・六　横四七・三 | 東京都江戸東京博物館 |
| 9 | | 今村伝四郎宛　徳川秀忠朱印状 | 徳川秀忠 | 寛永二年（一六二五）七月二十五日 | 一通 | 縦四五・七　横六二・五 | 東京都江戸東京博物館 |
| 10 | 重文 | 今村正長覚書 | 今村伝四郎（正長） | 江戸時代前期 | 一巻 | 縦一五・三　横二三四・〇 | 東京都江戸東京博物館 |
| 11 | | 雑兵物語 | | 江戸時代・十八世紀 | 二巻 | 上巻：縦二七・〇　長一一五六・七<br>下巻：縦二六・八　長一四八二・〇 | 東京国立博物館 |
| 12 | | 諸卒出立図巻 | | 江戸時代・十八世紀 | 一巻 | 縦二七・一　横一三九七・八 | 東京国立博物館 |
| 13 | | 陣備図　大御先鋒日之丸御備 | | 江戸時代中期 | 一〇帖 | 各縦三〇九・〇<br>横二七三三・〇～三五一五・〇 | 東京都・徳川林政史研究所 |
| 14 | | 陣備図　御中軍御旗本 | | 江戸時代中期 | 一五帖 | 各縦三一五・〇<br>横二七四五・〇～二七七七・〇 | 東京都・徳川林政史研究所 |

| | | | | | | |
|---|---|---|---|---|---|---|
| 15 | 「絵本太閤記」初編巻七　木下藤吉郎、洲の股の砦を築く | 武内確斎著／岡田玉山画 | 寛政九年（一七九七） | 一冊 | 縦二二・四　横一五・六 | 東京都江戸東京博物館 |
| 16 | 「絵本太閤記」三編巻六　高松の城、水攻の図 | 武内確斎著／岡田玉山画 | 寛政十一年（一七九九） | 一冊 | 縦二二・四　横一五・六 | 東京都江戸東京博物館 |
| 17 | 築城図屏風（複製） | | ［原資料］桃山時代（十七世紀前半） | 六曲一隻 | 縦五五・八　横二一〇・二 | 東京都江戸東京博物館<br>原資料蔵：名古屋市博物館 |
| 18 | 「尾張名所図会」前編巻一　加藤清正石引の図 | 小田切春江画／岡田啓・他編 | 天保十五年（一八四四）刊 | 一冊（一三冊の内） | 縦四〇・八　横四六・五 | 東京都・徳川林政史研究所 |
| 19 | 大坂図屏風 | | 江戸時代 | 六曲一隻 | 縦一五三・三　横三六五・六 | 大阪歴史博物館 |
| 20 | 徳川家康像 | | 江戸時代 | 一幅 | 縦九三・三　横四二・〇 | 東京都江戸東京博物館 |
| 21 | 江戸城年始登城風景図屏風 | 佐竹永湖画 | 明治三十一年（一八九八）頃 | 六曲一双 | 各縦一五五・五　横三五二・二 | 東京都江戸東京博物館 |
| 22 | 鷹狩図屏風 | | 江戸時代・十八世紀 | 六曲一双 | 各縦一四六・七　横三七一・八 | 愛知県・徳川美術館 |
| 23 | 鷹狩絵巻 | | 江戸時代・十七〜十八世紀 | 二巻 | 上巻：縦四四・四　長一五五五・九<br>下巻：縦四四・四　長一五八四・〇 | 東京都・<br>公益財団法人徳川黎明会 |

## 第二章　士　日常―実生活のあれこれ―

| | | | | | | |
|---|---|---|---|---|---|---|
| 24-1 | 泥絵画帖　赤羽根有馬様（久留米藩有馬家上屋敷の図）・伊井様（彦根藩井伊家上屋敷の図） | | 江戸時代後期 | 二図（一帖の内） | 各縦三一・八　横四五・五 | 東京都江戸東京博物館 |
| 24-2 | 泥絵画帖　山下御門（白河藩阿部家・佐賀藩鍋島家上屋敷の図）・桜田上杉様（米沢藩上杉家上屋敷の図） | | 江戸時代後期 | 二図（一帖の内） | 各縦三一・八　横四五・五 | 東京都江戸東京博物館 |
| 25 | 東都名所　霞ヶ関全図 | 歌川広重画 | 天保年間（一八三〇〜一八四四） | 三枚続 | 縦三八・〇　横七八・〇 | 東京都江戸東京博物館 |
| 26 | 松平因幡守様江戸御屋敷（鳥取藩池田家上屋敷の図） | | 幕末〜明治時代 | 一枚 | 縦三〇・六　横四六・九 | 東京都江戸東京博物館 |
| 27-1 | 温古写真集　西丸台地より丸ノ内展望 | | 明治時代初期 | 一枚（三〇枚の内） | 縦一一・七　横一六・〇 | 東京都江戸東京博物館 |
| 27-2 | 温古写真集　西丸大手門 | | 明治時代初期 | 一枚（三〇枚の内） | 縦一一・七　横一六・〇 | 東京都江戸東京博物館 |
| 27-3 | 温古写真集　常盤橋御門 | | 明治時代初期 | 一枚（三〇枚の内） | 縦一一・七　横一六・〇 | 東京都江戸東京博物館 |
| 27-4 | 温古写真集　呉服橋御門 | | 明治時代初期 | 一枚（三〇枚の内） | 縦一一・七　横一六・〇 | 東京都江戸東京博物館 |
| 27-5 | 温古写真集　和田倉門 | | 明治時代初期 | 一枚（三〇枚の内） | 縦一一・七　横一六・〇 | 東京都江戸東京博物館 |
| 27-6 | 温古写真集　霞ヶ関福岡藩黒田侯上屋敷表玄関 | | 明治時代初期 | 一枚（三〇枚の内） | 縦一一・七　横一六・〇 | 東京都江戸東京博物館 |
| 27-7 | 温古写真集　黒田邸長屋海鼠壁東より見る | | 明治時代初期 | 一枚（三〇枚の内） | 縦一一・七　横一六・〇 | 東京都江戸東京博物館 |
| 27-8 | 温古写真集　黒田邸長屋海鼠壁南より見る | | 明治時代初期 | 一枚（三〇枚の内） | 縦一一・七　横一六・〇 | 東京都江戸東京博物館 |
| 27-9 | 温古写真集　旧薩摩藩装束屋敷門 | | 明治十六年（一八八三）〜昭和時代初期 | 一枚（三〇枚の内） | 縦一一・七　横一六・〇 | 東京都江戸東京博物館 |

| No. | 指定 | 資料名 | 作者等 | 年代等 | 員数 | 法量cm　縦×横×高 | 所蔵／寄託 |
|---|---|---|---|---|---|---|---|
| 27-10 | | 温古写真集　旧雲州松江藩松平侯上屋敷門 | | 明治時代初期 | 一枚（三〇枚の内） | 縦一一・七　横一六・〇 | 東京都江戸東京博物館 |
| 27-11 | | 温古写真集　旧丹波篠山藩青山下野守屋敷門 | | 明治時代初期 | 一枚（三〇枚の内） | 縦一一・七　横一六・〇 | 東京都江戸東京博物館 |
| 27-12 | | 温古写真集　旧尾州侯下屋敷裏長屋 | | 大正年間 | 一枚（三〇枚の内） | 縦一一・七　横一六・〇 | 東京都江戸東京博物館 |
| 27-13 | | 温古写真集　吉良上野介松平三河守屋敷跡後の警視庁跡 | | 明治時代初期 | 一枚（三〇枚の内） | 縦一六・〇　横一一・七 | 東京都江戸東京博物館 |
| 27-14 | | 温古写真集　旧姫路藩酒井侯屋敷奥殿 | | 明治三十年（一八九七）頃 | 一枚（三〇枚の内） | 縦一一・七　横一六・〇 | 東京都江戸東京博物館 |
| 27-15 | | 温古写真集　旧姫路藩酒井侯屋敷おしどり池 | | 明治三十年（一八九七）頃 | 一枚（三〇枚の内） | 縦一一・七　横一六・〇 | 東京都江戸東京博物館 |
| 28-1 | | 薩摩の屋敷（実際は、島原藩松平家中屋敷） | フェリーチェ・ベアト撮影 | 文久三年（一八六三）～明治三年（一八七〇）頃 | 一図（写真帖の内） | 縦二四・〇　横二九・九 | 個人蔵 |
| 28-2 | | 有馬屋敷（実際は、左：久留米藩有馬家屋敷、右：秋月藩黒田家屋敷） | フェリーチェ・ベアト撮影 | 文久三年（一八六三）～明治三年（一八七〇）頃 | 一図（写真帖の内） | 縦二二・三　横二八・三 | 個人蔵 |
| 28-3 | | 愛宕山の裏手、江戸 | フェリーチェ・ベアト撮影 | 文久三年（一八六三）～明治三年（一八七〇）頃 | 一図（写真帖の内） | 縦二二・七　横二七・八 | 個人蔵 |
| 28-4 | | 愛宕神社、江戸 | フェリーチェ・ベアト撮影 | 文久三年（一八六三）～明治三年（一八七〇）頃 | 一図（写真帖の内） | 縦二三・〇　横二八・四 | 個人蔵 |
| 29-1 | | 薩摩藩の役人 | フェリーチェ・ベアト撮影 | 文久三年（一八六三）～明治三年（一八七〇）頃 | 一図（写真帖の内） | 縦一七・六　横一六・〇 | 個人蔵 |
| 29-2 | | 薩摩の提督と公使（実際は、薩摩および佐土原藩士） | フェリーチェ・ベアト撮影 | 文久三年（一八六三）～明治三年（一八七〇）頃 | 一図（写真帖の内） | 縦一四・〇　横一六・八 | 個人蔵 |
| 29-3 | | 夜警、江戸 | フェリーチェ・ベアト撮影 | 文久三年（一八六三）～明治三年（一八七〇）頃 | 一図（写真帖の内） | 縦一四・七　横一八・八 | 個人蔵 |
| 29-4 | | 役人と従者 | フェリーチェ・ベアト撮影 | 文久三年（一八六三）～明治三年（一八七〇）頃 | 一図（写真帖の内） | 縦一八・〇　横一五・五 | 個人蔵 |
| 29-5 | | 火消装束の役人 | フェリーチェ・ベアト撮影 | 文久三年（一八六三）～明治三年（一八七〇）頃 | 一図（写真帖の内） | 縦一七・五　横一五・八 | 個人蔵 |
| 29-6 | | 有馬様の屋敷、江戸（実際は、麻布中ノ橋付近） | フェリーチェ・ベアト撮影 | 文久三年（一八六三）～明治三年（一八七〇）頃 | 一図（写真帖の内） | 縦一六・九　横八三・三 | 個人蔵 |
| 29-7 | | 永代橋、江戸 | フェリーチェ・ベアト撮影 | 文久三年（一八六三）～明治三年（一八七〇）頃 | 一図（写真帖の内） | 縦一九・三　横八三・六 | 個人蔵 |
| 29-8 | | イギリス公使館、江戸（実際は、高輪、東禅寺） | フェリーチェ・ベアト撮影 | 文久三年（一八六三）～明治三年（一八七〇）頃 | 一図（写真帖の内） | 縦二〇・七　横二七・〇 | 個人蔵 |
| 30-1 | | 久留米藩士江戸勤番長屋絵巻 | 三谷勝波筆／戸田熊次郎序 | 明治時代 | 一巻 | 縦三一・〇　横七三五・四 | 東京都江戸東京博物館 |
| 30-2 | | 久留米藩士江戸勤番長屋絵巻（複製） | | | 一巻 | 縦三一・〇　横七三五・四 | 東京都江戸東京博物館　原資料蔵：東京都江戸東京博物館 |

| No. | 作品名 | 作者等 | 時代 | 員数 | 寸法 | 所蔵 |
|---|---|---|---|---|---|---|
| 31 | 松平忠礼を囲む写場 | | 慶応年間（一八六五～一八六八） | 一枚 | 縦六・八　横八・八 | 東京都写真美術館 |
| 32 | 美濃大垣藩主戸田氏正奥方種姫　お付女中と | | 幕末～明治期 | 一枚 | 縦六・二　横一〇・五 | 東京都江戸東京博物館 |
| 33 | 五本骨扇に大の字紋大旗　大熊善太郎所用 | 三井越後屋調整 | 幕末 | 一旒 | 縦二一二・五　横一四二・〇 | 東京都江戸東京博物館 |
| 34 | 丸に蔦紋陣羽織　大熊家伝来 | | 幕末 | 一領 | 縦九〇・〇　横二一・〇 | 東京都江戸東京博物館 |
| 35 | 大熊善太郎所用軍扇 | | 幕末 | 一点 | 縦四七・〇　横三三・〇 | 東京都江戸東京博物館 |
| 36 | 「大熊善太郎泊」関札　大熊善太郎所用 | | 幕末 | 一点 | 縦六三・〇　横一五・八　高二・〇 | 東京都江戸東京博物館 |
| 37 | 大砲模型　大熊家伝来 | | 幕末 | 一点 | 縦一六・六　横三八・三　高三五・五 | 東京都江戸東京博物館 |
| 38 | 和宮下賜　御所人形<br>「打出の小槌を曳く童子」　大熊鐸之助拝領 | | 幕末 | 一体 | 縦四一・五　横四九・〇　高四五・五 | 東京都江戸東京博物館 |
| 39 | 和宮付広敷番之頭大熊鐸之助着用<br>松葉重精好布衣 | | 幕末 | 一領 | 身丈一三七・〇<br>裄丈七三・〇　袖丈六九・〇 | 東京都江戸東京博物館 |
| 40 | 丸に蔦紋　陣羽織・胸当　大熊家伝来 | | 幕末 | 一領 | 陣羽織：身丈九五・〇<br>裄丈六六・〇　袖丈四七・〇<br>胸当：縦五五・〇　横二八・〇 | 東京都江戸東京博物館 |
| 41 | 都筑十左衛門宅普請絵図 | | 延享三年（一七四六）三月 | 一枚 | 縦三二・六　横四四・三 | 東京都江戸東京博物館 |
| 42 | 武蔵豊島郡峡田領荏土　楓川鎧之渡古跡考 | 池田英泉写 | 弘化二年（一八四五） | 一舗 | 縦三七・六　横六六・五 | 東京都江戸東京博物館 |
| 43 | 由緒書　控 | 都筑十左衛門 | 延享三年（一七四六）十一月 | 一通 | 縦三〇・六　横七八・六 | 東京都江戸東京博物館 |
| 44 | 煙管・煙管入れ　都筑家伝来 | | | 二点 | 煙管：縦一九・八　横〇・八<br>煙管入れ：縦二〇・四　横二・四 | 東京都江戸東京博物館 |
| 45 | 懐中煙草入れ　都筑家伝来 | | | 一点 | 縦六・七　横一二・六 | 東京都江戸東京博物館 |
| 46 | 朱房付十手　都筑家伝来 | | 江戸時代後期 | 一点 | 縦三一・〇　横一・四 | 東京都江戸東京博物館 |
| 47 | 火事頭巾　都筑家伝来 | | 江戸時代後期 | 一頭 | 縦六八・六　横五八・三 | 東京都江戸東京博物館 |
| 48 | 脇差　銀象嵌銘いなは内匠頭・石首魚石入溜塗<br>脇差拵　山内六三郎所用 | | 江戸時代 | 一振・一箇 | 脇差：四〇・六　拵：六四・五 | 東京都江戸東京博物館 |
| 49 | 脇差　金粉銘正宗・黒塗拵　山内六三郎所用 | | 江戸時代 | 一振・一箇 | 脇差：五九・二　拵：八〇・五 | 東京都江戸東京博物館 |
| 50 | 煙草盆　大岡忠相所用 | | 江戸時代 | 一式 | 盆：縦二四・五　横四二・五　高七・九 | 神奈川県・浄見寺 |
| 51 | 天一坊一代記　上下 | 竜泉亭是正記／守川周重画 | 明治時代前期 | 二冊 | 各縦一七・六　横一一・六 | 東京都江戸東京博物館 |
| 52 | 大岡裁許実録　一～六 | | 江戸時代後期写 | 全三冊 | 各縦二六・七　横一八・八 | 東京都江戸東京博物館 |
| 53 | 孔雀石　大岡忠相拝領／徳川吉宗下賜 | | 江戸時代中期 | 一台 | 縦四四・五　横二三・五 | 個人蔵 |
| 54 | 鑷　大岡忠相所用 | | 江戸時代中期 | 三挺 | 縦二二・八　横三・〇 | 個人蔵 |
| 55 | 火鉢　大岡忠相所用 | | 江戸時代中期 | 一基 | 縦三六・〇　横二〇・〇 | 神奈川県・浄見寺 |
| 56 | 六臂弁才天坐像（複製） | | [原資料]鎌倉時代末期～室町時代 | 一躯 | 縦一二・〇　横一三・〇 | 神奈川県・浄見寺 |

| No. | 指定 | 資料名 | 作者等 | 年代等 | 員数 | 法量cm　縦×横×高 | 所蔵／寄託 |
|---|---|---|---|---|---|---|---|
| 57 | | 一行「所宝惟賢」 | 大岡忠相筆 | 江戸時代中期 | 一幅 | 縦一二二・〇　横二八・〇 | 神奈川県・浄見寺 |
| 58 | いすみ市指定有形文化財 | 遠山金四郎景元画像 | | 十九世紀後半 | 一幅 | 本紙：三六・五　横二六・〇 | 遠山講<br>千葉県中央博物館大多喜城分館保管 |
| 59 | | 遠山景元起請文 | 遠山金四郎（景元）筆 | 文政九年（一八二六）九月 | 一通 | 縦三一・五　横八六・七 | 東京都江戸東京博物館 |
| 60 | | 紺糸威胴丸　遠山左衛門尉景元所用 | | 江戸時代後期 | 一領 | 胴回一〇八・八　冑長径二四・〇 | 東京都・靖國神社遊就館 |

## 第三章　士　非常―変事への対応―

| No. | 指定 | 資料名 | 作者等 | 年代等 | 員数 | 法量cm　縦×横×高 | 所蔵／寄託 |
|---|---|---|---|---|---|---|---|
| 61 | | 火事図巻 | 長谷川雪堤模 | 文政九年（一八二六） | 一巻 | 縦二六・〇　横一六三七・〇 | 東京都江戸東京博物館 |
| 62 | | 出羽米沢藩上杉家大名火消行装図巻 | | 江戸時代後期 | 一巻 | 縦一四・五　横一二三〇・〇 | 東京都江戸東京博物館 |
| 63 | | 白羅紗地桐紋入火事装束　羽織・胸当・野袴<br>対馬宗家伝来 | | 幕末～明治時代初期 | 一領<br>（三点） | 羽織：身丈一〇三・八<br>裄丈六五・二　袖丈五三・四<br>胸当：縦六〇・九　横五七・九<br>野袴：縦一一二・五　横八四・〇 | 東京都江戸東京博物館 |
| 64 | | 白羅紗地桐紋入火事装束　兜頭巾<br>対馬宗家伝来 | | 幕末～明治時代初期 | 一頭 | 縦二八・二　横二六・二<br>高六六・八 | 東京都江戸東京博物館 |
| 65 | | 山吹絽地桐紋入火事装束　羽織・胸当・石帯<br>対馬宗家伝来 | | 幕末～明治時代初期 | 一領<br>（三点） | 羽織：身丈八〇・四<br>裄丈六一・二　袖丈五二・二<br>胸当：縦五三・二　横二六・八<br>石帯：幅六・六　長一九九・四<br>帯飾二六・四 | 東京都江戸東京博物館 |
| 66 | | 火事装束　桐紋付兜<br>対馬宗家伝来 | | 幕末～明治時代初期 | 一頭 | 縦三一・一　横二七・八<br>高六八・〇 | 東京都江戸東京博物館 |
| 67 | | 江戸幕府所持船図巻 | | 江戸時代後期 | 一巻 | 縦二七・七　横四二六・〇 | 東京都江戸東京博物館 |
| 68 | | 隅田川両岸一覧　東岸 | 鶴岡蘆水画 | 天明元年（一七八一） | 一巻<br>（二巻の内） | 縦二六・一　横八五五・五 | 東京都江戸東京博物館 |
| 69 | | 江都四時勝景図巻　乾巻　両国橋納涼 | 狩野素川画 | 文化十三年（一八一六） | 一巻<br>（二巻の内） | 縦三三・六　横一一二一・〇 | 東京都江戸東京博物館 |
| 70 | | 安政風聞集 | 金屯道人<br>（仮名垣魯文）著 | 安政四年（一八五七）刊 | 三冊 | 各縦二五・〇　横一七・〇 | 東京都江戸東京博物館 |
| 71 | | 川村たま肖像<br>（実家荒井家とともに） | | 明治十三年（一八八〇）<br>九月十九日 | 一枚 | 縦六・二　横一〇・三 | 東京都江戸東京博物館 |
| 72 | | 川村清雄出生時の臍帯 | | 嘉永五年（一八五二） | 一点 | 縦一二・七　横五・七 | 東京都江戸東京博物館 |
| 73 | | 川村清雄出生時の産髪 | | 嘉永五年（一八五二） | 一点 | 縦一一・五　横五・七 | 東京都江戸東京博物館 |

| 74 | 川村清雄肖像（十七歳駿府にて） | | 明治元年（一八六八） | 一枚 | 縦九・八　横六・四 | 東京都江戸東京博物館 |
|---|---|---|---|---|---|---|
| 75 | 川村清雄肖像（ヴェネチアにて） | | 一八七六〜一八八一年 | 一枚 | 縦一〇・二　横六・〇 | 東京都江戸東京博物館 |
| 76 | 裃（子供用）　肩衣・袴 | | 江戸時代後期 | 一式（二点） | 肩衣：身丈五八・五　裄丈二七・〇　袖丈五三・〇　袴：縦六三・三　横五一・六 | 東京都江戸東京博物館 |
| 77 | 掌記　伝奏屋敷・評定所御修復御用中 | 井上（二代貫流左衛門） | 嘉永元年（一八四八）十月朔日〜嘉永二年七月十三日 | 一冊 | 縦一七・四　横一二・四　高〇・五 | 東京都江戸東京博物館 |
| 78 | 代々日記帳書抜　目録 | （井上廉） | 明治三十七年（一九〇四）八月 | 一冊 | 縦一二・四　横三四・七　高〇・七 | 東京都江戸東京博物館 |
| 79 | 死去後一覧可給書物 | 井上貫流（初代） | 寛政元年（一七八九） | 一冊 | 縦二四・五　横一七・四　高〇・三 | 東京都江戸東京博物館 |
| 80 | 遺言状 | 井上貫流（初代） | 文化四年（一八〇七）十月 | 一冊 | 縦二五・〇　横一七・六　高〇・一 | 東京都江戸東京博物館 |
| 81 | 三保松原図 | 安藤徳太郎（歌川広重）画 | 文化三年（一八〇六）頃 | 一幅 | 縦三二・〇　横一八・〇 | 東京都江戸東京博物館 |
| 82 | 骨製脇差　歌川広重所用 | | 嘉永五子年（一八五二）晩冬吉日 | 一振 | 縦三四・五　横二・五 | 東京都江戸東京博物館 |
| 83 | 煙草入れ　歌川広重所用 | | 江戸時代後期 | 一個 | 縦九・七　横五・〇 | 東京都江戸東京博物館 |
| 84 | 袂落とし　歌川広重所用 | | 江戸時代後期 | 一個 | 縦七・五　横六・七 | 東京都江戸東京博物館 |
| 85 | 歌川広重遺言状　九月二日付 | 歌川広重 | 安政五年（一八五八）九月二日 | 一通 | 縦一五・四　横四三・四 | 東京都江戸東京博物館 |
| 86 | 歌川広重遺言状　九月三日付 | 歌川広重 | 安政五年（一八五八）九月三日 | 一通 | 縦一六・〇　横六八・六 | 東京都江戸東京博物館 |
| 87 | 歌川広重像（死絵） | 歌川豊国（三代）画 | 安政五年（一八五八） | 一幅 | 縦三六・〇　横二四・五 | 東京都江戸東京博物館 |

## 第四章　士　交流——諸芸修養と人材交流——

| 88-1 | 戯作者考補遺 | 木村黙老著 | 弘化二年（一八四五） | 二冊 | 各縦二六・二　横一八・八　高一・〇 | 東京都・慶應義塾図書館 |
|---|---|---|---|---|---|---|
| 88-2 | 戯作者考補遺（複製） | 木村黙老原著 | ［原資料］弘化二年（一八四五） | 二冊 | 各縦二六・二　横一八・八　高一・〇 | 東京都江戸東京博物館　原資料蔵：慶應義塾図書館 |
| 89 | 登科録 | | 慶応元年（一八六五）正月以降 | 一冊 | 縦二六・五　横一七・七 | 東京都江戸東京博物館 |
| 90 | 甲寅延試考 | 大田南畝著／甯静居写 | 嘉永五年（一八五二）十月写 | 一冊 | 縦二三・八　横一六・七 | 東京都江戸東京博物館 |
| 91 | 湯島聖堂図 | 桜井雪鮮画 | 寛政十一年（一七九九）以降 | 二曲一隻 | 縦一五八・四　横一七五・〇 | 東京都江戸東京博物館 |
| 92 | 昌平坂学問所惣絵図 | | 寛政年間（一七八九〜一八〇一） | 一枚 | 縦一六〇・〇　横二〇八・〇 | 東京都江戸東京博物館 |
| 93 | 寝惚先生文集 | 大田南畝著 | 明和四年（一七六七） | 一冊 | 縦一六・二　横一一・二 | 東京都江戸東京博物館 |
| 94 | 売飴土平伝 | 大田南畝著／鈴木春信画／平賀源内序 | 明和六年（一七六九） | 一冊 | 縦一五・一　横一一・四 | 東京都江戸東京博物館 |
| 95 | 四方のあか | 大田南畝（四方赤良）著 | 天明八年（一七八八） | 全二冊 | 各縦二二・五　横一五・九 | 東京都江戸東京博物館 |

| No. | 指定 | 資料名 | 作者等 | 年代等 | 員数 | 法量cm 縦×横×高 | 所蔵／寄託 |
|---|---|---|---|---|---|---|---|
| 96 | | 紅毛雑話 | 森島中良著 | 天明七年(一七八七) | 五冊 | 各縦二二・八　横一六・一 | 東京都江戸東京博物館 |
| 97 | | 物類品隲 | 平賀源内著 | 宝暦十三年(一七六三) | 六冊 | 各縦二七・二　横一七・二 | 東京都江戸東京博物館 |
| 98 | | 根南志具佐 | 平賀源内著 | 宝暦十三年(一七六三) | 五冊 | 各縦二二・八　横一二・八 | 東京都江戸東京博物館 |
| 99 | | 風流志道軒伝 | 平賀源内著 | 宝暦十三年(一七六三) | 三冊 | 各縦二五・三　横一七・五 | 東京都江戸東京博物館 |
| 100 | | 火浣布略説 | 平賀源内著 | 明和二年(一七六五) | 一冊 | 縦二二・五　横一五・七 | 東京都江戸東京博物館 |
| 101 | | 飛花落葉 | 平賀源内著／大田南畝編 | 天明三年(一七八三) | 一冊 | 縦一四・五　横一〇・五 | 東京都江戸東京博物館 |
| 102-1 | | 川崎平右衛門肖像画 | | 江戸時代 | 一幅 | 本紙：縦八四・七　横四二・〇 | 個人蔵 |
| 102-2 | | 川崎平右衛門肖像画(複製) | | | 一幅 | 縦一七〇・〇　横四八・〇 | 府中市郷土の森博物館 |
| 103 | | 苗字帯刀御免 | | (元文四年(一七三九)) | 一通 | 縦一八・二　横六四・八 | 個人蔵<br>府中市郷土の森博物館保管 |
| 104 | | 武蔵野新田場世話役申付書 | | 元文四年(一七三九)八月 | 一通 | 縦一八・二　横五二・七 | 府中市郷土の森博物館 |
| 105 | | 武蔵野新田存寄一盃ニ可致申渡書 | | 江戸時代中期 | 一通 | 縦一八・四　横七五・〇 | 個人蔵<br>府中市郷土の森博物館保管 |
| 106 | | 高翁家録 | 高木三郎兵衛 | 明治時代以降写 | 一冊 | 縦二四・八　横一七・〇 | 個人蔵<br>府中市郷土の森博物館保管 |
| 107 | | 武蔵野小金井桜順道絵図 | | 嘉永四年(一八五一)以降 | 一枚 | 縦三八・一　横五一・九 | 東京都江戸東京博物館 |
| 108 | | 川崎平左衛門像 | 黄白斎文洲写 | 文化十三年(一八一六)初春 | 一幅 | 縦二〇六・九　横五五・〇 | 府中市郷土の森博物館 |
| 109 | | 一刀流傳書 | | 安政三年(一八五六)写 | 一巻 | 縦三四・五　横二五・五 | 個人蔵<br>東京都江戸東京博物館寄託 |
| 110 | | 洋風日本風俗画帖 | | 幕末 | 一帖 | 縦一九・二　横二八・七　高一・二 | 東京都江戸東京博物館 |
| 111 | | 『幕末日本図絵』挿絵　日本の撃剣 | A・アンベール著 | 一八七〇年以前 | 一枚 | 縦二八・九　横二〇・〇 | 東京都江戸東京博物館 |
| 112 | | 撃剣会 | 月岡芳年画 | 明治六年(一八七三) | 三枚続 | 縦三七・二　横七六・二 | 東京都江戸東京博物館 |
| 113 | | 撃剣会・赤松軍太夫と小川清武 | 歌川国輝(二代)画 | 明治六年(一八七三) | 三枚続 | 縦三六・二　横七四・一 | 東京都江戸東京博物館 |
| 114 | | 鉄杖翁画賛　井上貫流左衛門家伝来 | | 江戸時代中期 | 一枚 | 縦二〇・七　横二四・六 | 東京都江戸東京博物館 |
| 115 | | 蝦夷地タカシマにおける鉄砲訓練の図<br>井上貫流左衛門家伝来 | 井上鎌七郎画 | 文化五年(一八〇八) | 一枚 | 縦三三・〇　横四七・五 | 東京都江戸東京博物館 |
| 116 | | 蝦夷地タカシマ御用旗<br>井上貫流左衛門(初代)所用 | | 江戸時代後期 | 一旒 | 縦九〇・四　横六七・三 | 東京都江戸東京博物館 |
| 117 | | 火縄銃　井上貫流左衛門家伝来 | | 江戸時代 | 一挺 | 縦八・〇　横七・五　長一〇八・七 | 東京都江戸東京博物館 |
| 118 | | 火縄銃　井上貫流左衛門家伝来 | | 江戸時代 | 一挺 | 縦七・〇　横四・〇　長七九・八 | 東京都江戸東京博物館 |

| 番号 | 資料名 | 作者 | 年代 | 員数 | 法量 | 所蔵 |
|---|---|---|---|---|---|---|
| 119 | 当流軍学起請文 井上貫流左衛門家伝来 | 大内吉右衛門・他一八名 | 明和四年(一七六七)〜文化八年(一八一一) | 一通 | 縦三四・五 横一〇五・七 | 東京都江戸東京博物館 |
| 120 | 天罰起請文前書之事 井上貫流左衛門家伝来 | 土谷沖右衛門・他九五名 | 文化六年(一八〇九)〜弘化三年(一八四六) | 一巻 | 縦一八・三 横七〇六・〇 | 東京都江戸東京博物館 |
| 121 | 血判針 井上貫流左衛門家伝来 | | 江戸時代後期 | 一本 | 縦四・四 横〇・三 | 東京都江戸東京博物館 |
| 122 | 井上貫流先生平山子龍先生散策之図 井上貫流左衛門家伝来 | | 江戸時代後期 | 一幅 | 縦一〇九・九 横四八・〇 | 東京都江戸東京博物館 |
| 123 | 盟誓前書之事 井上貫流左衛門家伝来 | 平山行蔵 | 享和二年(一八〇二)五月十五日 | 一通 | 縦三二・二 横四五・五 | 東京都江戸東京博物館 |
| 124 | 鳥居強右衛門磔図旗指物写 井上貫流左衛門家伝来 | | 江戸時代後期 | 一枚 | 縦四〇・七 横二八・八 | 東京都江戸東京博物館 |

## 第五章 士 一新―時代はかけめぐる―

| 番号 | 資料名 | 作者 | 年代 | 員数 | 法量 | 所蔵 |
|---|---|---|---|---|---|---|
| 125-1 | 文久遣欧使節団肖像写真 正使 竹内下野守保徳 | イポリット・ロビヤール撮影 | 文久二年(一八六二) | 一枚(二四枚の内) | 縦四三・五 横三五・〇 | 外務省外交史料館 |
| 125-2 | 文久遣欧使節団肖像写真 副使 松平石見守康直 | イポリット・ロビヤール撮影 | 文久二年(一八六二) | 一枚(二四枚の内) | 縦四三・〇 横三四・五 | 外務省外交史料館 |
| 125-3 | 文久遣欧使節団肖像写真 目付 京極能登守高朗 | イポリット・ロビヤール撮影 | 文久二年(一八六二) | 一枚(二四枚の内) | 縦四二・三 横三四・二 | 外務省外交史料館 |
| 125-4 | 文久遣欧使節団肖像写真 組頭 柴田貞太郎 | イポリット・ロビヤール撮影 | 文久二年(一八六二) | 一枚(二四枚の内) | 縦四三・〇 横三三・七 | 外務省外交史料館 |
| 125-5 | 文久遣欧使節団肖像写真 勘定役 日高圭三郎 | イポリット・ロビヤール撮影 | 文久二年(一八六二) | 一枚(二四枚の内) | 縦四三・〇 横三四・六 | 外務省外交史料館 |
| 125-6 | 文久遣欧使節団肖像写真 調役並 岡崎藤左衛門 | イポリット・ロビヤール撮影 | 文久二年(一八六二) | 一枚(二四枚の内) | 縦四二・四 横三四・二 | 外務省外交史料館 |
| 125-7 | 文久遣欧使節団肖像写真 定役元締 上田友輔 | イポリット・ロビヤール撮影 | 文久二年(一八六二) | 一枚(二四枚の内) | 縦四三・〇 横三三・七 | 外務省外交史料館 |
| 125-8 | 文久遣欧使節団肖像写真 同心 斎藤大之進 | イポリット・ロビヤール撮影 | 文久二年(一八六二) | 一枚(二四枚の内) | 縦四二・七 横三四・四 | 外務省外交史料館 |
| 125-9 | 文久遣欧使節団肖像写真 徒目付 福田作太郎 | イポリット・ロビヤール撮影 | 文久二年(一八六二) | 一枚(二四枚の内) | 縦四二・一 横三五・四 | 外務省外交史料館 |
| 125-10 | 文久遣欧使節団肖像写真 小人目付 高松彦三郎 | イポリット・ロビヤール撮影 | 文久二年(一八六二) | 一枚(二四枚の内) | 縦四四・二 横三四・二 | 外務省外交史料館 |
| 125-11 | 文久遣欧使節団肖像写真 小人目付 山田八郎 | イポリット・ロビヤール撮影 | 文久二年(一八六二) | 一枚(二四枚の内) | 縦四二・五 横三三・三 | 外務省外交史料館 |
| 125-12 | 文久遣欧使節団肖像写真 通詞 福地源一郎 | イポリット・ロビヤール撮影 | 文久二年(一八六二) | 一枚(二四枚の内) | 縦四二・四 横三五・一 | 外務省外交史料館 |

| No. | 指定 | 資料名 | 作者等 | 年代等 | 員数 | 法量cm 縦×横×高 | 所蔵／寄託 |
| --- | --- | --- | --- | --- | --- | --- | --- |
| 125-13 | | 文久遣欧使節団肖像写真 通詞・唐通事 太田源三郎 | イポリット・ロビヤール撮影 | 文久二年（一八六二） | 一枚（二四枚の内） | 縦四二・七 横三四・四 | 外務省外交史料館 |
| 125-14 | | 文久遣欧使節団肖像写真 通詞・外国方翻訳局員 福沢諭吉 | イポリット・ロビヤール撮影 | 文久二年（一八六二） | 一枚（二四枚の内） | 縦四二・五 横三四・四 | 外務省外交史料館 |
| 125-15 | | 文久遣欧使節団肖像写真 通詞・外交方翻訳局員 立広作 | イポリット・ロビヤール撮影 | 文久二年（一八六二） | 一枚（二四枚の内） | 縦四二・七 横三三・一 | 外務省外交史料館 |
| 125-16 | | 文久遣欧使節団肖像写真 翻訳方兼医師 箕作秋坪 | イポリット・ロビヤール撮影 | 文久二年（一八六二） | 一枚（二四枚の内） | 縦四二・〇 横三四・九 | 外務省外交史料館 |
| 125-17 | | 文久遣欧使節団肖像写真 医師 高島祐啓 | イポリット・ロビヤール撮影 | 文久二年（一八六二） | 一枚（二四枚の内） | 縦四二・六 横三四・五 | 外務省外交史料館 |
| 125-18 | | 文久遣欧使節団肖像写真 医師 川崎道民 | イポリット・ロビヤール撮影 | 文久二年（一八六二） | 一枚（二四枚の内） | 縦四二・一 横三三・八 | 外務省外交史料館 |
| 125-19 | | 文久遣欧使節団肖像写真 竹内下野守家来 長尾丈輔 | イポリット・ロビヤール撮影 | 文久二年（一八六二） | 一枚（二四枚の内） | 縦四三・〇 横三二・五 | 外務省外交史料館 |
| 125-20 | | 文久遣欧使節団肖像写真 松平石見守家来 市川渡 | イポリット・ロビヤール撮影 | 文久二年（一八六二） | 一枚（二四枚の内） | 縦四四・三 横三二・〇 | 外務省外交史料館 |
| 125-21 | | 文久遣欧使節団肖像写真 京極能登守家来 岩崎豊太夫 | イポリット・ロビヤール撮影 | 文久二年（一八六二） | 一枚（二四枚の内） | 縦四三・七 横三四・三 | 外務省外交史料館 |
| 125-22 | | 文久遣欧使節団肖像写真 伊勢屋八兵衛手代 重兵衛 | イポリット・ロビヤール撮影 | 文久二年（一八六二） | 一枚（二四枚の内） | 縦四二・二 横三四・〇 | 外務省外交史料館 |
| 125-23 | | 文久遣欧使節団肖像写真 勘定格調役 淵辺徳蔵 | イポリット・ロビヤール撮影 | 文久二年（一八六二） | 一枚（二四枚の内） | 縦四三・〇 横三三・七 | 外務省外交史料館 |
| 125-24 | | 文久遣欧使節団肖像写真 調役格通弁御用頭取 森山多吉郎 | イポリット・ロビヤール撮影 | 文久二年（一八六二） | 一枚（二四枚の内） | 縦四二・五 横三四・一 | 外務省外交史料館 |
| 126 | | 野々村忠実肖像写真 於サンフランシスコ | | 万延元年（一八六〇） | 一点 | 縦一二・一 横九・五 | 東京都写真美術館 |
| 127 | | 野々村忠実肖像写真 於ニューヨーク | | 万延元年（一八六〇） | 一点 | 縦九・七 横八・五 | 東京都写真美術館 |
| 128 | | 野々村忠実のアメリカからの持ち帰り品 ガラス小鉢 | | 十九世紀中期 | 一点 | 径一七・五 横三・七 | 東京都江戸東京博物館 |
| 129 | | 野々村忠実のアメリカからの持ち帰り品 オペラグラス | | 十九世紀中期 | 一点 | 縦七・二 横一〇・六 高二一・九 | 東京都江戸東京博物館 |
| 130 | | 野々村市之進所用の品々 矢立并筆 | | 幕末 | 一点 | 縦一八・四 横二・五 高三・二 | 東京都江戸東京博物館 |
| 131 | | 野々村市之進所用の品々 手鏡 | | 幕末 | 一点 | 縦七・三 横一〇・六 高〇・四 | 東京都江戸東京博物館 |
| 132 | | 野々村市之進所用の品々 棹秤 | | 幕末 | 一点 | 縦二七・一 横八・四 高二・二 | 東京都江戸東京博物館 |
| 133 | | 野々村市之進所用の品々 一閑張文箱 | | 幕末 | 一点 | 縦二〇・五 横七・一 高二・八 | 東京都江戸東京博物館 |

| 134 | 野々村市之進所用の品々　丸型四段重印籠 | | 幕末 | 一点 | 縦八・二　横二・三　高八・二 | 東京都江戸東京博物館 |
|---|---|---|---|---|---|---|
| 135 | 野々村市之進所用の品々　提げ金具付更紗小物入 | | 幕末 | 一点 | 縦一五・〇　横四・〇　高一二・五 | 東京都江戸東京博物館 |
| 136 | 野々村市之進所用　火縄式馬上銃 | 井川重兵衛作 | 幕末 | 一挺 | 縦五九・〇　横五・五　高八・三 | 東京都江戸東京博物館 |
| 137 | 野々村市之進所用　鉄砲玉入　革製 | | 幕末 | 一個 | 縦五・〇　横二・五　高八・〇 | 東京都江戸東京博物館 |
| 138 | 野々村市之進所用　鉄砲玉入　羅紗製 | | 幕末 | 一個 | 縦五・六　横二・五　高七・五 | 東京都江戸東京博物館 |
| 139 | 野々村市之進所用　口薬入 | | 幕末 | 一個 | 縦五・八　横二・〇　高九・五 | 東京都江戸東京博物館 |
| 140 | 脇差　銘「長運斎綱俊」 | | 天保十四年（一八四三）三月 | 一振 | 縦四六・二　横五・五　高三・八 | 東京都江戸東京博物館 |
| 141 | 短刀　銘「備州長船住清光」 | | 天文二年（一五三三）八月 | 一振 | 縦四二・八　横四・五 | 東京都江戸東京博物館 |
| 142 | 講武所規則 | | 文久元年（一八六一） | 一冊 | 縦二三・一　横一五・八 | 国立歴史民俗博物館 |
| 143 | かん打銃（銘「於講武所模造」） | | 幕末 | 一挺 | 全長一二九・五 | 東京都・靖國神社遊就館 |
| 144 | 調練足並略図 | | 安政年間（一八五四～一八六〇） | 一枚 | 縦三七・〇　横五一・〇 | 国立歴史民俗博物館 |
| 145 | 韮山笠 | | 幕末 | 一頭 | 横五一・〇　高二七・五 | 国立歴史民俗博物館 |
| 146 | 萌葱羅紗地レクション羽織 | | 幕末 | 一領 | 身丈九三・〇　裄行六八・四<br>袖丈三六・〇 | 東京都江戸東京博物館 |
| 147 | 半太鼓 | | 十九世紀 | 一鼓 | 面四〇・〇　胴二〇・五 | 国立歴史民俗博物館 |
| 148 | 四斤山砲　砲弾 | | 幕末 | 一弾 | 高一六・七 | 江戸東京たてもの園 |
| 149 | 午砲 | | 幕末 | 一門 | 縦三四四・〇　横四五・〇 | 江戸東京たてもの園 |
| 150 | 勝海舟肖像写真 | | 慶応年間（一八六五～一八六八）以前 | 一枚 | 縦一〇・一　横六・二 | 名古屋市博物館 |
| 151 | 御鉄砲玉薬組　御由緒書 | | 宝永三年（一七〇六）二月成立 | 一冊 | 縦二四・六　横一七・〇 | 東京都江戸東京博物館 |
| 152 | 夢酔独言 | 左衛門太郎入道<br>夢酔老著 | 天保十四年（一八四三） | 一冊 | 縦二二・五　横一六・五 | |
| 153 | 『ヅーフハルマ』写本 | | 嘉永元年（一八四八）完写 | 十冊 | 縦二五・〇　横一九・〇 | |
| 154 | 書額「海舟書屋」 | | 弘化元年（一八四四）頃 | 一点 | 縦三一・五　横一〇四・〇 | 東京都江戸東京博物館 |
| 155 | 勝麟太郎宛勝信書状 | | 安政三～五年<br>（一八五六～一八五八）七月六日 | 一通 | 縦一六・三　横七八・五 | 名古屋市博物館 |
| 156 | 掌記一 | 勝海舟筆 | 安政二年（一八五五）以降 | 一冊 | 縦一八・五　横一二・五 | 東京都江戸東京博物館 |
| 157 | クララを囲んで（梶梅太郎と家族写真） | | 明治十九～明治三十三年<br>（一八八六～一九〇〇） | 一枚 | 縦一二・〇　横二〇・五 | 名古屋市博物館 |
| 158 | 小笠原島真景図　咸臨丸洋中風波之図 | | 幕末～明治時代初期 | 一冊 | 縦二七・七　横一九・八　高五・六 | 東京都江戸東京博物館 |
| 159 | 火事装束　勝海舟所用 | | 幕末 | 一式 | 縦一〇二・〇　横一二七・〇 | |

| No. | 指定 | 資料名 | 作者等 | 年代等 | 員数 | 法量cm 縦×横×高 | 所蔵／寄託 |
|---|---|---|---|---|---|---|---|
| 160 | | 野袴　勝海舟所用 | | 幕末 | 一式 | 縦八二・〇　横五三・〇 | |
| 161 | | 大紋・長袴　勝海舟所用 | | 幕末 | 一式 | 大紋：縦七一・〇　横一五五・〇<br>長袴：縦一三八・〇　横五八・〇 | |
| 162 | | 裃（肩衣・袴）　勝海舟所用 | | 幕末 | 一式 | 肩衣：縦七八・〇　横六九・〇<br>半袴：縦八八・〇　横一〇一・〇 | |
| 163 | | 江戸城明渡の帰途（勝海舟江戸開城図） | 川村清雄画 | 明治十八年（一八八五） | 一枚 | 縦一一九・八　横六一・四 | 東京都江戸東京博物館 |
| 164 | | 勝海舟肖像 | | 明治時代中期 | 一枚 | 本紙：縦四二・二　横三四・八 | 東京都江戸東京博物館 |
| 165 | | 勝民子・疋田孝子・内田夢子・目賀田逸子 | | 明治二十四年（一八九一）三月 | 一枚 | 本紙：縦一三・三　横九・一 | 名古屋市博物館 |
| 166 | | 長男小鹿宛勝海舟漢詩 | 勝海舟作筆 | 慶応三年（一八六七） | 一幅 | 縦一一四・二　横四一・七 | 東京都江戸東京博物館 |
| 167 | | 勝小鹿肖像写真（於アメリカ） | | 明治十二年（一八七九） | 一枚 | 縦一〇・六　横六・三 | 名古屋市博物館 |
| 168 | | 勝小鹿肖像写真 | 清水東谷撮影 | 明治二十五年（一八九二）頃 | 一枚 | 縦一〇・六　横六・三 | 名古屋市博物館 |
| 169 | | 高橋泥舟先生肖像写真 | | 明治時代 | 一点 | 縦二六・二　横一八・七 | 東京都江戸東京博物館 |
| 170 | | 思い出の記 | 高橋泥舟筆 | 江戸時代後期 | 一冊 | 縦二五・二　横一七・四 | 東京都江戸東京博物館 |
| 171 | | 穴沢流兵法長刀目録 | | 天保三年（一八三二）二月 | 一帖 | 全紙：縦一九・〇　横二二一・〇 | 東京都江戸東京博物館 |
| 172 | | 親類書・遠類書（高橋家） | 高橋謙三郎 | 万延元年（一八六〇） | 一冊 | 縦二一・六　横一三・八 | 東京都江戸東京博物館 |
| 173 | | 死絵　山岡静山 | 高橋泥舟写 | 明治時代 | 一枚 | 縦四二・二　横二九・六 | 東京都江戸東京博物館 |
| 174 | | 「静山覚書」一・二 | 高橋泥舟写 | 江戸時代後期 | 二冊 | 一巻：縦二四・四　横三三・二<br>二巻：縦二四・八　横一七・〇 | 東京都江戸東京博物館 |
| 175 | | 孫養子願一件 | （高橋義左衛門包承） | 安政二年（一八五五）以降 | 一冊 | 縦二四・八　横一七・六 | 東京都江戸東京博物館 |
| 176 | | 刃心流初中後之巻 | 山岡紀一郎正視 | 嘉永六年（一八五三）正月 | 一巻 | 縦一八・三　横三七七・六 | 東京都江戸東京博物館 |
| 177 | | 幽中詩稿 | 高橋泥舟 | 文久三年（一八六三）頃 | 一冊 | 縦七・七　横一六・二 | 東京都江戸東京博物館 |
| 178 | | 詩稿 | 高橋泥舟 | 文久二～文久三年<br>（一八六二～一八六三） | 一冊 | 縦一五・八　横一一・二 | 東京都江戸東京博物館 |
| 179 | | 履歴 | 藤原政晃（高橋泥舟）識 | 明治二十四年（一八九一） | 一冊 | 縦二七・二　横二〇・二 | 東京都江戸東京博物館 |
| 180 | | 泥舟茶碗 | | | 一式<br>（佐渡焼五碗・寒山焼五碗） | 佐渡焼：縦九・七　横四・八<br>寒山焼：縦九・七　横四・八 | 東京都江戸東京博物館 |
| 181 | | 開基鉄舟居士肖像 | 渡辺幽香画／山岡鉄舟賛 | 明治十九年（一八八六）十一月 | 一幅 | 縦一〇八・〇　横三八・三 | 東京都・全生庵 |
| 182 | | 開基鉄舟居士肖像 | 天龍寺滴水賛 | | 一幅 | 本紙：縦九八・〇　横四一・〇 | 東京都・全生庵 |

| No. | 指定 | 名称 | 作者等 | 時代 | 員数 | 法量 | 所蔵 |
|---|---|---|---|---|---|---|---|
| 183 | | 年中家例覚 | 山岡正業 | 弘化三年(一八四六)六月改記 | 一冊 | 縦二三・五 横一〇・一 | 東京都・全生庵 |
| 184 | | 鉄舟胴乱 | | 幕末 | 一個 | 縦一七・五 横一二・七 高四・五 | 東京都・全生庵 |
| 185 | | 山岡鉄舟佩刀 銘家吉 | | | 一口 | 全長七三・〇 反り一・五 | 金沢市立玉川図書館近世史料館 |
| 186 | | 無刀流剣法修行規則 | | 明治十三年(一八八〇) | 一冊 | 縦二六・七 横一九・一 高五・八 | 金沢市立玉川図書館近世史料館 |
| 187 | | 一刀流兵法目録 | 浅利義明 | 明治十四年(一八八一)一月三十日 | 一巻 | 縦二二・八 横五四二・三 | 金沢市立玉川図書館近世史料館 |
| 188 | | 一刀流允可状 | 小野業雄忠政 | 明治十八年(一八八五)三月 | 一枚 | 縦三六・一 横四三・〇 | 金沢市立玉川図書館近世史料館 |
| 189 | | 春風館掟 | | 明治十七年(一八八四)九月 | 一枚 | 本紙：縦一七・一 横二五・〇 | 金沢市立玉川図書館近世史料館 |
| 190 | | 山岡先生と門弟稽古図 | | 明治時代 | 二枚 | 縦二四・二 横三三・三<br>縦二四・三 横三三・二 | 東京都・全生庵 |
| 191 | | 誓願札 | | 明治時代 | 四枚 | 各縦七八・五～七九・六<br>横一一・二～一二・七<br>高〇・六～〇・八 | 東京都・全生庵 |
| 192 | | 鉄舟最後の稽古着 | | 明治二十一年(一八八八) | 一着 | 縦一〇〇・五 桁行一二八・〇 | 東京都・全生庵 |
| 193 | | 山岡鉄舟所用 手慣らし木扇 | 山岡鉄舟賛 | | 一本 | 縦三二・一 横二・〇<br>高三・〇 | 東京都江戸東京博物館 |
| 194 | | 瓶割刀由緒 | 高橋泥舟 | 明治二十五年(一八九二) | 一冊 | 縦二七・八 横二〇・二 | 東京都江戸東京博物館 |
| 195 | | 山岡鉄舟の追悼文 | 高橋泥舟誌 | 明治二十八年(一八九五)五月 | 一枚 | 縦二七・六 横四〇・〇 | 東京都江戸東京博物館 |
| 196 | | 徳川治蹟 年間記事 十五代徳川慶喜公 | 月岡芳年画 | 明治時代前期 | 三枚続 | 縦三五・一 横七〇・五 | 東京都江戸東京博物館 |
| 197 | | 教導立志基 徳川慶喜 | 小林清親画 | 明治時代 | 一枚 | 縦三五・六 横二四・二 | 東京都江戸東京博物館 |
| 198-1 | 重文 | 旧江戸城写真ガラス原板 江戸城半蔵門 | 横山松三郎撮影 | 明治四年(一八七一) | 一枚(一九枚の内) | 縦二三・〇 横二九・八 | 東京都江戸東京博物館 |
| 198-2 | 重文 | 旧江戸城写真ガラス原板 江戸城上梅林門と二ノ丸喰違門 | 横山松三郎撮影 | 明治四年(一八七一) | 一枚(一九枚の内) | 縦二三・〇 横二九・八 | 東京都江戸東京博物館 |
| 198-3 | 重文 | 旧江戸城写真ガラス原板 江戸城外桜田門と桜田堀 | 横山松三郎撮影 | 明治四年(一八七一) | 一枚(一九枚の内) | 縦二三・〇 横二九・八 | 東京都江戸東京博物館 |
| 198-4 | 重文 | 旧江戸城写真ガラス原板 江戸城本丸書院二重櫓と重箱二重櫓 | 横山松三郎撮影 | 明治四年(一八七一) | 一枚(一九枚の内) | 縦二三・〇 横二九・八 | 東京都江戸東京博物館 |
| 198-5 | 重文 | 旧江戸城写真ガラス原板 江戸城三日月堀より紅葉山下門・蓮池門方向 | 横山松三郎撮影 | 明治四年(一八七一) | 一枚(一九枚の内) | 縦二三・〇 横二九・八 | 東京都江戸東京博物館 |
| 198-6 | 重文 | 旧江戸城写真ガラス原板 江戸城和田蔵門 | 横山松三郎撮影 | 明治四年(一八七一) | 一枚(一九枚の内) | 縦二三・〇 横二九・八 | 東京都江戸東京博物館 |

| No. | 指定 | 資料名 | 作者等 | 年代等 | 員数 | 法量cm 縦×横×高 | 所蔵／寄託 |
|---|---|---|---|---|---|---|---|
| 198-7 | 重文 | 旧江戸城写真ガラス原板　江戸城田安門 | 横山松三郎撮影 | 明治四年（一八七一） | 一枚（二九枚の内） | 縦一三・〇　横一九・八 | 東京都江戸東京博物館 |
| 198-8 | 重文 | 旧江戸城写真ガラス原板　江戸城大手門 | 横山松三郎撮影 | 明治四年（一八七一） | 一枚（二九枚の内） | 縦一三・〇　横一九・八 | 東京都江戸東京博物館 |

## エピローグ　サムライ、新たな生き様

| No. | 指定 | 資料名 | 作者等 | 年代等 | 員数 | 法量cm 縦×横×高 | 所蔵／寄託 |
|---|---|---|---|---|---|---|---|
| 199 | | 和装西洋男女図 | | 明治時代前期 | 一組（二点） | 各縦一三六・八　横五九・八 | 東京都江戸東京博物館 |
| 200 | | サヴォイ劇場での新喜歌劇ミカド（「絵入りロンドンニュース」より） | | 一八八五年四月四日 | 一枚 | 縦四一・〇　横二八・〇 | 東京都江戸東京博物館 |
| 201 | | ケンジントンの日本人村（「絵入りロンドンニュース」より） | | 一八八五年二月二十一日 | 一枚 | 縦四一・〇　横二八・〇 | 東京都江戸東京博物館 |
| 202 | | 侯爵大礼服　西郷寅太郎所用 | | 明治三十五年（一九〇二） | 一式 | 上着：身丈八七・四　裄丈五七・〇　袖丈五五・七　ズボン：着丈一〇七・五　股下八九・七　胴幅四四・六　チョッキ：縦五三・六　横四六・六　帽子：横五六・〇　高二六・二　サーベル：長八一・五 | 東京都江戸東京博物館 |
| 203 | | 川村龍水肖像 | 川村清雄画 | 明治時代中期 | 一枚 | 縦四四・〇　横三五・〇 | 東京都江戸東京博物館 |
| 204 | | 川村帰元肖像 | | 明治三十七年（一九〇四） | 一枚 | 縦一八・〇　横一二・五 | 東京都江戸東京博物館 |
| 205 | | 川村清雄宛川村帰元書簡断片 | | 明治二十三年（一八九〇）八月二十九日 | 一通 | 縦二四・三　横三・四 | 東京都江戸東京博物館 |
| 206 | | 川村清雄弔辞 | | 明治四十五年（一九一二）二月十三日 | 一枚 | 縦三六・〇　横四九・五 | 東京都江戸東京博物館 |
| 207 | | 「都新聞」第八六一六号　星兜に四半の差物（川村清雄画伯両親の葬儀） | | 明治四十五年（一九一二）二月十四日（市内版） | 一部 | 縦五五・二　横八〇・七 | 東京都江戸東京博物館 |
| 参考図版 | | 井上廉肖像写真 | | 明治十二年（一八七九）御下命 | | | 原資料蔵：宮内庁三の丸尚蔵館 |
| 208 | | 申渡（井上廉八会計官筆生申付） | （会計官） | 明治元年（一八六八）十月 | 一通 | 縦一九・七　横三八・〇 | 東京都江戸東京博物館 |
| 209 | | 位記（井上廉勅任官二等に叙す） | 内閣総理大臣従二位勲一等伯爵山県有朋奉 | 明治二十三年（一八九〇）六月十日 | 一通 | 縦二三・〇　横三〇・九 | 東京都江戸東京博物館 |
| 210 | | 辞令（井上廉願に依り兼官を免ず） | 内閣 | 明治二十六年（一八九三）十月十六日 | 一通 | 縦二二・七　横三〇・八 | 東京都江戸東京博物館 |

# 謝辞

本展の開催ならびに本図録の編集にあたり、貴重な作品を貸与され、またご協力を賜りました博物館・関係諸機関・諸氏、またここにお名前を記すことを差し控えさせていただいたご所蔵者・ご協力者の皆様に厚く御礼申し上げます。（五十音順・敬称略）

【団体】

大阪歴史博物館
外務省外交史料館
金沢市立玉川図書館近世史料館
宮内庁三の丸尚蔵館
慶應義塾図書館
国立歴史民俗博物館
浄見寺
関ヶ原町歴史民俗資料館
全生庵
千葉県立中央博物館大多喜城分館
東京国立博物館
東京都写真美術館
遠山講
公益財団法人徳川黎明会
公益財団法人徳川黎明会　徳川美術館
公益財団法人徳川黎明会　徳川林政史研究所
豊川市桜ヶ丘ミュージアム
名古屋市博物館
日誠不動産株式会社
府中市郷土の森博物館
丸の内ギャラリー
靖國神社遊就館

【個人】

緒方亜美
飯沼暢康
岩佐伸一
大岡里江
大岡秀朗
大澤研一
勝知子
加藤和俊
兼沢謙一
川崎英子
川村喜久
倉持隆
桒原将人
佐久間健
塩川隆文
鈴木佳子
関紀子
関次和子
高橋覚
竹本春二
津田卓子
西村慎太郎
羽柴亜弥
花木知子
原史彦
バイビコフ・エレナ
樋口知明
深井雅海
藤田英昭
古谷英二
星幸宏
星屋光良
松尾美恵子
松田好史
光田由里
嶺島英寿
宮下和幸
本林義範
森谷文子
山田孝子
渡辺善司

# Samurai—Peacekeeping Contributors in Edo Period

## Legend

This catalogue has been published in book form to accompany *the Samurai – Peacekeeping Contributors in Edo Period* special exhibition, organized jointly by the Tokyo Metropolitan Foundation for History and Culture, the Edo-Tokyo Museum and the Asahi Shimbun Company, which runs from September 14 (Sat.) to November 4 (Monday, national holiday), 2019,.

The planning of this exhibition, together with the text in the chapters, sections, exhibits, columns, etc., was carried out by curators of the Edo-Tokyo Museum, TAHARA Noboru, KOSAKAI Daigo and OKATSUKA Akiko.

The exhibit numbers in this catalogue correspond with those in the exhibition, but the order in which they appear may sometimes differ.

Information concerning the exhibits appears in the following order: number, designation (national treasure, important cultural property, various local government designations, etc.), exhibit name, provenance, artist name, etc., production year, quantity, owner, and a short explanation. The surname of the author of each explanation appears at the end.

Information appears in the list of exhibits in the following order: number, designation, exhibit name, provenance, artist name, etc., production year, quantity, dimensions (in centimeters), owner.

All items shown in this exhibition are included in the list of exhibits but changes may be found necessary during the course of the exhibition. As a result, some items in the list may not be on display at a particular time. Items that appear as reference material in this catalogue but do not comprise part of the exhibition have no exhibit number.

Exhibit names generally follow those used by their owners, however, in order to standardize the terms used and the contents of the exhibition, some names may be changed.

In most cases, photographs of the exhibits are those provided by the owners or those entrusted with the work. When other photographs are used, the name of the photographer/provider appears at the end of the book.

Commentary is by Tahara and Kosakai.

English translation by Gavin Frew.

## Introduction

One of the keywords used when describing Japan, both here and abroad, is 'samurai', but the image created by this word varies from person to person. The samurai were known by a variety of names—buke, bushi, samurai, rōnin etc.—but it can hardly be said that people today use these words with a proper understanding of their historical backgrounds. This exhibition will look at the lives and work of the samurai who lived during the Edo period, the time when the modern image of the samurai was formed, in an attempt to rediscover what they were truly like.

The exhibition does not limit itself to the abstract image of the samurai that appears in books on bushidō [the way of the samurai], rather it focuses on the city of Edo, the Shogun's capital and one of the largest cities in the world at that time, looking at the activities of the samurai as they appear in this landscape through paintings, writings and old photographs. In addition, it will present numerous items that were passed down through samurai families, both famous and unknown, to look at the lives of the samurai who were a familiar sight on the city streets. It will try to recreate an image of the samurai who lived in or around the great city of Edo, which at the time boasted the largest population of samurai in the country.

In closing, we would like to offer our sincerest gratitude to all those who lent the valuable items on display here as well as to everybody else who contributed to make this exhibition possible.

The Organizers
September 2019

## PROLOGUE

# The Urbanization of the Samurai

During the final stages of the Civil War period, which lasted for almost 150 years, ODA Nobunaga and TOYOTOMI Hideyoshi strove to unify the country, while also building vast castle towns at Azuchi, Osaka, Fushimi, etc. The huge castles, symbolized by towering donjons, also contained palaces with large halls that functioned as political and ceremonial centers. Surrounding them were the castle towns, consisting of the residences of the samurai and housing for the common people, forming economic and commercial centers. Finally, after the Battle of Sekigahara and the sieges of Osaka Castle, TOKUGAWA Ieyasu succeeded in uniting the country and began construction of his capital in Edo, a vast castle town as befitting the ruler of the nation.

Once the city was established in this way, it became home to a large variety of samurai, including retainers of the Shōgun and the daimyō [feudal lords], who worked night and day in their role as government officials to maintain the peace of the nation, together with the commoners who provided the commercial foundation for their consumer lifestyle. At the time, this vast castle town was one of the largest cities in the world and boasted the largest samurai population in the country. Within this tableau, countless samurai, both famous and unknown, carried out their duties and were a common sight to the people of the city.

'Samurai' is one of the keywords used people today, both here and abroad, when describing their image of Japan, but it has become a vague concept, incorporating people from variety of ranks and backgrounds. The aim of this exhibition is to recreate the lives and work of these samurai that could be glimpsed by the ordinary people on a daily basis and to present a true image of these iconic warriors.

### 1. The Samurai Capital, Edo —Various Aspects of Peace

Genre paintings of the city of Edo feature various buildings and natural scenes, but they also portray numerous people, all with characteristic features. They are differentiated between by sex, clothing, hairstyle, etc., but among them we see people here and there who appear to have two stick-like objects thrust through their sashes. These two sticks are actually swords and they distinguish the people carrying them as being samurai. The samurai fit into the urban scenes without seeming out of place and as befitting the samurai capital of the country, the samurai and townsfolk mix together, pursuing a variety of lifestyles.

### 2. The History of the Warrior Class —Who Were the Samurai?

From ancient times up to the Meiji Restoration in the mid-nineteenth century, warriors of various forms have played an important role in Japanese history. They adopted a variety of names: *tsuwamono, ikusabito, samurai, bushi, mononofu, buke,* etc., but fundamentally they were all people who carried arms. However, the way in which they participated in battles varied greatly depending on period and their rank, and despite being a martial class, there were those who simply carried weapons as a symbol of their class. During the extended period of peace of the Edo period (1603–1868) the two swords worn by the samurai became more significant an indicator of their rank as retainers of the *Shōgun* or *daimyō*.

## SECTION ONE

# Samurai —Their Transformation From Warrior to Bureaucrat

Having achieved victory at the Battle of Sekigahara (1600) and the Sieges of Osaka Castle (1614–15), TOKUGAWA Ieyasu finally achieved the unification of the country. This brought an end to the period of civil war and for over 200 years there were no major conflicts in Japan; it was truly a period of peace and tranquility.

During this time, the samurai, whose sole *raisin d'être* had been to fight, continued to serve under the shogunate or daimyō [feudal lords], congregating in Edo or the castle towns within each of the domains. At the same time, in order to achieve stable control over society, the government and daimyō found themselves forced to become bureaucrats with the result that in addition to the samurai who formed the '*Bankata*' [bodyguards for their lord, guarding the castle and bringing order to the city streets], the role of the '*Yakukata*' [those involved in administration and finance] became increasingly important. As a result, during the Edo period, it was the samurai who preserved the peace.

In this way, during the transformation from the conflict of the civil war to the era of peace, the warriors who had previously found recognition on the battlefield with a spear became transformed into 'bureaucrats' who ran the affairs of state.

### 1. Retainers Supplanting His Lord —An Army For Times of Peace

Even during the extended era of peace that resulted from TOKUGAWA Ieyasu's unification of the country, the samurai who served the central government or feudal lords were organized militarily so should conflict break out, they could be mobilized immediately. During the Edo period, these armies were divided into various sections, such as: cavalry, foot soldiers (matchlock guns, spears, bows) and transport corps, all of them being independent fighting units expected to fight and provision themselves. This military structure of the samurai armies was later adapted to serve the bureaucratic system created by the samurai during the Edo period.

### 2. National Construction —Mobilization in Time of Peace

Under the rule of TOYOTOMI Hideyoshi and during the early years of the shogunate, established in Edo under TOKUGAWA Ieyasu, daimyō throughout the country were mobilized to fight on behalf of the government until finally they succeeded in the unifying the country. However, once the Edo shogunate had established its control over the entire country, there was no more fighting and so instead of military service, the daimyō were mobilized to carry out large-scale building works in the name of 'national construction'. In addition to the construction of castles, in Edo, Sunpu, Nagoya, Osaka, etc., this system also saw the construction of towns and the maintenance of roads and rivers throughout the country. The daimyō and the samurai working under them utilized the workers, materials and other skills that they had developed through fighting to carry out these construction works.

### 3. Unification of the Country —Processions to Serve the Shōgun and the Customs of Hunting

Following the Summer Siege of Osaka Castle (1615) and the downfall of the Toyotomi clan, Japan saw no more large-scale wars for over two hundred years. During this period of peace, the samurai became increasingly involved in the administration of the country and although military mobilization continued to take place, it changed in character. For instance, when a daimyō [feudal lord] traveled to and from Edo, he was accompanied by a procession comprising of many of the samurai from the Domain, all of whom were accoutered as if for war. Numerous samurai and farmers were also mobilized to take part in hawking and bird or deer hunts carried out by the shogunate or daimyōs and these had a secondary purpose of teaching martial skills. The appearance of the participants in these hunts was identical to that of when they went to war.

SECTION TWO

## The Everyday Life of the Samurai —Various Aspects of their Lives

Edo was the quintessential castle town with the Shōgun residing in the castle and the daimyō [feudal lords] living in the surrounding city. Excluding the rivers, riverbanks, and agricultural land, approximately 70% of the urban space was occupied by the samurai, with government offices and mansions, together with the mansions of daimyo, hatamoto [direct retainers of the shōgun] and gokenin [lower ranked retainers], covering a total of 39.7 square kilometers. It was in these mansions where the samurai spent most of their time.

Today, knowledge regarding the lives of the samurai in Edo, whether it be fiction or non fiction, is generally obtained from the works about famous people and tends to focus on their words or behavior, demeanor or actions, merits or demerits, in other words on the unusual aspects of their lives. Furthermore, books on bushidō [the way of the samurai] tend to stress various ideals and these have come to represent the standard view of samurai life.

However, even famous, historical samurai had everyday lives, they devoted themselves to routine work between their exploits and incidents, and except for special occasions, their daily lives would be no different from anybody else's. Even heroes and great men suffered from the four inevitables of human life—birth, aging, sickness and death—and ordinary, obscure samurai lived matter-of-fact, daily lives, both at work and home. It is this normal lifestyle that provides a true image of the samurai.

### 1. Fragments of Daily Life —Seen Through *Doro-e* Paintings and Old Photographs

*Doro-e* are a form of painting that utilizes paints consisting of pigments mixed with powdered calcium carbonate to create a thick pigment somewhat similar to that of Western oil paints and many landscapes utilizing this medium also employed Western laws of perspective. This was particularly true of the late Edo period onwards when they were employed to create views of daimyō's mansions and other Edo landscapes that were very popular. In addition, from the end of the Edo to Meiji periods numerous photographs were taken of the daimyō's mansions and these provide us with clue to the kind of landscape the samurai lived in. By comparing them to the human figures that appear in these landscapes, we can also get some idea of the vast size of the daimyō's mansions, and understand their scale.

### 2. Duty in Edo —Life Within the *Daimyō's* Mansions

The majority of Daimyō were obliged to live in Edo for set periods, which meant that large numbers of their retainers also had to be housed inside the Edo mansions. This was known as 'Edo duty'. In most cases the retainers traveled with the daimyō's procession from his home domain to Edo, remaining there until he returned home again, but among them were those who lived in Edo for longer lengths of time, looking after the mansion or negotiating with government and other daimyō. Members of the first group, who traveled with the daimyō, were posted there without their families, but those belonging to the latter group, known as the 'Jōfu', were allowed to marry and live with their wives. All of them lived within barracks inside the mansion's grounds but the cost of living in the city was a great burden for them so they tended to live frugally.

### 3. *Hatamoto and Gokenin* —The Duties and Lives of the Shōgun's Direct Retainers

Among the direct retainers of the Shōgun, those with a stipend of less than 10,000 *koku* (1.8 million liters) of rice were known as hatamoto or gokenin. Those who had the hereditary privilege of an audience with the Shōgun were called hatamoto and those who did not were gokenin. Both were recognized as shogunal retainers and undertook various roles as government officials, they both received land or an income of rice from the Shōgun and were also provided with a residence, the hatamoto receiving houses on an individual basis while the gokenin were grouped together in particular neighborhoods according to their duties. These were known as kumiyashiki and ranged in size from 3,300 $m^2$ to 300 $m^2$, generally depending on the individual's stipend. These residences were where the hatamoto and gokenin carried out their daily lives.

**SECTION THREE**

## Emergencies —How the Samurai Dealt with Disasters

As the city of Edo developed into a huge metropolis, fires became so common that people used to say, 'Fires and fights are the flowers of Edo', but in addition to being a fire-prone city, it was also regularly devastated by floods. During the 250 years that Edo existed before the Meiji Restoration, it suffered from more than 100 major floods. While we should not forget that these fires and floods were terrible tragedies, causing huge damage, the people of Edo lived in a state of constant preparedness and when disaster did strike, they reacted immediately to stem its effects then immediately devoted themselves to reconstruction.

When confronted with a fire or flood, it was the hatamoto, gokenin, daimyō and their retainers who turned out to lead the efforts to prevent the damage from spreading. In the case of fire, the government's fire brigades and daimyō's fire fighters were dispatched to the scene while for floods, the government's navy, together with the *yoriki* and *dōshin* belonging to the magistrate's office's police force, went into action. The civilian fire brigades and boats belonging to private shipping companies were also co-opted by the authorities to deal with fires and floods. During the long period of peace, the samurai lost touch with their roots as warriors and were transformed into government officials, but in times of disaster, they found a new battlefield in their efforts to protect the common people.

### 1. Disaster Mobilization—Fighting to Save Lives

The Edo period was one of peace and the samurai were no longer required for fighting. In the great city of Edo, natural disasters

were the greatest threat. In particular, fires were very common in Edo and for the samurai who were sent to extinguish them, these provided a battlefield where they could make or break their reputations. Images of the various government and daimyō's firefighters rushing to towards the fires resemble those of armies in battle. The firefighting costumes that they wore were also reminiscent of armor, and the leaders of each group wore costumes that were quite unique in design. Likewise, when Edo was threatened by floods, the samurai would be there, exchanging their horses for boats as they rushed to the scene.

### 2. Birth, Aging, Sickness and Death —The Struggle for Life

The samurai did not always live longer lives than Edo's townsfolk. Infant mortality rates during the Edo period were so high that people used to say, 'until seven a child belongs to the gods' because so many of them did not make it beyond that age. The average lifespan of people was around forty and although infant deaths were common, if a person managed to live to their prime, they could expect to live quite a long time. This being said, as people grew old they had to face various illnesses and to reach one's sixtieth birthday was considered a much greater achievement than it is today. As a result, samurai families held various rites of passages to celebrate a child's growth and when they reached the age of fifty, many of them would write wills in order to avoid confusion regarding their successors and inheritance. It was the duty of all samurai to plan for the perpetuation of the family in readiness for sickness or death.

SECTION FOUR

## Social Relationships of the Samurai —Cultivation of the Arts and Development of Networks

As is stated in the Buke shohatto [Laws for the Military Houses, (issued by the Shōgun)] samurai were expected to study both the literary and martial arts as only by so doing was it possible to build character, cultivate refinement and create people fit to rule.

Regarding education, the government established the Shōheizaka Gakumonjo School to cater to the sons of its direct retainers, and later, as part of the Kansei Reforms (1787–93), exams were established as a way of allowing talented people to rise to important posts through merit rather than birth.

Also during the Edo period there were samurai who devoted themselves to hobbies and other pastimes such as poetry, popular literature, painting, the game of go or shōgi [Japanese chess] etc., their activities bringing them recognition as literati. The cultural world of writing or painting allowed the samurai to mix with higher-class townsfolk and farmers thereby overcoming the barriers of class. As a result of this closeness between samurai and the ordinary people through shared interests, talented commoners were sometimes raised up to be treated like samurai and given roles in governance.

This section offers a view of the education, promotion examinations, cultural activities and training in the martial arts that was undertaken by the samurai, as well as the way in which their interaction with commoners opened the way for talented people to overcome the handicaps of class or rank to rise to high positions.

### 1. Liberal Arts and Personal Connections —ŌTA Nanpo and HIRAGA Gennai

Among the samurai of the Edo period there were many who exhibited great ability through their hobbies or pastimes and contributed greatly to cultural development. In the cultural world of literature and art, samurai and commoners were able to overcome differences in rank and class to work together. ŌTA Nanpo was born a direct retainer of the shogunate, winning great popularity through his writings and becoming a central figure in the literary world before taking the exam at the Shōheizaka gakumonjo school, and going on to win promotion as a retainer. HIRAGA Gennai was a rōnin [masterless samurai] originally from the Takamatsu Domain who was widely active in the fields of botany, literature, Dutch studies, Western-style painting, manufacturing and business. By tracing their careers, we can learn how the samurai interacted with those around them.

### 2. The Gap Between Samurai and Commoners —KAWASAKI Heiemon

Despite the differences in social status between the samurai, townsfolk and farmers, they were not isolated from each other. For instance, there were many cases in which townsfolk or farmers were promoted to work under the shogunate, daimyōs, or hatamoto, taking charge of administration and public finance or household management. During the long period of peace, economics developed and society became increasingly compli-

cated, leading to a demand for well-informed people with specialist knowledge or skills, resulting in townsfolk and farmers being placed in administrative positions. A concrete example of this can be seen in the case of KAWASAKI Heiemon who started life as a village headman but was later employed to manage the development of new fields in Musashino in the outskirts of Edo, eventually rising to the rank of local governor.

### 3. Martial Arts in Edo —Swordfighting and Artillery

Although the samurai of the Edo period tend to be looked upon more as bureaucrats running the country than warriors, they were nevertheless expected to train in the martial arts as well as acquiring a grounding in academic studies. There were numerous martial arts, such as archery, horse riding and spear fighting, but above all, swordfighting was the most widely practiced, not only for its use in battle, but also because it was considered indispensable as a form of spiritual training. Matchlocks and cannon, which were first used in battle from the end of the Warring States period to the beginning of the Edo, proved to be an extremely powerful weapon and their use was another important subject they had to study. Centered around swordfighting and gunnery practice, the study of the military arts was important to the dignity of the samurai as warriors despite the peaceful years of the Edo period.

SECTION FIVE

## Transformation of the Samurai —The Changing Times

In June 1853 an American fleet under the command of Commodore Perry appeared off the coast of Uraga and the following year the Convention of Kanagawa was signed. As a result of this, the Edo shogunate's policies towards the outside world underwent a major change and by 1858, five countries, including the U.S.A., had concluded treaties of amity and commerce with Japan.

As Japan's relations with other nations grew, delegations of samurai were sent to Europe and the U.S.A. to negotiate the conditions and ratification of the treaties. They received an enthusiastic welcome wherever they went, their appearance and deportment attracting people's interest and being widely reported in the newspapers. Their experiences and the information they brought home with them were to prove vital in the government's drive to modernize the nation.

At the same time, repeated visits by foreign ships and Perry's second visit to the country led the shogunate to strengthen its defenses and spurring it to introduce the Western military methods. This was not limited to the import of Western weapons, but affected the very structure of the military, the role of the samurai in battle and even their appearance.

The opening of the country and the establishment of the treaty ports led to a debate about the Edo shogunate's political status, resulting in fierce political conflict and the eventual restoration of imperial rule in 1867. This in turn led to the outbreak of the Boshin War the following year and the final collapse of the shogunate that had ruled the country and maintained the peace for so long.

### 1. Foreign Diplomatic Missions at the End of the Edo Period —The Mission Members and NONOMURA Ichinoshin

In 1860 a mission consisting of seventy-seven members under the Ambassador, SHINMI Masaoki, was dispatched to Washington D.C. to ratify the Treaty of Amity and Commerce Between the United States and the Empire of Japan. The following year, 1861, another mission, this time consisting of thirty-eight members under the Ambassador, TAKEUCHI Yasunori, was dispatched to Europe to negotiate a delay in the opening of cities of Edo and Osaka as well as the ports of Niigata and Hyōgo as set out in the Ansei Five-Power Treaties. The samurai who comprised these missions were welcomed wherever they went, their appearance and manners recorded in photographs and newspapers and they brought home numerous rare items in addition to valuable knowledge and experiences.

### 2. Military Situation at the End of the Edo Period —The Kōbusho and Military Reform

Confronted with two visits by Perry's fleet, the shogunate sought to strengthen its direct retainers (the hatamoto and gokenin) through training in the martial arts while simultaneously aiming to adopt Western military technology. The Kōbusho, which was established in 1856 for the children of the shogunate's retainers, offered instruction and training in swordfighting, spear fighting, archery, equestrianism, jūjutsu, etc., as well as Western gunnery. After this, the government

carried out two military reforms in order to adopt a Western military system. In this way, although the samurai were called upon once more to fight, their appearance was very different to that of their forebears at the beginning of the Edo period.

### 3. The Three 'Shūs' of the End of the Edo Period —KATSU Kaishū, TAKAHASHI Deishū and YAMAOKA Tesshū

Three retainers of the shogunate who devoted themselves to achieving the bloodless surrender of Edo Castle in March 1868, KATSU Kaishū, TAKAHASHI Deishū and YAMAOKA Tesshū all used the same character, 'shū', at the end of their names, resulting in them later becoming known of as the 'Three "Shūs" of the late Edo period' or the 'Three "Shūs" of the old government'. However, despite the similarity of their names, their personal histories and the political roles they carried out were quite different. This section looks at the achievements and appearance of these three prominent samurai who lived through the tumultuous times of the late Edo to early Meiji periods through items that used to belong to them.

### 4. Restoration of Imperial Rule —Transformation of the Samurai Capital

On November 9, 1867, the fifteenth Shōgun, TOKUGAWA Yoshinobu, announced his decision to abdicate power to the Emperor and the following day, this was accepted by the Imperial Court. That marked the end of the shogunate that had ruled the country for over two hundred and fifty years since it was first established by TOKUGAWA Ieyasu. The law requiring the daimyō to spend alternate years in Edo had been relaxed in 1862 when they were only required to attend to the Shōgun for one year in three and their wives and children were allowed to return to their home domains, then finally it was abolished altogether and the samurai population of Edo dropped dramatically. Edo had been the place where daimyō and their retainers had gathered from all over the country, resulting in the samurai dominating the city, but with the advent of the Meiji period, it underwent a sudden change.

**EPILOGUE**

## Samurai, a New Lifestyle

Two years after the Meiji Restoration, in 1869, the *Hanseki hōkan* law was passed, returning control of the land and people from the daimyō [feudal lords] to the Emperor. This was followed in 1871 with the abolition of the independent domains and the establishment of prefectures under central governance, and the samurai became known as *shizoku* or *sotsuzoku*. In 1873, the ex-samurai's hereditary stipend was abolished, depriving them of their income, and in 1876 the Sword Abolishment Edict was issued prohibiting people from carrying swords in public. This marked the end of Edo's 'samurai' who had received an income for serving their lord, been allowed to carry two swords, and supported the common people.

Many ex-samurai were dissatisfied with these events and organized various uprisings that came to be known as the 'Shizoku Revolts' but these were soon subdued by the new Imperial Army that comprised of soldiers conscripted from every class of society. After the Satsuma Rebellion of 1877, these revolts died out and the 'samurai' looked for new ways to live.

Despite being ridiculed for their amateurish business methods, there were various policies enacted to help create jobs for ex-samurai, with various reclamation projects or industrial and commercial businesses established by ex-retainers with their old lords in a central role and they made great efforts to succeed. Among them there were samurai who were able to use skills they had developed during the Edo period to find work as bureaucrats or become active as men of culture in the new age. Furthermore there were foreigners who worked to introduce and deepen an understanding of Japanese culture abroad and were impressed with the way in which samurai strove to accommodate themselves to the changing times.

### 1. The Acceptance and Transformation of the Samurai Outlook —Japanese and Western Clothing

NITOBE Inazōs book, 'Bushido, The Soul of Japan' was published in 1900, but the image of the samurai had already been accepted in the West without waiting for its publication. Among the Western visitors to Japan there were those who chose to be photographed wearing Japanese clothing and others who had their faces painted onto existing pictures of people in Japanese clothing, taking these home as souvenirs of Japan. The

majority of these pictures depicted them wearing tow swords and samurai clothing. For their part, immediately following the opening of the country, the Japanese began to adopt Western military uniforms, then after the Meiji Restoration, the adoption of Western clothing was undertaken in earnest in an effort to be treated as equals with the rest of the world, and the government decreed that ceremonial dress and uniforms should all be of Western style. The government's high officials, most of whom had been samurai, discarded the traditional formal *kimono*, *hakama* trousers and swords for jackets, trousers and sabers when attending ceremonies in the new age.

## 2. The Meiji Restoration and the Samurai —KAWAMURA Kigen, Kiyo-o and INOUE Kiyoshi

On February 3, 1912, KAWAMURA Kigen, the father of the Western-style painter, KAWAMURA Kiyo-o, died at the age of eighty-nine. Kiyo-o's family had been powerful members of the shogunate, belonging to the *Oniwaban* [Guard of the Inner Garden], which served as intelligence officers for the government. His great grandfather, Nagatomi, and his grandfather, Nagataka had both served as magistrates and his father, Kigen, served in distant provinces as a member of the oniwaban before being promoted to Captain of the Guard. However, after the Meiji Restoration, Kigen did not become a government official but instead led a largely secluded life. Like his father, Kiyo-o also did not join government service, instead he devoted himself to painting, creating a unique artistic world redolent of the Edo culture that his family had helped create through their role as hatamoto. In contrast, INOUE Kiyoshi utilized the skills he had learned as a technocrat working in the construction department under the Commissioner of Finance during the old regime to hold numerous posts in the Treasury Department of the new government, finally becoming an imperial appointee. In this way, the samurai who lived through the turmoil of that period utilized their particular skills to travel along new paths.

# List of Works

## PROLOGUE

1
**Folding Screens Decorated With Scenes of Ueno and Asakusa**
Early Edo period / late 17th century
quantity: 1 pair of six-panel screens
height: 107.7 cm. width: 266.4 cm.
Edo-Tokyo Museum

2
**Folding Screens Depicting Cherry Blossom Viewing at Ueno and Pleasure Boats on the River at Ryōgoku**
Early Edo period / 17th–18th century
quantity: 1 pair of six-panel screens
height: 55.5 cm. width: 209.0 cm.
Edo-Tokyo Museum

3
**Visual Depiction of Changes in Warriors Costume in Japan**
Picture: TSUKAMOTO Iwagorō. Published: Tokyo Zōgakan
March 25, 1899
quantity: 1
height: 149.5 cm. width: 53.0 cm.
Edo-Tokyo Museum

4
**Visual Depiction of Changes in Commoner's Costume in Japan**
Picture: TSUKAMOTO Iwagorō. Published: Tokyo Zōgakan
August 25, 1900
quantity: 1
height: 149.5 cm. width: 53.0 cm.
Edo-Tokyo Museum

5
**Visual Depiction of Changes in Women's Costume in Japan**
Picture: TSUKAMOTO Iwagorō. Published: Tokyo Zōgakan
August 25, 1900
quantity: 1
height: 149.5 cm. width: 53.0 cm.
Edo-Tokyo Museum

## SECTION ONE 1

6
**Folding Screen Depicting the Battle of Sekigahara**
Copied by: KANGETSUTEI gasan
1854
quantity: 1 six-panel screen
height: 156.7 cm. width: 361.2 cm.
Sekigahara Town History & Folklore Museum

7
**Jacket of Green Fabric Decorated with the Hollyhock Crest of the Tokugawa Family (Important cultural property)**
Early Edo period
quantity: 1
height: 102.0 cm. width: 124.0 cm.
Edo-Tokyo Museum

8
**Plans of the Mansion Said to Belong to the *Hatamoto*, IMAMURA Masunojō**
Late autumn, 1842
quantity: 1
height: 65.6 cm. width: 47.3 cm.
Edo-Tokyo Museum

9
**Addressed to IMAMURA Denshirō, Signed with TOKUGAWA Hidetada's Red Seal**
Written by: TOKUGAWA Hidetada
25th day, 7th month, 1625
quantity: 1
height: 45.7 cm. width: 62.5 cm.
Edo-Tokyo Museum

10
**IMAMURA Masanaga Memorandum (Important cultural property)**
IMAMURA Denshirō (Masanaga)
Early Edo period
quantity: 1 scroll
height: 15.3 cm. width: 234.0 cm.
Edo-Tokyo Museum

11
**Foot Soldier Story**
Edo period / 18th century
quantity: 2 scrolls
First volume: height: 27.0 cm. width: 1156.7 cm.
Second volume: height: 26.8 cm. width: 1482.0 cm.
Tokyo National Museum

12
**Scroll Depicting Foot Soldiers' Appearance**
Edo period / 18th century
quantity: 1 scroll
height: 27.1 cm. width: 1397.8 cm.
Tokyo National Museum

13
**Illustration of Battle Formation: Formation of the Battle Front Military Unit**
Mid-Edo period
quantity: 10 scrolls
height: 309.0 cm. width 2,733.0–3,515.0 cm. each
Tokugawa Institute for the History of Forestry

14
**Illustration of Battle Formation: Central Forces Comprising of the Direct Retainers**
Mid-Edo period
quantity: 15 scrolls
height: 315.0 cm. width: from 2,745. 0 cm. to 2,777.0 cm.
Tokugawa Institute for the History of Forestry

15
**'Illustrated Taikōki [biography of TOYOTOMI Hideyoshi]' Series 1, Volume 7. KINOSHITA Tōkichirō [who later became TOYOTOMI Hideyoshi] Constructs Sunomata Castle**
Text: TAKEUCHI Kakusai. Illustration: OKADA Gyokuzan
1797
quantity: 1 volume
height: 22.4 cm. width: 15.6 cm.
Edo-Tokyo Museum

16
**'Illustrated Taikōki [biography of TOYOTOMI Hideyoshi]' Series 3, volume 6. The Flooding of Takamatsu Castle**
Text: TAKEUCHI Kakusai. Illustration: OKADA Gyokuzan
1799
quantity: 1 volume
height: 22.4 cm. width: 15.6 cm.
Edo-Tokyo Museum

17
**Folding Screen Decorated with Image of Castle Construction (reproduction)**
(original) Momoyama period (early 17th century)
quantity: 1 six-panel screen
height: 55.8 cm. width: 2?0.2 cm.
(original) Nagoya City Museum

18
**Famous Places in Owari Province, series 1, volume 1. 'Picture of KATŌ Kiyomasa Directing the Pulling the Stone'.**
Illustration: ODAGIRI Shunkō. Edited: OKADA Kei et. al
Published: 1844
quantity: 1
height: 40.8 cm. width: 46.5 cm.
Tokugawa Institute for the History of Forestry

19
**Folding Screen Decorated with Scene of Osaka**
Edo period
quantity: 1 six-panel screen
height: 153.3 cm. width: 365.6 cm.
Osaka Museum of History

20
**Portrait of TOKUGAWA Ieyasu**
Edo period
quantity: 1
height: 93.3 cm. width: 42.0 cm.
Edo-Tokyo Museum

21
**Folding Screens Decorated with Depiction of Visitors to Edo Castle for the New Year**
SATAKE Eiko
c. 1898
quantity: 1 pair of six-panel screens
height: 155.5 cm. width: 352.2 cm. each
Edo-Tokyo Museum

22
**Folding Screens Depicting Hawking Scene**
Edo Period / 18th century
quantity: 1 pair of six-panel screens
height: 146.7 cm. width: 371.8 cm. each
Tokugawa Art Museum

23
**Picture Scroll of Falconry**
Edo Period / 17–18 century
quantity: 2 scrolls
Scroll 1. height: 44.4 cm. length: 1,555.9 cm.
Scroll 2. height: 44.4 cm. length: 1,584.0 cm.
Tokugawa Reimeikai

## SECTION TWO 2

24-1
***Doro-e* Sketchbook. Lord Arima's Mansion in Akabane (the main mansion of the Arima family of the Kurume Domain) / and Lord Ii's Mansion (the main mansion of the Ii clan of Hikone Domain)**
Late Edo period
quantity: 2
height: 31.8 cm. width: 45.5 cm. each
Edo-Tokyo Museum

24-2
***Doro-e* Sketchbook. Yamashita Gate (the main mansions of the Abe clan of Shirakawa Domain and the Nabeshima family of Saga Domain) / Lord Uesugi's Mansion in Sakurada (the main mansion of the Uesugi clan of the Yonezawa Domain)**
Late Edo period
quantity: 2
height: 31.8 cm. width: 45.5 cm. each
Edo-Tokyo Museum

**25**
**Famous Views of the Eastern Capital—Kasumigaseki**
UTAGAWA Hiroshige
Tenpō period (1830–1844)
quantity: Triptych
height: 38.0 cm. width: 78.0 am.
Edo-Tokyo Museum

**26**
**The Mansion of Lord Matsudaira of Inaba. (the main mansion of the Ikeda family of Tottori Domain)**
End of Edo–early Meiji periods
quantity: 1
height: 30.6 cm. width: 46.9 cm.
Edo-Tokyo Museum

**27-1–15**
***Onko* (nostalgic) Photograph Collection**
Early Meiji–early Shōwa
quantity: 15 (of a total of 30)
height: 11.7–16.0 cm. width: 11.7–16.0 cm. each
Edo-Tokyo Museum

**27-1**
***Onko* [nostalgic] Photograph Collection—View of Marunouchi from the High Ground of the Western Citadel of Edo Castle**
Early Meiji period

**27-2**
***Onko* (nostalgic) Photograph Collection—View of the Ōtemon Main Gate to the Western Citadel of Edo Castle**
Early Meiji period

**27-3**
***Onko* (nostalgic) Photograph Collection—Tokiwabashi Bridge Gate to Edo Castle**
Early Meiji period

**27-4**
***Onko* (nostalgic) Photograph Collection—Gofukubashi Bridge Gate to Edo Castle**
Early Meiji period

**27-5**
***Onko* (nostalgic) Photograph Collection—Wadakura Gate**
Early Meiji period

**27-6**
***Onko* (nostalgic) Photograph Collection—The Entrance to the Main Mansion of Lord Kuroda of the Fukuoka Domain in Kasumigaseki**
Early Meiji period

**27-7**
***Onko* (nostalgic) Photograph Collection—The *Namako* Tiled Wall of the Barracks of Lord Kuroda's Mansion, Looked at from the East**
Early Meiji period

**27-8**
***Onko* (nostalgic) Photograph Collection—The *Namako* Tiled Wall of the Barracks of Lord Kuroda's Mansion, Looked at from the South**
Early Meiji period

**27-9**
***Onko* (nostalgic) Photograph Collection—Gateway to the Old Satsuma Domain's Shōzoku Mansion**
1883–Early Showa period

**27-10**
***Onko* (nostalgic) Photograph Collection—Gateway to the Main Mansion Once Belonging to Lord Matsudaira of the Unshū Matsue Domain**
Early Meiji period

**27-11**
***Onko* (nostalgic) Photograph Collection—Gateway to the Mansion Once Belonging to Lord Aoyama Shimotsuke-no-kami of the Tanba Sasayama Domain**
Early Meiji period

**27-12**
***Onko* (nostalgic) Photograph Collection—The Rear Barracks of the Suburban Residence Once Belonging to Lord of Bishū**
Taishō period

**27-13**
***Onko* (nostalgic) Photograph Collection—Mansion Once Belonging to Lord Matsudaira Mikawa-no-kami that Stood on the Site of the Mansion Belonging to KIRA Kōzukenosuke and Later Became Headquarters of the Tokyo Police Force**
Early Meiji period

**27-14**
***Onko* (nostalgic) Photograph Collection—The Innermost Residence of the Mansion Once Belonging to Lord Sakai of Himeji Domain**
c. 1897

**27-15**
***Onko* (nostalgic) Photograph Collection—The *Oshidori* (mandarin duck) Pond in the Grounds of the Mansion Once Belonging to Lord Sakai of Himeji Domain**
c. 1897

**28-1**
**Satsuma Domain's Mansion (actually: second residence of the Matsudaira clan of Shimabara Domain)**
Photographer: Felice Beato
c. 1863–1870
quantity: 1
height: 24.0 cm. width: 29.9 cm.
Private collection

**28-2**
**Arima Mansion (actually left: Mansion of the Arima clan of Kurume Domain. Right: Mansion of the Kuroda clan of Akizuki Domain)**
Photographer: Felice Beato
c. 1863–1870
quantity: 1
height: 22.3 cm. width: 28.3 cm.
Private collection

**28-3**
**The Rear Side of Atago Hill, Edo**
Photographer: Felice Beato
c. 1863–1870
quantity: 1
height: 22.7 cm. width: 27.8 cm.
Private collection

**28-4**
**Atago-jinja Shrine, Edo**
Photographer: Felice Beato
c. 1863–1870
quantity: 1
height: 23.0 cm. width: 28.4 cm.
Private collection

**29-1**
**Officials Belonging to the Satsuma Domain**
Photographer: Felice Beato
c. 1863–1870
quantity: 1
height: 17.6 cm. width: 16.0 cm.
Private collection

**29-2**
**Admiral and Minister Belonging to the Satsuma Domain (actually: samurai of the Satsuma and Sadowara Domains)**
Photographer: Felice Beato
c. 1863–1870
quantity: 1
height: 14.0 cm. width: 16.8 cm.
Private collection

**29-3**
**Night Patrol (Edo)**
Photographer: Felice Beato
c. 1863–1870
quantity: 1
height: 14.7 cm. width: 18.8 cm.
Private collection

**29-4**
**Government Official with Attendants**
Photographer: Felice Beato
c. 1863–1870
quantity: 1
height: 18.0 cm. width: 15.5 cm.
Private collection

**29-5**
**Officials in Firefighting Costumes**
Photographer: Felice Beato
c. 1863–1870
quantity: 1
height: 17.5 cm. width: 15.8 cm.
Private collection

**29-6**
**Mansion Belonging to Lord Arima, Edo (actually: the area around Azabu Nakanohashi)**
Photographer: Felice Beato
c. 1863–1870
quantity: 1
height: 16.9 cm. width: 83.3 cm.
Private collection

**29-7**
**Eitaibashi Bridge, Edo**
Photographer: Felice Beato
c. 1863–1870
quantity: 1
height: 19.3cm. width: 83.6 cm.
Private collection

**29-8**
**British Legation, Edo (actually: Tōzenji Temple, Takanawa)**
Photographer: Felice Beato
c. 1863–1870
quantity: 1
height: 20.7 cm. width: 27.0 cm.
Private collection

**30-1**
**Picture Scroll of Terraced Houses for Kurume Domain's Samurais Working in Edo**
Painted by: MITANI Katsunami, Introduction: TODA Kumajirō
Meiji period
quantity: 1
height: 31.0 cm. length: 735.4 cm.
Edo-Tokyo Museum

**30-2**
**Picture Scroll of Terraced Houses for Kurume Domain's Samurais Working in Edo (reproduction)**
quantity: 1
height: 31.0 cm. length: 735.4 cm.
Original: Edo-Tokyo Museum

**30-1-1**
**Picture Scroll of Terraced Houses for Kurume Domain's Samurais Working in Edo. Picture of the Room Belonging to TODA Kumajirō**

**30-1-2**
**Picture Scroll of Terraced Houses for Kurume Domain's Samurais Working in Edo. Picture of the Room Belonging to KAKEHASHI Toyotarō**

**30-1-3**
**Picture Scroll of Terraced Houses for Kurume Domain's Samurais Working in Edo. Picture of the Room Belonging to TAKAHARA Shinta**

**30-1-4**
**Picture Scroll of Terraced Houses for Kurume Domain's Samurais Working in Edo. Picture of Drinking Party**

**30-1-5**
**Picture Scroll of Terraced Houses for Kurume Domain's Samurais Working in Edo. Picture of Excessive Drinking in the Room Belonging to TAKAHARA Otojirō**

**30-1-6**
**Picture Scroll of Terraced Houses for Kurume Domain's Samurais Working in Edo. Cooling Down in Front of the Building in the Evening**

**31**
**Sitting Around Lord MATSUDAIRA Tadanari**
1865–1868
quantity: 1
height: 6.8 cm. width: 8.8 cm.
Tokyo Photographic Art Museum

**32**
**Princess Tane, Wife of Lord TODA of the Mino Ōgaki Domain, with her Handmaidens**
End of Edo to early Meiji period
quantity: 1
height: 6.2 cm. width 10.5 cm.
Edo-Tokyo Museum

**33**
**Large Flag Depicting a Five-spline Fan Decorated with the Character 'Dai' [big]**
Used by: ŌKUMA Zentarō
Produced by: Mitsui Echigoya
End of Edo period
quantity: 1
height: 212.5 cm. width: 142.0 cm.
Edo-Tokyo Museum

**34**
**Battle Surcoat Decorated with Ivy-in-Circle Crest**
Passed down through the ŌKUMA family
End of Edo period
quantity: 1
height: 90.0 cm. width: 21.0 cm.
Edo-Tokyo Museum

**35**
**Battle Fan Used by ŌKUMA Zentarō**
End of Edo period
quantity: 1
height: 47.0 cm. width: 33.0 cm.
Edo-Tokyo Museum

**36**
**'Guest ŌKUMA Zentarō' Inn Placard**
Used by ŌKUMA Zentarō
End of Edo period
quantity: 1
height: 63.0 cm. width 15.8 cm. thickness: 2.0 cm.
Edo-Tokyo Museum

**37**
**Model Canon**
Passed down through the Ōkuma family
End of Edo period
quantity: 1
length: 38.3 cm. width: 16.6 cm. height: 35.5cm.
Edo-Tokyo Museum

**38**
**Gosho (Palace) Doll Presented by Kazu-no-miya 'Child Playing with a Magic Mallet'**
Received by ŌKUMA Takunosuke
End of Edo period
quantity: 1
depth: 41.5 cm. width: 49.0 cm. height: 45.5cm.
Edo-Tokyo Museum

**39**
**Ceremonial *Hoi* Robe of Seigo Silk, Worn by Okuma Takunosuke, Head of Princess Kazunomiya's Guard**
End of Edo period
quantity: 1
length: 137.0 cm. width 73.0 cm. sleeve length: 69.0 cm.
Edo-Tokyo Museum

**40**
**Battle Surcoat and Bib Decorated with Ivy-in-Circle Family Crest**
Passed down through the Ōkuma family
End of Edo period
quantity: 1
Battle Surcoat. length: 95.0 cm. width: 66.0 cm. sleeve length: 47.0 cm.
Bib. length: 55.0 cm. width: 28.0 cm.
Edo-Tokyo Museum

**41**
**Construction Plan of the TSUZUKI Jūzaemon Residence**
3th month 1746
quantity: 1
height: 32.6 cm. width: 44.3 cm.
Edo-Tokyo Museum

**42**
**Report on Historical Site of Momijigawa Yoroiwatashi in Edo, Sakudaryō, Musashi-Toshima district**
Copied by IKEDA Eisen
1845
quantity: 1
height: 37.6 cm. width: 66.5 cm.
Edo-Tokyo Museum

**43**
**Genealogical document (copy)**
TSUZUKI Jūzaemon
11th month, 1746
quantity: 1
height: 30.6 cm. width: 78.6 cm.
Edo-Tokyo Museum

**44**
**Pipe / Pipe Case**
Passed down through the Tsuzuki family
quantity: 2
Pipe. length: 19.8 cm. width: 0.8 cm.
Pipe Case. length: 20.4 cm. width: 2.4 cm.
Edo-Tokyo Museum

**45**
**Tobacco Pouch**
Passed down through the Tsuzuki family
quantity: 1
height 6.7 cm. width: 12.6 cm.
Edo-Tokyo Museum

**46**
***Jitte* [short metal truncheon] with Red Cord and Tassel**
Passed down through the Tsuzuki family
Late Edo period
quantity: 1
length: 31.0 cm. width: 1.4 cm.
Edo-Tokyo Museum

**47**
**Firefighting Hood**
Passed down through the Tsuzuki family
Late Edo period
quantity: 1
height: 68.6 cm. width: 58.3 cm.
Edo-Tokyo Museum

**48**
**Short Sword with *wakizashi* Mounts. Blade signed 'Inaha Takuminokami' in silver Inlay with scabbard decorated with Ishimochi inlay in Lacquer**
Belonged to YAMAUCHI Rokusaburō
Edo Period
quantity: 1 blade, 1 set of mounts
Sword: 40.6 cm.
Mounts: 64.5 cm.
Edo-Tokyo Museum

**49**
**Short Sword with Black-lacquer *'Wakizashi'* Mounts, Signed 'Masamune' in Gold**
Belonged to YAMAUCHI Rokusaburō
Edo period
quantity: 1 blade, 1set of mounts
Sword: 59.2 cm.
Mounts: 80.5 cm.
Edo-Tokyo Museum

**50**
**Tabacco Tray of ŌOKA Tadasuke**
Edo period
quantity: 1
height: 24.5 cm. width: 42.5 cm. height: 7.9 cm.
Jōkenji Temple

**51**
***Tenichibō ichidaiki***
**[The Life of Tenichibō]**
Written by: RYŪSENTEI Koremasa Illustrated by: MORIKAWA Chikashige
Early Meiji period
quantity: 2 volumes
height: 17.6 cm. width: 11.6 cm. each
Edo-Tokyo Museum

**52**
**Factual Record of Ōoka's Judgements**
Late Edo Period Copy
quantity: 3 volumes
height: 26.7 cm. width 18.8 cm. each
Edo-Tokyo Museum

**53**
**Malachite**
Given by TOKUGAWA Yoshimune to ŌOKA Tadasuke
Mid Edo period
quantity: 1
length: 44.5 cm. width: 23.5 cm.
Private collection

**54**
**Tweezers**
Belonged to ŌOKA Tadasuke
Mid Edo period
quantity: 3
length: 22.8 cm. width: 3.0 cm.
Private collection

**55**
**Brazier**
Belonged to ŌOKA Tadasuke
Mid Edo period
quantity: 1
height: 36.0 cm. width: 20.0 cm.
Jōkenji Temple

**56**
**Six-Armed Benzai-ten Statue (reproduction)**
Original: Kamakura to Muromachi period
quantity: 1
height: 12.0 cm. width: 13.0 cm.
Jōkenji Temple

**57**
**One Line. *'Shohōiken'***
**[Wisdom is the Greatest Treasure to Possess]**
Written by: ŌOKA Tadasuke
Mid-Edo period
quantity: 1
height: 122.0 cm. width: 28.0 cm.
Jōkenji Temple

**58**
**Portrait of TŌYAMA Kagemoto [a.k.a. Kinsan]**
**(designated a cultural property by Isumi City)**
Second-half of 19th century
quantity: 1
height: 36.5 cm. width: 26.0 cm.
Tōyama Association
Otaki Castle Branch of the Natural History Museum and Institute, Chiba

**59**
**TŌYAMA Kagemoto [a.k.a. Kinsan] Petition**
Written by: TŌYAMA Kinshirō (Kagemoto)
9th month, 1826
quantity: 1
Height: 31.5 cm. width: 86.7 cm.
Edo-Tokyo Museum

**60**
***Odoshi Dōmaru* Armor with Dark Blue Lacing**
Belonged to TŌYAMA Saemon-no-jō Kagemoto
Late Edo period
quantity: 1
Breastplate circumference: 108.8 cm. Length of helmet: 24.0 cm.
Yūshūkan Museum, Yasukunijinja Shrine

## SECTION THREE 3

**61**
**Handscroll Depicting a Fire**
Painted by HASEGAWA Settei
1826
quantity: 1
height: 26.0 cm. length: 1,637.0 cm.
Edo-Tokyo Museum

**62**
**Handscroll Depicting the Daimyo's Firefighters belonging to The Uesugi Clan of Dewayonezawa Domain**
Late Edo period
quantity: 1
height 14.5 cm. length: 1,230.0 cm.
Edo-Tokyo Museum

**63**
**Firefighting Costume in White Woolen Cloth with Paulownia Family Crest: Jacket, Bib and *Nobakama* Trousers**
Passed down through the Tsushima Sou clan
End of Edo to early Meiji period
quantity: 1 set (3 pieces)
Jacket. length: 103.8 cm. width 65.2 cm. sleeve length: 53.4 cm.
Bib. height: 60.9 cm. width: 57.9 cm.
*Nobakama* Trousers: length: 112.5 cm. width: 84.0 cm.
Edo-Tokyo Museum

**64**
**Firefighting Costume in White Woolen Cloth with Paulownia Family Crest: Helmet and Hood**
Passed down through the Tsushima Sou clan
End of Edo to early Meiji period
quantity: 1
length: 28.2 cm. width: 26.2 cm. height: 66.8 cm.
Edo-Tokyo Museum

**65**
**Firefighting Costume in Yellow Silk Gauze with Paulownia Family Crest: Jacket, Bib and *Sekitai* Belt**
Passed down through the Tsushima Sou clan
End of Edo to early Meiji period
quantity: 1 set (3 pieces)
Jacket. length: 80.4 cm. width 61.2 cm. sleeve length: 52.2 cm.
Bib. height: 53.2 cm. width: 26.8 cm.
*Sekitai* Belt: width: 6.6 cm. length: 199.4 cm. decoration: 26.4 cm.
Edo-Tokyo Museum

**66**
**Firefighting Costume: Helmet with Paulownia Family Crest**
Passed down through the Tsushima Sou clan
End of Edo to early Meiji period
quantity: 1
length: 31.1 cm. width: 27.8 cm. height: 68.0 cm.
Edo-Tokyo Museum

**67**
**Handscroll Depicting Ships Belonging to the Government**
Late Edo period
quantity: 1 scroll
height: 27.7 cm. length 426.0 cm.
Edo-Tokyo Museum

**68**
**Views of Both Banks of the Sumidagawa River—East Bank**
TSURUOKA Rosui
1781
Quantity: 1 (of 2 scrolls)
height: 26.1 cm. length 855.5 cm.
Edo-Tokyo Museum

**69**
**Handscroll Depicting Scenic View of Edo throughout the Four Seasons, Volume 1. Enjoying Cool Breezes at Ryogokubashi Bridge**
KANŌ Sosen
1816
quantity: 1 (of 2)
height: 33.6 cm. length: 1,121.0 cm.

**70-1**
**Anthology of Episodes of the Ansei Period (1854–60)**
KINTON Dōjin (a.k.a. Kanagaki Robun)
1857
quantity: 1 volume (of 3)
height: 25.0 cm. length: 17.0 cm.
Edo-Tokyo Museum

**70-2**
**Anthology of Episodes of the Ansei Period (1854–60). Volume 3. (Picture of a Boatman Cutting the Anchor Rope)**

**71**
**Portrait of KAWAMURA Tama With her Parental Family (the Arai Family)**
Sept. 19. 1880
quantity: 1
height: 6.2 cm. width: 10.3 cm.
Edo-Tokyo Museum

**72–73**
**The Umbilical Cord and First Hair of KAWAMURA Kiyo-o**
1852
quantity: 1 each
Umbilical Cord Packet: height: 12.7 cm. width: 5.7 cm.
Hair Packet. height: 11.5 cm. width: 5.7 cm
Edo-Tokyo Museum

**74**
**Portrait of KAWAMURA Kiyo-o (in Shizuoka, aged 17)**
1868
quantity: 1
height: 9.8 cm. width: 6.4 cm.
Edo-Tokyo Museum

**75**
**Portrait of KAWAMURA Kiyo-o (in Venice)**
1876–1881
quantity: 1
height: 10.2 cm. width: 6.0 cm.
Edo-Tokyo Museum

**76**
**Child's *Kamishimo* [formal costume]: Consisting of *Kataginu* [sleeveless jacket] and *Hakama* [pleated trousers]**
Late Edo period
quantity: 1 set (2 garments)
*Kataginu.* Body length 58.5 cm. width: 27.0 cm. sleeve length: 53.0 cm.
*Hakama:* length: 63.3 cm. width: 51.6 cm.
Edo-Tokyo Museum

**77**
**Diary Written While on Duty During the Restoration of the Residence for Imperial Envoys and the Supreme Court Building**
INOUE (Kanryūzaemon II)
1st Day, 10th Month, 1848–13th Day, 7th Month 1849
quantity: 1 volume
height: 17.4 cm. width: 12.4 cm. thickness: 0.5 cm.
Edo-Tokyo Museum

**78**
**Excerpts from a Diary Covering Generations: Index**
INOUE Kiyoshi
August 1904
quantity: 1 volume
height: 12.4 cm. width: 34.7 cm. thickness: 0.7 cm.
Edo-Tokyo Museum

**79**
**A Book to be Read after My Death**
INOUE Kanryū (1st generation)
1789
quantity: 1 volume
height: 24.5 cm. width: 17.4 cm. thickness: 0.3 cm.
Edo-Tokyo Museum

**80**
**Last Will and Testament**
INOUE Kanryū (1st generation)
10th Month, 1807
quantity: 1 volume
height: 25.0 cm. width: 17.6 cm. thickness 0.1 cm.
Edo-Tokyo Museum

**81**
**Picture of Miho-no-Matsubara**
ANDŌ Tokutarō (UTAGAWA Hiroshige)
c. 1806
quantity: 1
height 32.0 cm. width 18.0 cm.
Edo-Tokyo Museum

**82**
**Short Sword Made of Bone**
Owned by UTAGAWA Hiroshige
Lucky Day, Late Winter, 1852
quantity: 1
length: 34.5 cm. width: 2.5 cm.
Edo-Tokyo Museum

**83**
**Tobacco Container**

**84**
**Pouch (to be carried inside the sleeve)**
Owned by UTAGAWA Hiroshige
Late Edo period
quantity: 1 each
Tobacco Container. height: 9.7 cm. width: 5.0 cm.
Pouch. height: 7.5 cm. width: 6.7 cm.
Edo-Tokyo Museum

**85**
**UTAGAWA Hiroshige's Last Will and Testimony. 2nd Day, 9th Month**
UTAGAWA Hiroshige
2nd Day, 9th Month, 1858
quantity: 1
height: 15.4 cm. width: 43.4 cm.
Edo-Tokyo Museum

**86**
**UTAGAWA Hiroshige's Last Will and Testimony. 3rd Day, 9th Month**
UTAGAWA Hiroshige
3rd Day, 9th Month, 1858
quantity: 1
height:16.0 cm. width: 68.6 cm.
Edo-Tokyo Museum

**87**
**UTAGAWA Hiroshige (posthumous portrait)**
Painted by: UTAGAWA Toyokuni (III)
1858
quantity: 1
height: 36.0 cm. width: 24.5 cm.
Edo-Tokyo Museum

## SECTION FOUR 4

**88-1**
**Popular Novelists: Supplement**
Written by: KIMURA Mokurō
1845
quantity: 2 volumes
height: 26.2 cm. width: 18.8 cm. thickness: 1.0 cm. each
Keiō University Library

**88-2**
**Popular Novelists: Supplement (reproduction)**
Written by: KIMURA Mokurō
1845
quantity: 2 volumes
height: 26.2 cm. width: 18.8 cm. thickness: 1.0 cm. each
Edo-Tokyo Museum (original: Keiō University Library)

**89**
**Record of Examination Passes**
From the 1st Month, 1865
quantity: 1 volume
height: 26.5 cm. width: 17.7 cm.
Edo-Tokyo Museum

**90**
***Kōin teishikō* [Reference for the Government Exam]**
Written by: ŌTA Nanpo. Copied by Neiseikyo
10th Month, 1852
quantity: 1 volume
height: 23.8 cm. width: 16.7 cm.
Edo-Tokyo Museum

**91**
**Illustration of the Yūshima Seidō**
Painted by: SAKURAI Sessen
After 1799
quantity: 1 two-panel folding screen
height: 158.4 cm. width 175.0 cm.
Edo-Tokyo Museum

**92**
**Plan of the Shōheizaka School**
1789–1801
quantity: 1
height: 160.0 cm. width 208.0 cm.
Edo-Tokyo Museum

**93**
***Neboke Sensei Bunshū* [Collection of the Works of a Groggy Poet]**
Written by: ŌTA Nanpo
1767
quantity: 1 volume
height: 16.2 cm. width: 11.2 cm.
Edo-Tokyo Museum

**94**
***Ameuri Dohei den* [The Life of Dohei the Candy Vendor]**
Written by: ŌTA Nanpo. Illustrated by SUZUKI Harunobu, with foreword by HIRAGA Gennai.
1769
quantity: 1
height: 15.1 cm. width: 11.4 cm.
Edo-Tokyo Museum

**95**
***Yomonoaka***
Written by: ŌTA Nanpo (YOMONO Akara)
1788
quantity: 2 volumes
height: 22.5 cm. width: 15.9 cm. each
Edo-Tokyo Museum

**96**
***Kōmō zatsuwa* [Sayings of the Dutch (lit. Miscellaneous Stories of the Red-haired Peoples)]**
Written by: MORISHIMA Chūryō
1787
quantity: 5 volumes
height: 22.8 cm. width: 16.1 cm. each
Edo-Tokyo Museum

**97**
***Butsurui hinshitsu* [A Classification of Various Products]**
Written by: HIRAGA Gennai
1763
quantity: 6 volumes
height: 27.2 cm. width: 17.2 cm. each
Edo-Tokyo Museum

**98**
***Nenashigusa* [Rootless Weeds]**
Written by: HIRAGA Gennai
1763
quantity: 5 volumes
height: 22.8 cm. width: 12.8 cm. each
Edo-Tokyo Museum

**99**
***Fūryū shidōken den* [The Dashing Life of Shidōken]**
Written by: Hiraga Gennai
1763
quantity: 3 volumes
height: 25.3 cm. width: 17.5 cm. each
Edo-Tokyo Museum

**100**
***Kakan furyakusetsu* [Brief Explanation of Fireproof Cloth]**
Written by: HIRAGA Gennai
1765
quantity: 1 volume
height: 22.5 cm. width: 15.7 cm.
Edo-Tokyo Museum

**101**
***Hikarakuyō* [Petals Scatter and Leaves Fall]**
Written by: HIRAGA Gennai, edited by ŌTA Nanpo
1783
quantity: 1 volume
height: 14.5 cm. width: 10.5 cm.
Edo-Tokyo Museum

**102-1**
**Portrait of KAWASAKI Heiemon**
Edo period
quantity: 1
height: 84.7 cm. width: 42.0 cm.
Private collection

**102-2**
**Portrait of KAWASAKI Heiemon (reproduction)**
quantity: 1
height: 170.0 cm. width: 48.0 cm.
Kyōdo-no-Mori Museum, Fuchū City

**103**
**License to Use Surname and Wear Swords**
quantity: 1
height: 18.2 cm. width 64.8 cm.
Private collection
Kyōdo-no-Mori Museum, Fuchū City

**104**
**Document Ordering Oversight of the Development of New Fields in Musashino Province**
8th Month, 1739
quantity: 1
height: 18.2 cm. width: 52.7 cm.
Kyōdo-no-Mori Museum, Fuchū City

**105**
**Document Delegating Full Control Over Musashino's New Fields**
Mid-Edo period
quantity: 1
height: 18.4 cm. 75.0 cm.
Private collection
Kyōdo-no-Mori Museum, Fuchū City

**106**
***Kōō karoku* [Record of Achievements]**
TAKAGI Saburōbe-e
Meiji or later (reproduction)
quantity: 1 volume
height 24.8 cm. width 17.0 cm.
Private collection
Kyōdo-no-Mori Museum, Fuchū City

**107**
**Illustrated Guide Map to the Cherry Blossom Viewing at Koganei in Musashino**
After 1851
quantity: 1
height: 38.1 cm. width: 51.9 cm.
Edo-Tokyo Museum

**108**
**Portrait of KAWASAKI Heizaemon**
Picture by: KŌHAKUSAI Bunsyū
Early spring, 1816
quantity: 1
height: 206.9 cm. width: 55.0 cm.
Kyōdo-no-Mori Museum, Fuchū City

**109**
**The Book of *Ittō-ryū* that was Passed Down Through the Generations**
1856 (copy)
quantity: 1
height: 34.5 cm. width: 25.5 cm.
Private collection
Edo-Tokyo Museum

**110**
**Picture Album of Japan Customs Painted in Western Style**
End of Edo period
quantity: 1 volume
height: 19.2 cm. width: 28.7 cm. thickness: 1.2 cm.
Edo-Tokyo Museum

**111**
**Illustration from *"Le Japon illustré"***
**Japanese Fencing**
Written by: A. Humbert
Prior to 1870
quantity: 1
height: 28.9 cm. width: 20.0 cm.
Edo-Tokyo Museum

**112**
**Swordfighting Tournament**
Picture by: TSUKIOKA Yoshitoshi
1873
quantity: triptych
height: 37.2 cm. width: 76.2 cm.
Edo-Tokyo Museum

**113**
**Swordfighting Tournament—AKAMATSU Gundayū vs. OGAWA Kiyotake**
Picture by: UTAGAWA Kuniteru (II)
1873
quantity: triptych
height 36.2 cm. width: 74.1 cm.
Edo-Tokyo Museum

**114**
**Picture and Poetry Praising 'Old Iron-cane' (Kanryūzaemon)**
Passed down through the INOUE Kanryūzaemon family
Mid Edo period
quantity: 1
height: 20.7 cm. width: 24.6 cm.
Edo-Tokyo Museum

**115**
**Picture of Artillery Practice at Takashima, Ezochi**
Passed down through the INOUE Kanryūzaemon family
Picture by: INOUE Kamashichirō
1808
quantity: 1
height: 33.0 cm. width: 47.5 cm.
Edo-Tokyo Museum

**116**
**Goyō Flag for Takashima, Ezochi**
Used by INOUE Kanryūzaemon I
Late Edo period
quantity: 1
height: 90.4 cm. width: 67.3 cm.
Edo-Tokyo Museum

**177—118**
**Matchlock Guns**
Passed down through the INOUE Kanryūzaemon family
Edo period
quantity: 2

**117**
height: 8.0 cm. width: 7.5 cm. length: 108.7 cm.

**118**
width: 7.0 cm. width: 4.0 cm. length: 79.8 cm.
Edo-Tokyo Museum

**119**
**Written Pledge of this Military School**
Passed down through the INOUE Kanryūzaemon family
Contains names of ŌUCHI Kichiemon and 18 others
1767—1811
quantity: 1
height: 34.5 cm. width: 105.7 cm.
Edo-Tokyo Museum

**120**
**Headnote to an Oath Invoking the Wrath of Heaven [if broken]**
Passed down through the INOUE Kanryūzaemon family
Bearing the names of TSUCHIYA Okiemon and 95 others
1809—1846
quantity: 1
height: 18.3 cm. width: 706.0 cm.
Edo-Tokyo Museum

**121**
**Blood Seal Needle**
Passed down through the INOUE Kanryūzaemon family
Late Edo period
quantity: 1
height: 4.4 cm. width: 0.3 cm.
Edo-Tokyo Museum

**122**
**INOUE Kanryūzaemon Walking With HIRAYAMA Shiryū**
Passed down through the INOUE Kanryūzaemon family
Late Edo period
quantity: 1
height: 109.9 cm. width: 48.0 cm.
Edo-Tokyo Museum

**123**
**Headnote to the Oath**
Passed down through the INOUE Kanryūzaemon family
HIRAYAMA Kōzō
15th Day, Fifth Month, 1802
quantity: 1
height: 32.2 cm. width: 45.5 cm.
Edo-Tokyo Museum

**124**
**Copy of the Flag Depicting the crucifixion of TORII Sune-emon**
Passed down through the INOUE Kanryūzaemon family
Late Edo period
quantity: 1
height 40.7 cm. width: 28.8 cm.
Edo-Tokyo Museum

## SECTION FIVE 5

**125-1—24**
**Portrait Photographs of the Bunkyū Mission to Europe**
Received by HANABUSA Yoshimoto, Ambassador to Russia, from a Russian Vice Admiral in 1885
Photographer: Hippolyte Robillard
1862
quantity: 24
approx. height: 44.3 cm. width 34.4 cm. each
Diplomatic Archives of the Ministry of Foreign Affairs of Japan

**125-1**
**Chief Delegate: TAKEUCHI Shimotsuke-no-kami Yasunori**

**125-2**
**Vice Chief Delegate: MATSUDAIRA Iwami-no-kami Yasunao**

**124-3**
**Inspector: KYŌGOKU Noto-no-kami Takaaki**

**125-4**
**Head of Mission Staff: SHIBATA Sadatarō**

**125-5**
**Treasurer: HIDAKA Keisaburō**

**125-6**
**Investigator: OKAZAKI Tōzaemon**

**125-7**
**Administration Officer UEDA Tomosuke**

**125-8**
**Constable: SAITŌ Dainoshin**

**125-9**
**Officer under Inspector: FUKUDA Sakutarō**

**125-10**
**Assistant Superintendent Officer: TAKAMATSU Hikosaburō**

**125-11**
**Assistant Superintendent Officer: YAMADA Hachirō**

**125-12**
**Interpreter: FUKUCHI Gen'ichirō**

**125-13**
**Interpreter (Chinese): ŌTA Genzaburō**

**125-14**
**Interpreter (Foreign Translation Department): FUKUZAWA Yukichi**

**125-15**
**Interpreter (Foreign Translation Department): TACHI Kōsaku**

**125-16**
**Translator/Doctor: MITSUKURI Shūhei**

**125-17**
**Doctor: TAKASHIMA Yūkei**

**125-18**
**Doctor: KAWASAKI Dōmin**

**125-19**
**Retainer of TAKEUCHI Shimotsuke-no-kami: NAGAO Jōsuke**

**125-20**
**Retainer of MATSUDAIRA Iwami-no-kami: ICHIKAWA Wataru**

**125-21**
**Retainer of KYŌGOKU Noto-no-kami: IWASAKI Toyodayū**

**125-22**
**Salesclerk from Iseya Hachibē: Jūbē**

**125-23**
**Accountant: FUCHIBE Tokuzō**

**125-24**
**Chief translator of official business : MORIYAMA Takichirō**

**126**
**NONOMURA Tadazane's Portrait Photograph, in San Francisco**
1860
quantity: 1
height: 12.1 cm. width: 9.5 cm.
Tokyo Photographic Art Museum

**127**
**NONOMURA Tadazane's Portrait Photograph, in New York**
1860
quantity: 1
height: 9.7 cm. width: 8.5 cm.
Tokyo Photographic Art Museum

**128–129**
**Items NONOMURA Tadazane Brought Back From the U.S.A.**
Mid-nineteenth century
quantity: 1 each
Small glass bowl: diameter: 17.5 cm. height: 3.7 cm.
Opera glasses: length: 7.2 cm. width: 10.6 cm. height: 2.9 cm.
Edo-Tokyo Museum

**130–135**
**Various Items that Belonged to NONOMURA Ichinoshin**
End of Edo period (hand mirror unknown)
quantity: 6
Portable brush-and-ink case with brush: length: 18.4 cm. width: 2.5 cm. height: 3.2 cm.
Hand mirror: length: 10.6 cm. width: 7.3 cm. height: 0.4 cm.
Scales: length: 27.1 cm. width: 8.4 cm. height: 2.2 cm.
Lacquered papier-mâché letter case: length: 20.5 cm. width: 7.1 cm. height: 2.8 cm.
Round, four-tiered *inrō*: length: 8.2 cm. width: 8.2 cm. depth: 2.3 cm.
Printed cotton case with catch: length: 15.0 cm. width: 12.5 cm., thickness: 4.0 cm.
Edo-Tokyo Museum

**136–139**
**Horseback matchlock, bullet cases, bullets and priming powder that belonged to NONOMURA Ichinoshin**
End of Edo period
quantity: 4 items
Horseback matchlock: length: 59.0 cm. width: 5.5 cm. height: 8.3 cm.
Bullet case (leather): height: 8.0 cm. width: 5.0 cm. thickness: 2.5 cm.
Bullet case (woolen cloth): Length: 7.5 cm. width: 5.6 cm. thickness: 2.5 cm.
Priming powder flask: length: 9.5 cm. width: 5.8 cm. thickness: 2.0 cm.
Edo-Tokyo Museum

**140**
**Short sword, signed 'Chō Unsai Tsunatoshi'**
3rd month, 1843
quantity: 1
length: 46.2 cm. width 5.5 cm. thickness: 3.8 cm
Edo-Tokyo Museum

**141**
**Dagger, signed 'Bishū Osafunejū Kiyomitsu'**
8th month, 1533
quantity: 1
length: 42.8 cm. width 4.5 cm.
Edo-Tokyo Museum

**142**
**Rules of the Kōbusho**
1861
Quantity: 1 volume
length: 23.1 cm. width: 15.8 cm.
National Museum of Japanese History

**143**
**Percussion Lock Gun. Signed the Kōbusho**
End of Edo period
quantity: 1
length: 129.5 cm.
Yūshūkan Museum, Yasukunijinja Shrine

**144**
**Sketch of Foot Drill**
1854–1860
quantity: 1
height: 37.0 cm. width: 51.0 cm.
National Museum of Japanese History

**145**
**Nirayama Hat**
End of Edo period
width: 51.0 cm. height: 27.5 cm.
National Museum of Japanese History

**146**
**Green Woolen Drill Jacket**
End of Edo period
quantity: 1
length: 93.0 cm. width: 68.4 cm. sleeve length: 36.0 cm.
Edo-Tokyo Museum

**147**
**Drum**
19th century
quantity: 1
diameter: 40.0 cm. height: 20.5 cm.
National Museum of Japanese History

**148**
**Shell From a Canon de Montagne**
End of Edo period
quantity: 1
height: 16.7 cm.
Edo-Tokyo Open Air Architectural Museum

**149**
**Noon Gun**
End of Edo period
quantity: 1
length: 344.0 cm. width: 45.0 cm.
Edo-Tokyo Open Air Architectural Museum

**150**
**Portrait Photograph of KATSU Kaishū**
Prior to 1865
quantity: 1
height: 10.1 cm. width: 6.2 cm.
Nagoya City Museum

**151**
**History of the Gunpowder Section of the Government Artillery Corps**
Established: 2nd Month, 1706
quantity: 1
height: 24.6 cm. width: 17.0 cm.
Edo-Tokyo Museum

**152**
***Musui dokugen* [Drunken Dream Monologue]**
Written by: Saemontarō Nyūdō Musuirō
1843
quantity: 1
height: 22.5 cm. width: 16.5 cm.

**153**
**Copy of the Doeff-Halma Dictionary**
Completed: 1848
quantity: 10 volumes
height: 25.0 cm. width 19.0 cm.

**154**
**Framed Calligraphy 'Kaishū Sho-oku' [Kaishū's Study]**
c. 1844
quantity: 1
height: 31.5 cm. width: 104.0 cm.
Edo-Tokyo Museum

**155**
**Letter from KATSU Nobu to KATSU Rintarō (Kaishū)**
6th Day, 7th Month (1856–1858)
quantity: 1
height: 16.3 cm. width: 78.5 cm.
Nagoya City Museum

**156**
***Shōki* I [An Essay]**
Written by: KATSU Kaishū
After 1855
quantity: 1 volume
height: 18.5 cm. width: 12.5 cm.
Edo-Tokyo Museum

**157**
**Surrounding Clara (KAJI Umetarō and his family)**
1886–1900
quantity: 1
height: 12.0 cm. width: 20.5 cm.
Nagoya City Museum

**158**
**A True View of Ogasawara Island — Kanrinmaru at Sea Amid the Wind and Waves**
End of Edo to early Meiji periods
quantity: 1
height 27.7 cm. width: 19.8 cm. thickness: 5.6 cm.
Edo-Tokyo Museum

**159**
**Firefighting Costume**
Worn by: KATSU Kaishū
End of Edo period
quantity: 1 set
height: 102.0 cm. width: 127.0 cm.

**160**
***Nobakama* Trousers**
Worn by: KATSU Kaishū
End of Edo period
quantity: 1
height: 82.0 cm. width: 53.0 cm.

**161**
**Formal Wear: Jacket with Family Crests and Long *Hakama* Trousers**
Belonged to KATSU Kaishū
End of Edo period
quantity: 1 set
Jacket, length: 71.0 cm. width: 155.0 cm.
Trousers, length: 138.0 cm. width: 58.0 cm.

**162**
***Kamishimo* [formal costume], Consisting of *Kataginu* [sleeveless jacket] and *Hakama* [pleated trousers]**
Belonged to KATSU Kaishū
End of Edo period
quantity: 1 set
*Kataginu*, Body length 78.0 cm. width: 69.0 cm.
*Hakama*: length: 88.0 cm. width: 101.0 cm.

**163**
**Returning Home After the Surrender of Edo Castle**
Painted by: KAWAMURA Kiyo-o
1885
quantity: 1
height: 119.8 cm. width: 61.4 cm.
Edo-Tokyo Museum

**164**
**Portrait of KATSU Kaishū**
Mid-Meiji period
quantity: 1
Print size. height: 42.2 cm. width: 34.8 cm.
Edo-Tokyo Museum

**165**
**KATSU Tamiko, HIKITA Takako, UCHIDA Yumeko and Megata Itsuko**
March 1891
quantity: 1
Print size: height: 13.3 cm. width: 9.1 cm.
Nagoya City Museum

**166**
**A Chinese-style Poem by KATSU Kaishū, addressed to his Son Koroku**
Written by: KATSU Kaishū
1867
quantity: 1
height: 114.2 cm. width: 41.7 cm.
Edo-Tokyo Museum

**167**
**Portrait Photograph of KATSU Koroku (in the U.S.A.)**
1879
quantity: 1
height: 10.6 cm. width: 6.3 cm.
Nagoya City Museum

**168**
**Portrait Photograph of KATSU Koroku**
Photographer: SHIMIZU Tōkoku
c. 1892
quantity: 1
height: 10.6 cm. width: 6.3 cm.
Nagoya City Museum

**169**
**Portrait Photograph of TAKAHASHI Deishū**
Meiji period
quantity: 1
height: 26.2 cm. width: 18.7 cm.
Edo-Tokyo Museum

**170**
**Memoirs**
Written by: TAKAHASHI Deishū
Late Edo period
quantity: 1 volume
height: 25.2 cm. width: 17.4 cm.
Edo-Tokyo Museum

**171**
**Diploma Certificate from the Anazawa-ryū School of Long Sword Technique**
2nd Month, 1832
quantity: 1
height: 19.0 cm. width: 221.0 cm.
Edo-Tokyo Museum

**172**
**Close Relatives List, Distant Relatives List (Takahashi family)**
TAKAHASHI Kenzaburō (Deishū)
1860
quantity: 1 volume
height: 21.6 cm. width: 13.8 cm.
Edo-Tokyo Museum

**173**
**Death Portrait of YAMAOKA Seizan**
Drawn by TAKAHASHI Deishū
Meiji period
quantity: 1
height: 42.2 cm. width: 29.6 cm.
Edo-Tokyo Museum

**174**
**Memories of Seizan I, II**
TAKAHASHI Deishū
Late Edo period
quantity: 2 volumes
Vol. I. height: 24.4 cm. width: 33.2 cm.
Vol. II. height: 24.8 cm. width: 17.0 cm.
Edo-Tokyo Museum

**175**
**Application to Recognize Grandson as Adopted Son**
(TAKAHASHI Gizaemon Kanezane)
After 1855
quantity: 1 volume
height: 24.8 cm. width: 17.6 cm.
Edo-Tokyo Museum

**176**
**License of the Ninshin-ryū School of Spear Fighting**
Written by: YAMAOKA Kiichirō Masami
1st Month, 1853
quantity: 1
height: 18.3 cm. length: 377.6 cm.
Edo-Tokyo Museum

**177**
***Yūchū shikō* (Poem Manuscript)**
Written by: TAKAHASHI Deishū
c. 1863
quantity: 1 volume
height: 7.7 cm. width: 16.2 cm.
Edo-Tokyo Museum

**178**
**Poem Manuscript**
Written by: TAKAHASHI Deishū
1862–1863
quantity: 1 volume
height: 15.8 cm. width: 11.2 cm.
Edo-Tokyo Museum

**179**
**Life History**
Written by: FUJIWARA Masamitsu (TAKAHASHI Deishū)
1891
quantity: 1 volume
height: 27.2 cm. width: 20.2 cm.
Edo-Tokyo Museum

**180**
**Deishū Tea Bowls**
quantity: 1 set (5 Sadō ware, 5 Kanzan ware)
Sado ware. height: 4.8 cm. width: 9.7 cm.
Kenzan ware. height: 4.8 cm. width: 9.7 cm.
Edo-Tokyo Museum

**181**
**Portrait of the Founder, YAMAOKA Tesshū**
Painting by: WATANABE Yūkō. Inscription by: YAMAOKA Tesshū
November 1886
quantity: 1
height: 108.0 cm. width: 38.3 cm.
Zenshō-an Temple

**182**
**Portrait of the Founder, YAMAOKA Tesshū**
Inscription: TENRYŪJI Tekisui
quantity: 1
Paper size. height: 98.0 cm. width: 41.0 cm.
Zenshō-an Temple

**183**
**Memorandum of Annual Events**
YAMAOKA Masanari
Rewritten: 6th Month, 1846
quantity: 1 volume
height: 13.5 cm. width: 20.1 cm.
Zenshō-an Temple

**184**
**Leather Pouch Belonging to Tesshū**
End of Edo period
quantity: 1
height: 17.5 cm. width: 12.7 cm. depth: 4.5 cm
Zenshō-an Temple

**185**
**Sword Carried by YAMAOKA Tesshū. Signed: Ieyoshi**
quantity: 1
total length: 73.0 cm. curvature: 1.5 cm.
The Archives of Modern History Records, Kanazawa City Tamagawa Library

**186**
**The Rules for Training in the Mutōryū School of Swordfighting**
1880
quantity: 1 volume
height: 26.7 cm. width: 19.1 cm. thickness: 5.8 cm.
The Archives of Modern History Records, Kanazawa City Tamagawa Library

**187**
**Certificate of Techniques for Ittō-ryū**
ASARI Yoshiaki
January 30, 1881
quantity: 1
height: 22.8 cm. length: 542.3 cm.
The Archives of Modern History Records, Kanazawa City Tamagawa Library

**188**
**Ittō-ryū License**
ONO Nario Tadamasa
March 1885
quantity: 1
height: 36.1 cm. width: 43.0 cm.
The Archives of Modern History Records, Kanazawa City Tamagawa Library

**189**
**Rules of the Shunpūkan**
September 1884
quantity: 1
paper height: 17.1 cm. width: 25.0 cm.
The Archives of Modern History Records, Kanazawa City Tamagawa Library

**190**
**Illustration of Yamaoka-sensei and his Students Training**
Meiji period
quantity: 2
height: 24.2 cm. width: 33.3 cm.
height: 24.3 cm. width: 33.2 cm.
Zenshō-an Temple

**191**
**Pledge Boards**
Meiji period
quantity: 4
Shiba. height: 79.6 cm. width: 11.6 cm. thickness: 0.7 cm.
Nomoto: height: 78.5 cm. width: 11.7 cm. thickness: 0.8 cm.
Maeda. height: 79.0 cm. width: 11.4 cm. thickness: 0.6 cm.
Saitō. height: 78.8 cm. width: 11.2 cm. thickness: 0.7 cm.
Zenshō-an Temple

**192**
**Tesshū's Last Kendō Training Wear**
1888
quantity: 1
length: 100.5 cm. width: 128.0 cm.
Zenshō-an Temple

**193**
**YAMAOKA Tesshū's Training Fan**
Inscription by: YAMAOKA Tesshū
quantity: 1
length: 32.1 cm. width: 2.0 cm. thickness: 3.0 cm.
Edo-Tokyo Museum

**194**
**Origins of the *Kamewaritō* Sword**
Written by: TAKAHASHI Deishū
1982
quantity: 1
height: 27.8 cm. width: 20.2 cm.
Edo-Tokyo Museum

**195**
**A Memorial to YAMAOKA Tesshū**
The journal of TAKAHASHI Deishū
May 1895
quantity: 1
height: 27.6 cm. width: 40.0 cm.
Edo-Tokyo Museum

**196**
**The Tokugawa Shogunate's Annual Policy Articles: TOKUGAWA Yoshinobu, the 15th Shogun**
Painting by: TSUKIOKA Yoshitoshi
Early Meiji period
quantity: triptych
height: 35.1 cm. width: 70.5 cm.
Edo-Tokyo Museum

**197**
**Instructive Models of Lofty Ambition: TOKUGAWA Yoshinobu**
Painting by: KOBAYASHI Kiyochika
Meiji period
quantity: 1
height: 35.6 cm. width: 24.2 cm.
Edo-Tokyo Museum

**198-1–8**
**Glass Slides of Edo Castle (Important Cultural Property)**
Photographer: YOKOYAMA Matsusaburō
1871
quantity: 8 (from a set of 29)
height: 23.0 cm. width: 29.8 cm. each
Edo-Tokyo Museum

**198-1**
**Glass Slides of Edo Castle—Edo Castle: Hanzōmon Gate**

**198-2**
**Glass Slides of Edo Castle—Edo Castle: Kamibairinmon Gate and Ninomaru Kuichigaimon Gate**

**198-3**
**Glass Slides of Edo Castle—Edo Castle: Soto-Sakuradamon Gate and Sakurada Moat**

**198-4**
**Glass Slides of Edo Castle—Edo Castle: Honmaru Shoin Nijūyagura Tower and Jūbako Nijūyagura Tower**

**198-5**
**Glass Slides of Edo Castle—Edo Castle: Momijiyamashitamon Gate and Hasuikemon Gate, from Mikazuki Moat**

**198-6**
**Glass Slides of Edo Castle—Edo Castle: Wadakuramon Gate**

**198-7**
**Glass Slides of Edo Castle—Edo Castle: Tayasumon Gate**

**198-8**
**Glass Slides of Edo Castle—Edo Castle: Ōtemon Gate**

## EPILOGUE

**199**
**Western Man and Woman in Japanese Clothing**
Early Meiji period
quantity: 1 set (2 photographs)
height: 136.8 cm. width: 59.8 cm. each
Edo-Tokyo Museum

**200**
**Sketches From 'The Mikado' at the Savoy Theatre (Illustrated London News)**
April 4, 1885
quantity: 1
height: 41.0 cm. width: 28.0 cm.
Edo-Tokyo Museum

**201**
**Kensington Japanese Village (Illustrated London News)**
February 21, 1885
quantity: 1
height: 41.0 cm. width: 28.0 cm.
Edo-Tokyo Museum

**202**
**Court Uniform for a Marquis**
Used by SAIGŌ Toratarō
1902
quantity: 1 set
Jacket: length: 87.4 cm. width: 57.0 cm. sleeve length: 55.7 cm.
Trousers: length: 107.5 cm. inside leg: 89.7 cm. waist: 44.6 cm.
Waistcoat: length: 53.6 cm. width: 46.6 cm.
Hat: width: 56.0 cm. height: 26.2 cm.
Saber: length: 81.5 cm.
Edo-Tokyo Museum

**203**
**Portrait of KAWAMURA Ryūsui**
Painting by: KAWAMURA Kiyo-o
Mid Meiji period
quantity: 1
height: 44.0 cm. width: 35.0 cm.
Edo-Tokyo Museum

**204**
**Portrait of KAWAMURA Kigen**
1904
quantity: 1
height: 18.0 cm. width: 12.5cm.
Edo-Tokyo Museum

**205**
**Fragment of Letter to KAWAMURA Kiyo From KAWAMURA Kigen**
August 29, 1890
quantity: 1
height: 24.3 cm. width: 3.4 cm.
Edo-Tokyo Museum

**206**
**KAWAMURA Kiyo-o's Address**
February 13, 1912
quantity: 1
height: 36.0 cm. width: 49.5 cm.
Edo-Tokyo Museum

**207**
**'Miyako Shimbun' Newspaper No. 8616, Star Helmet and Square Flag (The Funeral of the Parents of the Artist KAWAMURA Kiyo-o)**
February 14, 1912 (city edition)
quantity: 1
height: 55.2 cm. width: 80.7 cm.
Edo-Tokyo Museum

**Reference:**
**INOUE Kiyoshi Portrait Photograph**
1879 produced by order of the Meiji Emperor
(Original) The Museum of the Imperial Collections, Sannomaru Shozokan

**208**
**Letter of Appointment (INOUE Renpachi is Appointed to the Accounts Department)**
October 1868
quantity: 1
height: 19.7 cm. width: 38.0 cm.
Edo-Tokyo Museum

**209**
**Court Rank Diploma (INOUE Kiyoshi is appointed to Junior Second Rank)**
Appointed by the Prime Minister, Second Rank, First Order of Merit, the Count YAMAGATA Aritomo
June 10, 1890
quantity: 1
height: 23.0 cm. width: 30.9 cm.
Edo-Tokyo Museum

**210**
**Letter of Appointment (INOUE Kiyoshi is relieved of his concurrent office at his oen request)**
Cabinet
October 16, 1893
quantity: 1
height: 22.7 cm. width: 30.8 cm.
Edo-Tokyo Museum

本書は、東京都江戸東京博物館において開催された
特別展「士 サムライ―天下太平を支えた人びと―」の
公式カタログ兼書籍として刊行しました。

◎展覧会

特別展「士 サムライ―天下太平を支えた人びと―」
会場：東京都江戸東京博物館
会期：２０１９年９月14日（土）～11月４日（月・休）
主催：公益財団法人東京都歴史文化財団　東京都江戸東京博物館
　　朝日新聞社
広報デザイン：野村勝久、岡田一星（野村デザイン制作室）
翻訳：Gavin Frew

◎公式カタログ兼書籍

編集協力：公益財団法人東京都歴史文化財団　東京都江戸東京博物館
　　朝日新聞社
撮影：インフォマージュ、エス・アンド・ティ・フォト、竹本春二

# 士 サムライ
## ―天下太平を支えた人びと―

発行日　二〇一九年九月十四日

編著者　田原 昇（東京都江戸東京博物館　学芸員）
　　小酒井大悟（東京都江戸東京博物館　学芸員）
　　岡塚章子（東京都江戸東京博物館　学芸員）

発行者　安田英樹
発行所　株式会社青幻舎
　　〒六〇四－八一三六
　　京都市中京区梅忠町九－一
　　TEL. 〇七五－二五二－六七六六
　　FAX. 〇七五－二五二－六七七〇
　　http://www.seigensha.com

装丁　野村勝久、岡田一星（野村デザイン制作室）
　　松本恵子（k.design）
編集　押金純士（押金編集事務所）
印刷・製本　株式会社サンニチ印刷


ISBN978-4-86152-751-7 C0021